ESCOLHIDOS EM CRISTO PARA SER SANTOS

1. Moral Fundamental

ENRIQUE COLOM
ÁNGEL RODRÍGUEZ LUÑO

ESCOLHIDOS EM CRISTO PARA SER SANTOS

I. MORAL FUNDAMENTAL

3ª edição

Tradução
Caio Penna Chaves
José Lino C. Nieto

QUADRANTE
São Paulo
2022

Título original
Scelti in Cristo per essere santi. I. Morale fondamentale

Capa
Gabriela Haeitmann

Revisão de
Élcio Carillo

Dados Internacionais de Catalogação na Publicação (CIP)

Colom, Enrique / Luño, Ángel Rodríguez

Escolhidos em Cristo para ser santos. I. Moral Fundamental / Enrique Colom - Ángel Rodríguez Luño; tradução de Caio Penna Chaves e José Lino C. Nieto. – 3ª ed. – São Paulo : Quadrante, 2022.

Título original: *Scelti in Cristo per essere santi. I. Morale fondamentale*
ISBN: 978-85-54991-79-1

1. Conduta de vida 2. Ética 3. Ética cristã 4. Vida cristã I. Título.

CDD-241

Índice para catálogo sistemático:
1. Moral cristã 241

QUADRANTE EDITORA
Rua Bernardo da Veiga, 47 - Tel.: 3873-2270
CEP 01252-020 - São Paulo - SP
www.quadrante.com.br / atendimento@quadrante.com.br

AVISO AO LEITOR

Esta edição é a tradução atualizada da primeira reimpressão da terceira edição do mesmo manual em língua italiana: Enrique Colom & Ángel Rodríguez Luño, *Scelti in Cristo per essere santi. I. Morale fondamentale*, Edizioni Università della Santa Croce, Roma, 2008.

Os Autores

ÍNDICE

Capítulo XI

ABREVIATURAS BÍBLICAS

Abd	Abdias	*Jos*	Josué
Ag	Ageu	*Jdt*	Judite
Am	Amós	*Jz*	Juízes
Apoc	Apocalipse	*Lc*	Lucas
At	Atos	*Lam*	Lamentações
Bar	Baruc	*Lev*	Levítico
Col	Colossenses	*1 Mac*	1.º Macabeus
1 Cor	1.ª Coríntios	*2 Mac*	2.º Macabeus
2 Cor	2.ª Coríntios	*Mc*	Marcos
1 Crôn	1.º Crônicas	*Mal*	Malaquias
2 Crôn	2.º Crônicas	*Miq*	Miqueias
Cant	Cântico dos Cânticos	*Mt*	Mateus
Dan	Daniel	*Na*	Naum
Deut	Deuteronômio	*Ne*	Neemias
Ecl	Eclesiastes	*Núm*	Números
Eclo	Eclesiástico	*Os*	Oseias
Ef	Efésios	*1 Pe*	1.ª Pedro
Esdr	Esdras	*2 Pe*	2.ª Pedro
Est	Ester	*Prov*	Provérbios
Êx	Êxodo	*Rom*	Romanos
Ez	Ezequiel	*1 Re*	1.º Reis
Fil	Filipenses	*2 Re*	2.º Reis
Flm	Filêmon	*Ru*	Rute
Gál	Gálatas	*Sab*	Sabedoria
Gên	Gênesis	*Sof*	Sofonias
Hab	Habacuc	*Sal*	Salmos
Hebr	Hebreus	*1 Sam*	1.º Samuel
Is	Isaías	*2 Sam*	2.º Samuel
Jl	Joel	*Tob*	Tobias
Jon	Jonas	*Tg*	Tiago
Jó	Jó	*1 Tim*	1.ª Timóteo
Jo	João	*2 Tim*	2.ª Timóteo
1 Jo	1.ª João	*1 Tess*	1.ª Tessalonicenses
2 Jo	2.ª João	*2 Tess*	2.ª Tessalonicenses
3 Jo	3.ª João	*Ti*	Tito
Jer	Jeremias	*Zac*	Zacarias

OUTRAS ABREVIATURAS

AAS	*Acta Apostolicae Sedis*, Typis Polyglottis Vaticanis, Cidade do Vaticano, 1909 ss.
Ad gentes	CONCÍLIO VATICANO II, Decreto sobre a atividade missionária da Igreja *Ad gentes*, 7-XII-1965.
Apostolicam Actuositatem	CONCÍLIO VATICANO II, Decreto sobre o apostolado dos leigos *Apostolicam actuositatem*, 18-XI-1965.
Catecismo	*Catecismo da Igreja Católica*, Editora Vozes, Paulus Editora, Edições Paulinas, Edições Loyola, Editora Ave-Maria, 1997.
CCL	*Corpus Christianorum. Series Latina*, Brepols, Turnholt (Bélgica), 1954 ss.
C.G.	SANTO TOMÁS DE AQUINO, *Summa contra gentiles sive De veritate Catholicae Fidei contra errores infidelium*, Ed. Leonina, Roma, 1926.
Christifideles laici	SÃO JOÃO PAULO II, Ex. ap. *Christifideles laici*, 30-XII-1988.

CDC	*Código de Direito Canônico*, promulgado por SÃO JOÃO PAULO II em 25-I-1983.
CSEL	*Corpus Scriptorum Ecclesiasticorum Latinorum*, Viena, 1886 ss.
Dei Verbum	CONCÍLIO VATICANO II, Constituição dogmática *Dei Verbum* sobre a divina Revelação, 18-XI-1965.
De virtutibus in Communi	SANTO TOMÁS DE AQUINO, *Quaestio disputata de virtutibus in communi*, em *Quaestiones disputatae*, vol. II, Marietti, Taurini-Romae, 1965, 10.
Dignitatis humanae	CONCÍLIO VATICANO II, Declaração sobre a liberdade religiosa *Dignitatis humanae*, 7-XII--1965.
Dominum et Vivificantem	SÃO JOÃO PAULO II, Encíclica *Dominum et Vivificantem*, 18-V-1986.
Donum veritatis	CONGREGAÇÃO PARA A DOUTRINA DA FÉ, Instrução sobre a vocação eclesial do teólogo *Donum veritatis*, 24-V-1990.
DS	DENZINGER, H. - SCHÖNMETZER, A., *Enchiridion Symbolorum Definitionum et Declarationum,* Herder, Barcinone – Friburgi B. – Romae, 1976.
Evangelium vitae	SÃO JOÃO PAULO II, Encíclica *Evangelium vitae*, 25-III-1995.
Fides et ratio	SÃO JOÃO PAULO II, Encíclica *Fides et ratio,* 14-IX-1998.

Gaudium et spes	CONCÍLIO VATICANO II, Constituição pastoral sobre a Igreja no mundo atual *Gaudium et spes*, 7-XII-1965.
In decem libros	SANTO TOMÁS DE AQUINO, *In decem libros Ethicorum Aristotelis ad Nicomacum Expositio*, Marietti, Taurini-Romae, 1964.
Lumen gentium	CONCÍLIO VATICANO II, Constituição dogmática sobre a Igreja *Lumen gentium,* 21-XI-1964.
Mysterium Ecclesiae	CONGREGAÇÃO PARA A DOUTRINA DA FÉ, Declaração *Mysterium Ecclesiae*, 24-VI-1973.
Optatam totius	CONCÍLIO VATICANO II, Decreto sobre a formação sacerdotal *Optatam totius*, 28-X-1965.
Pastores dabo vobis	SÃO JOÃO PAULO II, Ex. ap. *Pastores dabo vobis*, 25-III-1992.
Perfectae caritatis	CONCÍLIO VATICANO II, Decreto sobre a renovação da vida religiosa *Perfectae caritatis*, 28-X-1965.
PG	*Patrologiae Cursus Completus. Series Graeca*, J.P. Migne, Paris, 1857 ss.
PL	*Patrologiae Cursus Completus. Series Latina*, J.P. Migne, Paris, 1844 ss.
Presbyterorum ordinis	CONCÍLIO VATICANO II, Decreto sobre o ministério e a vida dos presbíteros *Presbyterorum ordinis*, 7-XII-1965.
Reconciliatio et paenitentia	SÃO JOÃO PAULO II, Ex. ap. *Reconciliatio et poenitentia*, 2-XII-1984.

Scriptum super Sententiis	SANTO TOMÁS DE AQUINO, *Scriptum super Sententiis*, Ed. Vivès, Paris, 1872-1880.
Sacrosanctum Concilium	CONCÍLIO VATICANO II, Constituição sobre a sagrada liturgia *Sacrosanctum Concilium*, 4-XII-1963.
SC	*Sources Chrétiennes*, Cerf, Paris, 1946 ss.
S.Th.	SANTO TOMÁS DE AQUINO, *Summa Theologiae*, Ed. Leonina, Typographia Polyglotta S. C. De Propaganda Fide, Roma, 1891.
Veritatis splendor	SÃO JOÃO PAULO II, Encíclica *Veritatis splendor*, 6-VIII-1993.

INTRODUÇÃO

Este livro foi concebido como um manual para o estudo da Teologia Moral Fundamental. Dirige-se principalmente a quem faz os estudos institucionais de teologia católica em seminários ou faculdades eclesiásticas, ou fazem estudos análogos em institutos superiores de ciências religiosas. Os critérios redacionais e tipográficos, a escolha dos temas e a sua extensão foram pensados em função das suas exigências. Acreditamos, contudo, que o livro possa ser útil também aos interessados em temas teológicos e morais em âmbito culto e não especializado.

A finalidade didática deste trabalho exigia que se apresentassem com clareza os elementos próprios da Revelação e da doutrina católica em relação à vida cristã, distinguindo-os do quc constitui a nossa opção pessoal em matéria filosófica e teológica. Os teólogos sabem que tal distinção nem sempre é fácil, porque a formulação da doutrina se realiza com conceitos e termos que, de algum modo, já são teológicos e filosóficos. No entanto, essa distinção é real e até necessária para harmonizar adequadamente a fidelidade à doutrina católica com a liberdade na investigação teológica. Para delimitar com suficiente clareza os limites entre a doutrina e a nossa própria reflexão, recorremos abundantemente aos fundamentos bíblicos, aos documentos do Concílio Vaticano II – especialmente os seus ensinamentos sobre o chamado universal à santidade – e às intervenções do Magistério que tratam da moral, tais como a encíclica *Veritatis splendor* e o *Catecismo da Igreja Católica.*

O leitor descobrirá de imediato que, embora a doutrina católica esteja na base deste livro, ele não apresenta uma exposição «teologicamente neutra». Tentamos expor a teologia moral católica baseando-nos nos recentes estudos sobre o que se costuma chamar «ética da virtude», que corresponde a uma importante linha de investigação moral desenvolvida, especialmente nos últimos anos, em países de língua inglesa. O leitor entenderá a sua natureza e suas motivações ao longo do livro. Contudo, é oportuno esboçar uma breve síntese.

A ética da virtude, tal como nós a entendemos, não é uma simples proposta sobre o modo de articular a teologia moral especial; de fato, os volumes restantes deste Curso de Moral não foram estruturados exclusivamente em função das virtudes. Tampouco entendemos esta proposta como uma versão «débil» ou *light* de uma ética não cognostivista que, por considerar impossível a elaboração de uma verdadeira teoria moral, se limite a estudar o caráter ou a psicologia das virtudes. Em poucas palavras, a ética da virtude não é «uma ética sem normas» confinada ao plano das exortações vagas. É uma linha de estudo que constata as aporias da ética normativista moderna, isto é, de uma ética centrada no dever, nas normas e nos atos, do ponto de vista do observador externo («ética da terceira pessoa»), e que pretende superar essas aporias. Por isso, a ética da virtude adotada aqui propõe-se a retomar o ponto de vista estrutural da ética clássica e a apresentar-se como alternativa (no plano estrutural, não necessariamente nos conteúdos) à ética da obrigação e à ética casuística. Essa linha de investigação permitiu, entre outras coisas, sublinhar a atualidade e o valor científico da proposta moral de Santo Tomás de Aquino na sua obra de maturidade, a *Summa Theologiae*, embora, como é lógico, ela deva ser convenientemente atualizada.

A característica fundamental da nossa proposta é que o núcleo da moral se encontra na persuasão prática (não simplesmente especulativa) da preeminência do bem da vida humana considerada integralmente, bem este que, tradicionalmente, foi chamado *fim último*. A tarefa fundamental da ética é, portanto, conseguir que as pessoas contemplem a vida humana – a sua própria vida – em sua totalidade e, a partir dessa perspectiva, individuem as prioridades que devem dar às diversas atividades e aos diversos critérios que regulamentam a consecução e o uso dos bens humanos: tal ordem de prioridades e tais critérios de regulamentação racional são o conteúdo essencial das virtudes morais. Pretender elucidar os problemas concretos da ética normativa sem ter esclarecido previamente o tipo de vida que se almeja seria como querer construir os andares superiores de um prédio sem o apoio dos andares inferiores e dos alicerces. Esta proposta pressupõe, certamente, que o bem humano possa ser captado racionalmente e, *a fortiori*, teologicamente. A análise teológica, por estar baseada na Revelação, utiliza uma noção mais precisa e completa do sentido último da existência humana; à luz desse sentido, os conceitos fundamentais da moral adquirem um significado mais nítido e uma colocação mais exata.

De qualquer modo, a finalidade didática a que visamos levou-nos a proceder com cautela (talvez pareça excessiva a alguns e escassa a outros). Enquanto a casa nova não estiver construída, será melhor não derrubar a antiga; além disso, não está claro que a casa antiga deva ser rejeitada por completo. Existem muitos conceitos e divisões da moral casuística que continuam a ser úteis e que talvez venham a sê-lo sempre, desde que recebam um suplemento de alma e estejam devidamente enquadrados. Somos conscientes de que alguns dos temas tratados são um tanto ecléticos: é um risco que aceitamos porque, como já se disse, se trata de uma primeira tentativa, necessariamente imperfeita, que prioriza a finalidade didática em lugar de um desenvolvimento radical da opção teológica assumida. No entanto, não renunciamos a uma significativa coerência metodológica e temática, que nos parece suficiente no estágio atual dos estudos de moral.

A matéria foi distribuída num capítulo introdutório e em três partes. O primeiro capítulo oferece uma visão da natureza da teologia moral, do seu objeto e das suas fontes; contém também o esquema adotado com respeito ao estatuto epistemológico da teologia moral como saber prático. A Primeira Parte estuda o chamado universal à santidade, fim último da vida moral cristã, que consiste na plenitude da filiação divina e que se atualiza no seguimento de Cristo (capítulo II). Oferece-se depois um panorama sintético das linhas fundamentais da conduta com que o fiel realiza a união com Cristo mediante a sua atividade, e segundo a sua própria condição e circunstâncias (capítulo III). Esta parte se organiza segundo o esquema bíblico de «chamada-resposta»; esquema que, por outro lado, não convém tomar por absoluto se quisermos exprimir com exatidão a natureza da vida moral como fenômeno humano e como fenômeno cristão. Certamente, o cristão descobre nas exigências éticas um chamado divino concreto, mas também é certo que a vida moral cristã não consiste unicamente em responder «sim» ou «não» a uma exigência expressa em termos morais exatos e inequívocos. A vida moral, se não for ilegitimamente reduzida a evitar o pecado grave, é sobretudo uma procura ativa, um esforço por individuar com imaginação e empenho o modo de transformar os próprios afazeres em meio de atingir a união com Cristo.

A Segunda Parte, de caráter mais analítico, desenvolve a antropologia moral, isto é, o conjunto de estruturas e de princípios naturais e sobrenaturais que tornam possível ao homem, enquanto imagem de Deus, ser um sujeito moral ativo que elabora um programa de vida coerente com o seu bem integral, como homem e como cristão. Nesta parte, estudam-se: a liberdade dos filhos de Deus (capítulo IV), as tendências, os sentimentos e as paixões do ser humano (capítulo V), a natureza e a avaliação da ação moral (capítulo VI) e as virtudes morais e os dons do Espírito Santo (capítulo VII).

A Terceira Parte trata do ponto de referência normativo da atividade moral do homem e do fiel, isto é, dos princípios cognoscitivos internos e das condições externas que permitem ao fiel individuar e elaborar a conduta idônea para cumprir o fim a que está destinado. Desse modo, estudam-se: a lei moral (capítulo VIII), as leis humanas que explicitam ou determinam ulteriormente esse conteúdo (capítulo IX) e a consciência (capítulo X). Finalmente, estuda-se o pecado, ato pelo qual o homem se afasta de Cristo, e a conversão, que indica a via do retorno (capítulo XI).

Para concluir, esclarecemos que este trabalho é uma tradução adaptada da nossa obra *Scelti in Cristo per essere santi*, Edusc, Roma, 3.ª edição, reimpressão de 2008. Agradecemos ao Rev. Dr. Joan Marqués a ajuda prestada na tradução ao espanhol e nas indicações recebidas, que facilitaram a correção de alguns erros. Esperamos que o esforço seja útil para os leitores, e que as sugestões e as justas críticas dos colegas permitam melhorar ulteriormente o serviço que quisemos prestar com este livro. De fato, graças a elas, introduzimos importantes mudanças na segunda edição em espanhol.

Capítulo I

NATUREZA, OBJETO E FONTES DA TEOLOGIA MORAL

A natureza da teologia moral só pode ser explicada e entendida se for relacionada com a vida cristã; por isso, parece-nos necessário fazer inicialmente algumas breves considerações sobre esta última (§1); depois, tendo em conta essa realidade, estudaremos a epistemologia da teologia moral (§2) e as suas fontes (§3).

1. A vida cristã

A vida cristã é a vida do homem em Cristo ou, mais exatamente, a vida do homem como filho de Deus, em Cristo, por meio do Espírito Santo. A vida em Cristo traz consigo a plena identificação com Ele: «Jesus, de modo original, próprio, incomparável, exige um seguimento radical que abrange o homem todo e todos os homens, que envolve todo o mundo e o cosmo todo».[1] Substancialmente, a vida cristã é um dom

(1) CELAM, *Documento de Puebla*, n. 193.

de Deus que se recebe inicialmente com o batismo, e que requer a livre aceitação e a colaboração da pessoa.

a) Filhos de Deus em Cristo por meio do Espírito Santo

Com o batismo, «o homem é verdadeiramente incorporado a Cristo crucificado e glorificado, e regenerado a fim de participar da vida divina, como disse o Apóstolo: "com Ele fostes sepultados no Batismo e n'Ele fostes ressuscitados pela fé no poder de Deus, que O ressuscitou dos mortos" (Col 2, 12)».[2] No batismo, o homem é libertado do pecado e recebe a primeira graça santificante, autêntica participação da natureza divina[3] que o configura ontologicamente a Cristo e o faz verdadeiramente filho de Deus.[4] A fé em Cristo e o batismo realizam uma mudança completa da pessoa, outorgam-lhe o dom de uma nova vida, participação real da própria vida do Filho de Deus. Em suma, *com a fé e com o batismo recebe-se a graça da filiação divina, que é o fundamento da vida cristã.* Com efeito, *a filiação divina implica a recepção dos princípios sobrenaturais da nova vida: a graça santificante como princípio vital remoto e as virtudes teologais e morais infusas e os dons do Espírito Santo como princípios operativos imediatos.*

Na verdade, a graça da filiação divina recebida no batismo é apenas um começo, a semente de uma vida nova que deve crescer e desenvolver-se animada por um dinamismo intrínseco, até alcançar o estado de «homem perfeito que, na maturidade do seu desenvolvimento, é a plenitude de Cristo».[5] É necessário que os cristãos, «com o auxílio divino, conservem e aperfeiçoem, vivendo-a, esta santidade que receberam».[6] Este aperfeiçoamento *requer o empenho moral de buscar em tudo identi-*

---

(2) Conc. Vaticano II, Decr. *Unitatis redintegratio*, n. 22. Cf. Conc. de Florença, Bula *Exsultate Deo*, 22-XI-1439: DS 1314, de onde procede a célebre fórmula do batismo como «porta da vida espiritual»; *vide* também *Lumen gentium*, n. 7.

(3) Cf. 2 Pe 1, 4

(4) Cf. Gál 4, 4-7; 1 Jo 3, 1-2; *Catecismo*, n. 1213.

(5) Ef 4, 13.

(6) *Lumen gentium*, n. 40.

ficação maior com Cristo, com os seus sentimentos[7] *e com as suas palavras,*[8] *com o seu modo de viver e de julgar, observando os seus preceitos*[9] *e ensinamentos, com a mesma obediência e o mesmo amor mostrados por Jesus em relação à vontade do Pai.*[10] O Agente principal deste progresso moral é o Espírito Santo – o Santificador –, de quem nós somos colaboradores livres. A meta final da nossa identificação com Cristo é a participação escatológica na vida trinitária, para a qual fomos chamados em Cristo antes da criação do mundo.[11]

Portanto, ao longo do seu caminhar neste mundo, *os cristãos são chamados a encarnar e a desenvolver com a sua atividade e na sua atividade a vida divina que receberam* com o batismo, mediante a graça e a caridade do Espírito Santo. No entanto, convém esclarecer que a vida moral cristã não consiste nas obras exteriores, consideradas isoladamente em sua facticidade material. A vida cristã é a vida que Cristo vive em nós,[12] uma vida integrada pelos princípios de juízo, de amor e de ação que inspiraram a existência de Cristo (imitação de Cristo) e que constituem as virtudes cristãs, principalmente a caridade, o amor de Cristo, vínculo da perfeição cristã que se deve buscar acima de qualquer outra coisa.[13]

b) Caráter sacramental e eclesial da vida moral cristã

A vida cristã, enquanto vida em Cristo, possui uma índole sacramental e eclesial. Com efeito, Deus quer que a salvação chegue a todos

---

(7) Cf. Fil 2, 5.

(8) Cf. Jo 6, 63; 12, 48; 14, 10; 15, 7.

(9) Cf. Mt 7, 21-27; Jo 15, 10; Apoc 14, 12.

(10) Cf. Jo 6, 38; 8, 29; 15, 10.

(11) Cf. Ef 1, 4.

(12) Cf. Gál 2, 19-20.

(13) Cf. Col 3, 14; 1 Cor 13. «Toda a santidade e toda a perfeição de uma pessoa consistem em amar a Jesus Cristo, nosso Deus, nosso maior bem, nosso Salvador [...] São Francisco de Sales diz: "Alguns põem a perfeição na austeridade de vida, outros na oração, estes na frequência dos sacramentos, aqueles nas esmolas. Enganam-se. A perfeição consiste em amar a Deus de todo o coração"» (Santo Afonso M. de Ligório, *A prática do amor a Jesus Cristo*, cap. I, Ed. Santuário, Aparecida, 1996, p. 11).

os homens de todos os tempos,[14] e o meio que dispôs para isso foi a Encarnação do Filho; isso significa que as palavras e as ações salvíficas de Cristo ocorreram num tempo e num espaço concretos, e que devem atingir uma extensão universal. *O caráter sacramental de todo o desígnio de salvação deriva do querer divino de prolongar a sua eficácia salvífica através de uma mediação sensível instituída pelo próprio Cristo,* em virtude da qual as distâncias espaciotemporais são superadas. Tal mediação é constituída pela Igreja, «sacramento universal de salvação»,[15] e pelos sacramentos, «sinais eficazes da graça, instituídos por Cristo e confiados à Igreja, através dos quais nos é dispensada a vida divina».[16]

Já falamos do *batismo*, que nos torna simultaneamente membros de Cristo e membros da Igreja[17]: todos os batizados se revestem de Cristo e são feitos um só n'Ele.[18] A *confirmação*, entre outras coisas, enraíza-nos mais profundamente na filiação divina, dá-nos uma efusão maior do Espírito Santo e de seus dons, e torna mais perfeita a nossa vinculação com a Igreja.[19] A *Eucaristia* é «fonte e centro de toda a vida cristã»[20] ou ainda «o centro e a raiz da vida espiritual do cristão»;[21] realiza uma profunda e íntima união com Cristo, atualiza o Sacrifício do Calvário, e aplica os seus frutos, aumenta a graça e preserva do pecado, restaura as forças espirituais, reforça a unidade da Igreja e é penhor da glória futura.[22] O *sacramento da penitência* tem papel especialmente importante

(14) Cf. 1 Tim 2, 4.

(15) *Lumen gentium*, n. 48 e *Ad gentes*, n. 1. Esta expressão significa que a Igreja é verdadeiramente um instrumento de salvação, não somente a comunidade dos que já estão salvos. A mediação eclesial realiza a salvação e é o meio ordinário desta.

(16) *Catecismo*, n. 1131.

(17) Cf. Conc. de Florença, Bula *Exsultate Deo*, cit.: DS 1314.

(18) Cf. Gál 3, 27-28.

(19) Cf. *Catecismo*, ns. 1302-1303.

(20) *Lumen gentium*, n. 11. Cf. João Paulo II, Enc. *Ecclesia de Eucharistia*, 11-IV-2003; Bento XVI, Ex ap. *Sacramentum caritatis*, 22-II-2007.

(21) Josemaria Escrivá, Homilia *A Eucaristia, mistério de fé e de amor*, pronunciada em 14-IV-1960, e publicada em *É Cristo que passa*, 4.ª ed., Quadrante, São Paulo, 2014, n. 87.

(22) Cf. *Catecismo*, ns. 1366, 1391, 1393-1396 e 1402. A relação entre a Eucaristia e a vida moral foi tratada, entre outros, por J. L. Illanes, *Eucaristía y existir cristiano*, em Id., *Mundo y santidad*, Rialp, 1984, pp. 235-272; L. Melina, *Ecclesialità e Teologia Morale*, «Anthropotes» 5 (1989) 16-19; Id., *Participar en las virtudes de Cristo: por una renovación de la Teología Moral a la luz de la Veritatis splendor*, Cristiandad, 2004, pp. 187-236; D. J. Keefe, *La «Veritatis splendor» e il fondamento eucaristico della morale*, «Rivista di Teologia Morale» 110 (1996) 209-220.

na vida moral: permite recuperar a graça e os méritos perdidos pelo pecado, renova a alma e a vida moral e, além disso, constitui um meio eficaz para formar a consciência moral.[23] Não é possível nos determos a considerar a função dos outros sacramentos na vida moral cristã; basta indicar que esta tem um fundamento sacramental, sem o qual a vida cristã não é possível ou se extingue.[24]

A mediação salvífica da Igreja não se limita à administração dos sacramentos. Também os ensinamentos e os exemplos morais do Senhor devem superar a distância espaciotemporal e as barreiras culturais, a fim de que sejam contemporâneos e incisivos para todos os homens, chegando a envolvê-los plenamente. Isto *se realiza com a pregação e a tradição moral viva da Igreja*, que «é a mediação necessária graças à qual cada fiel aprende a "via do Senhor" transmitida pela parênese apostólica».[25] *A vida da Igreja*, entendida como o caminho percorrido pela comunidade cristã na história sob a autoridade magisterial dos legítimos pastores e com o exemplo dos santos, *é o lugar hermenêutico privilegiado da experiência moral cristã*. Tal vida e tal tradição moral respondem, além disso, à necessidade humana de realizar o aprendizado moral num *ethos* enraizado e participado por uma comunidade;[26] mas não é apenas isso. Os Apóstolos e seus sucessores receberam de Cristo[27] o mandato de transmitir fielmente a sua doutrina moral, concretizando-a e aplicando-a às circunstâncias específicas de cada socie-

---

(23) «O sacramento da reconciliação é o lugar onde o pecador experimenta de maneira singular o encontro com Jesus Cristo, que se compadece de nós e nos dá o dom de seu perdão misericordioso, nos faz sentir que o amor é mais forte que o pecado cometido, nos liberta de tudo o que nos impede de permanecer em seu amor, e nos devolve a alegria e o entusiasmo de anunciá-lo aos demais com coração aberto e generoso» (CELAM, *Documento de Aparecida*, n. 254).

(24) «A comunhão com Deus, fulcro de toda a vida espiritual, é dom e fruto dos sacramentos; e ao mesmo tempo é tarefa e responsabilidade que os sacramentos confiam à liberdade do fiel, para que viva esta mesma comunhão nas decisões, nas opções, nas atitudes e nas ações da sua existência quotidiana» (*Pastores dabo vobis*, n. 48).

(25) C. Caffarra, *Vida en Cristo*, Eunsa, Pamplona, 1992, p. 79.

(26) Cf. J. Ratzinger, *Verdad, valores y poder*, Rialp, Madri, 1995, pp. 33-40; G. Abbà, *Quale impostazione per la filosofia morale? Ricerche di filosofia morale I*, LAS, Roma 1996, pp. 12-16. Os aspectos epistemológicos com respeito ao influxo das «tradições de vida» na moral foram estudados por A. MacIntyre, *Tres versiones de la ética: enciclopedia, genealogía y tradición*, Rialp, Madri, 1992.

(27) Cf. Mt 28, 18-20; Mc 16, 15-16; At 26, 17-20.

dade, e o próprio Cristo prometeu a assistência do Espírito Santo para que a identidade da sua mensagem se mantivesse intacta.[28] *Portanto, na Igreja, existe um magistério também no âmbito moral, o qual, por vontade de Cristo, é verdadeiramente normativo para a consciência do fiel.*[29] Mais adiante estudaremos a natureza, a modalidade e o alcance deste magistério moral e outras questões relacionadas a ele.[30] Por enquanto, basta sublinhar que a relação entre o homem e Cristo, núcleo da vida moral cristã, «não é pensada e estabelecida pelo próprio fiel numa solidão individualista»,[31] senão que deve realizar-se dentro da Igreja e em comunhão com ela.

Devemos recordar, além disso, que a Igreja não é só o âmbito ou o «meio» pelo qual, normalmente, se recebe o anúncio cristão. A comunhão eclesial é a sua morada permanente. Ela é inseparável da vida em Cristo. São Paulo oferece estreito paralelismo entre sermos filhos de Deus através da fé em Jesus Cristo e do batismo[32] e sermos todos «um só em Cristo Jesus».[33] «Sermos um» não significa apenas ter uma fé comum, mas também estarmos todos unidos como Corpo de Cristo: «Assim nós, embora sejamos muitos, formamos um só corpo em Cristo, e todos somos membros uns dos outros».[34] A comparação paulina entre o corpo humano e Cristo-Igreja torna evidente que não é possível a união com Cristo sem que todos constituamos o corpo de Cristo. Manifesta-se, desse modo, a profunda participação e comunhão, de caráter místico, que concerne a todos os cristãos. *Na vida cristã, a comunhão eclesial não é somente uma formalidade que se deva respeitar ou um requisito que se deva cumprir. Pertence à sua própria natureza.* Não se pode dividir a Cristo. A falta de consciência de pertencer à Igreja e, mais ainda, a divisão seriam um atentado contra a própria essência do nosso ser e viver em Cristo.

---

(28) Cf. Lc 24, 47-49; Jo 14, 26; At 1, 8; 15, 28.

(29) Cf. *Lumen gentium*, ns. 24-25; *Mysterium Ecclesiae* e *Donum veritatis, passim; Veritatis splendor*, ns. 110-117; *Catecismo*, ns. 85-87, 888-892 e, mais especificamente sobre o magistério moral, ns. 2032-2040.

(30) Cf. § 3 (b).

(31) C. Caffarra, *Vida en Cristo*, cit., p. 72.

(32) Cf. Gál 3, 26-27.

(33) Gál 3, 28.

(34) Rom 12, 5.

c) Moral cristã e moral humana

Se é verdade que a vida moral cristã começa com o batismo, o mesmo não se pode dizer da vida e da experiência morais em geral. Existe uma reflexão ética anterior ao cristianismo e independente até da revelação do Antigo Testamento (por exemplo, a ética aristotélica), porque *o homem é, por sua condição natural, um ser moral e, portanto, capaz de perceber por si mesmo a distinção entre o bem e o mal.* Esta capacidade não está objetivamente à margem do desígnio salvífico divino, porque o homem foi criado por meio de Cristo e em ordem a Cristo.[35] A diversidade e o nexo entre estes dois níveis éticos torna legítima a pergunta sobre a relação entre a moral cristã e a moral humana, ou, se se prefere, sobre a estrutura moral própria do cristão, que é sujeito moral a duplo título: enquanto homem e enquanto cristão. É uma questão que recebeu diversas respostas ao longo da história da teologia moral, e que suscitou o debate sobre a especificidade da moral cristã e também sobre «a moral autônoma no contexto cristão»,[36] tema de que trataremos mais adiante.[37] Agora trataremos somente dos aspectos mais simples e mais imediatos da questão, os quais ajudarão, num segundo momento, a enfocar corretamente os temas mais específicos.

Uma primeira observação pertinente é a que se encontra na síntese da mensagem de Jesus apresentada em Mc 1, 15: «Completou-se o tempo, e o Reino de Deus está próximo. Convertei-vos e crede na Boa

---

(35) Cf. Col 1, 16-20; Ef 1, 4.

(36) Uma informação sucinta do primeiro destes debates encontra-se em R. García de Haro, *La vida cristiana. Curso de Teología Moral Fundamental*, Eunsa, Pamplona, 1992, pp. 49--53; ver também: F. Compagnoni, *La specificità della morale Cristiana*, Dehoniane, Bolonha, 1972; T. López & G. Aranda, *Lo específico de la moral cristiana. I (Valoración de la literatura sobre el tema)* e *II (El tema en la Comisión Teológica Internacional)*, «Scripta Theologica» 7 (1975) 687-767 e 8 (1976) 663-682; J. M. Yanguas, *La vida moral como expresión de la fe*, «Scripta Theologica» 19 (1987) 445-454; Ph. Delhaye, *Existe-t-il une morale spécifiquement chrétienne? La réponse de Vatican II*, «Seminarium» 28 (1988) 405-420; A. Fernández, *Teología Moral I*, Aldecoa, Burgos, 1952, pp. 191-237; T. Trigo, *El debate sobre la especificidad de la moral cristiana*, Eunsa, Pamplona, 2003. Acerca do segundo tema, cf. O. Bernasconi, *Morale autonoma ed etica della fede*, Dehoniane, Bolonha, 1981. O estado da questão depois da encíclica *Veritatis splendor* pode ver-se em A. Rodríguez Luño, *«Veritatis splendor» un anno dopo. Appunti per un bilancio (I)*, «Acta Philosophica» 4 (1995) 242-259 (com bibliografia abundante).

(37) *Vide* § 3 (b).

Nova». A pregação do Senhor marca o término do tempo de espera e o começo de um novo tempo em que se cumprem as profecias messiânicas. Isso exige do homem uma mudança profunda («convertei-vos»: *metanoeîte*) e a aceitação viva e operativa de tudo o que as palavras do Senhor ensinam, anunciam e comunicam. Dois conceitos são relevantes para o nosso problema: *novidade* e *cumprimento*.

Esta primeira observação se completa com outra, do Sermão da Montanha: «Não penseis que vim abolir a Lei e os Profetas. Não vim para abolir, mas para cumprir. [...] Se vossa justiça não for maior do que a dos escribas e dos fariseus, não entrareis no Reino dos Céus».[38] A referência à lei de Moisés, a qual também contém as exigências fundamentais da lei moral natural (especialmente o Decálogo), e aos Profetas é dupla: não se pretende aboli-los, mas levá-los à plenitude (*plērôsai*: completá-los, aperfeiçoá-los, ou melhor, levá-los a efeito mediante a ação).[39] Isso significa que, com relação à lei de Moisés (e implicitamente à lei moral natural),[40] *a mensagem cristã é,* verdadeiramente, novidade, mas *uma novidade sem ruptura, uma novidade como cumprimento*. A moral cristã ultrapassa a moral humana e a lei de Moisés, mas, ao mesmo tempo, leva-as à plenitude, interiorizando-as e radicalizando-as.

O bem do homem é conservado e levado à plenitude quando se eleva ao plano da filiação divina; isso significa, por um lado, que a mensagem cristã possui uma dimensão universal intrínseca, e pode ser reconhecida por todos – com a ajuda da graça – como a expressão mais completa da verdade sobre o homem: «o mistério do homem só no mistério do Verbo encarnado se esclarece verdadeiramente».[41] Por outro lado, também significa que o cristianismo dá grande importância às realidades e às virtudes éticas humanas, considerando-as como pressuposto necessário da vida moral cristã.

---

(38) Mt 5, 17-20.

(39) Cf. R. Schnackenburg, *El mensaje moral del Nuevo Testamento*, Herder, Barcelona, 1989, vol. I, p. 81, com a bibliografia das pp. 78-79.

(40) Falando sobre os preceitos morais da lei no Antigo Testamento, Santo Tomás indica que, «assim como a graça pressupõe a natureza, assim a lei divina pressupõe a lei natural» (*S.Th.*, I-II, q. 99, a. 2 ad 1). Uma referência mais direta à moral humana está no capítulo 1 da *Carta aos Colossenses*, que esclarece como o cumprimento da finalidade do mundo e, em particular, do homem se realiza precisamente na plenitude de Cristo: cf., por exemplo, João Paulo II, *Discurso* 28-V-1986: *Insegnamenti*, IX-1 (1986) 1697-1701.

 (41) *Gaudium et spes*, n. 22.

Mas não só como pressuposto. Se entendermos as virtudes humanas como hábitos morais que constituem a perfeição do homem enquanto tal – portanto, também daquele que não crê[42] –, poderemos concluir que o desenvolvimento destas qualidades humanas precede, no plano lógico, o das virtudes cristãs,[43] ainda que na prática os dois desenvolvimentos andem juntos e se entrecruzem. Desse modo, *para o cristão as virtudes éticas humanas não são apenas um pressuposto ou um meio para o exercício das virtudes cristãs, mas são ao mesmo tempo consequência e fruto da caridade.*[44] Além disso, a introdução da fé em Cristo no dinamismo do agir humano «exige também uma reformulação do significado e da hierarquia das virtudes. Estas já não são mero resultado de práticas humanas, mas um dom infundido por Deus. A primazia da caridade e das virtudes teologais muda totalmente o significado do estado virtuoso, coroado pelos dons do Espírito. Por referência a Cristo, entram em jogo novas virtudes, desconhecidas da filosofia clássica: a humildade, a obediência, o serviço (veja-se Fil 2 e Jo 13)».[45] A respeito deste ponto, é significativo que São Paulo considere a paciência, a fidelidade, a mansidão, o domínio de si como frutos da ação do Espírito Santo no cristão[46].

A vida em Cristo – que é «*perfectus Deus, perfectus homo*»,[47] Deus e homem sem separação nem confusão – não permite nenhuma contraposição entre o elemento humano e o elemento divino da moral cristã, entre a razão e a fé, entre a livre vontade e a graça. Uma dialética que para afirmar o elemento divino não encontrasse outro caminho senão o de negar ou de menosprezar o elemento humano ou que, inversamente, para afirmar o elemento humano se visse obrigada a limitar ou evitar o elemento divino, não seria compatível com a realidade e com a lógica da Encarnação. O menospre-

---

(42) Tenha-se em conta, por exemplo, a doutrina de Platão e de Aristóteles sobre as virtudes éticas.

(43) Entendemos por virtudes cristãs tanto as virtudes teologais como as virtudes morais infusas. Falaremos deste tema no cap. VII.

(44) Cf. A. del Portillo, *Escritos sobre el sacerdocio*, Palabra, Madri, 1996, pp. 28-30.

(45) L. Melina, *Participar en las virtudes de Cristo*, cit., pp. 181-182.

(46) Cf. Gál 5, 22-23.

(47) Símbolo *Quicumque*: DS 76.

zo das virtudes éticas humanas tornaria pouco crível a moral cristã, e não seria teologicamente justificável nem sequer na perspectiva da *theologia crucis.* Se é verdade que no homem há coisas que têm de morrer sob o sinal da cruz, também é verdade que no sinal da cruz tudo o que há de bom e de virtuoso no homem alcança o seu mais pleno desenvolvimento.[48] Na cruz de Cristo tem de morrer o homem velho ou *animalis homo* de que fala S. Paulo;[49] mas não o que no homem é verdadeira virtude: «ocupem-se com tudo o que é verdadeiro, nobre, justo, puro, amável, honroso, virtuoso ou que de algum modo mereça louvor».[50]

Sem dúvida, em relação às possibilidades cognoscitivas da razão prática humana, as exigências normativas das virtudes sobrenaturais se encontram em posição diferente das exigências normativas das virtudes morais humanas; este ponto não se deve esquecer. Mas essa diferença, considerada de modo não dialético, não dificulta o caráter unitário da vida cristã. Nela, as virtudes cristãs e as virtudes éticas humanas se entrelaçam em diversos níveis e com articulações muito complexas. Este vínculo corresponde, em última análise, à unidade do desígnio salvífico divino.[51] É o homem inteiro o que é renovado pela graça da filiação divina. Na vida moral do fiel, não existem estratos puramente «humanos». «Não há nada que possa ser alheio ao interesse de Cristo. Falando com profundidade teológica, isto é, se não nos limitarmos a uma classificação funcional, a rigor não se pode dizer que haja realidades – boas, nobres ou mesmo indiferentes – que sejam exclusivamente profanas, uma vez que o Verbo de Deus estabeleceu a sua morada entre os filhos dos homens, teve fome e sede, trabalhou com suas mãos, conheceu a amizade e a obediência, experimentou a dor e a morte. Porque em Cristo *aprouve ao Pai situar a plenitude de todo o ser, e reconciliar por Ele todas as coisas consigo, restabelecendo a*

(48) Cf. A. del Portillo, *Escritos sobre el sacerdocio*, cit., p. 24.

(49) «Sabemos que o nosso homem velho foi crucificado com Cristo, para que seja destruído o corpo sujeito ao pecado, de maneira a não mais servirmos ao pecado» (*Rom* 6, 6).

(50) Fil 4, 8.

(51) Cf. Ef 1, 3-10; Col 1, 13-20. Ver também I. Biffi, *La prospettiva biblico-cristologica della «Veritatis splendor»*, em G. Russo (cur.), *Veritatis splendor. Genesi, elaborazione, significato*, Dehoniane, Roma, 1995, pp. 87-96.

paz entre o céu e a terra, por meio do sangue que derramou na Cruz (Col 1, 19-20)».[52]

Neste livro, usamos a expressão vida cristã ou vida moral cristã para nos referirmos tanto ao campo das virtudes infusas (teologais e morais) como ao das virtudes morais humanas e, portanto, também ao que tradicionalmente se denominou direito natural. Este último, diferentemente das virtudes infusas e do seu objeto, não ultrapassa, em princípio, as possibilidades humanas, mas se integra na vida cristã – dando lugar a uma perspectiva moral que é mais que a simples soma de uma parte humana com outra sobrenatural –, na qual as virtudes éticas adquirem dimensão salvífica. De fato, no Novo Testamento se enumeram explicitamente, entre as obras que excluem do reino de Deus, os comportamentos que ofendem as virtudes éticas humanas,[53] e a Igreja considera contrária à doutrina católica a distinção «entre uma *ordem ética*, que teria origem humana e valor apenas temporal, e uma *ordem da salvação*, para a qual importariam somente algumas intenções e algumas atitudes interiores relativas a Deus e ao próximo».[54] Em última análise, para a salvação são importantes não só a fé, a esperança e a caridade, mas também as virtudes morais ou, se se preferir, os mandamentos da segunda tábua.[55] A integração das virtudes éticas na vida cristã não faz que elas sejam normativas *exclusivamente* para os cristãos, ou que as suas exigências percam a natural comunicabilidade mediante o discurso racional. Pensamos, no entanto, que o seu sentido mais profundo na existência humana, ainda que permanecendo racionalmente compreensível, não pode ser racionalmente captado com plenitude.

Como corolário disso tudo, não é exato conceber a relação entre a fé e a razão moral como uma diversificação de tarefas que se autoexcluem, como se a fé tratasse apenas da interioridade humana (a intencionalidade, as motivações, a vontade, o sentimento, etc.), enquanto o campo da conduta reta pertenceria exclusivamente à ra-

---

(52) Josemaria Escrivá, *É Cristo que passa*, cit., n. 112.

(53) Cf. 1 Cor 6, 9-10; Gál 5, 19-21; Jdt 7. Estas passagens apresentam alguns problemas exegéticos que, no entanto, não tiram a validez do indicado: *vide* R. Schnackenburg, *El mensaje moral del Nuevo Testamento*, cit., vol. I, pp. 281-285.

(54) *Veritatis splendor*, n. 37. Para aprofundar neste tema cf. A. Rodríguez Luño, *«Veritatis splendor» un anno dopo. Appunti per un bilancio (I)*, cit., pp. 242-259.

(55) Cf. Conc. de Trento, *De iustificatione*, cans. 19-21: DS 1569-1571.

zão. Também a fé pode propor argumentos adequados no que se refere ao conteúdo material da conduta ética. Deveria rejeitar-se uma distinção rígida, hoje em dia tão generalizada, entre a parênese e a ética normativa.

2. A teologia moral, inteligência da vida cristã

a) Objeto e fim da teologia moral

Como já dissemos, a natureza da teologia moral só pode ser explicada e entendida em relação com a vida moral cristã, acontecimento histórico subsequente à autocomunicação de Deus em Cristo e que requer, por sua vez, a livre cooperação do homem. A vida dos fiéis em Cristo como parte da comunidade eclesial sob a direção autorizada dos pastores é prévia;[56] *a teologia moral é posterior, e consiste na sua compreensão científica e na sua exposição sistemática. A teologia moral é, portanto, um saber reflexivo.* Mais concretamente, entre as diferentes formas de reflexão moral levadas a efeito à luz de Cristo na Igreja,[57] a teologia moral é aquela que se desenvolve com metodologia teológica: deve ser «considerada na sua especificidade de reflexão científica sobre o *Evangelho como dom e mandamento da vida nova,* sobre a vida "segundo a verdade na caridade" (Ef 4, 15), sobre a vida de santidade da Igreja, na qual resplandece a verdade do bem levado até a sua perfeição».[58]

A teologia moral é, portanto, *a parte da teologia que tem como objeto próprio a inteligência da vida dos fiéis em Cristo.* Numa passagem recordada com frequência, o Concílio Vaticano II afirma que a teologia

(56) Fala-se da vida dos fiéis na comunidade eclesial sob a direção dos pastores para evidenciar que estamos num plano teológico e normativo, que corresponde ao desígnio divino, e não num plano meramente sociológico. Não pertencem à vida dos fiéis em Cristo os comportamentos de alguns cristãos, também da comunidade primitiva, que foram repelidos pelos legítimos pastores: cf. *Rom* 14 (incompreensões e censuras recíprocas entre os fortes e os fracos na fé); *1 Cor* 5 (o incestuoso); *1 Cor* 11, 17-34 (os abusos na celebração da Eucaristia).

(57) Cf. *Veritatis splendor*, n. 29.

(58) *Ibid.*, n. 110.

moral deve ilustrar cientificamente «a grandeza da vocação dos fiéis em Cristo e a sua obrigação de dar frutos na caridade para a vida do mundo».[59] Para isso, a teologia moral «traz à reflexão esta vida que nasce do nosso ser em Cristo por meio do Espírito, examinando-a constantemente por meio do seu princípio, que é a Revelação testemunhada pela Sagrada Escritura e pela Tradição».[60]

O nascimento e o desenvolvimento da reflexão teológico-moral correspondem a instâncias em parte comuns a toda a teologia, em parte específicas. O homem tem uma inclinação natural ao conhecimento da verdade, e isto traz consigo a exigência de pensar no que ele é e no que ele faz. Une-se a esta exigência o «dinamismo interno da própria fé»,[61] que, ao revelar ao homem a verdade última acreca do seu destino e o caminho para alcançá-lo,[62] requer ser entendida – *fides quaerens intellectum* – e até comunicada, tanto aos fiéis, visando a uma compreensão mais profunda, como aos que não creem, para que também eles cheguem ao conhecimento de Cristo. *A reflexão teológica contribui,* consequentemente, *para o fortalecimento da vida dos fiéis e favorece o desenvolvimento da atividade apostólica da Igreja.* Desse modo, responde à «exigência da vida em Cristo de dar-se a conhecer mediante um discurso humano coerente e reflexivo».[63]

Se é verdade que o evento cristão como um todo se desenvolve na história, isso é particularmente significativo para a existência moral cristã. O agir moral cristão – e o mesmo se pode dizer do agir moral humano em geral – é o âmbito que recebe em maior grau o influxo da contingência e das mudanças históricas, culturais e científico-tecnológicas. As ações são sempre singulares, mas as suas circunstâncias são múltiplas e muito variáveis. Velhos problemas aparecem de modo novo, e problemas inteiramente novos surgem da evolução social e do progresso científico. A capacidade

(59) *Optatam totius*, n. 16.

(60) C. Caffarra, *Vida en Cristo*, cit., p. 82. *Vide* E. Molina & T. Trigo (eds.), *Verdad y libertad: cuestiones de moral fundamental*, Eunsa, Madri, 2009 (este livro não é um manual de Moral Fundamental, mas analisa acertadamente diversas questões respeitantes a este tema).

(61) *Donum veritatis*, n. 7.

(62) Cf. *ibidem*.

(63) C. Caffarra, *Vida en Cristo*, cit., p. 84.

e a responsabilidade eclesiais de garantir a identidade substancial da vida cristã ao longo dos séculos foram confiadas por Cristo aos pastores – o Colégio episcopal *cum Petro et sub Petro* –, e só eles têm autoridade divina para ensinar no campo dogmático e moral. Por outro lado, a complexidade das questões morais torna particularmente importante a verificação reflexiva das novas soluções sob a luz primordial da Revelação, e da projeção desta luz sobre os problemas emergentes ainda não resolvidos. Isto é tarefa da teologia moral, que se configura como um serviço aos fiéis e uma vocação eclesial que deve realizar-se em colaboração com os pastores e sob o seu juízo último.

b) O estatuto científico da teologia moral

O conceito de teologia moral, como inteligência da vida dos fiéis em Cristo, será posteriormente definido com maior precisão. Convém agora esclarecer a modalidade específica da inteligência da vida cristã que a teologia moral pretende alcançar. A encíclica *Veritatis splendor* menciona a complexidade da questão quando diz que a teologia moral é uma «ciência que acolhe e interroga a Revelação divina e, ao mesmo tempo, responde às exigências da razão humana».[64] A teologia moral refere-se «ao bem e ao mal dos atos humanos e da pessoa que os realiza e, neste sentido, está aberta a todos os homens; mas é também *"teologia"* [conhecimento de Deus], ao reconhecer o princípio e o fim do agir moral no Único que é *Bom* e que, doando-Se ao homem em Cristo, lhe oferece a bem-aventurança da vida divina».[65]

De acordo com o que se indicou no primeiro parágrafo deste capítulo, a vida moral cristã é adesão a Cristo e comunhão vital com Ele, orientação à plenitude da filiação divina e, portanto, uma vida segundo a fé. Em consequência disso, *a teologia moral deve ter fundamento cristológico.* Este ponto de vista, que admite diferentes elaborações teológicas concretas, é, depois da *Veritatis splendor*, uma indicação doutrinal de que não se pode prescindir. É justo dizer que, antes até

(64) *Veritatis splendor*, n. 29.

(65) *Ibidem.*

da *Veritatis splendor*, muitos teólogos trabalhavam nesta direção, e, em certo sentido, a encíclica propôs as aquisições desses estudos que haviam alcançado amplo consenso.[66]

O capítulo I da *Veritatis splendor* propõe um só caminho que seguir, junto com algumas indicações gerais. Mas continua em aberto, para uma posterior elaboração teológica, o problema epistemológico de como integrar o momento racional (a lei moral natural) na perspectiva cristológica fundacional, e de como elaborar esta perspectiva para que constitua um ponto de vista que inspire toda a moral e não apenas um capítulo seu. Permanece aberto, definitivamente, o tema de instituir uma mediação adequada mediante categorias éticas que sejam bem fundadas e que sejam coerentes com a perspectiva cristológica. Sem essa mediação, o discurso fundamental corre o risco de não ser convincente na prática.[67]

---

(66) Podem ver-se, entre as obras posteriores ao Concílio Vaticano II e anteriores à *Veritatis splendor*: H. U. von Balthasar, *Nueve puntos sobre la ética Cristiana*, em *Principios de moral Cristiana. Compendio*, Edicep, Valencia, 1988, pp. 71-98; C. Caffarra, *Vida en Cristo*, cit.; I. Biffi, *Fodazione teologico-cristologica-ecclesiologica della morale*, em Vários Autores, *Persona, verità e morale*, cit., pp. 27-35; A. Scola, *Cristologia e morale*, em Vários Autores, *Persona, verità e morale*, cit., pp. 539-560; G. Chantraine & A. Scola, *L'événement-Christ et la vie morale*, «Anthropotes» 3 (1987), pp. 5-23; D. Tettamanzi, *L'uomo immagine di Dio. Linee fondamentali di morale cristiana*, Piemme, Casale Monferrato, 1993; R. Tremblay, *L'«Homme» qui divinise. Pour une interprétation christocentrique de l'existence*, Paulines, Montreal, 1993. Uma visão crítica das obras desse período encontra-se em: M. Doldi, *Fondamenti cristologici della morale in alcuni autori italiani. Bilancio e prospettive*, Libreria Editrice Vaticana, Cidade do Vaticano, 2000; L. Melina, *Bilancio e prospettive del cristocentrismo in morale*, «Anthropotes», 16 (2000), pp. 365-387.

(67) Não é pouco frequente encontrar em alguns tratados de teologia moral tal carência de conclusões práticas. Existem autores para os quais parece que a teologia moral se identifica, pura e simplesmente, com a cristologia. Outros, no entanto, são muito sensíveis à especificidade do conhecimento prático. Nós estamos convencidos de que a fé em Cristo é o critério supremo e definitivo de vida, que, quando necessário, se une à razão prática dirigindo e modificando seus princípios práticos. Isso não quer dizer que da condição ontológica de filhos de Deus em Cristo seja sempre possível deduzir o que se deve fazer aqui e agora. Para chegar a um juízo moral, é necessária uma mediação, na qual a lei moral natural desempenha um papel importante. Do mesmo modo, não parece aceitável o extremo oposto, ou seja, a posição dos que pensam que a fé em Cristo ou a nossa condição de filhos de Deus em Cristo não tenham nada que dizer com respeito ao conteúdo da atuação ética concreta, que seria um âmbito exclusivo da razão autônoma. O fundamento cristológico, naturalmente, anula tais contraposições. Em nenhum plano é aceitável, em matéria moral, a alternativa «ou razão ou fé». O melhor é dizer «razão e fé», não como uma soma ou como uma justaposição, mas como uma verdadeira integração. Esta integração não é alcançada pelos partidários da razão autônoma nem pelos que reduzem a teologia moral à cristologia.

Em nossa opinião, é necessário examinar a validez das categorias analíticas racionais que se utilizam, uma vez que nem todas podem integrar-se corretamente na perspectiva teológica proposta. Cabe destacar, em particular, que na reflexão moral do século XX se difundiu a tendência a conceber a vida moral como um *fato* – o fato moral –, que deveria ser explicado pela teologia moral de maneira análoga à das ciências da natureza, ao explicarem os fatos naturais.[68] Segundo tais autores, o fato moral consistiria na consciência dos valores e na obrigação moral que deles deriva; e a tarefa da teologia moral seria fundamentar a obrigação moral e individuar seus conteúdos principais. Dessa forma, a teologia moral se constituiria como um saber sobre as normas morais que devem ser observadas; seria uma moral da obrigação.

Esta concepção da teologia moral procura aproximar-se da mentalidade científica moderna, com o propósito louvável de tornar-se mais compreensível aos homens do nosso tempo, e, simultaneamente, quer sustentar que a reflexão moral é um saber normativo e não simplesmente descritivo dos costumes. Não obstante, está condicionada pela ideia de que as ciências da natureza são o modelo a que cada saber científico deveria adequar-se, ideia que leva a querer compreender a prática moral como um método que altera a sua natureza e a sua especificidade. Com efeito, a vida moral não é um *fato* que se possa entender plenamente na perspectiva de um observador externo. Esta perspectiva se limita a considerar e avaliar a ação humana como a ação de uma terceira pessoa (Fulano realizou a ação «x»; esta ação é lícita ou ilícita? Que norma se aplica à ação «x»? Como pode fundamentar-se a validez de tal norma e o dever de obedecer a ela?). Por isso, fala-se de uma ética desenvolvida na «perspectiva da terceira pessoa».[69] Esta, entre outras coisas, estuda a ação humana – que nasce e adquire sua moralidade no coração do homem[70] – vista de

(68) Vejam-se as acertadas considerações sobre este ponto de G. Abbà, *Quale impostazione per la filosofia morale?*, cit., pp. 10 ss.

(69) Acerca das diferenças entre a ética da primeira pessoa e a ética da terceira pessoa, cf. A. Rodríguez Luño, *Ética general*, Eunsa, Pamplona, 2006, pp. 55-60.

 (70) Cf. Mt 15, 16-20.

fora. Tal contradição dá origem a equívocos notáveis, até no plano da teoria da ação.[71]

A *Veritatis splendor* sustenta, por outro lado, que o problema moral, «mais que uma pergunta sobre as normas que observar, é uma questão de plenitude de significado para a vida».[72] Por isso, as categorias analíticas que a teologia moral utiliza devem ser congruentes com *uma visão da vida moral justamente como vida, como conduta, entendida e avaliada primariamente com referência ao fim ao qual o sujeito moral conduz-se a si mesmo, e só derivadamente com referência a uma regra.* A vida moral cristã é a atividade mediante a qual o cristão, com base na fé e nas outras virtudes cristãs e humanas, elabora uma ordem ou um plano de vida que determina o modo e a medida segundo os quais deverão ser buscados, usados ou realizados os diversos bens, para atingir a meta da santidade cristã; em outras palavras, um programa de vida que permita ao fiel individuar as ações e a conduta que aqui e agora realizam a vida em Cristo.

Tudo isso é uma realidade existencial, que se vive de um modo consciente, mas normalmente não refletido. *A teologia moral assume esta ordem imanente à vida cristã e leva-a à consciência reflexa e científica,*[73] *explicitando os seus princípios e a sua lógica interna, verificando a sua congruência com a Revelação e facilitando a sua comunicabilidade.* A sua atenção centra-se, portanto, no fim, que é o bem da vida humana considerada como um todo, e que o sujeito moral realiza no dia a dia por meio de comportamentos concretos. A teologia moral assume, desse modo, a perspectiva interna do sujeito moral autor da sua conduta, ou seja, «a perspectiva da primeira pessoa» e do dinamismo

(71) Nesse sentido, é ilustrativo o seguinte ensinamento da *Veritatis splendor*, n. 78: «Para poder identificar o objeto de um ato que o especifica moralmente, ocorre, pois, colocar-se na *perspectiva da pessoa que age.* [...] Portanto, não se pode considerar como objeto de determinado ato moral um processo ou um acontecimento de ordem meramente física, por avaliar enquanto provoca determinado estado de coisas no mundo exterior».

(72) *Veritatis splendor*, n. 7.

(73) Tenha-se em conta a distinção formulada por Caetano entre a *ratio practica in actu exercitu* (atividade espontânea da razão prática) e a *ratio practica in actu signato* (atividade reflexa da razão prática, ou seja, a reflexão da razão prática sobre suas próprias operações): cf. *Commentario alla «Summa Theologiae»*, I-II, q. 58, a. 5, Com. VIII, na edição leonina da *Summa Theologiae*, Typographia Polyglotta S. C. De Propaganda Fide, Roma, 1891.

intencional interno que informa as ações humanas. Esta perspectiva é rica em implicações para o trabalho teológico-moral, como o leitor terá ocasião de comprovar ao longo deste livro.

Tudo o que dissemos significa que *a teologia moral deve ser elaborada como uma «operativa scientia»,*[74] *uma ciência prática ou, pelo menos, um saber que possui algumas das características metodológicas das ciências práticas.* Isto apresenta o problema de como entender que uma ciência prática possa ser parte da teologia, tradicionalmente considerada como uma ciência especulativa sobre Deus. Santo Tomás de Aquino apresentou-se este problema e, nas obras que expressam a síntese mais madura do seu pensamento teológico, oferece uma solução satisfatória, que nem sempre foi bem entendida. Quando estuda o estatuto científico da teologia moral em geral, Tomás leva em conta que a filosofia moral é uma ciência prática. Pensa, no entanto, que a teologia, por ocupar-se principalmente de Deus, é uma ciência especulativa, que pode abranger de modo unitário tanto o objeto das ciências filosóficas especulativas como o das ciências filosóficas práticas, pois a teologia estuda a ambos numa perspectiva formal superior e comum: enquanto conteúdos da Revelação divina.[75]

A solução tomista possui uma articulação interna que convém explicar com exatidão. Para Santo Tomás, o objeto da teologia certamente é Deus, porém não apenas como Ele é em Si, mas também enquanto princípio e fim das coisas criadas, especialmente o homem.[76] Ora, a particular relação que o homem tem com Deus explica que na teologia haja espaço para uma *«moralis consideratio».*[77] Como escreve no importante prólogo da *II Pars* da *Summa Theologiae*, o homem é imagem de Deus porque, assim como Deus, seu exemplar, também o homem é princípio das próprias obras, uma vez que é livre e senhor de suas ações. A teologia moral estuda as estruturas e as ajudas que Deus dá ao homem para que este possa ser verdadeiro autor da conduta que o fará alcançar o fim. Por

(74) *S.Th.*, I-II, q. 6, *prol.*

(75) Cf. *S.Th.*, I, q. 1, a. 3 ad 2 e a. 4.

(76) Cf. *S.Th.*, I, q. 2, *prol.*

(77) *S.Th.*, I-II, q. 6, *prol.*

> isso, «o conhecimento prático que temos como autores de nossas obras boas, isto é, a nossa *phronesis* ou *prudentia* e a ciência prática que construímos a respeito desta, é uma participação daquela *ratio* com que Deus governa as criaturas e particularmente o homem, ou seja, a lei eterna. *Dessa maneira, a sabedoria prática ou prudência e a ciência moral configuram-se como nosso modo de conhecer a lei eterna. Pode realizar-se uma verdadeira e própria ciência prática e moral acerca do homem autor de seus próprios atos numa teologia sobre Deus.* A ciência divina única, participada pelo nosso intelecto, mesmo permanecendo substancialmente una devido aos enunciados da Revelação divina de que depende como de seus princípios próprios, articula-se numa ciência especulativa sobre Deus e as suas obras (I Pars), sobre Cristo, o Filho de Deus Encarnado, e as suas obras teândricas (III Pars), e numa ciência prática sobre o homem e as suas obras humanas (II Pars) [...]. É possível, portanto, adotar na teologia o enfoque aristotélico da primeira pessoa».[78]

Em nossa opinião, o enfoque ético que se conhece como «ética da primeira pessoa» ou «ética da virtude»[79] é o mais apropriado para realizar a mediação requerida pelo estatuto epistemológico da teologia moral. Estamos de acordo com Melina quando escreve que a categoria virtude «oferece a premissa humana e racional para uma moral cristocêntrica da caridade, a qual permite superar uma moral da

---

(78) G. Abbà, *Quale impostazione per la filosofia morale?*, cit., pp. 60-61 (grifo nosso).

(79) Além da obra citada de G. Abbà, *Quale impostazione per la filosofia morale?*, temos especialmente presentes do mesmo autor: *Lex et virtus. Studi sull'evoluzione della dottrina morale di san Tommaso d'Aquino*, LAS, Roma, 1983; *Una filosofia morale per l'educazione alla vita buona*, «Salesianum» 53 (1991) 273-314; *Felicidad, vida buena y virtud*, Eiunsa, Barcelona, 1992 (em italiano foi publicada uma segunda edição ampliada: *Felicità, vita buona e virtù*, LAS, Roma 1952; vamos citá-la quando a referência não se encontre na primeira edição); *L'originalità dell'etica delle virtù*, «Salesianum» 59 (1997) 491-517. E também M. Rhonheimer, *Praktische Vernunft und Vernünftigkeit der Praxis. Handlungstheorie bei Thomas von Aquin in ihrer Entstehung aus dem Problemkontext der aristolelischen Ethik*, Akademie Verlag, Berlin, 1994; *La perspectiva de la moral. Fundamentos de la ética filosófica*, Rialp, Madri, 2000; *Ley natural y razón práctica: una visión tomista de la autonomía moral*, Eunsa, Pamplona, 2006; A. MacIntyre, *Tras la virtud*, Crítica, Barcelona 1987; *Justicia y racionalidad*, Eiunsa, Barcelona 1994; *Tres versiones de la ética: enciclopedia, genealogía y tradición*, cit.; A. Rodríguez Luño, *Ética general*, cit., e *La scelta ética. Il rapporto tra libertà e virtù*, Ares, Milano 1988. Em todos estes estudos, pode encontrar-se bibliografia posterior sobre o tema.

pura obrigação, e unir a dimensão natural e a dimensão sobrenatural. A perspectiva da primeira pessoa, que é a mais apropriada para uma moral de virtudes, é a única que nos permite captar satisfatoriamente o ponto de vista moral como práxis, mediante a qual o sujeito é chamado a realizar-se precisamente como pessoa. A unidade orgânica da vida moral cristã [...] não suprime a diferença entre a ordem natural humana das virtudes e a ordem sobrenatural da caridade. A dimensão racional das virtudes, subsumida na lógica superior da caridade, é respeitada em suas exigências próprias. Na perspectiva cristocêntrica, o humano e o divino em moral unem-se "sem confusão nem separação"».[80] A categoria virtude permite também compreender como a fé em Cristo se integra na razão prática e transforma seus princípios, de modo que Ele seja realmente o verdadeiro princípio interno da conduta moral.[81] As virtudes praticadas e ensinadas por Cristo acabam sendo os princípios práticos da ação moral.

c) Teologia moral e teologia dogmática

Ao sublinhar na seção precedente a especificidade da teologia moral, afirmamos simultaneamente o caráter unitário da teologia. *O saber teológico é unitário porque unitária é a Revelação divina, sob cuja luz a teologia estuda as verdades teóricas em que se deve crer e as verdades práticas que permitem especificar os comportamentos congruentes com as verdades cridas.* A unidade do saber teológico é complexa e articulada, mas é também uma verdadeira e real unidade. Não se pode falar ou escrever sobre todas as coisas ao mesmo tempo. Por razões didáticas, derivadas do ensino e do estudo, a teologia divide-se em diferentes partes (teologia dogmática, teologia moral, teologia bíblica, etc.), e estas partes se dividem, por sua vez, em diferentes tratados. Porém a própria experiência didática ensina que a compreensão de qualquer temática teológica requer frequentes referências a questões que são objeto de outras partes ou tratados teológicos. Esta exigência é particularmente evidente na teologia moral. *Não é possível enfrentar o estudo da teologia*

---

(80) L. Melina, *Participar en las virtudes de Cristo*, cit., p. 182.

(81) Esta perspectiva será desenvolvida, dentro dos limites da moral geral, nos capítulos II, §§ 3 (d) e 4; VII, § 5 (a); VIII, §§ 4 (b) e 4 (c).

moral cristã sem ter presente o seu fundamento cristológico, eclesiológico e sacramental.

Questões tipicamente dogmáticas como a criação e a predestinação em Cristo, o pecado original e a concupiscência, a redenção e a justificação, os novíssimos, a ação do Espírito Santo na Igreja e em cada um dos fiéis, etc., são pontos de referência essenciais para o moralista. É igualmente necessário recorrer à teologia bíblica do Antigo e do Novo Testamento, bem como à teologia espiritual, intimamente ligada à teologia moral. Em suma, sejam quais forem as exigências didáticas, não se deve esquecer que o estudo da teologia moral requer a profissão e a consideração de toda a fé cristã, «que não é simplesmente um conjunto de proposições por acolher e ratificar com a mente. Trata-se, antes, de um conhecimento existencial de Cristo, uma memória viva dos seus mandamentos, uma verdade por viver. Aliás, uma palavra só é verdadeiramente acolhida quando se traduz em atos, quando é posta em prática. A fé é uma decisão que compromete toda a existência. É encontro, diálogo, comunhão de amor e de vida do fiel com Jesus Cristo, Caminho, Verdade e Vida (cf. Jo 14, 6). Comporta um ato de intimidade e de abandono a Cristo, fazendo-nos viver como Ele viveu (cf. Gál 2, 20), ou seja, no amor pleno a Deus e aos irmãos».[82]

3. As fontes da teologia moral

As fontes da teologia moral são substancialmente as mesmas da teologia em geral. A extensão das questões que apresentam faz que sejam objeto de estudo de um tratado teológico específico: a teologia fundamental.[83] Aqui nos limitaremos a indicar as questões mais

(82) *Veritatis splendor*, n. 88.

(83) Pode encontrar-se uma síntese orgânica e completa em F. Ocáriz & A. Blanco, *Revelación, Fe y Credibilidad*, Palabra, Madri, 1998. Também são úteis: R. Latourelle, *Teología de la Revelación*, Sígueme, Salamanca, 1994; J. Ratzinger, *Teoría de los principios teológicos: materiales para una teología fundamental*, Herder, Barcelona, 1985; R. Latourelle & R. Fisichella (eds.), *Dizionario di Teologia Fondamentale*, Cittadella, Assis, 1990.

importantes, detendo-nos sobretudo nas que se referem à teologia moral.

a) A Revelação divina

A Sagrada Escritura e a Tradição. *A fonte específica e o fundamento perene da teologia moral, como os de toda a teologia, é a Revelação divina:*[84] «a sagrada Teologia apoia-se, como em seu fundamento perene, na palavra de Deus escrita e na sagrada Tradição, e nela se consolida firmemente e sem cessar se rejuvenesce, investigando, à luz da fé, toda a verdade contida no mistério de Cristo».[85] O saber teológico é o esforço humano por entender o conteúdo da Revelação acolhido na fé e por aprofundar-se cientificamente nele. A teologia é a ciência da fé. Esta tem na fé seus princípios constitutivos próprios (*fides quae*), e a luz (*fides qua*) que inspira e torna possível o posterior aprofundamento racional. O objeto teológico «só pode ser objeto da razão se esta crê e na medida em que se encontre sob o influxo da fé».[86] O dinamismo interior do saber teológico foi expresso por Santo Agostinho mediante a célebre fórmula «creio para compreender e compreendo para crer melhor»,[87] na qual se faz evidente que a fé é também a meta e a regra intrínseca da teologia.

A Revelação divina encontra o seu cumprimento em Jesus Cristo, que ordenou aos apóstolos que pregassem o Evangelho, «como fonte de toda a verdade salutar e de toda a disciplina de costumes».[88] Eles «e outros da sua geração» fizeram-no oralmente e por escrito.[89] Assim, *a Revelação é transmitida, mediante a Sagrada Escritura e a Sagrada Tra-*

---

(84) A importância da revelação bíblica como fonte da doutrina moral cristã foi recentemente reiterada pela Pontifícia Comissão Bíblica, que, entre outros temas, indica alguns critérios metodológicos para discernir, com base na Sagrada Escritura, a correta conduta moral: cf. Pontifícia Comissão Bíblica, *Biblia y Moral*, Libreria Editrice Vaticana, Cidade do Vaticano, 2008.

(85) *Dei Verbum*, n. 24.

(86) J.-H. Nicolas, *Synthèse dogmatique*, Ed. Univ. Fribourg, Fribourg, 1986, vol. I, p. 4.

(87) Cf. Santo Agostinho, *Sermo* 43, 7-9: CCL 41, 511-512.

(88) *Dei Verbum*, n. 7.

(89) Cf. *Ibid.*, n. 7.

dição de origem apostólica. «A sagrada Tradição, portanto, e a Sagrada Escritura estão estreitamente unidas e mescladas entre si. Com efeito, derivando as duas da mesma fonte divina, constituem como que uma coisa só e tendem ao mesmo fim. [...] Por isso, as duas devem ser recebidas e veneradas com igual espírito de piedade e de reverência».[90] É importante ter presente que a Tradição é uma realidade viva, «que progride na Igreja sob a assistência do Espírito Santo. Com efeito, progride a percepção tanto das coisas como das palavras transmitidas, quer graças à contemplação e ao estudo dos fiéis, que as meditam em seu coração (cf. Lc 2, 19-51), quer graças à íntima inteligência que experimentam das coisas espirituais, quer graças à pregação daqueles que, com a sucessão do episcopado, receberam o carisma da verdade».[91] Isto significa, entre outras coisas, que a Sagrada Escritura, escrita por inspiração divina e confiada à Igreja, deve ser lida e entendida como foi lida e interpretada pela Igreja.[92] Nesse sentido, a Sagrada Escritura sem a Tradição é *formalmente* insuficiente, isto é, sem a Tradição não estaria garantido o reconhecimento do cânon das Escrituras nem a sua correta interpretação. Se é também *materialmente* insuficiente, isto é, insuficiente do ponto de vista constitutivo, é uma questão debatida que não nos cabe resolver.[93] O que é certo é que as duas estão unidas de tal modo, que uma não pode subsistir independentemente da outra.[94]

O magistério da Igreja. Cristo prometeu a assistência do Espírito Santo à Igreja para que ela conservasse intacto o depósito da Revelação divina, tanto *in credendo* como *in docendo*, isto é, da fé professada e da fé ensinada. Mas *o ofício de interpretar autenticamente e de custodiar em nome de Cristo a palavra de Deus foi confiado somente ao magistério vivo da* Igreja.[95] Este «não está acima da palavra de Deus, mas sim ao seu serviço, ensinando apenas o que foi transmitido [...] com a assis-

(90) *Ibid.*, n. 9.

(91) *Ibid.*, n. 8.

(92) Cf. 2 Pe 1, 20-21.

(93) Cf. F. Ocáriz & A. Blanco, *Revelación, Fe y Credibilidad*, cit., pp. 175-206.

(94) Cf. *Dei Verbum*, n. 10; *Catecismo*, ns. 74-83.

(95) «O sentido da Escritura, dos símbolos e das formulações dogmáticas do passado não brota só do próprio texto, mas também da fé da Igreja. No seio da comunidade encontramos a instância de decisão e de interpretação autêntica e fiel da doutrina da fé e da moral» (CELAM, *Documento de Puebla*, n. 374).

tência do Espírito Santo».[96] O Concílio Vaticano II recordou a íntima união entre os três elementos: «a Tradição, a Escritura e o Magistério da Igreja, segundo o sapientíssimo desígnio de Deus, de tal maneira se unem e se associam, que um sem os outros não se mantém, e todos juntos, cada um a seu modo, sob a ação do mesmo Espírito Santo, contribuem eficazmente para a salvação das almas».[97]

O ofício de ensinar em matéria de fé e de moral corresponde aos Bispos em comunhão com o Romano Pontífice e ao próprio Romano Pontífice; por isso «devem por todos ser venerados como testemunhas da verdade divina e católica»,[98] mesmo quando não pretendem definir dogmaticamente uma doutrina.[99] É preciso lembrar, além disso, que os ensinamentos do magistério vinculam a fé teologal do fiel quando se realizam sob o carisma da infalibilidade (ausência de erro garantida pela assistência divina).[100] Gozam deste carisma tanto os atos do magistério solene como os do magistério ordinário universal.[101] São atos do *magistério solene* as definições «*ex cathedra*» do Romano Pontífice e as definições do Colégio Episcopal com o Romano Pontífice[102] e aprovadas por ele (por exemplo, num Concílio Ecumênico).[103] Temos, por outro lado, um ensina-

(96) *Dei Verbum*, n. 10.

(97) *Ibidem.*

(98) *Lumen gentium*, n. 25.

(99) Cf. CIC, can. 752; *Donum veritatis*, n. 23. Acerca do magistério ordinário do Papa, a Const. *Lumen gentium*, n. 25, precisa: «Esta religiosa submissão da vontade e do entendimento é por especial razão devida ao magistério autêntico do Romano Pontífice, mesmo quando não fala *ex cathedra*; de maneira que o seu supremo magistério seja reverentemente reconhecido e se preste sincera adesão aos ensinamentos que dele emanam segundo o seu sentir e a sua vontade; estes se manifestam sobretudo quer pela índole dos documentos, quer pelas frequentes repetições da mesma doutrina, quer pelo modo de falar».

(100) A declaração *Mysterium Ecclesiae*, ns. 2-5, faz importantes esclarecimentos a respeito do carisma da infalibilidade.

(101) Cf. Conc. Vaticano I, Const. dogm. *Dei Filius*, 24-IV-1870, cap. 3: DS 3011; CIC, can. 750.

(102) Cf. Conc. Vaticano I, Const. dogm. *Pastor Aeternus*, 18-VII-1870, cap. 4: DS 3073--3075; esta doutrina do Vaticano I é dogma de fé. Ver também o texto integral de *Lumen gentium*, n. 25.

(103) «Isso [A infalibilidade dos Bispos com o Romano Pontífice] se verifica ainda mais manifestamente quando, reunidos em Concílio Ecumênico, são doutores e juízes da fé e dos costumes para toda a Igreja, devendo-se aderir com fé às suas definições. [...] A

mento infalível do *magistério ordinário e universal* quando cada um dos Bispos, «ainda que dispersos pelo mundo, mas unidos entre si e com o sucessor de Pedro, ensinam autenticamente matéria de fé ou costumes concordando em que uma doutrina deve ser tida por definida»; neste caso, «anunciam infalivelmente a doutrina de Cristo».[104] É necessário acrescentar, no tocante ao valor do magistério da Igreja, que se deve ter presente não só a natureza do ato do magistério, mas também o diferente grau ou qualificação das doutrinas ensinadas e o tipo de adesão requerido. A Instrução *Donum veritatis*, referindo-se à *Professio fidei et iusiurandum fidelitatis,* introduziu um notável esclarecimento desta matéria, distinguindo três grandes categorias de verdades.[105] Este aspecto é necessário para realizar uma hermenêutica correta dos documentos do magistério da Igreja.

Magistério e teologia. O cultivo da teologia, como análise racional do mistério revelado, envolve uma adequada compreensão da relação existente entre o magistério da Igreja, o trabalho dos teólogos e o povo de Deus, livre de distorções e de contraposições dialéticas. A rigor, o magistério não constitui uma fonte autônoma da teologia. A fonte e a norma da teologia são a Revelação divina, e é com referência a ela que a função do magistério deve ser considerada. De acordo com o desígnio do Senhor e na sua íntima conexão com a Sagrada Escritura e a Sagrada Tradição,[106] o magistério precede e regula o trabalho teológico no mesmo sentido que a fé. *Para a teologia, o magistério não é uma instância extracientífica contrária à busca racional, mas constitui a sua premissa necessária.* Ao mesmo tempo, deve-se recordar que «a teologia não é simples e exclusivamente uma função auxiliar do Magisté-

infalibilidade prometida à Igreja reside também no colégio episcopal, quando este exerce o supremo magistério em união com o sucessor de Pedro. A estas definições nunca pode faltar o assentimento da Igreja, graças à ação do Espírito Santo, que conserva e faz progredir na unidade da fé todo o rebanho de Cristo» (*Lumen gentium*, n. 25).

(104) *Lumen gentium*, n. 25.

(105) Cf. *Donum veritatis*, n. 23. A *Professio fidei et iusiurandum fidelitatis* foi publicada pela Congregação para a Doutrina da Fé em 1989: AAS 81 (1989) 104 s. Um esclarecimento posterior, que compreende também os aspectos canônicos, foi feito por João Paulo II, Motu proprio *Ad tuendam fidem*, 18-V-1998, e Congr. para a Doutrina da Fé, *Nota doutrinal ilustrativa da fórmula conclusiva da «Professio fidei»*, 29-VI-1998.

(106) Cf. *Dei Verbum*, n. 10.

rio»;[107] não se limita a repetir ou a recolher os temas ensinados. *A teologia tem uma dinâmica própria, enraizada na tendência à verdade e na compreensão racional própria do homem e da fé;* assim, a teologia busca tanto desenvolver da vida cristã dos fiéis como cumprir a necessária tarefa de explicar a razão da própria esperança a todos os que ainda não conhecem a Cristo.

Neste sentido, «o valor primário é a unidade da fé; disso deriva a autoridade e o poder deliberativo último do Magistério na interpretação da Palavra de Deus escrita e transmitida; respeitar esse valor primário não sufoca a investigação teológica, antes lhe confere um fundamento estável».[108] Além disso, é preciso ter em conta o caráter eclesial da teologia: para alcançar o seu objetivo próprio, «a teologia nunca pode reduzir-se à reflexão "privada" de um teólogo ou de um grupo de teólogos. *O ambiente vital do teólogo é a Igreja,* e a teologia, para ser fiel à sua identidade, não pode fazer outra coisa senão participar intimamente do tecido da vida da Igreja, da sua doutrina, da sua santidade, da sua oração».[109] Esta convicção de pertença responsável à Igreja permite resolver sempre, de maneira adequada e não traumática para os fiéis, as tensões que ocasionalmente possam ocorrer entre a busca teológica e o magistério dos pastores;[110] tensões que até certo ponto são inevitáveis em todas as realidades em que os homens intervêm, mas que a partir de determinadas magnitudes e modalidades seriam manifestação de falta de fé e de amor para com a mediação eclesial querida e garantida por Cristo.

Por outro lado, uma é a função dos pastores e outra a dos teólogos.[111] Os pastores não entram no debate científico-teológico senão quando tal é necessário para o bem dos fiéis, e, neste caso, fazem-no de modo indireto; e não cabe à teologia o governo da comunidade

---

(107) J. Ratzinger, *introducción*, em Aa.Vv., *El don de la verdad. Instrucción y comentarios*, Palabra, Madri, 1993, p. 20.

(108) João Paulo II, *Discurso* 24-XI-1995, n. 2: *insegnamenti*, XVIII-2 (1995) 1214.

(109) *Ibidem.*

(110) Cf. *Donum veritatis*, ns. 21-41.

(111) Cf. *Pastores dabo vobis*, n. 53.

cristã. O que se pede à teologia é que seja boa teologia, ou seja, que cumpra a sua missão com rigor científico, que esteja fundada na fé, regulada pela fé, e encaminhada a um maior conhecimento da fé, sem esquecer a sua finalidade pastoral.[112]

Em última análise, *o magistério e a teologia, mesmo cumprindo funções diversas, procuram manter o Povo de Deus na verdade que liberta.* Este idêntico serviço à comunidade dos fiéis, e até a todos os homens, funda e inspira a relação de mútua colaboração entre eles.[113]

b) O conteúdo da Revelação e a competência do magistério no campo moral

Revelação, magistério e moral. O Evangelho pregado pelos Apóstolos e seus sucessores é a «fonte de toda a verdade salutar e de toda a disciplina de costumes».[114] Esta afirmação da Constituição dogmática sobre a Revelação divina do Concílio Vaticano II expressa, em termos gerais, o que sempre foi o sentir da Igreja: *o Evangelho é também a fonte «da ordenação dos costumes»;* e é tradicional o uso da fórmula *«in rebus fidei et morum»*, em matéria de fé e de moral, para referir-se tanto ao conteúdo da Revelação quanto ao âmbito em que o magistério da Igreja tem autoridade e competência doutrinal.[115] De fato, a existência de um conteúdo moral revelado e de uma competência doutrinal específica do magistério eclesiástico no campo moral sempre foi afirmada de modo universal e pacífico pela teologia moral até metade do século XX.

---

(112) Cf. *ibidem.*

(113) Cf. *ib.*, n. 55.

(114) *Dei Verbum*, n. 7.

(115) A expressão *«in rebus fidei et morum»* é empregada, pelo menos, desde o Concílio de Trento (cf. DS 1507), e foi retomada, com ligeiras variações, por todos os documentos eclesiásticos sobre a matéria até os nossos dias, por exemplo: Const. *Pastor Aeternus* do Vaticano I; Const. *Lumen gentium* e *Dei Verbum* do Vaticano II; *Mysterium Ecclesiae, Professio fidei, Donum veritatis* e *Veritatis splendor.* Esta locução foi usada até em definições dogmáticas (cf. DS 3074).

Esta competência específica do magistério em matéria moral é, acima de tudo, uma realidade bimilenar na vida da Igreja.[116] Do ponto de vista teológico, tal realidade se explica fundamentalmente por duas razões. *O magistério da Igreja é competente no campo moral: a) como guardião e intérprete da Revelação (e, portanto, do seu conteúdo ético), e b) na medida em que Cristo enviou os Apóstolos e seus sucessores a pregar a mensagem da salvação, sendo necessária para a salvação a observância de toda a lei moral.*[117] Com base nesta segunda razão, a Igreja afirmou a sua competência até em matérias de lei moral natural,[118] sem que com isto tenha solucionado a questão teórica sobre a existência de verdadeiras exigências da lei moral natural que não tenham sido reveladas de alguma maneira ou que não estejam ligadas à preservação e à exposição do depósito da fé.

A «moral autônoma». Nos anos seguintes ao Concílio Vaticano II, começou a aparecer uma orientação teológica, conhecida como «moral autônoma» ou «moral autônoma no contexto cristão»,[119] que propôs uma nova concepção das relações entre a moral humana e a moral cristã. A solução proposta tende a negar a competência do magistério da Igreja no âmbito das normas morais concretas da lei natural, o que pressupõe a rejeição das bases desta competência, ou seja, a pertença

---

(116) Desde os tempos apostólicos os pastores intervieram nas questões morais, e também no que se refere à lei moral natural. Isto é evidente nas Cartas do Novo Testamento. Também se pode ver, a modo de exemplo, DS 2038, 2039, 2044, 2045, 2060-2062, 2108, 2109, 2114, 2115, 2126-2128, 2130-2144, 2148-2151, 3336-3338, bem como as encíclicas sociais.

(117) Cf. Paulo VI, Enc. *Humanae vitae*, 25-VII-1968, n. 4; *Donum veritatis*, n. 16.

(118) Cf. *Humanae vitae*, n. 4, e os documentos citados na nota 1 da mesma encíclica. Outros textos do magistério e uma visão de conjunto encontram-se em F. Ocáriz, *La competenza del Magistero della Chiesa «in moribus»*, em Vários Autores, *«Humanae vitae»: 20 anni dopo*, Ares, Milão, 1989, pp. 125-138. Sobre os estudos posteriores à *Veritatis splendor*, cf. J. A. Martínez Camino, *«La fe que actúa...» (Gál 5, 6). Fe y razón en la «Veritatis splendor»*, e A. Carrasco Rouco, *Iglesia, Magisterio y Moral*, em G. del Pozo Abejón (ed.) , *Comentarios a la «Veritatis splendor»*, BAC, Madri, 1994, pp. 383-402 e 429-474, respectivamente; R. Fisichella, *Teologi e Magistero*, em R. Lucas Lucas (ed.), *«Veritatis splendor». Testo integrale e commento filosofico-teologico*, Paoline, Cinisello Balsamo, 1994, pp. 153-168; A. Sarmiento, *Determinaciones de la autoridad de la Iglesia sobre la moral*, «Ius Canonicum» 40 (2000) 53-71.

(119) Representantes desta orientação são A. Auer, *Autonome Moral und christliche Glaube*, Patmos, Düsseldorf, 1971 (em 1984, publicou-se uma segunda edição, com resposta às principais críticas recebidas); e F. Böckle, *Moral fundamental*, Cristiandad, Madri, 1980.

de tais normas ao depósito revelado e o seu significado para a salvação. Surgiu então um importante debate,[120] e alguns expoentes desta orientação chegaram a sustentar posições manifestamente errôneas, que motivaram a intervenção do Romano Pontífice com a encíclica *Veritatis splendor.*

A encíclica *Veritatis splendor* ensina claramente que é possível e necessário falar de uma «justa autonomia da razão prática»[121] e, ao mesmo tempo, afirma de maneira igualmente clara que alguns moralistas católicos propuseram uma interpretação da autonomia da razão humana que traz consigo «teses incompatíveis com a doutrina católica».[122] Estes ensinamentos constam nos nn. 36 e 37 da encíclica, ainda que, na verdade, a conexão entre fé e moral seja um tema que se repita ao longo de todo o documento. O conteúdo dos nn. 36 e 37 pode ser resumido em 5 pontos:

1) Antes de tudo, fica claro, e é um esclarecimento muito importante, que a orientação criticada «nunca pretendeu contrapor a liberdade humana à lei divina, nem pôr em dúvida a existência de um fundamento religioso último das normas morais».[123]

2) Por outro lado, esta corrente introduziu profunda mudança *no modo de conceber* a relação entre a razão humana e Deus, negando as duas principais vias através das quais se estabelece esta relação, na moral católica tradicional: «esquecendo, porém, que a razão humana depende da Sabedoria divina e, no atual estado de natureza decaída, a necessidade e, mais ainda, a efetiva realidade da Revelação divina para o conhecimento das verdades morais, mesmo de ordem natural, alguns chegaram a teorizar uma *completa sobe-*

(120) Uma visão de conjunto encontra-se em F. Citterio, *Morale autonoma e fede Cristiana. Il dibattito continua, I*, «La Scuola Cattolica» 108 (1980) 509-581; O. Bernasconi, *Morale autonoma ed etica della fede*, cit.; J. Langan, *The Christian Difference in Ethics*, «Theological Studies» 50 (1989) 131-150. *Vide* também F. J. Marín Porgueres, *La moral autónoma: un acercamiento desde Franz Böckle*, Eunsa, Pamplona, 2002. Para um maior aprofundamento teórico do tema cf. M. Rhonheimer, *Ley natural y razón práctica*, cit.

(121) *Veritatis splendor*, n. 40.

(122) *Ib.*, n. 37.

(123) *Ib.*, n. 36.

rania da razão no âmbito das normas morais, relativas à reta ordenação da vida neste mundo».[124] Ou seja, propôs-se o conceito de uma razão que estabeleceria autarquicamente, segundo as exigências variáveis e sempre novas das situações históricas particulares, aquilo que é justo ou equivocado no campo do agir intramundano. Disso se conclui que «tais normas constituiriam o âmbito de uma moral puramente "humana", isto é, seriam a expressão de uma lei que o homem autonomamente daria a si próprio, com a sua fonte exclusiva na razão humana. Desta lei, Deus não poderia de modo algum ser considerado Autor, a não ser no sentido em que a razão humana exerceria a sua autonomia legislativa por força de um mandato original e total de Deus ao homem. Ora, estas tendências de pensamento levaram a negar, contra a Sagrada Escritura e a doutrina constante da Igreja, que a lei moral natural tenha Deus como autor e que o homem, mediante a sua razão, participe da lei eterna, dado que não é ele quem a estabelece».[125]

3) Esta tese foi depois utilizada como critério fundamental de hermenêutica bíblica: seu conceito de razão é incompatível com a possibilidade de uma Revelação por parte de Deus de preceitos morais relacionados com os comportamentos concretos;[126] assim, «chegou-se ao ponto de negar, na Revelação divina, a existência de um conteúdo moral específico e determinado, universalmente válido e permanente».[127]

4) Os autores criticados defendem que este novo conceito de autonomia deve permanecer circunscrito ao plano da moral normativa, e com esta finalidade separam nitidamente o plano normativo do plano religioso e salvífico. Dessa maneira, distinguem as verda-

---

(124) *Ibidem.*

(125) *Ibidem.* Convém notar que esta última frase não contradiz o que a *Veritatis splendor* indica no texto citado no ponto (1). Os representantes da «moral autônoma» não negam que a lei moral tenha certa relação com Deus, mas afirmam que Ele é o seu autor *apenas no sentido de que...*

(126) Entendem-se aqui por «preceitos morais» as normas que se referem às virtudes éticas naturais ou ainda à lei moral natural, pois outros aspectos da moral não foram postos em discussão. Os referidos autores não negam, por exemplo, que a moral cristã traga consigo uma nova imagem do sujeito e do fim do agir moral.

(127) *Veritatis splendor*, n. 37.

des éticas das verdades salvíficas, distinção que a *Veritatis splendor* considera contrária à doutrina católica.[128]

5) Das teses indicadas em 3) e 4) deriva, de modo logicamente coerente, «a negação à Igreja e ao seu Magistério de uma competência doutrinal específica sobre normas morais concretas relacionadas com o chamado "bem humano"»;[129] essa postura rejeita duas razões em que se funda tal competência: nega-se que o *depositum fidei* contenha uma doutrina moral específica e concreta, e que as normas concretas da lei moral natural sejam parte integrante da mensagem da salvação que a Igreja transmite a todos os homens em virtude do mandato recebido de Cristo.

Depois da publicação da encíclica, os autores que se sentiram aludidos afirmaram que nenhum moralista católico mantivera semelhantes teses.[130] Mas esta autodefesa não se sustenta quando se compara a encíclica com os principais textos escritos por estes autores, tanto antes[131] como depois de sua publicação.[132]

Fé e moral. O problema de fundo é o modo de conceber a moral humana em relação a Deus e à moral cristã ou, de acordo com a

(128) Cf. *Ibidem*, que remete aos cânones 19-21 da VI sessão do Concílio Tridentino: DS 1569-1571.

(129) *Veritatis splendor*, n. 37.

(130) Cf. D. Mieth, *La teología moral ¿en fuera de juego? Respuesta a la encíclica «Veritatis splendor»*, Herder, Barcelona, 1996, livro que expressa um exasperado criticismo à encíclica.

(131) Um estudo da encíclica em relação à «moral autônoma» encontra-se em A. Rodríguez Luño, *«Veritatis splendor» un anno dopo. Appunti per un bilancio (I)*, cit., pp. 242-259.

(132) Em 2-II-1996, *L'Osservatore Romano* publicava uma nota crítica sobre o livro coordenado por D. Mieth, citado anteriormente. Nela se afirma, entre outras coisas: «Seguindo esta proposição, *pensa-se que não se deve reconhecer a encíclica* Veritatis splendor *como expressão autêntica do Magistério da Igreja*, [...] *convencem-se de que a* Veritatis splendor *é objeto de uma "quaestio disputata", e sentem-se autorizados a favorecer a dissensão pública com respeito a um pronunciamento do Magistério ordinário do Romano Pontífice*. Desse modo, incorre-se numa atitude teológica e eclesiologicamente incorreta (cf. *Lumen gentium*, 25, 1) e, ao mesmo tempo, é confirmada com os fatos a exatidão do diagnóstico e do discernimento doutrinal feitos pela *Veritatis splendor* [...]. O exorbitante criticismo deste livro se deve à convicção de que as questões morais não podem ser, *ratione materiae*, objeto do Magistério da Igreja». Mais objetivos e teologicamente mais corretos parecem-nos os comentários sobre a encíclica que iremos citando, além de Vários Autores, *Enséñame tus caminos para que siga tu verdad*, Edicep, Valencia, 1993, e os trabalhos reunidos em «Scripta Theologica» 26 (1994) 123-219.

linguagem usada pela *Veritatis splendor*, a relação entre fé e moral. É uma questão bastante complexa, com respeito à qual já expressamos a posição que nos parece mais adequada em termos gerais,[133] ainda que alguns aspectos específicos ainda precisem ser esclarecidos. O problema pode receber diferentes soluções doutrinalmente aceitáveis. Nesse sentido, a posição da «moral autônoma» tem instâncias notavelmente positivas que, segundo a *Veritatis splendor*, respeitam, «em sua maioria, a melhor tradição do pensamento católico».[134] Com efeito, quer favorecer o diálogo com a cultura moderna, sublinhando o caráter racional[135] – e, portanto, universalmente compreensível e comunicável[136] – da lei moral natural; e também ressalta o seu caráter interior,[137] não interpretável como heteronomia.[138] Não obstante, a *Veritatis splendor* indicou os limites próprios da doutrina católica, nem sempre respeitados por alguns seguidores da «moral autônoma».

São eles, fundamentalmente, os seguintes:

1) Da autonomia gnoseológica da razão humana, no que se refere à lei moral natural («justa autonomia da razão prática»), não se pode passar à afirmação da autonomia ontológica da moral humana e, portanto, à negação de que a lei moral natural seja uma lei divina em sentido estrito.

2) Da afirmação de um horizonte «especificamente» cristão (em sua acepção de «exclusivamente» ou «especialmente») no plano da fé e da graça (chamado talvez «transcendental»), não se pode passar à afirmação da futilidade para a salvação dos comportamentos relacionados com as virtudes éticas naturais (justiça, temperança, etc.).

3) Da autonomia cognoscitiva da razão humana, que na prática é relativa, não se pode passar à negação da presença de exigências éticas da lei moral natural na Revelação divina. Em outras palavras, a interpretação do conceito de autonomia não pode levar à conclu-

(133) Ver § 1 (c).

(134) *Veritatis splendor*, n. 36.

(135) Cf., por exemplo, A. Auer, *Autonome Moral und christlicher Glaube*, cit., pp. 15-54.

(136) Cf., por exemplo, F. Böckle, *Moral fundamental*, cit., pp. 279 e 282-283.

(137) Cf. *Veritatis splendor*, n. 36.

(138) Cf. *ib.*, n. 41.

são de que Deus, para respeitar a liberdade da criatura, não teria tido outra opção senão retirar-se da vida e do mundo dos homens, de modo que a autonomia legislativa do homem corresponderia em Deus a um espaço vazio, no qual não haveria nada «escrito».[139] Por isso – segundo os que sustentam a «moral autônoma» –, tudo o que na Sagrada Escritura parece uma indicação moral concreta deveria ser entendido de outro modo: como uma norma relativa ao ambiente cultural do escritor sagrado e, portanto, modificável.[140] Não foi neste sentido que Deus confiou o mundo ao homem para que o governe e lhe dê forma.[141]

4) Como corolário, não existe um fundamento válido para negar a competência do magistério dos pastores no campo moral. Isto não significa um desprezo da autonomia gnoseológica relativa da razão humana no que se refere à lei moral natural (a «justa auto-

---

(139) Vejam-se, a este propósito, as observações de M. Ronheimer, «Autonomía y teonomía moral según la encíclica "Veritatis splendor"», em G. del Pozo Abejón (ed.), *Comentarios a la «Veritatis splendor»*, cit., pp. 543-578. A Revelação ensina que Deus não só não desatende à vida moral e à história humana, mas age no mundo ao ponto de compartilhar – em Cristo – a condição humana e de propor-se a si mesmo como modelo de vida.

(140) Diferente é a questão suscitada por alguns autores e que constitui, sem dúvida, um verdadeiro problema: na Sagrada Escritura, e até nas Cartas dos Apóstolos, mas sobretudo no Antigo Testamento, encontramos, colocadas aparentemente no mesmo plano, afirmações normativas que têm valor transitório e afirmações de valor permanente. Para esclarecer a diferença, é necessário um particular discernimento racional e um profundo sentido cristão: os critérios para esse adequado discernimento encontram-se, sobretudo, nos ensinamentos de Cristo. Portanto, acaba por ser determinante ler o Antigo Testamento à luz do Novo, e entender as passagens difíceis do Novo tais como foram interpretadas pela Igreja desde os tempos apostólicos; em última análise, é decisiva uma adequada compreensão da função da Tradição.

(141) O *status quaestionis* com respeito à exegese moral da Bíblia é bastante confuso: por um lado, os que sustentam a moral autônoma dizem que a sua posição não faz outra coisa senão constatar as dificuldades que os biblistas encontram para reconhecer um *ethos* revelado; e assim escreve Fuchs: «A exegese moderna afirma que, em geral, as afirmações morais mais concretas contidas na Escritura não podem ser consideradas normas morais reveladas por Deus e não podem ser propostas pela Igreja como infalíveis» (J. Fuchs, *Responsabilità personale e norma morale*, Dehoniane, Bolonha, 1978, p. 202). No entanto, exegetas muito competentes afirmam, pelo contrário, que as dificuldades neste sentido provêm mais das interpretações que os moralistas fazem: cf. G. Segalla, *Introduzione all'etica biblica del Nuovo Testamento*, Queriniana, Brescia, 1989, p. 21; R. Schnackenburg, *El mensaje moral del Nuevo Testamento*, cit., vol I, pp. 17-29. Ao longo do livro, citaremos outros trabalhos que analisam a doutrina moral da Sagrada Escritura. Vejam-se também os estudos exegéticos de Vários Autores, *Ética y Teología ante la crisis contemporánea*, Eunsa, Pamplona, 1980; e C. Spicq, *Connaisance et morale dans la Bible*, Cerf, Paris, 1985.

nomia da razão prática», segundo a *Veritatis splendor*). Com efeito, normalmente o magistério da Igreja se limita, neste campo, a ensinar os conteúdos doutrinais cuja confirmação é aconselhada pelas circunstâncias pastorais de cada época, para enfrentar as dúvidas que poderiam causar dano aos fiéis; isto motiva a tomada de posição do magistério, que não propõe autoritariamente argumentos racionais concretos. Na maioria dos casos, cabe à teologia moral individuar e aprofundar as razões idôneas para tornar mais compreensível a doutrina ensinada.[142]

A este respeito, convém acrescentar duas considerações finais. Em primeiro lugar, é determinante em toda esta temática a capacidade de conceber a relação *razão-fé* e a relação *conhecimento natural-Revelação* de maneira não dialética. Não é verdade que este mundo pertença somente à razão e que o outro pertença à fé. Deus revelou coisas relacionadas com o nosso agir moral que a razão também pode alcançar.[143] É esclarecedor o modo de enfocar a relação razão-fé sugerido por Scheeben: não é uma relação dialética, mas «esponsal», e, nesse sentido, pode-se considerar a Jesus Cristo, o «*Homem-Deus em sua união de dois princípios de atividade,* a natureza divina e a natureza humana, *como tipo da relação existente entre a razão e a fé, dois princípios de conhecimento*».[144] Trata-se, em última análise, de levar a sério a lógica da Encarnação. Em segundo lugar, pensamos que o problema ficou ainda mais complicado por causa do tratamento excessivamente normativisto assumido pela «moral autônoma». O estudo do conteúdo ético da Revelação na perspectiva do fim da vida moral e das virtudes teria sido muito mais fácil e fecundo. A este ponto retornaremos mais adiante.

---

(142) Cf., por exemplo, as indicações correspondentes reunidas em João Paulo II, Ex ap. *Familiaris consortio*, 22-XI-1981, n. 32, e em *Evangelium vitae*, n. 98.

(143) Cf. Conc. Vaticano I, Const. *Dei Filius*, cit., cap. 2: DS 3005.

(144) M. J. Scheeben, *Los misterios del Cristianismo*, Herder, Barcelona, 1963, p. 850. Acerca da relação fé-razão, cf. A.Rodríguez Luño, *La risposta del pensiero metafisico alla crisi di senso dell'etica contemporanea: l'essere como libertà*, em G. Chalmeta (ed.), *Crisi di senso e pensiero metafisico*, Armando, Roma 1993, pp. 73-89; Id., *Pensiero filosofico e fede cristiana. A proposito dell'enciclica «Fides et ratio»*, «Acta Philosofica» 9 (2000) 33-57.

c) A razão natural, as ciências filosóficas e as ciências humanas

Razão humana e teologia moral. Como se disse, «a verdadeira teologia provém da fé e quer conduzir à fé».[145] Entre a fé inicial e a compreensão mais profunda da fé à qual tende a vida cristã, coloca-se a aplicação da razão aos conteúdos revelados, sua indagação racional, o trabalho teológico propriamente dito. *O exercício ordenado e sistemático da razão é parte essencial da teologia.* Não no sentido de uma simples sobreposição de duas instâncias cognoscitivas, mas no sentido de que ambas dão lugar a um saber humano cujos princípios, no entanto, são divinamente revelados; é o saber que chamamos teologia. Scheeben escreveu com acerto que «a profunda frase "*Fides quaerit intellectum*" só se compreenderá de modo completo se for trazida à consideração esta outra: "*Intellectus quaerit fidem*"; os dois, a "fides" e o "intellectus", completam-se e requerem-se mutuamente para formar a unidade orgânica do saber comunicado por Deus acerca das verdades reveladas por Ele. Mediante a "*fides*" recebemos a palavra de Deus, mediante o "*intellectus*" a compreendemos; somente mediante os dois juntos nos apropriamos do saber de Deus expresso na palavra e nos fazemos também sabedores seus».[146] *Assim, a unidade e a harmonia entre razão e fé acaba por ser a característica do bom trabalho teológico, e com base neste critério a Igreja expressou suas preferências pelo uso da filosofia do ser de Tomás de Aquino,*[147] preferência que não significa exclusividade fechada aos progressos registrados ao longo da história do pensamento filosófico.

Referimo-nos anteriormente, em duas ocasiões, à relação entre razão e fé. O tema é tão importante para a teologia, que são ainda necessários alguns esclarecimentos, que consideramos fundamen-

(145) *Pastores dabo vobis*, n. 53, que cita a *Propositio* 26 do Sínodo dos Bispos de 1990.

(146) M. J. Scheeben, *Los misterios del Cristianismo*, cit., p. 830.

(147) Cf. *Optatam totius*, n. 16. Um comentário sobre a doutrina da Igreja nesta matéria encontra-se em L. Clavell, *Merafisica e libertà*, Armando, Roma 1996, pp. 93-112 e 123--137. A profunda e inseparável conexão entre o conhecimento de fé e o de razão e a perene atualidade do pensamento do Aquinate neste âmbito foram claramente sublinhadas pela encíclica *Fides et ratio*.

tais. Por um lado, a Revelação cristã ultrapassa e, ao mesmo tempo, inclui todo o horizonte histórico-filosófico do homem. É verdade que, na Revelação, encontram resposta as mais importantes perguntas do homem; mas também é verdade que a Revelação vai muito além de tais perguntas, de modo que não pode ser condicionada, nem antecipada, nem interpretada unicamente com base nas interrogações humanas. Deve-se evitar, portanto, o «filosofismo», isto é, a subordinação da palavra de Deus a um critério hermenêutico filosófico totalizante.

Por outro lado, a reivindicação da liberdade (amor) e do caráter absoluto do Deus que se autorrevela não nega o poder da razão de explorar a consistência essencial das realidades criadas. Ou seja, é preciso evitar o erro nominalista de ver as coisas como um puro *factum* singular e totalmente contingente, que existe como termo da vontade de Deus, e no qual não há muito que conhecer, porque não contém nenhuma verdade necessária e universal.[148] Deste modo a existência seria um *factum* aleatório que não tem outra explicação a não ser a vontade de Deus, que põe as coisas para fora de si. Isto levaria à destruição da verdade: nossa semântica conceptual abstrata ficaria separada da realidade – seria indefinidamente plural, de acordo com as perspectivas hermenêuticas assumidas –, e negar-se-ia o princípio fundamental do realismo filosófico, isto é, o princípio *veritas supra ens fundatur*. Em outras palavras, o nominalismo cai na contradição de querer ressaltar a infinitude de Deus mediante um procedimento filosófico que acaba por limitá-la enormemente, pois na prática lhe impõe o limite de não poder causar um efeito com consistência própria. Esta corrente sustenta que, como o universal consiste em suas notas próprias, não pode ser real, porque não pode ser criado, isto é, não pode ser simples efeito de uma causa total. Para o nominalista, a infinitude de Deus só se entende se existência significa singularidade e contingência. A história mostra os prejuízos que esta perspectiva, aparentemente muito teológica, causou à teologia, e até para mesma a teologia moral (pense-se na concepção voluntarista da lei divina). Definitivamente, este tema

---

(148) Acerca do nominalismo, ver o ótimo estudo de L. Polo, *Nominalismo, idealismo e realismo*, Eunsa, Pamplona, 1997.

requer especial perspicácia, porque o equilíbrio entre razão e fé é bastante delicado; fácil de entender na teoria, mas difícil de realizar concretamente na prática do trabalho teológico.

Ética filosófica e teologia moral. Para aplicar estas considerações gerais à teologia moral, convém recordar novamente o princípio da *novidade sem ruptura,*[149] segundo o qual o conhecimento do nosso ser moral excede a pura exploração racional, porque o significado último da vida moral só se reconhece à luz de Cristo.[150] Ao mesmo tempo, afirma que a graça da filiação divina, ainda que exceda a condição humana, não a suprime: a graça aperfeiçoa a natureza, mas sem destruí-la; mais ainda, sem a subsistência própria da condição humana, a graça não poderia ser recebida e entendida em sua especificidade de dom gratuito.[151] Por isso, *o conhecimento exato da natural condição moral do homem, objeto da ética filosófica, é indispensável para a teologia moral.* Assim afirma João Paulo II: «A *teologia moral* tem, possivelmente, uma necessidade ainda maior [do que a teologia fundamental] do contributo filosófico. Na Nova Aliança, a vida humana está efetivamente muito menos regulada por prescrições do que na Antiga. A vida no Espírito conduz os fiéis a uma liberdade e a uma responsabilidade que ultrapassam a própria Lei. No entanto, o Evangelho e os escritos apostólicos não deixam de propor tanto princípios gerais de conduta cristã quanto ensinamentos e preceitos específicos; para aplicá-los às circunstâncias concretas da vida individual e social, o cristão tem necessidade de valer-se plenamente da sua consciência e da força do seu raciocínio. Por outras palavras, a teologia moral deve recorrer a uma visão filosófica correta tanto da natureza humana e da sociedade como dos princípios gerais duma decisão ética».[152]

A ética filosófica não constitui o princípio hermenêutico último para a inteligência da vida cristã, mas deve contribuir com bases que autorizem e facilitem a compreensão teológica. Uma ética filosófi-

---

(149) Cf. § 1 (c).

(150) Cf. Col 1, 16-17.

(151) Acerca do fundamento ontológico da atividade moral (natural e sobrenatural), com particular referência ao pensamento de Tomás de Aquino, pode consultar-se E. Colom, *Dios y el obrar humano*, Eunsa, Pamplona, 1976, especialmente pp. 13-31.

(152) *Fides et ratio*, n. 68.

ca que, por exemplo, visse a instância moral de maneira positivista, como um constrangimento normativo procedente do exterior do homem, não permitiria a compreensão da vida cristã como desenvolvimento da graça divina que, pelo batismo, está em nosso coração. Existem, pelo menos, quatro grandes temas em que a contribuição da ética filosófica tem importância fundamental: a epistemologia moral, o conceito de sujeito moral, a teoria da ação e a teoria dos princípios normativos.[153]

Epistemologia moral. O homem identifica-se com Cristo no modo de julgar, de avaliar, de sentir[154] e, portanto, de agir, na mesma medida em que a fé, a esperança e a caridade, e também as virtudes éticas, são os princípios da sua razão prática. Para entender como estas realidades atuam, é necessário compreender a função das virtudes como princípios vitais do conhecimento moral alcançável pela razão prática, e não só como hábitos que facilitem a prática do que a razão ou a consciência teriam individuado por si sós, independentemente das virtudes. É preciso, portanto, explicitar uma epistemologia moral que não seja racionalista nem normativista, mas centrada no conhecimento do bem da vida humana considerada como um todo e das virtudes, e que não seja abstrata, mas ancorada na situação real histórico-salvífica do homem.[155]

Conceito de sujeito moral, ou seja, da pessoa enquanto agente moral. Na *Veritatis splendor,* por exemplo, o sujeito moral, representado pela figura do jovem rico, possui características que o tornam incompatível com as figuras que os estudos modernos sobre a subjetividade moral chamam «sujeito utilitário» ou «sujeito autônomo»;[156] nestas figuras, o conhecimento da verdade ou não se alcança ou não possui função hegemônica. O jovem rico tem uma ideia bastante precisa do que constitui o bem completo do homem (a vida eterna), que ele busca com interesse, e entende que os compor-

(153) Uma exposição completa deste modo de propor os problemas éticos pode ser encontrada em: A. Rodríguez Luño, *Ética general,* cit., pp. 61-84.

(154) Cf. Fil 2, 5.

(155) Cf. *Veritatis splendor*, n. 64.

(156) Cf. G. Abbà, *Quale impostazione per la fisolofia morale?*, cit., pp. 239-274.

tamentos singulares são julgados segundo a sua congruência com aquele tipo de vida. A sua falta de generosidade contradiz o que há no seu interior, e, por isso, ele afasta-se com tristeza. Nesse sentido, é especialmente importante a consideração atenta das características do «sujeito autônomo», tal como o entendem as teorias teológico-morais centradas na dialética lei-liberdade ou lei-consciência e, em geral, as teorias éticas que se fundam no conceito de dever ou de obrigação. Estas concebem o sujeito com uma constituição intrínseca que o torna radicalmente indiferente e, portanto, dotado de plena liberdade de decisão; desse modo, as exigências éticas são consideradas, forçosamente, extrínsecas e impostas, e não se consegue entender que a escolha equivocada contradiz a íntima natureza prática e as profundas aspirações do sujeito, como homem e como filho de Deus em Cristo. Os fundamentos antropológicos devem, portanto, mostrar de maneira pormenorizada como é constituída, na realidade, a natureza prática do sujeito agente.

A teoria da ação está em íntima conexão com o conceito de sujeito agente. A concepção do sujeito utilitário e do sujeito autônomo implica determinada teoria da ação moral. Mas, se faltar uma correta descrição analítica da ação – que esclareça de que depende a sua identidade moral, os graus de responsabilidade com relação aos diferentes tipos de consequências, etc. –, não poderão resolver-se os diversos problemas relacionados com a cooperação, com o voluntário indireto, com a causalidade preterintencional dos efeitos, etc.

Tratemos, por fim, do problema dos *princípios normativos.* Não resta dúvida de que as exigências práticas da vida cristã podem ser expostas segundo enunciados normativos, e, ao menos por motivos pedagógicos e catequéticos, assim deve ser feito. Mas surge o problema de saber se esta linguagem é, primariamente, a mais adequada para expressar a vida cristã, a *lex gratiae,* o desenvolvimento operativo das virtudes teologais e dos dons recebidos pelo filho de Deus em Cristo. Nossa resposta é que as normas são um modo derivado de expressar as exigências da vida cristã que, primariamente, são exigências das virtudes – teologais e morais –, consideradas não como simples método alternativo de classificação ou catalogação ética (as virtudes não são isso), mas como os princípios reais que fundamentam o modo de perceber e de agir da razão moral iluminada pela fé, ou seja, da razão moral do filho de Deus. As virtudes são os princípios normativos reais da vida cristã. Esta consideração tem consequências notáveis, até sobre o modo adequado de definir as ações morais, que em termos de virtude não podem ser descritas de modo meramente físico e, portanto, pré-moral. Evita também a concepção minimalista da ética, e garante a sua conexão com a espiritualidade. Este é, além disso, o modo de falar usado nas Cartas do Novo Testamento, nas obras dos Padres, dos grandes santos e de muitos autores importantes de espiritualidade.

Uso das ciências humanas. Convém, finalmente, considerar a função auxiliar, ainda que importante, das ciências humanas (psicologia, sociologia, etc.). Ninguém nega a sua importância, na medida em que permitem entender melhor as condições fáticas em que se desenvolve a vida moral cristã.[157] Ao mesmo tempo, é preciso recordar que, como «a moral da Igreja envolve necessariamente uma dimensão *normativa*, a teologia moral não pode ser reduzida a um conhecimento elaborado apenas no contexto das chamadas *ciências humanas*. Enquanto estas se ocupam do fenômeno da moralidade como fato histórico e social, a teologia moral, embora deva servir-se das ciências do homem e da natureza, não está, porém, subordinada aos resultados da observação empírico-formal ou da compreensão fenomenológica».[158] Sua utilização deve ser regulada segundo os critérios da epistemologia teológica.

---

(157) Acerca do papel que corresponde às ciências humanas na ética, remetemos a A. Rodríguez Luño, *Ética general*, cit., pp. 42-46.

(158) *Veritatis splendor*, n. 111.

Parte I

A VOCAÇÃO DO HOMEM PARA PARTICIPAR DA VIDA TRINITÁRIA EM CRISTO

Capítulo II

ESCOLHIDOS EM CRISTO ANTES DA CRIAÇÃO DO MUNDO: O CHAMADO UNIVERSAL À SANTIDADE

1. A teologia dogmática e a teologia moral diante da pergunta sobre o significado da existência humana

a) A doutrina dogmática sobre o fim último da vida humana

A pergunta sobre o sentido último da vida humana (de onde venho e para onde vou?) sempre estimulou a reflexão filosófica e teológica. É uma questão que pode ser formulada tanto do ponto de vista especulativo como do ponto de vista prático. A metafísica e a teologia estudam-na do ponto de vista especulativo, isto é, de uma perspectiva de reflexão na qual o homem se interessa fundamentalmente por conhecer o que as coisas realmente são, pondo provisoriamente entre parênteses outras instâncias existencialmente relevantes.

Uma análise especulativa, de índole prevalentemente metafísica, sobre o sentido último da vida humana, foi feita por Tomás de Aquino na Parte I da *Summa Theologiae*. Considerando a ação criadora de Deus, pergunta-se qual pode ser a finalidade da criação e, portanto, das coisas criadas, entre as quais o homem. Santo Tomás salienta justamente que os seres imperfeitos visam sempre, com o seu agir, a adquirir alguma coisa; mas não é esse o caso de Deus. «Ao primeiro agente [Deus], que é exclusivamente ativo, não corresponde agir para adquirir algum fim, senão que só deseja comunicar a sua perfeição, que é a sua bondade. Ao contrário, todas as criaturas tentam atingir a sua perfeição, que consiste em se assemelharem à perfeição e à bondade divinas. Portanto, a bondade divina é o fim de todas as coisas».[1]

A razão natural pode chegar à conclusão de que Deus cria para manifestar a sua glória e comunicar a sua perfeição. A glória de Deus é, portanto, o fim das coisas criadas, que o alcançam de modo diversificado. As criaturas inteligentes, como o homem, «alcançam-no de maneira especial, ou seja, mediante uma operação própria, conhecendo-o intelectualmente. Por isso, é necessário que o conhecimento intelectivo de Deus seja o fim das criaturas intelectuais».[2]

Esta verdade racional é confirmada pela Revelação, e constitui a doutrina dogmática católica sobre o fim último da criação. «É uma verdade fundamental que a escritura e a Tradição não cessam de ensinar e de celebrar: "O mundo foi criado para a glória de Deus" (Conc. Vaticano I: DS 3025). Deus criou todas as coisas, ensina São Boaventura, "*non propter gloriam augendam, sed propter gloriam manifestandam et propter gloriam suam communicandam*" ("não para aumentar a sua glória, mas para manifestá-la e comunicá-la", *Sent.* 2, 1, 2, 2, 1). Porque Deus não tem outro motivo para criar além do seu amor e da sua bondade: "*Aperta manu clave amoris creaturae prodierunt*" ("Aberta sua mão com a chave do amor, surgiram as criaturas", Santo Tomás de Aquino, *Scriptum super Sententiis*, lib. 2, prol.)».[3]

---

(1) *S.Th.*, I, q. 44, a. 4.

(2) *C.G.*, III. C. 25, n. 2055.

(3) *Catecismo*, n. 294. Cf. *Gaudium et spes*, n. 2.

A doutrina dogmática sobre a elevação do homem à ordem sobrenatural, sobre o pecado original e sobre a redenção completam a resposta teológica à pergunta sobre o sentido da vida humana. «Deus, na sua infinita bondade, ordenou o homem a um fim sobrenatural»,[4] destinando-o à visão da essência de Deus. Com a queda original, o homem perdeu a santidade e a justiça com que fora beneficiado,[5] e infringiu a devida ordem em relação ao seu último fim.[6] A misericórdia de Deus, quando chegou a plenitude dos tempos,[7] enviou seu Filho Jesus Cristo aos homens, «com o fim de resgatar os judeus "que estavam sob a Lei" (Gál 4, 5), e "para que os pagãos, que não buscavam a justiça, alcançassem a justiça" (Rom 9, 30); a fim de que todos "recebêssemos a filiação adotiva" (Gál 4, 5). A este [Cristo] "Deus exibiu como instrumento de propiciação pelo seu Sangue, mediante a fé" (Rom 3, 25), "pelos nossos pecados, e não só pelos nossos, mas pelos do mundo inteiro" (1 Jo 2, 2)».[8]

Todos os homens estão, portanto, destinados a alcançar, em Cristo, a comunhão com Deus por obra do Espírito Santo, por meio do conhecimento e do amor. O Concílio Vaticano exprime-o com belas e profundas palavras: «Na verdade, o mistério do homem só no mistério do Verbo encarnado se esclarece verdadeiramente [...]. Cristo, novo Adão, na própria revelação do mistério do Pai e do seu amor, revela o homem a si mesmo e descobre-lhe a sua vocação sublime [...]. E o que fica dito vale não só para os cristãos, mas para todos os homens de boa vontade, em cujos corações a graça opera ocultamente. Com efeito, já que por todos morreu Cristo e a vocação última de todos os homens é realmente uma só, a saber, a divina, devemos manter que o Espírito Santo a todos dá a possibilidade de associar-se a este mistério pascal por um modo só de Deus conhecido».[9]

---

(4) Conc. Vaticano I, Const. *Dei Filius*, cit., cap. 2: DS 3005.

(5) Cf. Conc. De Trento, *De peccato originali:* DS 1510 ss.

(6) Cf. *Gaudium et spes*, n. 13.

(7) Cf. *Ef* 1, 10; *Gál* 4, 4.

(8) Conc. De Trento, *De iustificatione*, cap. 2: DS 1522.

(9) *Gaudium et spes*, n. 22.

b) A consideração moral do fim último da existência humana

As considerações precedentes, de índole dogmática, são um dado indiscutível para qualquer teólogo moralista católico. Por isso, pode causar surpresa que Santo Tomás, nas primeiras questões da parte moral da *Summa Theologiae*,[10] retome o problema do fim último como que partindo do zero, com uma metodologia dialético-indutiva que parece não levar em consideração as bases dogmáticas. O problema recebeu diversas interpretações.

Uma interpretação muito equilibrada é oferecida por Günthor.[11] Segundo este autor, quem lê o início da parte moral da *Summa Theologiae* constata que o seu enfoque é diverso do da Sagrada Escritura. Nesta, a moral «é proposta segundo a história da salvação, isto é, anunciando o chamado que Deus dirigiu e continua a dirigir aos homens. A sua perspectiva é, portanto, concreta e teocêntrica, porque fala, em primeiro lugar, da ação salvífica de Deus, e só depois reclama uma conduta moral reta como resposta do homem à iniciativa divina. A linha de pensamento de Santo Tomás é, no entanto, abstrata, filosófica e de certo modo antropocêntrica, porque parte da análise das estruturas do homem polarizado para um fim último».[12] O enfoque de Santo Tomás é, com efeito, suscetível de algumas objeções: corre o risco de reduzir-se a uma teoria filosófica sobre a felicidade, em vez de ser uma teologia da salvação em Deus; um pensamento eudemonista poderia facilmente derivar para uma visão hedonista ou, pelo menos, egoísta: o homem procuraria a «sua» felicidade em lugar de amar a Deus por si próprio; acabaria sendo, afinal, antropocêntrica: «Fim de tudo é o homem, que procura a sua felicidade, que é qualquer coisa do homem, não de Deus».[13]

---

(10) Cf. *S.Th.*, I-II, qq. 1-5.

(11) Cf. A. Günthor, *Chiama e risposta. Una nuova teologia morale*, Paoline, Roma, 1982, vol. I, ns. 173-186.

(12) *Ibid.*, n. 174.

(13) *Ibid.*, n. 182. Acerca das objeções precedentes, cf. ns. 180-181. A ideia de que o eudemonismo aristotélico seja ambíguo ou degenere em perversão egoísta foi proposta de novo por W. Pannenberg, *Grundlagen der Ethik*, Vandenhoeck & Ruprecht, Götingen, 1996. Ver a resposta crítica de M. Rhonheimer, *Ethik als Aufklärung über die Frage nach dem Guten*

Depois de expor as linhas fundamentais do estudo tomista do fim último,[14] Günthor observa certeiramente que essas objeções se baseiam num desconhecimento do verdadeiro pensamento de Santo Tomás, que, por outro lado, possui o mérito de esclarecer «a correspondência entre o fim último, que nos foi atribuído de fato pela graça, e a profunda polarização estrutural do homem em direção à sua consecução. Se a Sagrada Escritura fala da profunda comunhão com Deus, à qual Ele nos chama [...], Santo Tomás indica que essa vocação não encontra o homem desprevenido: ela implica a possibilidade de alcançar o seu anelo mais íntimo. A grande contribuição de Santo Tomás para a vida moral cristã consiste no fato de mostrar a que ponto tal vocação corresponde à profunda estrutura do ser humano».[15] Günthor conclui seu estudo afirmando que, neste tema, existe certamente, uma perspectiva diversa entre a Escritura e Tomás de Aquino; são, no entanto, dois pontos de vista que não se excluem, mas se integram. «Com efeito, se nos limitássemos exclusivamente à perspectiva bíblica, não estaríamos fazendo propriamente teologia, que é um aprofundamento científico da Revelação. E, inversamente, se considerássemos unicamente a visão de Santo Tomás, correríamos o risco de desenvolver de modo unilateral o aspecto filosófico-especulativo da teologia».[16]

Em nossa opinião, *começar a teologia moral por um estudo do fim último da vida humana que não seja uma simples repetição dos resultados alcançados até agora pela dogmática* (pois o estudo é realizado com um método e uma óptica diversa) *é uma exigência indispensável na perspectiva da «primeira pessoa» própria da teologia moral como ciência prática.*[17] A análise do fim último deve ser reelaborada e enquadrada

---

und die aristotelische «Perversion des ethischen Themas». Anmerkungen zu W. Pannenbergs Aristoteleskritik, «Antrhopotes» 13 (1997) 211-223, e a réplica de Pannenberg, *Eine Antwort*, «*Anthropotes*» 13 (1997) 485-492. *Vide* também: J. Marías, *La felicidad humana*, Alianza, Madri, 1987; R. Spaemann, *Felicidad y benevolencia*, Rialp, Madri, 1991.

(14) Cf. A. Günthor, *Chiama e risposta*, cit., ns. 175-179.

(15) *Ibid.*, n. 180.

(16) *Ibid.*, n. 186.

(17) Cf. cap. I, §§2 (b) e 3 (c). A importância do fim ultimo na vida moral foi sublinhada por E. Cófreces & R. García de Haro, *Teología Moral Fundamental*, Eunsa, Pamplona, 1998, pp. 119-156.

na óptica do homem que, como imagem de Deus, é verdadeiro sujeito agente e autor da sua própria conduta,[18] ou seja, de um sujeito que, por meio dos seus atos, «se guia a si próprio» rumo ao seu bem completo e definitivo.[19] De fato, o sentido último da existência é uma realidade intrinsecamente ligada, como o seu fundamento, a todas as demais realidades e estruturas morais (virtude, norma, consciência, pecado, etc.); estas não se entendem adequadamente sem a sua relação essencial com o fim último.[20]

A história da teologia moral mostra claramente que, se as bases dogmáticas indicadas não forem reelaboradas e enquadradas na perspectiva da «primeira pessoa», não cumprirão papel algum na teologia moral, ainda que sejam aceitas como dados dogmáticos indiscutíveis. O tratado sobre o fim último desaparece totalmente, ou quase totalmente, e isso comporta uma mutação de significado nos principais conceitos morais. Com efeito, a «ética normativista» supõe uma antropologia em que as pessoas não são atraídas pelo bem último, senão que podem escolher autonomamente, já que a sua liberdade de indiferença não tem outro motivo para respeitar a lei moral senão a autoridade de Deus, que a impõe.[21] A função da razão prática é entendida como um reconhecer a existência dos mandamentos e um escolher obedecer a eles, uma vez que a consciência moral indicou que são verdadeiramente vinculantes para mim aqui e agora, tendo em conta todas as circunstâncias.[22] Entre as exigências éticas e o fim último, não existiria conexão intrínseca: os mandamentos seriam considerados apenas como um dado positivo e extrínseco ao homem, dificilmente compreensíveis, e dos quais deveríamos libertar-nos quanto antes. Assim, a razão prática

---

(18) Cf. *S.Th.* I-II, *prol.*

(19) Cf. *S.Th.*, I-II, q. 1, a. 6.

(20) Essa afirmação foi posta em relevo vigorosamente por A. MacIntyre, *Depois da virtude*, cit.

(21) Sobre as características da ética normativista, cf. G. Abbà, *Quale impostazione per la filosofia morale?*, cit.; S. Pinckaers, *Las fuentes de la moral cristiana*, Eunsa, Pamplona, 2007.

(22) No cap. III, § 3, veremos como dessa visão deriva uma concepção da teologia moral onde a consciência e a lei são concebidas como instâncias opostas e, de certo modo, em mútua concorrência: isso prejudica uma e favorece a outra, e vice-versa.

não seria capaz de compor uma ordem nos atos voluntários visando ao fim último conhecido, desejado e, ao mesmo tempo, devido.[23] As virtudes seriam supérfluas, tal como o é a função ativa da razão prática, função que as virtudes morais preparam e facilitam no âmbito ético do ponto de vista intelectual, afetivo e dispositivo.[24]

É necessário, portanto, partir da consideração do papel que o fim ocupa na vida moral, a começar pela experiência ética natural, para estudar depois o ensinamento cristão sobre o sentido último da vida humana.

2. O bem da vida humana tomada como um todo na experiência ética natural

Acontece com frequência que uma pessoa chegue a considerar a sua própria vida com um sentimento de profunda insatisfação e até de frustração. Talvez, no passado, ela não tenha realizado ações desordenadas do ponto de vista da moral normativa (não matou, não furtou, foi sempre fiel ao marido, etc.), mas tem clara percepção de que a sua vida precisaria ser inteiramente refeita. Experimenta a amargura da solidão e percebe, por exemplo, que o fato de ter preferido o trabalho à família foi uma decisão profundamente equivocada: dedicou suas melhores energias a um trabalho profissional que visava, acima de tudo, à autossuficiência econômica, mas o correr do tempo demonstra que essa atividade a enriqueceu muito pouco. Em suma, se essa pessoa pudesse voltar atrás, não percorreria o mesmo caminho.

A moral clássica considera que a sua principal tarefa consiste em evitar essas falhas globais e irremediáveis e, de maneira mais positiva e geral, orientar as principais decisões pessoais para a plena realização da vida humana. A aspiração humana ao bem é uma aspiração que segue a razão e é marcada pela própria amplidão existencial, potencialmente

---

(23) Para Santo Tomás, a razão prática compõe essa ordem, que constitui precisamente o objeto de estudo da moral: cf. *In decem libros Ethicorum*, lib. III, lect. 1, ns. 2-3.

(24) Estudaremos este tema no cap. VII.

infinita, que é característica da razão. Por isso, é uma aspiração que induz a razão a buscar a verdade a respeito do bem. O bem humano, em toda a sua amplidão, pode ser objeto de estudo e de fundamento racional. Tal análise requer que a pessoa se situe num nível de reflexão que, elevando-se acima das exigências imediatas e talvez iniludíveis do momento presente, contemple globalmente a própria vida, tomada como um todo. Trata-se de refletir sobre o bem da vida humana em sua totalidade. Somente sob a luz dessa reflexão podem ser consideradas e, se for o caso, modificadas as próprias prioridades e, junto com elas, as decisões que devem ser tomadas.[25] Esse é o motivo que exige uma análise da finalidade do agir, coisa que faremos de modo sucinto.

«Toda arte e toda pesquisa e, igualmente, toda ação e toda livre escolha parecem tender a algum bem; por isso, afirmou-se, com razão, que o bem é aquilo a que todas as coisas tendem».[26] Essa consideração, com a qual Aristóteles inicia a *Ética a Nicômaco*, manifesta que *toda ação, todo projeto operativo humano tende a um fim ou objeto considerado bom ou conveniente.* Indagando nessa linha, percebe-se que as ações humanas singulares se estruturam segundo sequências mais ou menos unitárias, nas quais certas ações ou certos bens se ordenam a outros. A reflexão racional indica que na série de ações ou de bens (fins) ordenados a outros não se pode prosseguir ao infinito. Deve existir um bem perfeito, um bem desejado e buscado por si próprio, e não em função de outro, o qual, genericamente, é chamado felicidade.

> Assim o explica Santo Tomás: «Dentro dos fins, distinguem-se duas ordens: a ordem da intenção e a ordem da execução, e em ambas deve haver algo que seja o primeiro. O primeiro na ordem da intenção é como que o princípio que move o apetite; por isso,

---

(25) Sobre esse enfoque da ética clássica, cf. R. McInnery, *Ethica Thomistica. The Moral Philosophy of Thomas Aquinas*, The Catholic Univ. of America Press, Washington, 1982; C. Cardona, *Metafísica del bien y del mal*, Eunsa, Pamplona, 1987; J. Annas, *The Morality of Happiness*, Oxford Univ. Press, Oxford, 1993, A. Millán Puelles, *La libre afirmación de nuestro ser*, Rialp, Madri, 1994; R, Spaemann, *Ética. Cuestiones fundamentales*, Eunsa, Pamplona, 1995; J. A. Sayés, *Antropología y moral*, Palabra, Madri, 1997; L. Polo, *Ética. Hacia una versión moderna de los temas clásicos*, Unión Editorial, Madri, 1997; A. Léonard, *El fundamento de la moral*, BAC, Madri, 1998; A. Sarmiento, T. Trigo & E. Molina, *Moral de la persona*, Eunsa, Pamplona, 2006, especialmente pp. 29-58.

(26) Aristóteles, *Ética a Nicómaco*, I, 1: 1904 a 1-3; Gredos, Madri, 1985, p. 129.

se o princípio for retirado, o apetite permanecerá imóvel. A ação começa a partir do que é primeiro na execução; por isso, ninguém começará a fazer algo se esse princípio for suprimido. O princípio da intenção é o último fim, e o princípio da execução é a primeira das coisas que se ordenam ao fim. Sendo assim, por ambas as partes é impossível um processo infinito, porque se não houvesse último fim não haveria apetência de nada, nem se realizaria ação alguma, nem repousaria a intenção do agente. Se não houvesse algo primeiro entre as coisas que se ordenam ao fim, ninguém começaria a agir nem se chegaria a nenhuma resolução, senão que se prosseguiria ao infinito».[27]

Essa explicação clássica pode ser objeto de importante objeção: a experiência parece ensinar que não existe um único fim último ou bem supremo, e sim que existem diversas atividades ou setores da atividade humana, cada uma das quais possui o seu fim último próprio. Por exemplo, o conjunto de ações que o médico cumpre tende, como a seu fim, a conseguir a saúde do doente. Pelo contrário, certas ações cumpridas pelo médico num domingo têm como fim o seu descanso, diversão, etc. Não se poderia, então, pensar que os fins últimos das diversas atividades são também os diversos fins últimos do homem, isto é, bens definitivos de um setor da sua vida?

A objeção desaparece quando se continua a refletir. Por um lado, o homem percebe que algumas ações humanas têm papel instrumental; outras causam uma satisfação profunda, mas nelas não se esgota toda a aspiração, porque o homem deseja também outras coisas e por isso continua a agir. Não parece que os fins dessas atividades possam ser considerados como bens queridos absolutamente por si próprios. Além do mais, e acima de tudo, está o fato de que, ao longo da vida, os fins últimos das diversas atividades entram em conflito entre si: as exigências do trabalho, que são também econômicas, podem colidir com as exigências do descanso e da saúde, ou também com a atenção que se deve dar à própria família, ou, enfim, com certas convicções morais ou religiosas. Diante de tais conflitos, é necessário escolher, é necessário limitar algumas atividades para dar atenção a outras,

(27) *S.Th.*, I-II, q. 1, a. 4.

etc. Qual seria o critério, isto é, o bem a que devem ordenar-se as distintas atividades? Os critérios para ordenar essas escolhas pressupõem que haja uma ideia sobre a contribuição que cada atividade (trabalho, família, convicções morais e religiosas, saúde, etc.) pode dar para alcançar o pleno êxito da própria vida, isto é, a própria felicidade. Este é o verdadeiro problema, pois a sensação de frustração de que falamos procede justamente de não se ter sabido estabelecer a devida ordem e as devidas prioridades entre as diversas atividades e bens que integram a vida humana.

Por isso, é inevitável que se apresente a pergunta: qual é o fim último ou bem perfeito da vida tomada como um todo, o bem que torna a vida digna de ser amada, sem que lhe falte coisa alguma?[28] É a pergunta sobre a felicidade humana, sobre o que é o bem para o homem. Essa pergunta não pressupõe, necessariamente, que a felicidade humana deva consistir em um único bem ou em uma única atividade, com exclusão de outras. Mas, isto sim, considera que a resposta a tal pergunta permitirá definir *um modo de vida que é melhor que os outros, entendendo-se por modo de vida o programa ou o critério que define quais os bens e segundo quais prioridades, qual medida e qual modalidade devem ser desejados e cumpridos.* Em última análise, a reflexão moral permite entender como pode atingir-se uma vida feliz, a vida que anelamos para nós mesmos e para todas as pessoas que amamos, e como podem evitar-se os tipos de vida que levam à infelicidade e ao desespero, tipos de vida que não quereríamos para nós nem para os nossos entes queridos.

É verdade que a *análise racional* nem sempre consegue justificar racionalmente todas as possíveis preferências entre os distintos bens;[29] no entanto, ela tem condições de justificar racionalmente que, à luz do que verdadeiramente constitui o bem último da vida humana, se deve estabelecer certa ordem e certa proporção entre as diversas atividades humanas;[30] e *tem condições*, sobretudo, *de individuar certos modos de regulação racional de todas as atividades, que sempre devem ser respeita-*

(28) Cf. Aristóteles, *Ética a Nicómaco*, I, 7: 1096 a 12-1098 b 9.

(29) Por exemplo, não é possível justificar em abstrato se é melhor dedicar a vida ao estudo e ao ensino da matemática ou à pratica do esporte ou da música.

(30) Entre o trabalho profissional, a família, a saúde, as práticas religiosas, etc.

dos.[31] Assim, podem determinar-se quais são as virtudes próprias do melhor modo de viver para o homem.

Não nos cabe aqui chegar ao fundo do estudo filosófico que estabeleceça concretamente qual é o fim último da vida humana.[32] As reflexões precedentes tentam unicamente definir *a perspectiva da análise que corresponde à teologia moral*, que encontrará na Revelação divina a resposta completa sobre o sentido último da vida humana, e fornecerá também o critério para estabelecer as próprias prioridades e orientar de maneira adequada as escolhas mais importantes da vida.

3. A santidade, plenitude da filiação divina do cristão, como fim último da vida humana

A pergunta que se apresenta agora é, mais ou menos, a seguinte: segundo a fé cristã, existe alguma atividade humana ou, pelo menos, algum programa ou estilo de vida que seja desejável por si próprio e não em relação a outro? Não é suficiente repetir os dados dogmáticos expostos anteriormente. Pouco valor teria reiterar que o mundo e o homem foram criados para a glória de Deus, ou que o homem se destina à visão divina, se isso não fosse apresentado de tal modo que a pessoa, como sujeito agente que reflete sobre a própria vida globalmente considerada, pudesse auferir indicações operativas. Com efeito, será que falar da visão de Deus como fim último do homem significa que os cristãos devam abandonar as atividades quotidianas e retirar-se para o deserto em busca da contemplação? Ou, então, que a vida presente é uma brincadeira infantil, à espera de alcançar, no além, a visão de Deus? Ou, finalmente, que o nosso último fim, ainda que só seja plenamente atingível na outra vida, pode ser alcançado também nesta vida de modo imperfeito e incoado, uma vez que as nossas atividades terrenas se ordenam e se organizam de determinado modo e com certo espírito?

---

(31) A justiça, por exemplo, é um critério que sempre deve presidir a procura de qualquer interesse e de qualquer bem.

(32) Do ponto de vista filosófico, *vide*: Á. Rodríguez Luño, *Ética General*, cit., pp. 115-149.

Entre as diversas respostas que podem encontrar-se na Sagrada Escritura e na tradição moral católica, parece-nos que *o conceito de santidade é o que melhor pode fundamentar uma resposta articulada à nossa pergunta.* A *Carta aos Efésios* contém umas das fórmulas resumidas mais completas: «O Deus e Pai de nosso Senhor Jesus Cristo [...] nos escolheu nele antes da criação do mundo, para sermos santos e irrepreensíveis diante de seus olhos. Predestinou-nos no seu amor, para sermos adotados como filhos seus por Jesus Cristo, segundo a determinação da sua vontade, para fazer resplandecer a sua maravilhosa graça, que nos foi concedida por Ele no Bem Amado».[33] Dessas palavras, e mantendo-nos sempre no plano moral, podemos extrair a conclusão de que *a aspiração ao bem absoluto pode ser tematizada e vivida pelo cristão como uma aspiração à santidade, entendida como plenitude da filiação divina, que se realiza concretamente nesta vida, no seguimento e na imitação de Cristo.* Como filho de Deus, o cristão é chamado a ser, já neste mundo, *alter Christus, ipse Christus,*[34] em perfeita obediência à vontade do Pai, vivendo conforme às virtudes que Cristo ensinou com a sua vida e a sua palavra, e que gratuitamente nos são entregues com a graça batismal em estado de pequena semente destinada a crescer.

O conceito de santidade cristã contém uma rica e complexa analogia semântica.[35] Em todo caso, é apto para significar o fim das aspirações do cristão: ainda que, em sua plena atualização, a santidade represente uma única atividade unitária (a visão direta de Deus na glória), em sua realização terrena envolve um programa global de vida e, ao mesmo tempo, de critério e de regulação das atividades humanas (as virtudes); porém isso não significa que se possam deduzir-se analiticamente todas as regras morais apenas do conceito de santidade. Convém recordar que o conceito de santidade se insere na análise que brota da pergunta sobre o bem da vida humana em sua integridade, e não da procura da

---

(33) Ef 1, 3-6.

(34) A santidade como plenitude da filiação divina e o consequente chamado a ser *alter Christus, ipse Christus* são conceitos fortemente sublinhados por Josemaria Escrivá: cf. F. Ocáriz, *Vocación a la santidad en Cristo y en la Iglesia*, em Vários Autores, *Santidad y mundo. Estudios en torno a las enseñanzas del Beato Josemaría Escrivá*, Eunsa, Pamplona, 1996, pp. 37-38; e, no mesmo volume, o extenso estudo de A. Aranda, *El Cristiano, alter Christus, ipse Christus*, pp. 129-187.

(35) Vejam-se, por exemplo, os verbetes «santificação» e «santo/santidade» no índice temático do *Catecismo da Igreja Católica.*

norma que se deva aplicar numa concreta e difícil situação que seja preciso resolver. A santidade é o fim que dá sentido à vida cristã. O problema da norma vem depois, e nós o estudaremos mais adiante.[36] O que agora interessa é a análise dos significados da santidade cristã.

a) A santidade no ensinamento bíblico

Antigo Testamento. A santidade no Antigo Testamento refere-se, em primeiro lugar, a Deus: «Não há Santo como o Senhor»;[37] mais ainda: a santidade constitui a característica própria do ser divino.[38] A palavra hebraica (*qadosh*) que exprime o conceito de santidade procede de uma raiz que significa cortar, separar: Deus é santo por sua radical separação e transcendência.[39] Mas isso não significa que a santidade divina seja estática ou inimitável: manifesta-se dinamicamente em todas as suas obras, e as pessoas devem viver segundo o modelo da santidade divina: «Sede santos, porque Eu, o Senhor, vosso Deus, sou Santo».[40] O Antigo Testamento mostra também os diversos aspectos da santidade: os profetas sublinham especialmente o seu caráter soteriológico enquanto revela o amor de Deus, dá a conhecer os pecados dos homens e os liberta deles.[41] Na literatura sacerdotal, ainda que não só nela, a santidade se relaciona com o culto: é santo o lugar onde se manifesta o Senhor, o templo, os sacerdotes, o sábado, os dias festivos;[42] Israel, como povo eleito, separado dos outros povos pelo fato de ser de Deus, é um povo santo;[43] o *Deuteronômio* insiste ainda mais na ideia de povo consagrado

(36) Cf. cap. VII, VIII e IX. O conceito de santidade cristã não tem a pretensão de explicar a gênese da distinção geral entre o bem e o mal; tal distinção é conhecida pelo homem antes de entrar em contato com a Revelação, embora, com base nela, possa ser ulteriormente desenvolvida: cf. cap. I, § 1, (c) e cap. VIII, § 2.

(37) 1 Sam 2, 2.

(38) Cf. Is 6, 3.

(39) Cf. Eclo 43, 29-36; Ez 1, 26-28.

(40) Lev 19, 2. Cf. Êx 22, 30; Lev 11, 44; Núm 15, 40; Sal 18, 24-27.

(41) Cf. Jos 24, 19; Is 12, 2.6; 30, 15; 43, 3; 49, 7; Os 11, 1-4.8-9; Sof 3, 9-15.

(42) Cf. Êx 3, 5; 35, 2; Lev 21, 8; 23, 4; Jos 5, 15; Ne 8, 11; Sal 65, 5.

(43) Cf. Êx 19, 6; Lev 20, 26.

ao Senhor.[44] Os livros sapienciais unem a santidade à sabedoria, que é como uma luz procedente do Senhor para guiar os santos.[45] A santidade das criaturas, que é participação da santidade divina, não é puramente passiva: exige o repúdio da impureza e a disposição de viver segundo uma conduta moral coerente,[46] conquanto seja Deus quem santifique os homens.[47]

Novo Testamento. No Novo Testamento, o conceito de santidade tem um campo semântico muito amplo.[48] Certamente, em diversas passagens é utilizado em sentido muito semelhante ao do Antigo Testamento: desse modo, diz-se santo o nome de Deus,[49] a sua aliança,[50] o seu séquito,[51] os anjos,[52] os profetas,[53] as Escrituras,[54] a lei,[55] etc. Porém a principal característica do Novo Testamento é que *a santidade aparece ligada ao Espírito Santo, que, como dom da era messiânica, conduz o fiel a uma participação da santidade de Deus, anteriormente impensável.* Nesta linha, deixando a análise lexicográfica e assumindo a perspectiva da teologia moral sistemática, podemos distinguir: 1) a santidade ontológica inicial; 2) a vida eterna como cumprimento escatológico da santidade cristã, que representa o pleno e definitivo desenvolvimento da santidade inicial; e 3) a santidade moral e espiritual, caminho que vai da primeira à segunda, e que constitui uma incoação e uma participação da vida eterna.

---

(44) Cf. Deut 7, 6; 14, 21; 26, 19; 28, 9.

(45) Cf. Prov 9, 10; Sab 7, 27; 9, 4.9-18; 10, 10.

(46) Cf. Êx 19, 22; Lev 19, 3-37.

(47) Cf. Eclo 45, 2-4.

(48) Um estudo completo requereria analisar, nos escritos neotestamentários, o uso de termos como *hághios* (santo, sagrado), *haghiázô* (santificar), *haghiasmós*, *haghiótês* e *haghiosynê* (santidade), *hierothytós* (consagrado), *hósios* (santo), *hosiótês* (santidade), *anósios* (não santo).

(49) Cf. Lc 1, 49.

(50) Cf. Lc 1, 72.

(51) Cf. Ef 1, 18; Col 1, 12; Apoc 18, 20.

(52) Cf. Mc 8, 38; Lc 9, 26; At 10, 20.

(53) Cf. Lc 1, 70.

(54) Cf. Rom 1, 2.

(55) Cf. Rom 7, 12.

b) O dom divino da santidade inicial

Assim como no Antigo Testamento a santidade era participação da santidade de Deus, assim no Novo Testamento Jesus, como o Santo de Deus, torna partícipes da sua santidade a Igreja e os cristãos, que são santificados em Jesus Cristo através da identificação com Ele e do banho da regeneração do Espírito.[56] Os cristãos chamam-se a si próprios «os santos»: São Paulo refere-se aos fiéis de Corinto como «os santificados em Cristo Jesus».[57] *Esta acepção da santidade, pelo menos em sentido direto, não tem significado moral*, e se utiliza em sentido análogo a outras expressões, como «os perfeitos»,[58] «os chamados»,[59] «os eleitos»[60] ou «os fiéis»;[61] refere-se antes ao dom da santidade inicial recebido pelos que acolheram a fé e receberam o batismo. Os cristãos foram purificados e santificados pela graça – princípio ontológico formal da vida dos fiéis – e enriquecidos com as virtudes cristãs. Guiados pelo Espírito Santo,[62] obtiveram uma primeira configuração com Cristo, que faz deles filhos de Deus[63] e partícipes da natureza divina.[64]

> *Neste sentido* (mas não só neste), *a Igreja é chamada "santa"*. «"A fé confessa que a Igreja... não pode deixar de ser santa. Com efeito, Cristo, o Filho de Deus, que com o Pai e o Espírito Santo é proclamado "o único santo", amou a sua Igreja como a uma esposa, entregou-se por ela para santificá-la (cf. Ef 5, 25-26) e uniu-a a Si como Seu corpo, cumulando-a com o dom do Espírito Santo para a glória de Deus" (*Lumen gentium*, 39). A Igreja é, pois, "o Povo

(56) Cf. Lc 4, 34; Jo 6, 69; 1 Cor 6, 11; Ti 3, 5; 1 Pe 2, 4.9.
(57) 1 Cor 1, 2; cf. 1 Cor 6, 1-2.11.
(58) Cf. 1 Cor 2, 6; Fil 3, 15.
(59) Cf. Rom 1, 7; 8, 28; Ef 4, 1.
(60) Cf. Ef 1, 11; Col 3, 12.
(61) Cf. Rom 1, 16; 1 Tess 1, 10.
(62) Cf. Rom 8, 14; Gál 5, 18.
(63) Cf. Jo 1, 12-13; Rom 8, 14-17.
(64) Cf. 2 Pe 1, 3-4.

santo de Deus" (*ibid.*, 12), e seus membros são chamados "santos" (cf. At 9, 13; 1 Cor 6, 1; 16, 1)».[65]

Segundo esta acepção, a santidade não é o fim último da vida humana, mas o dom divino inicial que torna possível e obrigatório ao homem tender à santidade entendida nos outros dois sentidos.

c) O cumprimento escatológico da santidade cristã

O dom divino recebido pelos fiéis (a filiação divina, a graça, as virtudes cristãs) pode comparar-se a um pequeno grão de mostarda destinado a crescer e chegar a ser uma grande árvore, ou também à levedura que fermenta toda a massa.[66] *A Revelação apresenta, em termos escatológicos, o fim último a que tende tal desenvolvimento*, servindo-se de distintos conceitos. A seguir, estudaremos os principais.

A vida eterna. *A «vida eterna», cuja existência professamos no símbolo da fé, representa o cumprimento escatológico da santidade cristã.* Os fiéis que gozam da visão de Deus na vida eterna são chamados «santos».[67] Ao canonizar algumas pessoas conferindo-lhes o título de «santo», a Igreja proclama «solenemente que esses fiéis praticaram heroicamente as virtudes e viveram na fidelidade à graça de Deus, [propondo-os] como modelos e intercessores».[68]

Os escritos do Novo Testamento, ainda que com matizes diversos, apresentam *a vida eterna como termo, cumprimento ou coroação de uma vida já iniciada neste mundo – a vida dos filhos de Deus –, e que possui exigências éticas precisas.* Nos sinópticos, promete-se a vida eterna àqueles que adotam determinadas atitudes com relação ao próximo e aos bens terrenos: «Bem-aventurados os pobres em espírito, porque deles é

(65) *Catecismo*, n. 823.

(66) Cf. Lc 13, 19-21.

(67) Cf. Apoc 20, 6.

(68) *Catecismo*, n. 828. Cf. *Lumen gentium*, ns. 48-50.

o Reino dos Céus. [...] Bem-aventurados os limpos de coração, porque eles verão a Deus».[69] O IV Evangelho fala da vida eterna como algo já começado nesta terra: a vida eterna é pertencer a Cristo pela fé, pelo amor e pela observância dos mandamentos,[70] e já a possuem, de algum modo, aqueles que comem o pão da vida;[71] porém, acima de tudo, *aparece ligada à ressurreição prometida por Cristo,*[72] *e a sua natureza exprime-se em termos de conhecimento*: «Esta é a vida eterna: que conheçam a ti, um só Deus verdadeiro, e a Jesus Cristo, que enviaste».[73] A vida eterna é a meta última da missão de Cristo: «De tal modo Deus amou o mundo, que lhe deu seu Filho único, para que todo o que nele crer não pereça, mas tenha a vida eterna».[74]

A natureza da vida eterna como conhecimento encontra-se também na 1.ª Carta de João[75] e em São Paulo.[76] Os dois hagiógrafos recordam que a vida eterna será a plena manifestação da vida dos filhos de Deus.[77] São Paulo une a filiação divina à ideia da herança; a recepção do Espírito do Filho mostra que somos verdadeiramente filhos de Deus: «E, assim, já não és servo, mas filho; e, como és filho, és também herdeiro pela graça de Deus».[78] A condição filial torna possível caminhar segundo o Espírito, sem se deixar arrastar pelos desejos da carne; «ora, as obras da carne são estas: fornicação, impureza, desonestidade, idolatria, magia, inimizades, contendas, ciúmes, iras, rixas, discórdias,

(69) Mt 5, 3.8.

(70) Cf. Jo 3, 15-18; 8, 12; 12, 50.

(71) Cf. Jo 6, 51.58.

(72) Cf. Jo 5, 27-29; 6, 39-40; 11, 25-26.

(73) Jo 17, 3.

(74) Jo 3, 16.

(75) «Quando Ele se manifestar, seremos semelhantes a Ele, porque o veremos tal como é» (1 Jo 3, 2).

(76) «Hoje vemos como por um espelho, confusamente; mas então veremos face a face. Hoje conheço em parte; mas então conhecerei totalmente, como eu sou conhecido» (1 Cor 13, 12).

(77) «Considerai com que amor nos amou o Pai, para que sejamos chamados filhos de Deus. E nós o somos de fato [...]. Caríssimos, a partir de agora somos filhos de Deus, mas não se manifestou ainda o que havemos de ser» (1 Jo 3, 1-2).

(78) Gál 4, 7. Também no Evangelho de Marcos está presente a ideia da herança; a pergunta do jovem rico foi formulada assim: «Bom Mestre, o que devo fazer para herdar (*klêronomésô*) a vida eterna?» (Mc 10, 17).

partidos, invejas, embriaguez, orgias e outras coisas semelhantes, contra as quais vos previno, como já vos preveni: os que as praticarem não herdarão o Reino de Deus».[79]

O Reino de Deus. Principalmente nos sinópticos, *o Reino de Deus (em Mc e Lc) e o Reino dos Céus ou também o Reino do Pai (em Mt) exprimem o caráter escatológico e ao mesmo tempo imanente da santidade cristã* («escatologia em fase de realização», segundo a fórmula de J. Jeremias). O Reino de Deus é uma realidade futura e é também uma realidade presente, que se aproxima, que vem e irrompe em nossa vida. O peculiar da mensagem de Jesus «é a afirmação de que com a sua presença e as suas obras já chegou o Reino de Deus (Lc 11, 20; Mt 12, 28), embora ainda permaneçamos à espera da sua forma plena e perfeita (como "reinado" de Deus). Este último aspecto é expresso pelas imagens do banquete festivo e do banquete nupcial (Lc 12, 38; Mt 8, 11; Lc 14, 16-24; Mt 22, 2-10), da colheita (parábolas do crescimento), a petição do Pai-nosso "venha a nós o vosso Reino" (Lc 11, 2; Mt 6, 10), assim como a certeza de Jesus na véspera da sua morte (Mc 14, 25 par.). Jesus anunciou a vinda do Reino de Deus num futuro imediato ("está próximo"), mas sem fornecer a data fixa».[80]

A dimensão principal do Reino dos céus é, sem dúvida, a escatológica: a participação no reino futuro de Deus. Tal participação se anuncia como um dom divino,[81] que o homem pode receber somente se se fizer como uma criança.[82] Nesse sentido, o Reino de Deus é a vida eterna, e as duas expressões se usam indistintamente: «Se teu pé for para ti ocasião de queda, corta-o fora; melhor te é entrares coxo na vida eterna do que, tendo dois pés, seres lançado ao fogo inextinguível. Se teu olho for para ti ocasião de queda, arranca-o; melhor te é entrares com um olho de menos no Reino de Deus do que, tendo dois olhos, seres lançado ao inferno».[83] A ideia de «entrar no Reino de Deus» é frequentemente utilizada,[84] e as condições para entrar nele

(79) Gál 5, 19-21. Cf. Rom 2, 7.

(80) R. Schnackenburg, *El mensaje moral del Nuevo Testamento*, cit., vol. I, p. 35.

(81) Cf. Lc 12, 32.

(82) Cf. Mc 10, 15.

(83) Mc 9, 45-47.

(84) Cf. Mt 5, 20; 7, 21; 18, 3; 23, 13; 25, 34.

são as mesmas requeridas para «entrar na vida» ou ainda para «herdar a vida».

O Reino de Deus é também o Reino de Cristo,[85] e está ligado à pessoa de Jesus. A posição tomada em relação a Jesus e às suas palavras determina a posição em que o homem se encontrará ao fim dos seus dias: «Quem der testemunho de mim diante dos homens, também eu darei testemunho dele diante de meu Pai, que está nos céus. Aquele, porém, que me negar diante dos homens, também eu o negarei diante de meu Pai, que está nos céus».[86] A realização do Reino de Deus iniciou-se na terra com a pregação de Jesus, e a resposta positiva ao seu chamado – o seguimento de Cristo – é o caminho para entrar no reino. *Fazer presente a todos os homens o chamado de Cristo constitui a missão da Igreja.*

A Igreja é, na terra, o início e a semente do Reino de Deus. Cristo, «para cumprir a Vontade do Pai, inaugurou na terra o reino dos céus, revelou-nos o seu mistério e redimiu-nos com a sua obediência. A Igreja, o Reino de Cristo presente já como mistério, cresce visivelmente no mundo pelo poder de Deus [...] Por isso, a Igreja, enriquecida com os dons do seu Fundador e guardando fielmente seus mandamentos do amor, da humildade e da renúncia, recebe a missão de anunciar e estabelecer em todos os povos o Reino de Cristo e de Deus. Ela constitui o germe e o começo deste Reino na terra. Enquanto vai crescendo aos poucos, anela a plena realização do Reino, e espera e deseja com todas as suas forças reunir-se ao seu Rei na glória».[87]

A Igreja é, portanto, o sacramento universal da salvação e da santidade:[88] Deus «quis salvar e santificar os homens não individualmente e isolados, sem conexão entre si, senão que quis fazer deles um povo que de verdade o conhecesse e o servisse com uma vida santa».[89] A santidade é um empenho pessoal, mas não individualista: é participação da vida trinitária em Jesus e se realiza na

(85) C f. Lc 22, 29-30; Ef 5, 5.

(86) Mt 10, 32-33. Cf. Mt 7, 22-23.

(87) *Lumen gentium*, ns. 3 e 5.

(88) Cf. *Lumen gentium*, n. 88; *Ad gentes*, ns. 1 e 5; *Gaudium et spes*, n. 43; etc.

(89) *Lumen gentium*, n. 9.

Igreja, que é o Corpo místico de Cristo. De fato, é na Igreja que, por meio da graça, atingimos a santidade; toda a atividade da Igreja se dirige, como ao seu fim, à glorificação de Deus em Cristo e à santificação dos homens.[90] Daí se deduz a índole eclesial da vida cristã e, consequentemente, do seu estudo sistemático, ou seja, da teologia moral. *Convém manifestar claramente a necessária função da Igreja no correto desenvolvimento da teologia moral.*[91]

A Casa do Pai. *A ideia da casa do Pai ressalta especialmente que a santidade definitiva é a plenitude e o termo da vida dos filhos de Deus, a qual se expressa no comportamento de completa docilidade à vontade paterna vivida por Cristo.* «Na casa de meu Pai há muitas moradas. Não fora assim, eu vo-lo teria dito; pois vou preparar-vos um lugar. Depois de ir e preparar-vos um lugar, voltarei e tomar-vos-ei comigo, para que, onde eu estou, também vós estejais».[92] A casa do Pai é o lugar de residência definitiva dos fiéis com Jesus junto ao Pai.

Somente aqueles que Cristo libertou do pecado, aqueles que são filhos e não escravos, têm domicílio permanente na casa do Pai: «Em verdade, em verdade vos digo: todo homem que se entrega ao pecado é seu escravo. Ora, o escravo não fica na casa para sempre».[93] Na parábola do filho pródigo, a conversão do pecador é apresentada como um retorno à casa do Pai;[94] esse conceito permite compreender também que o cumprimento escatológico já está incoado na vida terrena.

A plena participação da santidade de Deus. *A participação da santidade divina une igualmente a conduta atual dos fiéis com a sua plenitude escatológica, sublinhando a faceta da imitação de Deus,* que já

(90) Cf. *Sacrosanctum Concilium*, n. 10; *Lumen gentium*, n. 48; *Catecismo*, ns. 824, 1877 e 2030.

(91) Esta função da Igreja foi frequentemente sublinhada neste livro: cf. cap. I §§1 (b) e 3 (a); cap. IX §2; etc.

(92) Jo 14, 2-3.

(93) Jo 8, 34-35; *vide* cap. IV, §3 (c).

(94) Cf. Lc 15, 11-32.

estava presente no Antigo Testamento.[95] A 1.ª Carta de Pedro exorta: «Cingi, portanto, os rins de vosso espírito, sede sóbrios e ponde toda a vossa esperança na graça que vos será dada no dia em que Jesus Cristo aparecer. À maneira de filhos obedientes, já não vos amoldeis aos desejos que tínheis antes, no tempo da vossa ignorância. A exemplo da santidade daquele que vos chamou, sede também vós santos em todas as vossas ações, pois está escrito: *Sede santos, porque eu sou santo*».[96] Essas palavras fortalecem a esperança, estimulam à purificação da conduta e urgem à santidade, porque só ela obtém a união com Deus – o Santo – à qual somos chamados. Estabelece-se assim uma íntima relação entre a santidade e a glória em duplo sentido: descendente e ascendente; com efeito, *Deus comunica a sua glória ao homem chamando-o a participar da sua santidade*,[97] e *o homem dá glória a Deus quando corresponde à graça divina mediante uma conduta santa*, porque Deus «é glorificado em seus santos».[98]

A santidade como bem definitivo da vida humana. O conceito de vida eterna, o de reino de Deus, o de casa do Pai, o de santidade e outros semelhantes, quer em seu primeiro anúncio, quer no chamado dirigido aos fiéis expostos à tibieza e à tentação, *tentam iluminar a vida moral cristã sob a luz do que constitui o seu bem global e definitivo.* Com tal chamado, exorta-se aos fiéis ao esforço moral e à vigilância: «Vigiai, pois, dado que não sabeis quando o senhor da casa voltará, se à tarde, se à meia-noite, se ao cantar do galo, se pela manhã, para que, vindo de repente, não vos encontre dormindo. O que vos digo, digo-o a todos: vigiai!»[99] *Vigiar significa ordenar o desejo àquilo que é verdadeira e definitivamente bom – a união com Deus pelo conhecimento e pelo amor – e, em consequência, revisar nessa perspectiva os próprios valores e as próprias escolhas, se necessário de maneira decisiva e radical.*

Ensina-o Jesus: «Se tua mão for para ti ocasião de queda, corta-a; melhor te é entrares na vida aleijado do que, tendo duas mãos,

(95) Cf. § 3 (a).

(96) 1 Pe 1, 13-16.

(97) Cf. 1 Pe 1, 3-7; *Catecismo*, n. 2809.

(98) 2 Tess 1, 10.

(99) Mc 13, 35-37.

ires para o inferno, para o fogo inextinguível».[100] Somente à luz da consumação escatológica da vida se pode compreender plenamente o valor relativo da «mão», assim como do «pé» e do «olho» (dos quais se fala nos versículos seguintes). O administrador infiel[101] é louvado por seu patrão «por ter agido sagazmente (*fronímôs*),[102] isto é, por ter sabido preparar prudentemente o momento em que seria dispensado da administração, e já não teria possibilidade de comerciar com os bens recebidos. Pelo contrário, é repreendido o rico que desfrutou dos seus bens pensando somente na vida presente sem ter também em conta a futura: «Insensato (*afrôn*)! Nesta noite ainda exigirão de ti tua alma. E as coisas que ajuntaste de quem serão?»[103] *A reflexão sobre a própria vida e sobre as próprias escolhas à luz da consumação escatológica ou a falta de reflexão determinam a prudência ou a insensatez no uso dos bens recebidos.* Em relação a este ponto, é significativa a coincidência, na parábola do filho pródigo, entre o afastamento da casa do pai e o esbanjamento da herança recebida «vivendo luxuriosamente».[104] O pensamento e o desejo da vida definitiva na casa do Pai, ao contrário, estimulam a purificação do coração, que se sente liberto de um intemperante apego aos bens terrenos.

d) A santidade moral

A conduta santa, ilustrada pelos textos bíblicos citados, é justamente a *santidade moral, que pressupõe o desenvolvimento da santidade inicial, mediante o agir bom e mesmo excelente, e se encaminha à sua consumação escatológica.* A santidade moral é a santidade do agir.[105] O

(100) Mc 9, 43.

(101) Cf. Lc 16, 1-8.

(102) Lc 16, 8.

(103) Lc 12, 20.

(104) Lc 15, 13. Ver o comentário de São João Paulo II, Enc. *Dives in misericordia*, 30/11/1980, n. 5.

(105) Cf. E. Colom, *L'agire morale, cammino de santità. Una riflessione attorno all'enc. Veritatis splendor*, «Annales theologici» 7 (1993) 281-322.

desenvolvimento, através da conduta, da condição de filho de Deus recebida com a fé e com o batismo é uma concretização, por analogia, de um princípio metafísico geral referido a todo ser vivente e, em particular, ao homem: o agir acarreta o crescimento do próprio ser, que brota do ser mesmo.

Desse ponto de vista, compreende-se como, através das boas obras – também no plano da ética natural – atingimos uma maior semelhança com o Senhor: «*Deus disse: façamos o homem à nossa imagem e semelhança;* e acrescentou: *E Deus fez o homem: fê-lo à imagem de Deus, fê-lo homem e mulher, e abençoou-os.* O fato de ter dito: *Fê-lo à imagem de Deus* e de silenciar a semelhança indica que o homem, desde a primeira criação, alcançou a dignidade da imagem, enquanto a perfeição da semelhança lhe foi reservada para o final, no sentido de que ele deve consegui-la, imitando a Deus com as próprias obras; assim, tendo-lhe concedido no princípio a possibilidade da perfeição por meio da dignidade da imagem, o homem pode ao final realizar a perfeita semelhança por meio das obras».[106] Por isso, a possibilidade de consumar a *semelhança* com Deus deriva do fato de ter sido criado à sua *imagem*: a santidade, assim como todo bem, procede do Criador, que infunde no ser a capacidade de agir, fornece as ajudas necessárias para atuar e indica ao homem o seu fim último transcendente.[107]

O desígnio de Deus quanto aos seres espirituais é que eles alcancem a própria plenitude não passivamente, mas como partícipes da obra divina. É especialmente importante entender que este desígnio divino é intrínseco ao ato criador e, consequentemente, faz parte do núcleo mais íntimo de cada pessoa: pode-se dizer, assim, que o ser humano exige o comportamento moral e que o agir do homem não é outra coisa que um desdobramento do próprio ser; por isso, existe relação íntima e inseparável entre a pessoa humana, a perfeição que

---

(106) Orígenes, *De principiis*, 3, 6, 1: SC 268, 237.

(107) Cf. Jo 3, 3.27; At 17, 25-28; Tg 1, 17; *S.Th.*, I, q. 22, a. 1; Santo Tomás, *In librum Beati Dionysii de De Divinis Nominibus Expositio*, 7, lect. 4, Marietti, Taurini-Romae 1950, n. 733.

deve atingir e o ato humano ou moral. «O imperativo moral adquire assim uma força dinâmica resultante da tensão entre presente e futuro e, precisamente, na perspectiva de Jesus. Esse imperativo converte-se em permanente impulso para *agir neste mundo* segundo as indicações de Jesus [...]. Quando o olhar está fixo no reino que virá, experimenta-se uma força impulsora que leva para frente e que incita a não desistir jamais, a não renunciar à esperança, por sobre todos os obstáculos e a despeito de todas as falhas pessoais. Porque, mais uma vez, é o próprio Deus o que levará seu reino à consumação, o que fará realidade plena o que aflorou, a título indicativo, na pessoa e na obra de Jesus».[108]

Não podemos fazer agora uma análise pormenorizada das exigências éticas da santidade cristã. Por ora, interessa-nos apenas traçar uma descrição geral, para facilitar a compreensão de que *a santificação ou santidade moral constitui o fim último próximo da vida humana*, ou seja, o único tipo de vida que, à luz da Revelação, é razoável querer por si mesmo, sem subordiná-lo a nenhum outro tipo de bem ou condição terrena, e que se deve ordenar à comunhão definitiva com Deus na vida eterna e, em última análise, à glória de Deus, fim último absoluto do homem.

Do ponto de vista específico, a santidade moral não consiste numa atividade particular, justaposta às outras e, enquanto tal, exercida pelo cristão. *A santidade moral deve ser procurada e alcançada na e mediante a realização das atividades normais do homem*, segundo a vocação de cada um: trabalho profissional, vida familiar, atividades sociais e políticas, deveres religiosos, etc. Do ponto de vista formal, consiste nos princípios que orientam e inspiram tais atividades – acima de tudo, a caridade – e no modo de realizá-las, isto é, nos critérios que regulam tanto as atividades quanto os bens que elas realizam ou alcançam.[109] *A santidade moral é um tipo de vida ou, se preferirmos, um modo de viver que admite muitas modalidades de realização prática.* São diversos, ao menos parcialmente, o modo e os conteúdos da santidade moral do fiel leigo casado e do celibatário, e a vida de ambos é e deve ser diversa,

(108) R. Schnackenburg, *El mensaje moral del Nuevo Testamento*, cit., vol. I, p. 42.

(109) Analisaremos esses critérios ao longo deste Curso de Moral.

em muitos aspectos, da vida de um sacerdote ou de um membro de uma congregação religiosa, etc.

O comum a todos é que *a santidade cristã consiste em seguir e imitar a Cristo, configurar-se cada vez mais a Ele, até chegar à plenitude da caridade*, que é a essência da perfeição cristã.[110]. Convém repetir que não existe uma única forma concreta ou uma forma privilegiada de seguir a Cristo: *seguir a Cristo é conseguir que as virtudes teologais e as virtudes morais – as virtudes praticadas por Cristo – constituam a inspiração profunda e os critérios de regulação prática das atividades e da vida que cada um desenvolve seguindo a própria vocação.* Isso se compreende melhor tendo presente que a santidade é sempre excelência, e que, portanto, o exercício das virtudes não deve ser entendido em sentido minimalista, como luta contra as ações pecaminosas que se opõem a elas; a santidade requer que se alcancem e consolidem as expressões máximas da vida divina que Deus concede e pede a cada pessoa.

Antes de estudar as condições do seguimento de Cristo e as suas especificações, é necessário refletir sobre a doutrina, apenas esboçada, do chamado universal à santidade.

e) A doutrina sobre o chamado universal à santidade

Do ponto de vista bíblico e dogmático, o chamado universal à santidade foi sempre um dado pacificamente aceito; no entanto, a asserção desta doutrina com todo o seu valor prático-moral por parte do Concílio Vaticano II pode considerar-se como uma verdadeira novidade teológica.[111] *A novidade consiste em propor a santidade, com tudo quanto ela envolve de excelência, como o fim prático e acessível para todos os cristãos, ou seja, também para aqueles – que são a maioria – que não receberam uma vocação para o estado sacerdotal nem para a vida consagrada.*

---

(110) Cf. Col 3, 14.

(111) São João Paulo II, recordando essa doutrina, comenta: «O Concílio Vaticano II pronunciou palavras altamente luminosas sobre a vocação universal à santidade. Pode-se dizer que precisamente este chamado foi o lema fundamental confiado a todos os filhos e filhas da Igreja por um Concílio convocado para a renovação evangélica da vida cristã. Esse lema não é uma simples exortação moral, mas uma *insuprível exigência do mistério da Igreja*» (*Christifideles laici*, n. 16). Cf. V. Bosch, *Llamados a ser santos: historia contemporánea de una doctrina*, Palabra, Madri, 2008.

Se é verdade que este ensinamento do Concílio Vaticano II constitui um evento importante na história do cristianismo, é também verdade que foi preparado pelo sopro do Espírito na própria vida da Igreja, por meio da teologia das realidades terrenas, da renovação litúrgica com a sua reflexão sobre o batismo e o seu caráter santificante, da experiência do apostolado laical e da vitalidade de fenômenos pastorais como o Opus Dei.[112] Este último caracteriza-se pela importância dada ao valor santificante do trabalho profissional e ao cumprimento dos deveres ordinários do cristão, como indicam as seguintes palavras, particularmente significativas, do Fundador: «Desde 1928 tenho pregado que a santidade não é coisa para privilegiados, que podem ser divinos todos os caminhos da terra, porque o eixo da espiritualidade específica do Opus Dei é a santificação do trabalho quotidiano». «O Opus Dei pretende ajudar as pessoas que vivem no mundo – o homem vulgar, o homem da rua – a levar uma vida plenamente cristã, sem modificar o seu modo normal de vida». «Devem compreender agora – com uma nova clareza – que Deus os chama a servi-lo *em e a partir* das tarefas civis, materiais, seculares da vida humana: no laboratório, na sala de operações de um hospital, no quartel, na cátedra universitária, na fábrica, na oficina, no campo, no seio do lar e em todo o imenso panorama do trabalho, Deus nos espera cada dia. Não esqueçam nunca: há *algo* de santo, de divino, escondido nas situações mais comuns, algo que a cada um de nós compete descobrir».[113]

Tudo isso não é um mero postulado teórico, mas estimula na prática o desejo firme e concreto de realizar esse ideal na vida quotidiana, como ensina o capítulo V da *Lumen gentium.* Esse capítulo começa assina-

---

(112) «A história da Igreja e do mundo se desenvolve sob a ação do Espírito Santo, que, com a livre colaboração dos homens, dirige os acontecimentos para a realização do plano salvífico de Deus Pai. Manifestação evidente dessa Providência divina é a presença constante, ao longo dos séculos, de homens e de mulheres, fiéis a Cristo, que iluminam as diversas épocas da história com a sua vida e a sua mensagem. Entre essas figuras insignes, ocupa lugar destacado o Beato Josemaria Escrivá, que, como sublinhei no dia solene da sua beatificação, recordou ao mundo contemporâneo o chamado universal à santidade e o valor cristão que pode adquirir o trabalho profissional, nas circunstâncias ordinárias de cada um» (São João Paulo II, *Discurso* 14/10/1993, n. 2: *Insegnamenti*, XVI-2 [1993] 1013-1014).

(113) Josemaria Escrivá, *Questões atuais do cristianismo*, Quadrante, São Paulo, 1986, ns. 34, 24 e 114. Um profundo estudo teológico se encontra no volume citado *Santidad y mundo*, e na bibliografia ali recolhida.

lando o fundamento último de tal empenho: a santidade de Deus – Pai, Filho e Espírito Santo – que Cristo transmitiu à Igreja; por isso, «todos na Igreja, quer pertençam à hierarquia quer estejam regidos por ela, são chamados à santidade, segundo as palavras do Apóstolo: *Esta é a vontade de Deus: que sejais santos* (1 Tess 4, 3; cf. Ef 1, 4)».[114] O ponto seguinte desenvolve essa ideia, relacionando a santidade dos fiéis a Jesus, mestre e modelo, ao Espírito Santo, que move ao amor de Deus e do próximo a partir do interior, à vida sacramental (batismo), às virtudes e à oração; esse parágrafo trata também da relação entre a santidade inicial e a santidade moral: «Os seguidores de Cristo foram chamados por Deus e justificados no Senhor Jesus não pelos seus próprios méritos, mas pelo seu desígnio de graça. O batismo e a fé fizeram-nos verdadeiramente filhos de Deus, participam da natureza divina e são, portanto, realmente santos. Por isso devem, com a graça de Deus, conservar e levar à plenitude na sua vida a santidade que receberam».[115]

Depois, recorda que *a santidade é uma e a mesma para todos:* «Nos diversos gêneros de vida e de ocupação, todos cultivam a mesma santidade. Com efeito, todos, pela ação do Espírito de Deus, obedientes à voz do Pai, adorando a Deus Pai em espírito e em verdade, seguem a Cristo pobre, humilde com a cruz às costas, para merecer ter parte na sua glória».[116] *Portanto, não se podem distinguir diversos graus de vocação à santidade, porque tal chamado é para todos um convite à plenitude cristã:* «Cada um, segundo seus dons e suas funções, deve avançar com decisão pelo caminho da fé viva, que suscita a esperança e se traduz em obras de amor».[117] O parágrafo continua com uma referência aos bispos, aos sacerdotes, aos outros clérigos, aos leigos com especial menção aos esposos, aos que têm condições de vida mais difíceis e aos que sofrem, e insiste em que «todos os cristãos, portanto, nas suas condições de vida e de trabalho e nas suas circunstâncias, serão cada vez mais santos mediante tudo isso se receberem tudo com fé das mãos do Pai do céu e colaborarem com a vontade de Deus, manifestando a todos, precisamente no cuidado das coisas temporais, o amor com que o Pai

(114) *Lumen gentium*, n. 39.
(115) *Ibidem*, n. 40.
(116) *Ibidem*, n. 41.
(117) *Ibidem*.

amou o mundo».[118] O capítulo termina mostrando as vias e os meios da santidade e, depois de falar de algumas vocações concretas, lembra mais uma vez: «Todos os cristãos, portanto, são chamados e obrigados a tender à santidade e à perfeição no seu próprio estado de vida».[119]

Essa vocação à santidade se traduz em buscar a Deus sobre todas as coisas, com todo o coração, com toda a alma e com toda a força: cada pessoa é chamada a amar a Deus com intensidade suma.[120] Essa é a base da santidade cristã: o amor a Cristo compele-nos a responder com um amor máximo a Deus e ao próximo, que se torna realidade nas situações concretas ao longo da vida, e não se hão de fixar limites a esse crescimento, pois não merece o nome de bom quem não deseja ser melhor, e, se não o desejar, deixa de ser bom:[121] «Deve desagradar-te sempre o que és, se queres chegar ao que não és. Onde ficaste complacente contigo mesmo, ali ficaste. Se disseres: Basta, estás perdido».[122]

A caridade traz consigo uma intrínseca tensão para o crescimento, ao qual não podem impor-se limites pré-constituídos. No amor – especialmente no amor a Deus – não é possível fazer demasiado: «O mandamento do amor a Deus e ao próximo não tem, na sua dinâmica positiva, nenhum limite superior, mas um inferior, abaixo do qual se viola o mandamento».[123] Tendo em conta a amorosa e paternal generosidade de Deus, não faria sentido, por parte do homem, uma atitude egoísta, voltada para si próprio. A profundidade do dom de Deus faz que, em último termo, ou amamos a Deus acima de todas as coisas e procuramos crescer continuamente nesse amor, ou amaremos a nós mesmos mais que a Deus.[124] Portanto, somos chamados a correspon-

(118) *Ibidem.*

(119) *Ibidem*, n. 42.

(120) Cf. Deut 6, 5; Mc 12, 30.

(121) «Minime pro certo est bonus, qui melior esse non vult, et ubi incipis nullo fieri melior, ibi desinis etiam esse bonus» (São Bernardo, *Epistola* 91, 3: *Opera*, Ed. Cistercienses, Roma, 1974, vol. VII, p. 240, lin. 18-19).

(122) Santo Agostinho, *Sermo* 169, 15, 18; PL 38, 926.

(123) *Veritatis splendor*, n. 52. Cf. *S.Th.*, I-II, q 64, a. 4.

(124) «Dois amores deram origem a duas cidades; o amor a si próprio até ao desprezo de Deus gerou a terrena; o amor de Deus até ao desprezo de si próprio gerou a celeste. Aquela se gloria em si própria; esta, no Senhor» (Santo Agostinho, *De civitate Dei*, 14, 28: CCL 48, 451).

der a um dom que nos compromete totalmente, tomando o Amor como regra de todo querer e de todo agir. «*A perfeição cristã só tem um limite: o não ter limite*».[125]

4. O seguimento de Cristo como fundamento essencial e original da santidade cristã

a) Cristo como «caminho, verdade e vida»

Centramos agora a nossa atenção sobre a realização terrena da vocação para a santidade (a santidade moral), porque tal cumprimento é a tarefa moral e espiritual que necessita ser iluminada e orientada pela reflexão teológica.

Como sabemos, a vida moral cristã é o caminho para a casa do Pai,[126] que tem em Cristo o seu fundamental ponto de referência.[127] Cristo fê-lo possível, e *Cristo constitui o seu fim, a sua norma e o seu modelo,* humano e divino ao mesmo tempo. Ele é «o Caminho, a Verdade e a Vida».[128] Jesus é o «caminho» para a casa do Pai enquanto mediador pessoal da salvação e enquanto norma de vida. É o caminho porque é «a verdade», ou seja, a revelação pessoal do Pai e do seu desígnio de amor para os homens. Caminhando e permanecendo na verdade, chega-se à «vida», à meta final. Em palavras paulinas, Cristo é «para nós sabedoria, justiça, santificação e redenção»:[129] *sabedoria,* que ensina a caminhar segundo o desígnio de Deus; *justiça e santificação*

---

(125) São Gregório da Nisa, *De vita Moysis*: PG 44, 229 D.

(126) Cf. Jo 14, 2-3.

(127) Uma visão de conjunto da vocação ao seguimento de Cristo pode ver-se em: N. Cabasilas, *La vida en Cristo*, Rialp, Madri, 1999: uma edição crítica encontra-se em SC 355 e 361; L. Scheffczyk, *L'uomo moderno di fronte alla concezione antropologica della Bibbia*, Elle di Ci, Torino-Leumann, 1970; A. Fernández, *La esencia del mensaje moral cristiano*, «Theologica» 9 (1976) 335-381; Id.: *El mensaje moral de Jesús de Nazaret*, Palabra, Madri, 1998; D. Tettamanzi, *El hombre a imagen de Dios*, Secretariado Trinitario, Salamanca, 1978; C. Spicq, *Dios y el hombre según el Nuevo Testamento*, Secretariado Trinitario, Salamanca, 1979.

(128) Jo 14, 6.

(129) 1 Cor 1, 30.

interior, ou seja, libertação do pecado e da miséria, libertação que Ele conseguiu para nós no sacrifício da cruz; e, portanto, Ele é também *redenção*.

Assim, afirma-se que *a santidade cristã, na sua atuação terrena, consiste no seguimento de Cristo.* «É o próprio Cristo quem toma a iniciativa e chama para segui-lo. O chamado é dirigido, sobretudo, àqueles a quem confia uma missão particular, a começar pelos Doze; mas também é verdade que a condição de todo fiel é ser discípulo de Cristo (cf. At 6, 1). Por isso, *seguir a Cristo é o fundamento essencial e original da moral cristã*: assim como o povo de Israel seguia a Deus, que o guiava pelo deserto até à terra prometida (cf. Ex 13, 21), assim o discípulo não deve senão seguir a Jesus, atraído para Ele pelo próprio Pai (cf. Jo 6, 44). Aqui não se trata apenas de dispor-se a ouvir um ensinamento e de acolher na obediência um mandamento. Trata-se, mais radicalmente, de *aderir à própria pessoa de Cristo*, de compartilhar a sua vida e o seu destino, de participar da sua obediência livre e amorosa à vontade do Pai».[130] Ele assumiu a condição humana em tudo menos no pecado, para torná-la – mediante a sua Paixão, Morte, Ressurreição e Ascensão – partícipe da sua glorificação.[131] Cristo recapitulou em si mesmo tudo o que o homem dispersou pelo pecado[132]: n'Ele se renova, de maneira definitiva, o *sim* salvífico do Pai com uma nova e eterna Aliança, que culmina na participação escatológica da glória do Senhor.[133]

Cristo ressuscitado envia o Espírito Santo, que sustenta a nossa condição de filhos de Deus, nos torna coerdeiros de Jesus Cristo, e reconcilia as criaturas com o Criador e com a humanidade, enquanto partícipe do

---

(130) *Veritatis splendor*, n. 19. A encíclica acrescenta: «Seguindo, mediante a resposta da fé, Àquele que é a Sabedoria encarnada, o discípulo de Jesus torna-se verdadeiramente *discípulo de Deus* (cf. Jo 6, 45). De fato, Jesus é a luz do mundo, a luz da vida (cf. Jo 8, 12); é o pastor que guia e alimenta as ovelhas (cf. Jo 10, 11-16), é o caminho, a verdade e a vida (cf. Jo 14, 6), é Aquele que conduz ao Pai, ao ponto de que vê-Lo a Ele, o Filho, é ver ao Pai (cf. Jo 14, 6-10). Portanto, imitar o Filho, «a imagem do Deus invisível» (Col 1, 15), significa imitar o Pai» (*Veritatis splendor*, n. 19).

(131) Cf. Ti 2, 13-14; *Gaudium et spes*, n. 38; *Catecismo*, ns. 602-603.

(132) Cf. Ef 1, 10; *Ad gentes*, n. 3.

(133) «Quem crê em Cristo torna-se filho de Deus. Essa adoção filial o transforma, propiciando-lhe o seguir o exemplo de Cristo. Ela torna-o capaz de agir corretamente e de praticar o bem. Em união com o seu Salvador, o discípulo alcança a perfeição da caridade, a santidade. Amadurecida na graça, a vida moral desabrocha em vida eterna na glória do céu» (*Catecismo*, n. 1709).

senhorio que Cristo possui sobre elas.[134] O domínio de Cristo sobre o pecado e as suas consequências significa *já agora* a vida eterna como incoação da glorificação futura, que *ainda não* foi consumada:[135]: o homem, seguindo a Cristo, coopera com os dons do Espírito Santo para alcançar a glória a que está predestinado por Deus Pai, enquanto purifica a corrupção das criaturas para que elas também possam participar da glória dos filhos de Deus.[136]

b) O seguimento de Cristo como vida segundo as virtudes cristãs até à plenitude da caridade

Explicaremos agora o que significa, em termos operativos, o seguimento de Cristo. Como se esboçou anteriormente, seguir a Cristo significa concretamente *viver segundo as virtudes cristãs, isto é, segundo as virtudes ensinadas pelas palavras e pelo exemplo de Cristo, «perfectus Deus, perfectus homo»*. A teologia moral não é outra coisa que uma explicação dessa realidade, dos seus pressupostos antropológicos, das suas implicações normativas e das suas modalidades de atuação.

As virtudes teologais e morais são, simultaneamente, os princípios normativos – possuídos como hábitos – da vida em Cristo, a sua norma, e, em certo sentido, também o seu fim (são fim enquanto o progredir nas virtudes cristãs e o identificar-se com Cristo são, na prática, a mesma coisa). Naturalmente, a função de princípio vital da existência cristã é proeminente nas virtudes teologais – a fé, a esperança e a caridade –, que tornam o homem capaz de crer, de desejar e de amar a Deus em Cristo por meio do Espírito Santo. As virtudes teologais purificam e elevam o conhecimento e a vontade humana, dirigindo-os ao fim da vida cristã.[137] Essas virtudes modificam os critérios se-

(134) Cf. Rom 8, 19-23; *Lumen gentium*, ns. 4 e 48; *Gaudium et spes*, ns. 39 e 43; *Veritatis splendor*, n. 108.

(135) Cf. Jo 5, 24-25; *1 Jo* 3, 2; *Lumen gentium*, n. 2.

(136) Cf. P. O'Callaghan, *L'agire dello Spirito Santo, chiave dell'escatologia cristiana*, «Annales theologici» 12 (1998) 327-373.

(137) O estudo das virtudes teologais e da sua essencial função na vida cristã pertence a um tratado íntegro da teologia moral especial. A moral fundamental não estuda essas virtudes em pormenor.

gundos quais as virtudes morais regulam as atividades e também a realização e o uso dos bens humanos, fazendo possível a união com Cristo por meio deles.[138] No entanto, as virtudes não são normas no mesmo sentido em que o são as leis humanas; são normas enquanto atuam como princípios cognoscitivos, apetitivos e dispositivos da racionalidade prática (prudência), da retidão no amar e no sentir, bem como da reta escolha, segundo uma estrutura complexa que veremos no cap. VII.

Entre as virtudes teologais, deve sublinhar-se a *função central da caridade.*[139] Ela exprime o valor moral da pessoa e o grau da sua união com Cristo; essa união com Cristo mediante o amor está acima de todos os valores humanos e não se identifica sequer com o conjunto harmônico deles. É por meio das virtudes teologais e dos dons do Espírito Santo, especialmente por meio da caridade, que se alcança a vida de união com Deus, que representa o maior bem de que o homem é capaz neste mundo: quem o experimentou reconhece que vale a pena qualquer sacrifício a fim de não perdê-lo.[140] *Essa união, que consiste essencialmente no amor, na caridade, dá lugar a uma verdadeira contemplação de Cristo e de Deus.* Não entendemos aqui por contemplação os fenômenos místicos extraordinários, mas o esforço e a capacidade de descobrir Deus em qualquer acontecimento – grande ou pequeno – da própria vida, até em meio às muitas ocupações terrenas;[141] sem esquecer, por outro lado, que Ele se encontra no centro da alma em graça, como dizia Santo Agostinho: *interior intimo meo,*

(138) Analisaremos mais detidamente esta temática no cap. VII, §§4-7, ao estudar as virtudes infusas. Agora, é suficiente assinalar que muitos dos ensinamentos morais do Novo Testamento se referem precisamente ao comportamento reto em relação aos diversos bens de que o homem tem necessidade: estudaremos isso com mais detalhe no cap. III.

(139) Cf. G. Gilleman, *La primacía de la caridad en teología moral*, Desclée de Brouwer, Bilbao, 1957; F. Ocáriz, *Amor a Dios, amor a los hombres*, Palabra, Madri, 1973.

(140) «Somente quem se abriu ao Evangelho e descobriu que ele é a pérola e o tesouro incomparável, pode "vender tudo", seguir a Jesus e tentar ser como Ele (cf. Mt 13, 44-46). Aqui, "o dever" aparece como fruto gozoso e reconhecimento agradecido dos dons recebidos de Deus» (Conf. Episcopal Española, «*La verdad os hará libres (Jo 8, 32)*», n. 43 «Boletín Oficial de la Conf. Episcopal Española» 8 (1991) 25).

(141) «Só uma coisa é necessária» (Lc 10, 42): a procura amorosa do Senhor; cf. *Catecismo*, ns. 2562-2564. Convém sublinhar a necessidade da contemplação, a fim de que o cristão, seja qual for a situação de sua própria vida, possa atingir a santidade: este tema será desenvolvido no cap. III §4 (c).

mais íntimo a mim que eu mesmo.[142] Aqui se insere a amizade com o Senhor por meio da oração e dos atos de piedade e de culto;[143] o conhecimento de Jesus para identificar-se com Ele, como Paulo ressaltou particularmente;[144] o trato e a imitação dos que ensinam a tratar e imitar a Jesus: Maria, José, os anjos e os santos.[145]

Vale a pena transcrever algumas reflexões, extraídas de uma homilia de São Josemaria Escrivá, que ilustram eficazmente o que é a contemplação corrente acessível a todo cristão que tenta viver seriamente o seguimento de Cristo. «Primeiro, uma jaculatória, e depois outra, e mais outra..., até que parece insuficiente esse fervor, porque as palavras se tornam pobres..., e se dá passagem à intimidade divina, num olhar para Deus sem descanso e sem cansaço. Vivemos então como cativos, como prisioneiros. Enquanto realizamos com a maior perfeição possível, dentro dos nossos erros e limitações, as tarefas próprias da nossa condição e do nosso ofício, a alma anseia escapar-se. Vai-se rumo a Deus, como o ferro atraído pela força do ímã. Começa-se a amar a Jesus de forma mais eficaz, com um doce sobressalto [...].

«O coração necessita então de distinguir e adorar cada uma das Pessoas divinas. De certa maneira, o que a alma realiza na vida so-

(142) *Confissões*, 3, 6, 11: CCL 27, 33.

(143) O tema do diálogo do homem com Deus percorre toda a Bíblia, desde a criação (Gên 1, 27-29; 2, 16.19.23) até os últimos versículos (Apoc 22, 17.20); assim, por exemplo, o diálogo de Deus com Noé (Gên 6, 13 ss.), com Abraão (Gên 12 ss.), com Isaac (Gên 26), com Moisés (Êx 3 ss.); a oração de Davi (2 Sam 7, 18-29), dos profetas (Is 6, 6-11; Lam 5; Hab 3); de Jesus (Mc 1, 35; Lc 5, 16; 9, 18; 21, 36-37), de Maria e dos Apóstolos (At 1, 14; 3, 1), dos primeiros cristãos (At 12, 5.12); também o mostram as leis litúrgicas do Êxodo (cap. 25-31 e 35-40), o código sacerdotal e a lei da santidade do Levítico, a liturgia pós-exílica (Ne 9, 5-10, 40), as assembleias litúrgicas cristãs (1 Cor 11, 2-14, 40), até chegar à liturgia da Jerusalém celeste (Apoc cap. 4, 5, 6, etc.).

(144) Um resumo dos seus ensinamentos pode encontrar-se em Fil 3, 1-14, onde se destaca a sublimidade do conhecimento de Jesus, em comparação com o qual tudo pode considerar-se lixo, e a necessidade de gloriar-se só em Jesus Cristo e de conformar-se à sua vida e à sua morte, para poder unir-se à sua ressurreição e ao prêmio que Deus nos prepara n'Ele. Cf. Jo 13, 15; 2 Tim 3, 15; 1 Pe 2, 21.

(145) Nesse sentido, o conhecimento da vida e dos escritos dos santos constitui uma grande ajuda para a vida moral, porque eles já percorreram seu caminho até o Senhor: cf. Eclo cap. 44-50; 1 Cor 11, 1; Fil 3, 17; 1 Tess 1, 6; Hebr 11; 12, 1-2; *Lumen gentium*, ns. 49, 52-69; *Apostolicam actuositatem*, n. 4; *Veritatis splendor*, n. 93.

brenatural é uma descoberta semelhante às de uma criaturinha que vai abrindo os olhos à existência. E entretém-se amorosamente com o pai e com o Filho e com o Espírito Santo; e submete-se facilmente à atividade do Paráclito vivificador, que se nos entrega sem o merecermos [...]. Não me refiro a situações extraordinárias. São, podem muito bem ser, fenômenos ordinários da nossa alma [...]. Uma oração e uma conduta que não nos afastam das nossas atividades habituais e que, no meio dessas aspirações nobremente terrenas nos conduzem ao Senhor. Elevando todos os afazeres a Deus, a criatura diviniza o mundo. [...] Nasce uma sede de Deus, uma ânsia de compreender as suas lágrimas; de ver seu sorriso, seu rosto [...]. E a alma avança metida em Deus, endeusada: fez-se o cristão viajante sequioso, que abre a boca às águas da fonte (Cf. Eclo 26, 15).

«Com essa entrega, o zelo apostólico se inflama, aumenta de dia para dia e pega esta ânsia aos outros, porque o bem é difusivo. Não é possível que a nossa pobre natureza , tão perto de Deus, não arda em fomes de semear pelo mundo inteiro a alegria e a paz, de regar tudo com as águas redentoras que brotam do Lado aberto de Cristo (Cf. Jo 19, 34), de começar e acabar todas as tarefas por Amor. [...] Interessa-me confirmar de novo que não me refiro a uma forma extraordinária de viver cristãmente».[146]

A caridade é, assim, a forma de todas as virtudes,[147] princípio mediato de todas as obras justas e como que o seu fruto.[148] Por isso, considerando a diversidade da vida que deve ser vivida em Cristo, o seguimento de Jesus – mesmo unificando toda a vida cristã – não é unidimensional, não pode reduzir-se a um só tipo de atividade humana: requer a atuação de todas as dimensões humanas segundo uma ordem virtuosa que, nas suas expressões mais concretas, depende também das circunstâncias e sobretudo da vocação pessoal de cada um. O valor profundo e definitivo do agir humano mede-se pela sua relação

---

(146) Josemaria Escrivá, *Amigos de Deus*, Quadrante, São Paulo, 2ª ed. 2000, ns. 296, 306-308 e 310-312.

(147) Cf. *S.Th.* II-II, q. 23, a. 8. No cap. VIII §4 (c) estudaremos o significado exato desta tese.

(148) Cf. *S.Th.* I-II, q. 65, a. 3.

com a vocação pessoal à união com Cristo. Como explica Santo Tomás, «quando, de duas coisas, uma é razão da outra, a ocupação da alma em uma delas não impede nem diminui a ocupação na outra [...]. E, como Deus é apreendido pelos santos como a razão de tudo quanto fazem ou conhecem, a sua ocupação nas coisas sensíveis, ou em contemplar ou fazer outras coisas, em nada impede a contemplação divina, nem o contrário».[149] *A união com Cristo, mesmo sendo um bem transcendente e destinado a perdurar eternamente, cumpre-se ou frustra-se na regulação moral das diversas atividades humanas e dos diversos bens pessoais e sociais.*

c) A identidade unitária da moral cristã como seguimento de Cristo

Finalmente, devemos estudar um problema muito controvertido na teologia atual: trata-se de analisar se o caminho para a santidade cristã – como foi descrito – é capaz de fundamentar uma moral com uma caracterização suficientemente unitária. Entre os estudiosos, existe consenso quase universal sobre o fato de que o Novo Testamento contém uma moral com uma identidade e uma unidade específicas por causa do seu *fundamento teológico-cristológico* e da sua *motivação escatológica.*[150] Porém as opiniões são muito mais diferenciadas acerca da possibilidade de encontrar na Sagrada Escritura uma ética unitária e perenemente válida quanto aos conteúdos e às indicações que faz acerca da conduta pessoal, da interpessoal e da social.[151]

Com efeito, é evidente, por um lado, que os hagiógrafos do Novo Testamento elaboram a tradição oral precedente numa situação histórico-cultural concreta, em ordem às exigências das jovens

(149) *S.Th., suppl.*, q. 82, a. 3, ad 4. O Aquinate aplica esse raciocínio à contemplação no céu; no entanto, de modo análogo, pode aplicar-se à contemplação amorosa nesta vida.

(150) Cf. G. Segalla, *Introduzione all'etica biblica del Nuovo Testamento*, cit., pp. 234-235.

(151) Ao estudarmos a lei nova ou *lex gratiae*, no cap. VIII, (c), analisaremos este tema com mais profundidade.

comunidades cristãs, tendo em conta o seu ambiente respectivo;[152] por outro lado, também nós vivemos num contexto concreto, muito diferente daquele dos cristãos das primeiras gerações, onde emergem problemas novos que os escritores sagrados não podiam vislumbrar. Surge, afinal, a pergunta sobre se o seguimento de Cristo comporta uma moral concreta universal e imutável, válida até para o nosso tempo. Este problema se complicou hoje enormemente por causa da «pré-compreensão normativista» com que se estuda frequentemente o Novo Testamento. Alguns teólogos partem da premissa ética de que o conhecimento moral humano é primariamente uma atividade produtora de normas, e, assim, procuram na Sagrada Escritura um «código» moral sistemático e perfeitamente elaborado, que contenha até uma casuística completa e preparada para cada época. No entanto, a nosso ver, tal «pré-compreensão» não é compatível com a natureza do conhecimento moral nem com seu modo de desenvolver-se.

O conhecimento moral trata, prioritariamente, de qual deve ser o tipo de vida melhor ou, se se prefere, qual é o bem da vida humana tomada como um todo. A vida melhor surge de certos modos de realizar e de ordenar as atividades humanas e de usar e de gerir os bens pessoais e sociais. Esses modos de regulação são os princípios vitais da razão prática humana, isto é, as *virtudes,* com cuja base a razão, seguindo o seu funcionamento espontâneo e ainda não reflexo (*ratio practica in actu exercito*),[153] é capaz de individuar os programas de ação e até as ações singulares que cumprem, aqui e agora, o tipo de vida desejado.[154] Ora, vendo as coisas deste ponto de vista, *a identidade unitária da moral cristã está garantida, uma vez que o Novo Testamento contém quer a indicação do tipo de vida próprio do cristão* – a vida em Cristo, o seguimento de Cristo –, que compreende toda a vida pessoal

---

(152) Cf. R. Fabris, *Moral del Nuevo Testamento*, em *Nuevo Diccionario de Teología Moral*, Paulinas, Madri, 1992, pp. 1221-1222.

(153) Cf. cap. I § 2 (b).

(154) Já indicamos, e voltaremos a isto, que as virtudes não são somente, nem principalmente, hábitos que permitem fazer o bem com facilidade; são, em primeiro lugar, os princípios mediante os quais a razão prática alcança um conhecimento certo do bem e do mal em sentido prático.

sem limitar-se a uma só área sua; *quer a sua finalidade escatológica; quer ainda os princípios da razão prática cristã* – as virtudes cristãs, teologais e morais –, *que permitem individuar o modo cristão de viver em cada circunstância e em cada situação.*[155] Naturalmente, os conhecimentos morais assim conseguidos podem ser expressos também em termos normativos universais no sentido moderno da palavra, mas tais enunciados são sempre uma realidade derivada, ainda que importantíssima, sobretudo para efeitos pedagógicos (catequéticos) e de comunicação do saber moral.[156] Além do mais, o realmente decisivo não é tanto a forma mais ou menos sistemática em que tais princípios práticos estão contidos explicitamente no Novo Testamento, mas o fato de que *aqueles princípios (as virtudes cristãs) sejam recebidos pelo cristão com a graça*, de maneira que constituam os princípios reais e vitais do seu conhecimento e do seu comportamento moral.

Em resumo, a moral cristã como identificação com Cristo por meio do Espírito Santo possui uma identidade unitária precisa, desde que seja entendida no sentido em que foi explicada. A Sagrada Escritura – e em particular o Novo Testamento – contém, na forma de ensinamento moral, uma ilustração mais que suficiente dos princípios práticos que o cristão recebe junto com a graça que o torna filho de Deus. É tarefa da teologia moral levar esses princípios vitais à consciência reflexa e científica, explicitando a lógica interna e as possíveis aplicações normativas abstratas.[157] Mas *as virtudes teologais e as virtudes morais são – como princípios reais da vida moral cristã – o ponto-chave para chegar a uma compreensão teológica da real identidade específica da vida moral cristã como seguimento de Cristo.* De fato, a teologia moral requer «uma cuidadosa reflexão que saiba pôr em evidência as suas raízes na palavra de Deus. Para poder desempenhar esta sua missão, a teologia moral deve recorrer a uma ética filosófica que tenha em vista a verdade do bem, isto é, uma ética que não seja subjetivista nem utilitarista. Tal ética implica e pressupõe uma antropologia filosófica e uma metafísica do bem. A teologia moral, valendo-se desta visão

---

(155) «Quem diz que permanece em Deus deve caminhar como Ele caminhou» (1 Jo 2, 6). Cf. Jo 13, 34; Ef 5, 2.

(156) No cap. VIII, § 2 (b) e (c), falaremos da diferença entre a atividade espontânea da razão moral fundada nos princípios práticos e a formulação reflexa das normas morais.

(157) Cf. cap. I, § 2.

unitária que está necessariamente ligada à santidade cristã e à prática das virtudes humanas e sobrenaturais, será capaz de enfrentar os vários problemas que lhe dizem respeito – tais como a paz, a justiça social, a família, a defesa da vida e do ambiente natural – de forma mais adequada e eficaz».[158]

(158) *Fides et ratio*, n. 98.

Capítulo III

A CONDUTA MORAL COMO RESPOSTA DO HOMEM AO CHAMADO DIVINO

1. Conduta moral e santidade cristã

A análise puramente filosófica considera a vida moral como um projeto mediante o qual o homem pretende cumprir, através das suas ações, o bem completo e definitivo da própria vida. A atividade da razão prática tende inteiramente a este objetivo. Ela está em condições de realizar uma «tradução» operativa e concreta do fim último, individuando as prioridades, a medida e as modalidades com que devem ser desejados e realizados os diversos bens e as múltiplas atividades que integram a vida humana.[1]

À luz da Revelação, compreendemos que o bem humano completo é assumido, purificado, elevado e integrado, mas não alterado, pelo chamado à santidade que se cumpre na configuração a Cristo. *A vida moral cristã significa a busca ativa da santidade, sustentada pela graça do*

(1) Cf. cap. II, §§ 1 (b) e 2.

Espírito Santo. A capacidade prática natural da razão humana é enriquecida pelo horizonte de sentido e dos ensinamentos morais concretos da Revelação; o mesmo ocorre com as outras faculdades operativas que o homem possui naturalmente: estas são sanadas e elevadas pelas virtudes cristãs. Assim, toda a existência moral pode ser entendida de modo profundo como a resposta do homem ao dom divino que o elevou – junto com os outros membros da comunidade cristã e, potencialmente, junto com todos os homens – à dignidade de filho de Deus em Cristo por meio do Espírito Santo.

Convém entender corretamente em que sentido a vida moral cristã se configura como resposta a um chamado divino. De certo modo, toda a vida moral se relaciona com o chamado que Deus dirige ao homem – ainda que o homem nem sempre esteja consciente disso – através do conhecimento natural e de sua natural tendência ao bem.[2] Mas, além disso, o cristão tem clara consciência de ter recebido uma comunicação divina que exige correspondência; sabe que é destinatário de determinados ensinamentos morais, que ilustram os caminhos fundamentais da sua resposta. Não se deve pensar, no entanto, que cada uma das ações singulares do cristão seja resposta a um requerimento divino de conteúdos precisos e inequívocos. Mais exatamente: o cristão descobre a vontade de Deus em cada situação concreta, porque vê n'Ele a origem e o fundamento de todo bem, e considera que o seguimento de Cristo se cumpre como um empenho obediente por realizar tudo o que é bom, conhecido tanto à luz da razão natural (lei moral natural[3]) quanto à a luz da fé (lei evangélica);[4] ainda que, na realidade, o cristão atue normalmente sob a luz resultante da colaboração dos princípios cognoscitivos das duas. O que nos interessa sublinhar é que *ao cristão não se poupa o esforço ativo e criativo de individuar o modo de conseguir a união com Cristo por meio da sua própria vida e das suas próprias atividades.*

A tarefa da teologia moral é, nesse sentido, ajudar o cristão a desenvolver este esforço ativo e criativo. Neste capítulo só podemos traçar algumas linhas gerais, que oferecem uma visão sintética e dinâmica do

(2) Cf. *Veritatis splendor*, n. 7.

(3) Cf. cap. VIII, § 2.

(4) Cf. cap. VIII, § 4.

que veremos mais adiante, do ponto de vista analítico, ao longo do livro e na teologia moral especial.[5]

2. A cooperação moral do homem com o dom de Deus

Podemos afirmar em termos gerais que toda iniciativa de Deus com relação ao ser humano exige a *resposta livre do homem.*[6] *Até o que chamamos santidade inicial supõe uma primeira e fundamental resposta do homem:* o livre acolhimento da justiça de Deus por meio da fé em Jesus Cristo, na qual se realiza a justificação.[7] Não consideramos agora esta perspectiva: o que interessa analisar no momento é como a pessoa, por meio da sua vida e com a ajuda da graça, manifesta e desenvolve convenientemente o dom com que foi santificada e renovada.

A fé, que é seguida da caridade e do desejo de chegar à plena comunhão com Deus (esperança), deve fortalecer-se cada dia: *nem sequer a santidade inicial pode ser considerada uma realidade indefectível.* Como escreve Santo Agostinho, «tudo procede de Deus; mas não devemos permanecer como que sonolentos, resistentes a todo esforço, quase contra a vontade. Sem a tua vontade, não se achará a justiça de Deus em ti. Indubitavelmente, a vontade é tua, a justiça é só de Deus. A justiça de Deus existe sem a tua vontade, mas não pode existir em ti sem a tua vontade. [...] Aquele que te criou sem ti não te salvará sem ti».[8] Do homem depende, afinal, a contínua correspondência ao dom divino, a qual se manifesta na decisão sempre atual de viver, acima de tudo, como santo em Cristo.[9] Este desejo se cumpre segundo duas

---

(5) Indubitavelmente, muitos dos argumentos deste capítulo pressupõem o conhecimento de conceitos como liberdade, graça, pecado, concupiscência e outros que serão estudados sucessivamente; no entanto, convém oferecer agora uma visão sintética, supondo que o leitor tem ao menos um conhecimento genérico destes temas.

(6) Cf. *Catecismo*, n. 2002.

(7) Cf. *Catecismo*, ns. 1991 e 1993.

(8) Santo Agostinho, *Sermo* 169, 11, 13: PL 38, 922-923.

(9) Cf. 1 Cor 1, 2; ver também R. Schnackenburg, *El mensaje moral del Nuevo Testamento*, Herder, Barcelona 1991, vol. II, pp. 77-78.

linhas: afastar de nós tudo o que nos afasta do Senhor e praticar tudo o que nos aproxima d'Ele.

Os Escritos Apostólicos distinguem estes dois momentos. A Carta aos Efésios, por exemplo, descreve-os como «abandonar a conduta do homem velho» e «renovar-se e revestir-se de Cristo»; concretamente exorta-os a «despojar-vos do homem velho, no que diz respeito ao vosso passado, do homem corrompido pelas concupiscências da sedução, para renovar a inspiração do vosso entendimento, para revestir-vos do homem novo, criado à imagem de Deus numa justiça e numa santidade verdadeiras».[10] Na Carta aos Gálatas, o primeiro momento é considerado como luta contra os desejos da carne; o segundo, como vida conforme o Espírito.[11] A Primeira Carta aos Tessalonicenses pede aos fiéis que abandonem as paixões e os pecados dos pagãos que não conhecem a Deus, e vivam de maneira agradável a Deus buscando progredir sempre.[12] A Carta aos Romanos indica: «Não vos conformeis a este mundo, mas transformai-vos pela renovação de vosso espírito, para que possais discernir qual é a vontade de Deus, o que é bom, o que lhe agrada e o que é perfeito».[13] Em última análise, é necessário tanto o esforço de lutar contra o pecado e o vício como a prática das virtudes e o uso dos meios de santificação.

3. O aspecto negativo do comportamento moral: «abandonar a conduta do homem velho»

a) A luta contra o pecado

Ao falarmos do «aspecto negativo» da conduta moral, adotamos um modo comum de falar, que deve ser bem entendido. Na vida cristã, a negação procede sempre de uma afirmação prévia e ordena-se a

(10) Ef 4, 22-24.

(11) Cf. Gál 5, 16-17.

(12) Cf. 1 Tess 4, 1-5.

(13) Rom 12, 2.

uma afirmação ulterior plena. Já se escreveu com acerto que, no anúncio cristão, o pecado não é «um tema primário, mas um tema indireto, reflexo: um tema relevante, obviamente, mas que não está em primeiro plano [...]. É necessário citar ao menos a Primeira Carta aos Coríntios, onde encontramos esta antiga formulação de fé: "Cristo morreu por nossos pecados, segundo as Escrituras; foi sepultado e ressurgiu ao terceiro dia, segundo as Escrituras; apareceu a Cefas e depois aos Doze" (1 Cor 15, 3-5). Aqui se faz menção imediata aos pecados, mas posta em segundo lugar, em função do fato de que Cristo morreu por eles. A confissão de fé é cristológica».[14]

Esta consideração, longe de desvirtuar a importância do pecado, a ressalta, pondo-a em sua justa perspectiva. Aquele que vive em Cristo está morto para o pecado: «Ora, se morremos com Cristo, cremos que viveremos também como Ele [...]. Porque, quanto à sua morte pelo pecado, ele morreu uma só vez. Mas, quanto à vida, vive para Deus. Assim também, vós considerai-vos mortos para o pecado, mas vivos para Deus, em Cristo Jesus. Não reine, pois, o pecado em vosso corpo mortal».[15] Entre a vida do homem em Cristo e o pecado existe total incompatibilidade. O pecado opõe-se à santidade de Deus e à vida em Cristo; envolve um «não» do homem ao chamado divino; é o afastamento de Deus, que em Cristo se aproximou e se aproxima de nós.[16] Por isso *a luta contra o pecado constitui a primeira, radical e imediata exigência do chamado divino à santidade.*

Este ensinamento é especialmente patente nas Cartas do Novo Testamento. Assim, por exemplo, recorda São Paulo as tessalonicenses: «Esta é a vontade de Deus: a vossa santificação; que eviteis a impureza (*porneías*); que cada um de vós saiba possuir seu corpo em santificação e honestidade, sem se deixar levar pelas paixões desregradas como fazem os pagãos que não conhecem a Deus; e que ninguém neste ponto defraude nem engane seu irmão, porque o Senhor faz justiça de todas estas coisas, como já antes vo-lo dis-

(14) R. Penna, *L'apostolo Paolo. Studi di esegesi e teologia*, Paoline, Cinisello Balsamo, 1991, p. 379.

(15) Rom 6, 8.10-12.

(16) Tendo em conta a incidência do pecado na vida moral, dedicar-lhe-emos o cap. XI.

semos e testemunhamos. Deus não nos chamou para a impureza, mas para a santidade. Quem desprezar estes preceitos não despreza um homem, mas a Deus».[17] Não é menos radical a advertência da Primeira Carta de João: «Sabeis que Ele apareceu para tirar os pecados, e que n'Ele não há pecado. Todo aquele que permanece n'Ele não peca; e todo o que peca não O viu nem O conheceu. Filhinhos, ninguém vos seduza: aquele que pratica a justiça é justo, como também (Jesus) é justo. Aquele que peca é do demônio, porque o demônio peca desde o princípio. Eis por que o Filho de Deus se manifestou: para destruir as obras do demônio. Todo o que é nascido de Deus não peca, porque o germe divino reside nele; e não pode pecar porque nasceu de Deus».[18] Os que seguem a Cristo não pecam. Pertence à própria realidade da filiação divina a ausência do pecado. Pecar supõe rechaçar a filiação divina e ferir o amor de Deus, que a dá como um dom.

b) A tibieza como resposta frustrada à vocação cristã

A vocação cristã, enquanto vocação à santidade que devemos cumprir no mundo, deve superar, além do pecado, outro obstáculo, aparentemente menos grave, mas na prática mais insidioso: a tibieza ou acídia, «à qual pertence a negligência por meio da qual a pessoa, por causa do esforço que exigem, recusa-se a conseguir os bens espirituais».[19] A pessoa tíbia não quer ofender gravemente ao Senhor, mas tampouco se compromete seriamente a realizar a união com Cristo através da sua vida. O tíbio talvez não diga claramente «não» ao chamado divino, mas adia sistematicamente a resposta para um «depois» ou para um «amanhã» que nunca chegam. O seu fraco amor a Deus torna demasiado pesado o esforço por responder positivamente. Isso explica as palavras fortes que o Apocalipse adota em relação aos

(17) 1 Tess 4, 3-8.

(18) 1 Jo 3, 5-9.

(19) *S.Th.*, I-II, q. 84, a. 4 ad 5. A tibieza não deve ser confundida com um estado de aridez interior, pois se trata de uma condição de languidez espiritual voluntária que se caracteriza pela negligência na edificação da própria santidade.

tíbios: «Conheço as tuas obras: não és frio nem quente. Oxalá fosses frio ou quente! Mas, como és morno, nem frio nem quente, vou vomitar-te».[20] O fato é que *a pessoa tíbia esquece o grande amor que Deus lhe demonstrou, não faz frutificar o dinamismo de crescimento próprio da caridade e se sente satisfeita com aquilo que é e com aquilo que faz:* «Pois dizes: "Sou rico, faço bons negócios, de nada necessito", e não sabes que és infeliz, miserável, pobre, cego e nu».[21] *A tibieza* ou «aburguesamento» *é, em resumo, a resposta frustrada à vocação à santidade, e representa sem dúvida um fracasso.*

O tíbio se deixa levar pela tentação de pensar que o caminho para a felicidade humana é uma via média entre a santidade cristã – vista como excessivamente pesada – e o afastamento de Deus – visto como um escuro beco sem saída. O tíbio quer ser «bom», mas descuida da sua relação filial com o Senhor, move-se em horizontes exclusivamente terrenos (dinheiro, poder, bem-estar material, etc.), não escuta as inspirações da graça, é superficial e talvez irresponsável no cumprimento dos deveres familiares, profissionais e sociais, não demonstra nenhuma preocupação com o próprio crescimento espiritual e vacila diante do esforço daquilo que vai além do que se pode ver e tocar.

Os remédios contra a tibieza encontram-se na mesma passagem do Apocalipse:[22] 1) converter-se a Deus de todo o coração e fazer frutificar seus dons: «Aconselho-te que compres de mim ouro provado ao fogo, para ficares rico; roupas alvas para te vestires, a fim de que não apareça a vergonha de tua nudez; e um colírio para ungir os olhos, de modo que possas ver claro»; 2) carregar com generosidade a cruz do Senhor e aceitar as mortificações passivas: «Eu repreendo e castigo aqueles que amo»; 3) renovar o esforço pela santidade: «Reanima, pois, o teu zelo e

(20) *Apoc* 3, 15-16. «Diz um autor que a tibieza é como a tísica, que não alarma, porque quase não se sente, e, no entanto, é tão perigosa que dificilmente se sai dela. E é assim mesmo na realidade, porque a tibieza torna a alma insensível aos remorsos da consciência, de modo que, assim como estava acostumada à insensibilidade dos remorsos do pecado venial, assim também se tornará insensível agora que vive em pecado mortal» (Santo Afonso M. de Ligório, *Sermones abreviados*, XIV, III: *Obras ascéticas*, BAC, Madri, 1954, vol. II, p. 576).

(21) Apoc 3, 17.

(22) Cf. Apoc 3, 18-20.

arrepende-te»; 4) escutar, com a firme intenção de cumprir, os requerimentos divinos: «Eis que estou à porta e bato; se alguém ouvir minha voz e abrir a porta, eu entrarei em sua casa e cearemos, eu com ele e ele comigo»; esta escuta deve realizar-se de dois modos complementares: a) melhorar a vida de oração, «porque, quanto mais pensamos nos bens espirituais, mais gozosos eles se tornam para nós. O resultado será o fim da acídia»;[23] b) aproximar-se com frequência do sacramento da confissão e da direção espiritual, para conseguir uma percepção cada vez mais clara do que Deus pede.

c) A luta contra a concupiscência

A liberdade do homem é a liberdade de um ser composto de espírito e de carne, imerso na temporalidade, e que não se decide plenamente mediante uma única opção, mas fatigantemente, ao longo de toda a sua vida. Desse modo, enquanto estiver a caminho, a pessoa terá de cuidar da sua própria salvação com temor e com tremor,[24] e será inevitável lutar para superar as resistências e para confirmar as próprias decisões, pois nesta vida é sempre possível retroceder.[25] Além disso, depois do pecado, a conduta moral reta envolve esforço: a ordenação natural a Deus é contrastada pela desordem causada pelo pecado original e pelos pecados atuais; este princípio de desordem na vida moral, chamado «concupiscência» ou «*fomes peccati*»,[26] é atribuído à «carne».[27]

---

(23) *S.Th.*, II-II, q. 35, a. 1 ad 4.

(24) Cf. Fil 2, 12.

(25) Cf. Lc 9, 62.

(26) «Em sentido etimológico, a "concupiscência" pode designar qualquer forma veemente de desejo humano. A teologia cristã deu-lhe o sentido particular de moção do apetite sensível que se opõe aos ditames da razão humana. O Apóstolo Paulo identifica-a com a luta que a "carne" trava contra o "espírito" (cf. Gál 5, 16.17.24; Ef 2, 3). Provém da desobediência do primeiro pecado (cf. Gên 3, 11). Transtorna as faculdades morais do homem e, sem ser uma falta em si mesma, inclina-o a cometê-lo (cf. Concílio de Trento: DS 1515)» (*Catecismo*, n. 2515).

(27) «Carne» no sentido de «homem velho», de pessoa marcada pela desordem do pecado, como veremos no cap. XI, § 6 (c). Acerca da luta contra a carne em São Paulo, cf. R. Schnackenburg, *El mensaje moral del Nuevo Testamento*, cit., vol. II, pp. 48-51.

Esta desordem moral manifesta-se sobretudo no imoderado amor a si mesmo, no desejo de autoafirmação e, especialmente, em fechar-se ao querer de Deus, isto é, no orgulho:[28] o pior elemento da concupiscência está no amor-próprio, que ganha corpo nos diversos apetites humanos (no espiritual e nos sensitivos) e incita ao pecado. «É São Paulo quem descreve, de modo particularmente eloquente, a tensão e a luta que agitam o coração humano. "Eu digo-vos", lemos na Epístola aos Gálatas: "Procedei segundo o Espírito e não dareis satisfações aos desejos da carne. Pois a carne tem desejos contrários aos do espírito, e o espírito desejos contrários aos da carne; há oposição radical entre eles; é por isso que não fazeis o que quereríeis" (Gál 5, 6 ss.). No homem, porque é um *ser composto*, espiritual e corporal, já existe certa tensão, trava-se certa luta de tendências entre o "espírito" e a "carne". Mas esta luta, de fato, faz parte da herança do pecado, é uma consequência do mesmo pecado e, simultaneamente, uma confirmação sua. É algo que faz parte da experiência quotidiana. Assim escreve o Apóstolo: "Ora, as obras da carne são bem conhecidas: fornicação, impureza, libertinagem... embriaguez, orgias e coisas semelhantes a estas". São os pecados que se poderiam qualificar de "carnais". Mas o Apóstolo ainda acrescenta outros: "inimizades, discórdias, ciúmes, disputas, divisões, facciosismos, invejas" (Gál 5, 19-21). Tudo isto constitui "as obras da carne". A estas obras, porém, que são indubitavelmente más, São Paulo contrapõe "o fruto do Espírito", que é "caridade, alegria, paz, paciência, benevolência, bondade, fidelidade, mansidão e temperança" (Gál 5, 22 ss.). Do contexto, resulta com clareza que, para o Apóstolo, não se trata de discriminar e condenar o corpo, que, juntamente com a alma espiritual, constitui a natureza do homem e a sua subjetividade pessoal. Ele quis tratar sobretudo das *obras* – ou melhor, das disposições estáveis –, virtudes e vícios, moralmente *boas* ou *más*, que *são fruto de submissão* (no primeiro caso) ou, pelo contrário, *de resistência* (no segundo caso) *à ação salvífica do Espírito Santo*. Por isso o

(28) Segundo a Vulgata e a Neovulgata: «*Quoniam initium omnis peccati est superbia*» (*Eclo* 10, 15); as versões recentes da Escritura trazem uma redação diferente. Citando este texto, Agostinho e Tomás escrevem: «*Initium* quippe *omnis peccati superbia*» (*De civitate Dei*, 12, 6: CCL 48, 359); «*Initium omnis peccati superbia vel amor proprius*» (*S.Th.*, I-II, q. 84, a. 2 ad 3).

Apóstolo escreve: "Se, portanto, vivemos pelo espírito, caminhemos também segundo o espírito" (Gál 5, 25)».[29]

Não é possível manter a direção para a santidade sem uma luta para vencer os movimentos desordenados. Já no Antigo Testamento se fala da vida sobre a terra como de uma milícia, de uma luta entre a descendência da mulher e a descendência da serpente, e muitas outras passagens recorrem à alegoria das batalhas.[30]. O tema é retomado no Novo Testamento, seja com a metáfora da guerra,[31] seja com a de uma competição esportiva,[32] até à total vitória de Cristo no combate escatológico.[33] O Vaticano II recorda: «Um duro combate contra os poderes das trevas atravessa, com efeito, toda a história humana; começou no princípio do mundo e, segundo a palavra do Senhor, durará até ao último dia. Inserido nesta luta, o homem deve combater constantemente, se quer ser fiel ao bem; e só com grandes esforços e a ajuda da graça de Deus será capaz de atingir a sua própria unidade».[34] O cristão, no entanto, não se move por um afã terreno de perfeccionismo; a sua meta não é a autoafirmação no domínio da natureza desordenada, mas amar a Deus acima de todas as coisas e identificar-se com Jesus Cristo mediante a graça do Espírito Santo. A luta ascética é principalmente esforço de identificação com Cristo. Por isso é uma luta otimista, mais dirigida a praticar o bem do que a evitar o mal: «Não te deixes vencer pelo mal, mas vence o mal pelo bem».[35]

4. O aspecto positivo da conduta moral: a renovação no Espírito e os meios de santificação

O aspecto positivo da conduta moral é o que melhor corresponde à sua profunda natureza de resposta ao chamado divino à santida-

(29) *Dominum et Vivificantem*, n. 55.

(30) Cf. Gên 3, 15; Jó 14, 14; Sal 2; 18, 40-41; Sab 5, 16-22; Is 59, 16-18.

(31) Cf. Mt 10, 34-36; 2 Cor 10, 3-5; Ef 6, 10-17; 1 Tim 1, 18; 1 Pe 2, 11.

(32) Cf. At 20, 24; 1 Cor 9, 24-27; Fil 3, 14; Hebr 12, 1; Apoc 3, 11-12.

(33) Cf. Jo 16, 33; 2 Cor 2, 14; Apoc 19, 11-21; 20, 7-15.

(34) *Gaudium et spes*, n. 37.

(35) Rom 12, 21.

de. A vida moral é, acima de tudo, progresso espiritual, que tende a uma união cada vez mais íntima com Jesus Cristo. «Esta união recebe o nome de "mística", pois participa do mistério de Cristo pelos sacramentos – "os santos mistérios" – e, n'Ele, do mistério da Santíssima Trindade. Deus chama todos nós a esta íntima união com Ele».[36] O Concílio Vaticano II termina sua exposição da doutrina sobre o chamado universal à santidade com uma visão sintética dos principais meios para alcançar a união com Cristo: «O primeiro e mais necessário dom é a caridade, com que amamos a Deus acima de todas as coisas e ao próximo por amor d'Ele. Para que esta caridade, como boa semente, cresça e frutifique na alma, cada fiel deve ouvir de bom grado a palavra de Deus, e cumprir, com a ajuda da graça, a Sua vontade, participar frequentemente dos sacramentos, sobretudo da Eucaristia, e das funções sagradas, dando-se continuamente à oração, à abnegação de si mesmo, ao serviço efetivo dos seus irmãos e a toda espécie de virtudes».[37]

a) O crescimento na santidade

A vida moral cristã é um processo de progressiva santificação. Isto se expressa no Novo Testamento como crescimento na união com Cristo,[38] ou também como uma maior identificação com a vontade de Deus Pai,[39] ou ainda, mais simplesmente, como desenvolvimento da caridade, que é a virtude mais propriamente unitiva. Como recorda São Paulo aos filipenses: «E isto eu peço a Deus: que o vosso amor cresça ainda, e cada vez mais, em conhecimento e em toda percepção, para discernirdes o que é melhor. Assim, estareis puros e sem nenhuma culpa para o dia de Cristo, cheios do fruto da justiça que nos vem por Jesus Cristo, para a glória e louvor de Deus»:[40] para o Apóstolo, a caridade é o motor inspirador do conhecimento e do discernimento moral do cristão, que ordena todo o seu comportamento à glorificação de Deus por meio de Jesus Cristo. Na Primeira Carta aos Tessalonicenses,

(36) *Catecismo*, n. 2014.

(37) *Lumen gentium*, n. 42.

(38) Cf. Ef 4, 13-15.

(39) Cf. Rom 12, 2; Col 1, 9-12.

(40) Fil 1, 9-11.

ele exprime-se de modo semelhante, e acrescenta que a caridade, como princípio da vida cristã, procede de Deus: «Quanto a vós, o Senhor vos faça crescer abundantemente no amor de uns para com os outros e para com todos, à semelhança de nosso amor para convosco. Que Ele confirme os vossos corações numa santidade irrepreensível, diante de Deus, nosso Pai, por ocasião da vinda de nosso Senhor Jesus, com todos os seus santos».[41]

A crescente identificação com Cristo e com o Pai, por meio da caridade, implica o cumprimento dos mandamentos.[42] Os Evangelhos contêm muitos discursos morais de Jesus, entre os quais o «Sermão da montanha», que tem como núcleo «as bem-aventuranças» e pelo qual a tradição sempre mostrou predileção. As bem-aventuranças, junto com o «mandamento do amor» e com a confirmação do «Decálogo», podem ser consideradas o resumo do agir moral cristão.[43] Este núcleo é esclarecido e explicitado em outras passagens do Novo Testamento, as quais também sublinham a radicalidade da vida cristã.[44] A conduta moral não é, no entanto, um conjunto de atividades desvinculadas: não consiste somente em fazer certas coisas e em não fazer outras. O cristão deve, antes de tudo, traçar por si mesmo uma linha de conduta, um programa de vida, que atualize, de acordo com as suas concretas circunstâncias pessoais, familiares, profissionais e sociais, a vida em Cristo, para a qual foi chamado e na qual encontra sua plenitude humana e cristã. *A vida em Cristo é o critério último com que devem ser congruentes as ações, as relações humanas e sociais, o modo de buscar e de usar as coisas e os bens.* Disso deriva uma coerência em toda a conduta pessoal que dá lugar à «unidade de vida» do cristão.[45]

---

(41) 1 Tess 3, 12-13.

(42) Cf. Jo 14, 21.23.

(43) Cf. Mt 5, 3-12; 19, 17-19; 22, 36-40.

(44) Cf. Mt 5, 48; Tg 1, 4; 1 Pe 1, 15-16. Uma visão de conjunto pode ser encontrada em: C. Spicq, *Teología moral del Nuevo Testamento* (2 vol.), Eunsa, Pamplona, 1970 e 1973; W. Schrage, *Ética del Nuevo Testamento*, Sígueme, Salamanca, 1987; R. Schnackenburg, *El mensaje moral del Nuevo Testamento*, cit.

(45) Para o tema da unidade de vida cristã, ver: *Presbyterorum ordinis*, n. 14; *Perfectae caritatis*, n. 18; *Christifideles laici*, ns. 30, 34, 59 e 60; Josemaria Escrivá, *É Cristo que passa*, cit., n. 10. O conceito de «unidade de vida» é característico dos ensinamentos de Josemaria Escrivá: cf. I. de Celaya, *Unidad de vida y plenitud Cristiana*, em F. Ocáriz & I. de Celaya, *Vivir como hijos de Dios*, Eunsa, Pamplona, 1993, pp. 91-128; R. Lanzetti, *La unidad de vida*

Não é possível dividir a vida do cristão em dois grandes setores dominados, respectivamente, pela obediência e pela liberdade, como se ao primeiro pertencessem as ações mandadas ou proibidas pelas normas morais e ao segundo, ao contrário, as ações que não entram em nenhuma norma moral, nas quais seria possível agir «livremente» em busca de objetivos ou de interesses meramente humanos. Na verdade, quem foi «tocado» pela graça de Deus concebe toda a sua existência e todas as suas atividades como meio de união com Deus por meio de Cristo: «Quer comais, quer bebais, quer façais qualquer outra coisa, fazei tudo para a glória de Deus».[46] Embora existam atividades que, consideradas em abstrato, são moralmente indiferentes, e mesmo admitindo que nem sempre se consegue referir, atual e explicitamente, todas as ações a Cristo, *a dinâmica intrínseca da vida cristã tende por si mesma a tornar sempre mais atual e consciente a finalidade suprema do amor a Deus* ou, se se preferir, o comportamento filial que busca, em todas as coisas, o modo de «distinguir qual é da vontade de Deus, o que é bom, o que lhe agrada e o que é perfeito».[47] Da caridade filial, como «fonte de água que salta para a vida eterna»,[48] procede todo o agir moral do cristão, que merece um progressivo aumento da própria caridade e da união com Cristo.

Como escreve São Cipriano, «a vontade de Deus é aquela que Cristo cumpriu e ensinou. É a humildade na conduta, a firmeza na fé, o respeito nas palavras, a retidão nas ações, a misericórdia nas obras, a moderação nos costumes; é não fazer agravo aos demais e tolerar os que no-lo fizerem, conservar a paz com nossos irmãos, amar a Deus de todo o coração, amá-lo enquanto Pai, temê-lo enquanto Deus, não antepor nada a Cristo, já que Ele nada nos antepôs a nós; é manter-nos inseparavelmente unidos ao seu amor, estar junto da sua cruz com fortaleza e confiança, quando está em jogo o seu nome e a sua honra, mostrar nas palavras a constância

y la misión de los fieles laicos em la Exhortación apostólica «Christifideles laici», em *Estudios 1985-1996*, suplemento de «Romana» (ed. castelhana) pp. 85-102; D. le Tourneau, *Las enseñanzas del Beato Josemaría Escrivá sobre la unidad de vida*, «Scripta Theologica» 31 (1999) 633-676; e a bibliografia citada nesses trabalhos.

(46) 1 Cor 10, 31. Cf. Col 3, 17; 1 Pe 4, 11.

(47) Rom 12, 2.

(48) Jo 4, 14.

da fé que professamos, manifestar nos tormentos a confiança com que lutamos e, na morte, a paciência que nos obtém a coroa: isto é querer ser coerdeiros de Cristo, isto é cumprir o preceito de Deus e a vontade do Pai».[49]

O amor e a união com o Senhor, que trazem consigo o cumprimento da sua vontade, *nutrem-se, em primeiro lugar, de um conjunto de comportamentos em relação a Deus,*[50] dentre os quais sobressaem: a adoração;[51] a oração;[52] a aceitação da cruz de Cristo;[53] a ação de graças;[54] a petição;[55] a docilidade;[56] a conduta própria de um filho de Deus[57] que leva a um confiantedo abandono na providência divina;[58] a humildade;[59] a penitência pelos pecados.[60] *Tudo isso favorecerá a identificação com Cristo também no cumprimento das próprias obrigações terrenas:* esforçar-se por fazer bem todas as coisas, como Ele o fez;[61] santificar a vida quotidiana;[62] dominar o mundo com justiça e santidade para a

(49) São Cipriano, *De Dominica oratione*, 15: CSEL 3, 277-278.

(50) Cf. *Lumen gentium*, n. 42.

(51) «Adorarás o Senhor teu Deus, e só a Ele servirás» (Mt 4, 10). Cf. Is 42, 8; Sal 50, 14.23; 1 Tim 1, 17; Hebr 13, 15.

(52) *Vide* o § (c) seguinte.

(53) Cf. Mt 16, 24-25; 1 Cor 1, 18; 1 Pe 2, 20-21. *Vide* o § d) seguinte.

(54) «Em todas as circunstâncias, dai graças, porque esta é a vosso respeito a vontade de Deus em Jesus Cristo» (1 Tess 5, 18). Cf. Lc 17, 16-18; Ef 5, 20.

(55) «Em todas as circunstâncias, bendize ao Senhor Deus. Pede-lhe que se tornem retos os teus caminhos e tenham êxito todos os teus roteiros e todos os teus planos. Pois nenhum povo possui o conselho; mas é o Senhor quem dá todos os bens» (Tob 4, 19). Cf. Lc 11, 9-13; Jo 16, 23-24; 1 Tess 5, 17.

(56) Cf. 1 Sam 15, 22; Mc 4, 20; At 7, 51; Rom 5, 19; 8, 14.26-27; Gál 5, 25.

(57) Cf. Jo 1, 12-13; Rom 8, 14-17; Gál 3, 26-28; Ef 1, 5; 1 Jo 3, 1-2.

(58) Cf. Sal 31, 2-7; Mt 6, 25-34; Mc 11, 22-24; Lc 12, 22-31; At 27, 25; 1 Pe 4, 19; *Catecismo*, ns. 302-314.

(59) «*Deus resiste aos soberbos, mas concede a graça aos humildes*» (Tg 4, 6 e 1 Pe 5, 5, que citam Prov [LXX] 3, 34). Cf. Mt 6, 25-34; Mc 11, 22-24; Lc 12, 22-31; At 27, 25; 1 Pe 4, 19; *Catecismo*, ns. 302-314.

(60) Cf. Sal 51, 19; Is 66, 2; Mt 3, 2; 4, 17; At 2, 38; 2 Cor 7, 1; Hebr 10, 22.

(61) Cf. Mc 7, 37.

(62) Cf. Lc 8, 38-39; 1 Tim 4, 4-5; 1 Pe 4, 11; *Gaudium et spes*, n. 33. Na compreensão do importante papel teológico que a santificação da vida quotidiana supõe, tem especial significado a doutrina e a atividade como fundador de Josemaria Escrivá: cf. W. May, *Santidad y vida ordinaria*, em Vários Autores, *Santidad y mundo*, cit., pp. 55-87.

glória de Deus;[63] realizar todas as atividades com perfeição humana;[64] aproveitar o tempo;[65] ser responsável nos próprios afazeres;[66] viver a laboriosidade;[67] cumprir integralmente os deveres familiares,[68] sociais,[69] cívicos[70] e profissionais;[71] fazer todas as tarefas com plenitude e perfeição, até nos detalhes;[72] não adaptar-se a uma mentalidade mundana;[73] trabalhar sem pensar só nos próprios ganhos ou na própria glória terrena.[74]

A vida cristã informa também a dimensão social e política da vida humana. O magistério recordou que existem «duas tentações de que [os fiéis leigos] nem sempre souberam desviar-se: a tentação de mostrar um exclusivo interesse pelos serviços e tarefas eclesiais, de maneira que cheguem frequentemente a uma abdicação prática das suas responsabilidades específicas no mundo profissional, social, econômico, cultural e político; e a tentação de legitimar a indevida separação entre a fé e a vida, entre a aceitação do Evangelho e a ação concreta nas mais variadas realidades temporais e terrenas».[75] A atenção à pessoa humana e ao seu bem implica, da mesma forma, e isto é o que queremos sublinhar, *a sensibilidade de saber julgar, em relação ao bem da pessoa e das pessoas, o valor da organização social e política em que vivemos; este juízo deve es-*

(63) Cf. Sal 8, 7-9; Sab 9, 2-3; 1 Cor 10, 31; *Gaudium et spes*, n. 34.

(64) Cf. Lev 22, 20; Col 3, 22-4, 1; 1 Pe 2, 12.15.

(65) Cf. 1 Cor 7, 29; Ef 5, 16.

(66) Cf. Prov 12, 10.24.27; Mt 25, 26-27; Lc 17, 10.

(67) Cf. Prov 20, 4.13; Ecl 10, 18; Ef 4, 28; 2 Tess 3, 7-12; *Gaudium et spes*, n. 35.

(68) Cf. Sal 127, 3-5; Eclo 3, 1-18; 7, 20-21.25-30; Ef 5, 22-6, 4; Col 3, 18-21; 1 Tim 5, 8; *Gaudium et spes*, n. 52.

(69) Cf. *Lev* 19, 9-18.33-36; Ti 2, 1-10; Tg 5, 4; *Gaudium et spes*, n. 43.

(70) Cf. Mt 22, 21; Rom 13, 1-7; 1 Pe 2, 13-17; *Gaudium et spes*, n. 75.

(71) Cf. Prov 24, 30-34; Eclo 7, 24; Ef 6, 5-9. Nesse sentido, convém recordar que a Bíblia fala de diversas atividades profissionais: artesãos (*Êx* 31, 1-11), donas de casa (*Prov* 31, 10-31), funcionários (*Lc* 3, 12-13), juízes (*Deut* 19, 18-20; *2 Cor* 19, 6-7), governantes (1 Re 10, 9; Jer 22, 1-5), médicos (Eclo 38, 1-15), ofícios manuais (1 Re 7, 13-14; Eclo 38, 28-36), servos e senhores (1 Tim 6, 1-2; 1 Pe 2, 18), militares (Mt 8, 5-13; Lc 3, 14), etc.

(72) Cf. Ecl 7, 8; Cant 2, 15; Lc 16, 10; *Gaudium et spes*, n. 67.

(73) Cf. Rom 12, 2; Tg 2, 12; 1 Jo 2, 15.

(74) Cf. Jer 9, 22-23; Ez 33, 31; Hab 2, 9; Lc 11, 43; 12, 21; 2 Cor 10, 17; Fil 2, 4.

(75) *Christifideles laici*, n. 2

tar também em condições de fazer propostas concretas dirigidas a melhorar as condições sociais e políticas.[76]

Talvez até um passado recente, e em boa parte como consequência do caráter prevalentemente estático da sociedade, a moral insistia nos deveres individuais e subestimava os aspectos sociais, porque não eram tão atuais como hoje em dia. Numa sociedade interdependente e dinâmica como a nossa, o âmbito social ganha especial relevo na conduta moral.[77] Acerca deste ponto, o Concílio Vaticano II alerta para «que ninguém se contente, por não atender à evolução das coisas ou por inércia, com uma ética puramente individualista [...]. Seja para todos inviolável considerar e respeitar as relações sociais como um dos principais deveres do homem de hoje. Com efeito, quanto mais o mundo se unifica, tanto mais as obrigações dos homens transcendem os grupos particulares e se estendem progressivamente a todo o mundo. Isso não poderá ser realizado se os indivíduos e os grupos não cultivarem em si mesmos as virtudes morais e sociais e as difundirem na sociedade, de maneira que se tornem realmente, com o necessário auxílio da graça divina, homens novos e construtores de uma humanidade nova».[78]

b) Os sacramentos

A tarefa de conformar todas as dimensões da vida humana às virtudes teologais e morais, convertendo-as em meio de união com Cristo, não nasce do homem nem pode ser sustentada apenas com as forças humanas. Assim ensina Jesus[79] e o Apóstolo.[80] Por isso, devemos expor agora os

(76) Voltaremos a este tema no cap. IX, § 1.

(77) Cf. E. Colom, *Curso de Doctrina Social de la Iglesia*, Palabra, Madri, 2006, e o volume IV deste Curso de Moral (em fase de publicação).

(78) *Gaudium et spes*, n. 30.

(79) «Sem mim, nada podeis fazer» (Jo 15, 5).

(80) «Tudo posso naquele que me dá força» (Fil 4, 13).

principais meios – sacramentais e não sacramentais – dispostos pelo Senhor, através dos quais se torna possível seguir seu amável ensinamento: «Vinde a mim, todos vós que estais cansados e carregados de fardos, e eu vos darei descanso».[81]

De acordo com o caráter sacramental da economia salvífica,[82] o dom inicial da vida cristã obtém-se *ex opere operato* com o batismo e se reforça com a confirmação. Estes dois sacramentos, e também a ordem sagrada, só podem ser recebidos uma vez na vida. O matrimônio e a unção dos enfermos conferem a capacidade de viver cristãmente determinadas situações, mas podem ser administrados limitadamente (se faleceu o primeiro cônjuge e quando o cristão se encontra novamente em perigo de morte). No entanto, os outros dois sacramentos – a penitência e a Eucaristia –, por seus efeitos e pela frequência com que podem ser recebidos, são meios de santificação por excelência.[83]

«Cristo instituiu o sacramento da Penitência para todos os membros pecadores de sua Igreja, antes de tudo para aqueles que, depois do Batismo, cometeram pecado grave e com isso perderam a graça batismal e feriram a comunhão eclesial. É a eles que o sacramento da Penitência oferece uma nova possibilidade de converter-se e de recobrar a graça da justificação.»[84] Mesmo para aqueles que o recebem sem ter cometido pecado mortal, este sacramento acrescenta a graça, aumenta as forças espirituais para o combate cristão,[85] cura progressivamente a concupiscência e as feridas causadas pelos pecados da vida passada, contribui para a formação da consciência e é ocasião de eficaz direção espiritual. É, portanto, *não só um remédio contra as culpas graves, mas também um importante meio de santificação e de união com Cristo:* aplicando ao cristão os méritos do Redentor, possui grande eficácia no desenvolvimento moral e espiritual dos fiéis, pois constitui o «encontro

(81) Mt 11, 28.

(82) Cf. cap. I, § 1 (b).

(83) Sobre os sacramentos como meios de santificação, ver: *Sacrosanctum Concilium*, n. 59, e *Lumen gentium*, n. 11.

(84) *Catecismo*, n. 1446.

(85) Cf. *Reconciliatio et paenitentia*, ns. 28-29.

mais pessoal do homem com Cristo crucificado que perdoa»;[86] por isso a Igreja aconselha a prática da confissão frequente.[87]

O ápice da vida sacramental é a Eucaristia. O amor de Jesus aos homens manifesta-se, sobretudo, na sua Paixão e Morte: «Ninguém tem amor maior do que aquele que dá a vida por seus amigos»;[88] e esse amor faz com que o Senhor busque nossa proximidade e a mais íntima união conosco. Semelhante amor o levou a «inventar» um sacramento que fosse memorial da sua Paixão, Presença entre os homens e Alimento de uma singular identificação.[89] Por isso, «O nosso Salvador instituiu na última Ceia, na noite em que foi entregue, o Sacrifício eucarístico do seu Corpo e do seu Sangue para perpetuar pelo decorrer dos séculos, até Ele voltar, o Sacrifício da cruz, confiando à Igreja, sua esposa amada, o memorial da sua morte e ressurreição: sacramento de piedade, sinal de unidade, vínculo de caridade (cf. Santo Agostinho, *In Ioannis Evangelium Tractatus*, 26, cap. 6, n. 13; PL 35, 1613), banquete pascal em que se recebe a Cristo, a alma se enche de graça, e concede-se-nos o penhor da glória futura (*Breviarium Romanum,* Festa do "Corpus Christi", antífona do Magnificat nas II Vésperas)».[90] Assim, *a vida cristã está estreitamente conectada com a Eucaristia, já que nela está encerrado todo o bem espiritual da Igreja e ela se configura como o centro e a raiz da evangelização e de toda a vida cristã.*[91] É centro e cume da vida cristã porque a ela se dirige tudo o que a Igreja e os fiéis devem realizar; e é também sua raiz e sua fonte enquanto contém não só a graça, mas o próprio Autor da graça. Em consequência, toda a vida do cristão deve ser eminentemente eucarística: «Em cada ato da sua vida, o cristão é chamado a manifestar o verdadeiro culto a Deus; daqui toma forma a natureza intrinsecamente eucarística da vida cristã. Uma vez que a Eucaristia afeta a realidade humana concreta do fiel, torna possível, dia após dia, a progressiva transfiguração do homem, por gra-

(86) João Paulo II, Enc. *Redemptor hominis*, 4-III-1979, n. 20.

(87) Cf. CIC, can. 988, 2; *Catecismo*, n. 1458.

(88) Jo 15, 13. Cf. Rom 5, 8; 1 Jo 3, 16.

(89) «Assim como o Pai, que vive, me enviou, e eu vivo por meio do Pai, assim aquele que me come viverá por meio de mim» (Jo 6, 57).

(90) *Sacrosanctum Concilium*, n. 47.

(91) Cf. *Lumen gentium*, n. 11; *Presbyterorum ordinis*, ns. 5 e 14; João Paulo II, Enc. *Ecclesia de Eucharistia*, 11-IV-2003; Josemaria Escrivá, *É Cristo que passa*, cit., n. 87.

ça chamado a ser conforme à imagem do Filho de Deus (cf. Rom 8, 29 ss.). Nada há de autenticamente humano – pensamentos e afetos, palavras e obras – que não encontre no sacramento da Eucaristia a forma adequada para ser vivido em plenitude. Sobressai aqui todo o valor antropológico da novidade radical trazida por Cristo com a Eucaristia: o culto a Deus na existência humana não pode ser relegado a um momento particular e privado, mas tende, por sua natureza, a permear cada aspecto da realidade do indivíduo. Assim, o culto agradável a Deus torna-se uma nova maneira de viver todas as circunstâncias da existência, onde cada pormenor é exaltado porque vivido dentro do relacionamento com Cristo e como oferenda a Deus».[92]

O Santo Sacrifício não é só a recordação de um acontecimento passado, mas um *memorial*,[93] uma representação – no sentido de re-apresentar: tornar presente de novo – do acontecimento salvífico da cruz, que se renova e se aplica ao longo da história. *A Missa,* portanto, *em sua conexão com o Sacrifício redentor, é o ato culminante da história da salvação e para cada pessoa é o ato culminante da sua própria salvação e santidade.* O empenho por alcançar a santidade está intimamente ligado à participação no Sacrifício eucarístico; por isso a Igreja recomenda assistir frequentemente à Missa e pede a todos os fiéis que participem dela ao menos semanalmente, aos domingos.[94]

Um segundo aspecto da Eucaristia é a Comunhão, pela qual o cristão se une intimamente a Cristo e se identifica com Ele:[95] como essa identificação coincide com a meta da santidade, é evidente que *a santidade cristã não pode prescindir da Comunhão frequente.* A Eucaristia reforça as energias humanas no caminho da santidade, previne contra

(92) Bento XVI, Ex ap. *Sacramentum caritatis*, 22-II-2007, n. 71.

(93) A palavra *memorial*, que traduz o *zikkaron* hebraico e o *upomnéma* grego, não significa memória do passado, mas evocação do hoje divino no qual continua e se faz presente o desígnio salvífico do Senhor.

(94) Cf. *Sacrosanctum Concilium*, n. 106; CIC, can. 1247; *Catecismo*, n. 2181; João Paulo II, Carta ap. *Dies Domini*, 31-V-1998 (especialmente ns. 46-49).

(95) Pareceu a Santo Agostinho ouvir a voz do Senhor, que dizia: «Eu sou o pão dos fortes, cresce e poderás comer-me. Tu não me converterás em ti, como convertes a comida em tua própria carne, mas eu te converterei em mim» (*Confessiones*, 7, 10, 16: CCL 27, 103-104); embora Santo Agostinho aqui não se refira diretamente à Eucaristia, esta passagem expressa com exatidão o efeito da Comunhão: assim o interpreta Santo Tomás em *S.Th.*, III, q. 73, a. 3 ad 2. Ver também São Leão Magno, *Tractatus* 63, 7: CCL 138 A, 388.

os perigos, contra as dificuldades e contra os pecados, facilita a luta ascética, é penhor da vida eterna e consolida a união entre os homens.[96] Convém, portanto, estar bem dispostos para receber a comunhão com fruto[97] e dar graças ao Senhor com profundo fervor.

Por fim, recordemos que Jesus se encontra verdadeira, real e substancialmente presente nas espécies eucarísticas. Isto explica por que a Igreja multiplicou os atos de culto eucarístico: visitas ao Santíssimo Sacramento, exposições e bênçãos, procissões, congressos eucarísticos, etc. «A Igreja e o mundo têm grande necessidade do culto eucarístico. Jesus espera-nos neste Sacramento do Amor. Não nos mostremos avaros com o nosso tempo para ir encontrar-nos com Ele na adoração, na contemplação cheia de fé e pronta para reparar as grandes culpas e os crimes do mundo. Não cesse nunca a nossa adoração».[98]

c) A oração

«*Não só de pão vive o homem, mas de toda palavra que procede da boca de Deus*»:[99] *a vida cristã requer uma atenta e dócil escuta da palavra de Deus;* de fato, um dos últimos ensinamentos de Jesus foi: «Vigiai e orai, para não cairdes em tentação»,[100] e os primeiros cristãos cumpriram esta recomendação: «Eram perseverantes em ouvir o ensinamento dos apóstolos [...] e nas orações».[101] A relação viva e pessoal com Deus – Pai, Filho e Espírito Santo – alcança-se na oração: esta consiste em estar na presença de Deus e em diálogo filial com Ele. Por isso, *o chamado universal à santidade pode ser concretizado no chamado universal à oração, à familiaridade amorosa com o Senhor, que não cessa de convidar cada homem a um misterioso mas real encontro na oração.* Assim fez e ensinou Jesus,[102] e assim devem fazer os seus discípulos: a

---

(96) Cf. Jo 6, 54; 1 Cor 10, 17-22.

(97) Cf. 1 Cor 11, 29; *Catecismo*, ns. 1385-1387.

(98) João Paulo II, Carta *Dominicae cenae*, 24-II-1980, n. 3.

(99) Mt 4, 4. Cf. Deut 8, 3.

(100) Mc 14, 38.

(101) At 2, 42.

(102) Cf. Mt 11, 25-26; Mc 1, 35; 6, 46; Lc 3, 21; 9, 28; 11, 1; 22, 41-42; Jo 11, 41-42; 17.

oração dos cristãos, como a de Cristo, implica a plena adesão da vontade humana à vontade amorosa do Pai; requer a conversão e a pureza de coração, a confiança e a audácia filial, a humildade, a paciência e a perseverança.[103] Isto é o que se chama contemplação, ou seja, ter o «olhar» da fé fixo em Jesus, para conhecer melhor o seu querer e para identificar-se cada vez mais com Ele; esta contemplação não exige a *fuga mundi*, senão que se pode e se deve realizar na vida quotidiana e por meio das atividades terrenas: «Quando nosso espírito vai em busca dos bens temporais para neles encontrar repouso, por eles fica escravizado. Mas, quando os busca em ordem à bem-aventurança, não é arrastado por eles para baixo, antes é ele o que os eleva a um nível superior»,[104] e os utiliza para estabelecer a todo momento um diálogo amoroso com o Senhor.[105]

O homem tende, naturalmente, ao diálogo, à comunicação; e, quando não fala com os outros, fala consigo mesmo: lembranças, preocupações, dúvidas, desejos, sonhos, etc. A verdadeira vida cristã deve aspirar a uma contínua conversação com o Senhor que seja real, profunda e generosa; assim a pessoa evita o egocentrismo e se torna mais teocêntrica: reforça a amizade divina, desenvolve a caridade, retifica a intenção, adquire serenidade e objetividade, fortalece o agir moral. Nenhuma atividade, mesmo terrena e material, impede o relacionamento constante com Deus:[106] basta uma invocação (jaculatórias), o olhar dirigido a uma imagem sagrada, um sorriso dirigido ao Senhor, um pequeno sacrifício, o oferecimento a Deus da própria atividade. Estes atos, no entanto, não surgem espontaneamente: é necessário um esforço pessoal perseverante para manter o diálogo assíduo com Deus. Todos os santos e todos os

---

(103) Cf. *Catecismo*, ns. 2600-2615.

(104) *S.Th.*, II-II, q. 83, a. 6 ad 3. O tema da contemplação na vida quotidiana, com especial referência aos ensinamentos de Josemaria Escrivá, foi estudado por M. Belda, *Contemplativos en medio del mundo*, «Romana» (ed. castelhana) 14 (1998) 326-340 (com bibliografia).

(105) «É necessário lembrar-se de Deus mais frequentemente do que respirar» (São Gregório Nazianzeno, *Orationes Theologicae*, 1, 4: PG 36, 15 (C).

(106) «É possível, mesmo no mercado ou durante um passeio solitário, fazer uma frequente e fervorosa oração. É possível também fazê-la no vosso negócio, enquanto comprais ou vendeis, ou também quando cozinhais» (São João Crisóstomo, *Eclogae ex diversis homiliis*, 2: PG 63, 585 (A).

autores de espiritualidade falam das dificuldades na oração: desânimos, ativismo, distrações, aridezes, falta de fé, acídia, etc.; e todos recordam também a sua importância e a sua necessidade no desenvolvimento da vida cristã.[107]

Para manter essa contínua intimidade com Deus, é conveniente dedicar tempos concretos à meditação e à oração; este é um dever – como o dever da santidade – que concerne a todo cristão: a Escritura ensina que «é preciso orar sempre sem desfalecer».[108] De fato, a realidade existencial cristã confirma a necessidade de determinados atos de piedade, entre os quais se destacam os atos litúrgicos: a práxis apostólica e eclesial, a vida dos santos e dos místicos, e a própria reflexão teológica explicitam a sua razão de ser e oferecem elencos de práticas dirigidas a manter uma relação de amizade com o Senhor. O Vaticano II, mencionando toda esta tradição e falando aos leigos, indica que «só com a luz da fé e a meditação da palavra de Deus pode alguém reconhecer sempre e em toda a parte a Deus, em quem *vivemos, nos movemos e existimos* (At 17, 28), procurar em todas as circunstâncias a Sua vontade, ver Cristo em todos os homens, quer chegados quer estranhos, julgar retamente do verdadeiro sentido e valor das realidades temporais, em si mesmas e em ordem ao fim do homem».[109]

Ainda que as práticas de piedade recomendadas pelos diversos autores variem segundo as diferentes espiritualidades, pode dizer-se que todas coincidem em alguns elementos essenciais: 1) a oração litúrgica e os sacramentos; 2) a leitura e a meditação da Sagrada Escritura, de livros espirituais e da vida dos santos; 3) a prática metódica da meditação e da oração mental;[110] 4) a oração vo-

(107) Cf. *Catecismo*, ns. 2725-2751.

(108) Lc 18, 1. Cf. Josemaria Escrivá, *Amigos de Deus*, cit., ns. 238-254 e 294-316.

(109) *Apostolicam actuositatem*, n. 4.

(110) «Muitos santos e muitos bons escritores já falaram do grande bem que se encontra no exercício da oração, digo da oração mental. [...] A quem ainda não começou, rogo, por amor do Senhor, que não se prive de tanto bem. [...] A meu ver, a oração não é outra coisa que tratar intimamente com aquele que sabemos que nos ama, e estar muitas vezes conversando a sós com Ele» (Santa Teresa de Jesus, *Livro da Vida*, cap. 8, 5, Paulus, São Paulo, 2005, pp. 58-59).

cal;[111] 5) os exames de consciência. É preciso lembrar, no entanto, que estas práticas não são um fim em si mesmas nem devem ser vividas de modo desconexo; trata-se de adquirir uma síntese vital que ajude a descobrir a presença divina em cada situação da própria vida: «Os jejuns, as vigílias, a meditação das Escrituras, a nudez e a privação de toda riqueza não constituem em si mesmas a perfeição; são, antes, os instrumentos da perfeição, pois a finalidade do esforço não consiste nestas coisas, que são, pelo contrário, meios para chegar ao fim».[112]

d) A Cruz

Jesus «dizia a todos: "Se alguém quer vir atrás de mim, renuncie a si mesmo, tome sua cruz, cada dia, e siga-me"».[113] *Todos os discípulos do Senhor devem tomar a cruz de cada dia; mais ainda, a cruz é o que distingue os que são cristãos autênticos dos que não o são:* «A pregação da cruz é loucura para os que se perdem, mas para os que são salvos, para nós, é a força de Deus».[114] Uma vida cristã dificilmente poderá ser coerente se faltar a disponibilidade para morrer com Jesus, para completar na própria carne o que falta à Paixão de Cristo.[115] *Trata-se da abnegação ou mortificação cristã: seu objetivo principal é a identificação com o Senhor, mas esta identificação requer a renúncia de si mesmo, do próprio eu.* «O caminho da perfeição passa pela cruz. Não existe santidade sem renúncia nem combate espiritual (cf. 2 Tim 4). O progresso espiritual envolve ascese e mortificação, que levam gradualmente a vi-

(111) Não se pode esquecer que, quando os discípulos pediram a Jesus que os ensinasse a orar, Ele lhes respondeu com uma oração vocal, o Pai Nosso: cf. *Lc* 11, 1-4. No entanto, a importância deste tipo de oração não está na sua expressão exterior, mas no impulso interior: «Que a nossa oração seja escutada depende não da quantidade de palavras, mas do fervor de nossa alma» (São João Crisóstomo, *Eclogae ex diversis homiliis*, 2: PG 63, 583 (A). Cf. *Mt* 6, 7-8.

(112) João Cassiano, *Collationes*, I, 7, 3: CSEL 13, 14.

(113) Lc 9, 23. Cf. Mt 10, 38; 16, 24; Mc 8, 34; Lc 14, 27; Jo 12, 24-25.

(114) 1 Cor 1, 18.

(115) Cf. Jo 11, 16; Col 1, 24; 1 Pe 2, 21.

ver na paz e na alegria das bem-aventuranças».[116] Por isso, a Igreja estabeleceu alguns tempos concretos de prática penitencial e recomenda vivamente as privações voluntárias, como o jejum e a esmola;[117] além disso, cada um pode e deve buscar em sua vida quotidiana práticas adequadas para se unir à cruz de Jesus: mortificação dos sentidos e da imaginação, da inteligência e da vontade, esforço por servir os outros e para realizar com perfeição os próprios deveres, aceitação alegre das contrariedades, etc.

5. A Virgem Maria na santificação do cristão

Sem querer retomar agora os conteúdos do tratado dogmático sobre a Virgem Maria, é necessário destacar a essencial dimensão mariana da vida cristã. *A função de Maria na vida da Igreja e de cada um dos cristãos deriva da sua singular união com Cristo e, em última análise, de sua maternidade divina.* «Por sua adesão total à vontade do Pai, à obra redentora de seu Filho, a cada moção do Espírito Santo, a Virgem Maria é para a Igreja o modelo da fé e da caridade».[118] Mas a sua função não termina aqui, porque Maria «cooperou de modo singular, com a sua fé, com a sua esperança e com a sua ardente caridade, na obra do Salvador, para restaurar nas almas a vida sobrenatural. É por esta razão nossa mãe na ordem da graça».[119] *Maria é verdadeiramente Mãe espiritual dos cristãos e, com relação a nós, exerce uma constante e eficaz mediação maternal.* Esta é uma doutrina proposta repetidamente pelo

(116) *Catecismo*, 2015. «A Igreja faz sua a consciência que o apóstolo Paulo tinha da missão recebida: "Cristo (...) me enviou (...) a pregar o Evangelho, não porém com sabedoria de palavras, para não se desvirtuar a Cruz de Cristo (...). Nós pregamos Cristo crucificado, escândalo para os judeus e loucura para os gentios. Mas, para os eleitos, tanto judeus como gregos, Cristo é o poder e a sabedoria de Deus" (1 Cor 1, 17.23-24). *Cristo crucificado revela o sentido autêntico da liberdade, vive-o em plenitude no dom total de Si mesmo* e chama os discípulos a tomar parte na Sua própria liberdade» (*Veritatis splendor*, n. 85).

(117) Cf. *Sacrosanctum Concilium*, ns. 105, 109-110; *Ad gentes*, n. 40; *Presbyterorum ordinis*, n. 12; CIC, cann. 1249-1253; *Catecismo*, n. 1438.

(118) *Catecismo*, n. 967.

(119) *Lumen gentium*, n. 61.

Concílio Vaticano II,[120] pelos Romanos Pontífices[121] e pelo *Catecismo da Igreja Católica*.[122]

A mediação maternal de Maria nasce do beneplácito de Deus e «brota da abundância dos méritos de Cristo, apoia-se na Sua mediação e dela depende inteiramente, haurindo daí toda a sua eficácia; de nenhum modo impede a união imediata dos fiéis com Cristo, antes a favorece».[123] O que a Igreja entende por mediação de Maria é que, *segundo o desígnio de Deus, o imenso tesouro da graça de Cristo sempre se comunica a nós por meio de Maria.* «Assim como ninguém pode ir ao Pai supremo senão por meio do Filho, assim ordinariamente ninguém pode ir a Cristo senão por meio de sua Mãe».[124] «Dado que Maria supera a todos em santidade e em união com Cristo e foi associada por Jesus Cristo à obra da redenção, Ela alcança para nós por mérito de participação *(de congruo)*, como se costuma dizer, o que Cristo alcança para nós por mérito de justiça *(de condigno)* e é a suprema dispensadora das graças».[125]

A mediação de Maria tem todas as características próprias do comportamento materno: afeto, compreensão, ternura, amor inquebrantável. Na cruz, Cristo experimentou o sofrimento do abandono previsto pelo desígnio redentor do Pai. Aqueles que o tinham seguido permaneceram escondidos; os inimigos, ao contrário, assistiram ao suplício saboreando a sua aparente vitória. Então «Jesus deu um forte grito: *Eli, Eli, lemá sabacthani?* isto é, *meu Deus, meu Deus, por que me abandonaste?*»[126] O preço por pagar pelos nossos pecados

(120) Cf. *Lumen gentium*, cap. VIII.

(121) Cf. Bem-aventurado Pio IX, Bula *Ineffabilis Deus*, 8-XII-1854; Leão XIII, Enc. *Octobri mense*, 22-IX-1891; Enc. *Magnae Dei Matris*, 8-IX-1892; Enc. *Adiutricem populi*, 5-IX-1895; S. Pio X, Enc. *Ad diem illum*, 2-II-1904; Bento XV, Carta ap. *Inter sodalicia*, 21-V-1918; Pio XI, Enc. *Quas primas*, 11-XII-1925; Pio XII, Enc. *Mystici corporis*, 29-VI-1943; Enc. *Haurietis aquas*, 15-V-1956; Paulo VI, Enc. *Mense maio*, 29-IV-1965; Ex ap. *Signum magnum*, 13-V-1967; São João Paulo II, Enc. *Redemptoris Mater*, 25-III-1987.

(122) Cf. *Catecismo*, ns. 963-975.

(123) *Lumen gentium*, n. 60.

(124) Leão XIII, Enc. *Octobri mense*, 22-IX-1891: DS 3274.

(125) São Pio X, Enc. *Ad diem illum*, 2-II-1904: DS 3370.

(126) Mt 27, 46.

apareceu em todo o seu peso. No entanto, naquele momento, o Pai não privou o Filho do apoio de sua Mãe, que estava «junto à cruz de Jesus».[127] Dando-nos Maria como Mãe,[128] Cristo parece querer confirmar explicitamente que nenhum dos que seguirem suas pegadas ao longo dos séculos ficará privado da presença consoladora e maternal da Virgem Maria. A partir daquele momento, Maria passa a ser para todos os cristãos refúgio sempre alcançável, motivo de segura esperança, presença que nunca abandona.

O Concílio Vaticano II sublinha que Maria é também o modelo que a Igreja e os cristãos devem imitar. «Mas, ao passo que, na Santíssima Virgem, a Igreja alcançou já aquela perfeição sem mancha nem ruga que lhe é própria (cf. Ef 5, 27), os fiéis ainda tem de trabalhar por vencer o pecado e crescer na santidade; e por isso levantam os olhos para Maria, que brilha como modelo de virtudes sobre toda a família dos eleitos».[129] Maria é um preclaro espelho da vida moral. «Ao acolher e meditar em seu coração acontecimentos que nem sempre compreende (cf. Lc 2, 19), torna-se modelo de todos aqueles que escutam a palavra de Deus e a praticam (cf. Lc 11, 28)».[130]

À proteção maternal e ao exemplo que Maria nos oferece, o cristão corresponde confiando-se inteiramente a Ela. «A dimensão mariana da vida de um discípulo de Cristo exprime-se, de modo especial, precisamente mediante essa entrega filial em relação à Mãe de Cristo, iniciada com o testamento do Redentor no alto do Gólgota. Confiando-se filialmente a Maria, o cristão, como o apóstolo São João, acolhe "entre as suas coisas próprias" a Mãe de Cristo e a introduz em todo o espaço da própria vida interior, isto é, em seu "eu" humano e cristão».[131]

Do ponto de vista prático, na perspectiva do cristão que, apesar das próprias limitações, deseja acima de tudo viver a própria vida em

(127) Jo 19, 25.

(128) Cf. Jo 19, 26-27.

(129) *Lumen gentium*, n. 65.

(130) *Veritatis splendor*, n. 120.

 (131) João Paulo II, Ec. *Redemptoris Mater*, 25-III-1987, n. 45.

união sempre crescente com Cristo, convém ressaltar que *o abandono em Maria constitui o caminho mais fácil, mais rápido e mais seguro para alcançar a meta desejada.* A este propósito, são dignas de atenta reflexão as palavras de São Luis Maria Grignion de Montfort: «Uma das razões por que tão poucas almas atingem a plenitude da idade de Jesus Cristo é que Maria, a Mãe do Filho e a Esposa do Espírito Santo, não está suficientemente formada nos corações. Quem quiser o fruto bem maduro e formado deve ter a árvore que o produz; quem quer possuir o fruto de vida, Jesus Cristo, deve ter a árvore da vida, que é Maria. Quem quiser ter em si a operação do Espírito Santo, deve ter sua Esposa fiel e inseparável, Maria Santíssima, que o torna fértil e fecundo».[132] De modo mais sintético, afirma o santo patrono dos moralistas: «Como só por meio de Jesus Cristo temos acesso junto ao Pai Eterno, igualmente só por meio de Maria temos acesso junto a Jesus Cristo».[133]

6. *A dimensão apostólica da vocação cristã*

A resposta do cristão ao chamado à santidade compreende também a participação ativa na missão de Cristo e da Igreja: «A vocação cristã é também, por sua própria natureza, vocação ao apostolado».[134] Não falamos agora especificamente das tarefas derivadas dos diversos ministérios eclesiásticos, mas do empenho apostólico intrinsecamente ligado ao seguimento de Cristo, o qual é próprio, portanto, de todos os fiéis, também dos fiéis leigos, como destacou o decreto *Apostolicam actuositatem*, do Concílio Vaticano II, e a exortação apostólica *Christifideles laici.*

O fim da Igreja é «tornar todos os homens participantes da redenção salvadora e, por eles, ordenar efetivamente a Cristo o universo inteiro».[135] Toda a atividade da Igreja ordenada a este fim se chama

---

(132) São Luis M. Grignion de Montfort, *Tratado da verdadeira devoção à Santíssima Virgem*, n. 164, Ed. Vozes, Petrópolis, 1998, pp. 159-160.

(133) Santo Afonso M. de Ligório, *Glórias de Maria*, Parte I, cap. V, Resposta a um anônimo, Ed. Santuário, Aparecida, 1987, pp. 144-145.

(134) *Apostolicam actuositatem*, n. 2.

(135) *Ibidem.*

«apostolado». *O chamado radical ao apostolado deriva não de um ministério ou de circunstâncias particulares, mas da união com Cristo Cabeça:*[136] «Em obediência ao mandato de Cristo, que enviou os seus discípulos a anunciar o Evangelho a todas as nações (cf. Mt 28, 18-20), a comunidade cristã, também na nossa época, se sente enviada aos homens e às mulheres do terceiro milênio, para dar-lhes a conhecer a verdade da mensagem evangélica e abrir-lhes deste modo o caminho da salvação. E isto, como dizia, não é facultativo, mas a vocação própria do Povo de Deus, um dever que lhe compete por mandato do próprio Senhor Jesus Cristo».[137] Por isso, todos os fiéis devem participar do apostolado cristão, ainda que em modalidades diversas segundo a sua própria situação e as suas circunstâncias; com efeito, «Quando cresce no cristão a consciência de pertencer a Cristo, em razão da gratidão e da alegria que produz, cresce também o ímpeto de comunicar a todos o dom desse encontro».[138] Não é possível separar o seguimento de Cristo do apostolado, «como não é possível separar em Cristo o seu ser de Deus-Homem da sua função de Redentor. O Verbo quis encarnar-se para salvar os homens, para fazê-los uma só coisa com Ele. Esta é a razão da sua vinda ao mundo: *Por nós, homens, e por nossa salvação desceu dos céus*, rezamos no Credo. Para o cristão, o apostolado é algo congênito».[139] *O apostolado cristão, em último termo, é sempre evangelização e santificação;* ordena-se «a manifestar ao mundo, por palavras e por obras, a mensagem de Cristo, e a comunicar a sua graça».[140]

O apostolado realiza-se espontaneamente quando o fiel procura ordenar as suas próprias atividades buscando em primeiro lugar a união com Cristo. O clero realiza-o através do ministério da palavra e dos sacramentos; os religiosos, com a sua oração e com o testemunho escatológico; os fiéis leigos, por meio da vida cristã, da palavra, do serviço fraterno, etc. Tarefa específica dos leigos é a

(136) Cf. *ibid.* n. 3.

(137) Bento XVI, *Discurso aos participantes no congresso promovido por ocasião do 40º aniversário do decreto conciliar «Ad gentes»*, 11-III-2006. Cf. Paulo VI, Ex ap. *Evangelii nuntiandi*, n. 5.

(138) CELAM, *Documento de Aparecida*, n. 145.

(139) Josemaria Escrivá, *É Cristo que passa*, cit., n. 122.

(140) *Apostolicam actuositatem*, n. 6.

animação cristã da ordem temporal,[141] tema importante que será tratado mais adiante.[142] Agora queremos sublinhar somente que o apostolado cristão traz consigo também «*o anúncio e a proposta moral*»,[143] isto é, mostrar mediante o exemplo e as palavras a via que se deve seguir para ser discípulo de Cristo. «Tanto ou mais ainda que pelas verdades da fé, é ao propor os fundamentos e os conteúdos da moral cristã que a nova evangelização manifesta a sua autenticidade, e, ao mesmo tempo, expande toda a sua força missionária, quando se realiza com o dom não só da palavra *anunciada*, mas também da palavra *vivida*. É particularmente a *vida de santidade*, resplandecente em tantos membros do Povo de Deus, humildes e, com frequência, despercebidos aos olhos dos homens, o que constitui o caminho mais simples e fascinante, onde é permitido perceber imediatamente a beleza da verdade, a força libertadora do amor de Deus, o valor da fidelidade incondicionada a todas as exigências da lei do Senhor, mesmo nas circunstâncias mais difíceis».[144] Esta realidade oferece um característico ponto de vista no estudo e no ensino da teologia moral que nunca se deve esquecer.

---

(141) Cf. *ibidem*.

(142) Cf. cap. IX, § 1 (e).

(143) *Veritatis splendor*, n. 107.

(144) *Ibidem*.

Parte II

O SUJEITO CHAMADO POR DEUS: A ANTROPOLOGIA MORAL

Capítulo IV

A LIBERDADE DOS FILHOS DE DEUS

1. Visão de conjunto dos temas da antropologia moral cristã

Na Parte I, considerou-se a vocação universal à santidade, ou seja, p chamado a participar da vida trinitária em Cristo. Também se viu que entre a justificação inicial e o cumprimento escatológico da salvação se situa o processo de santificação, a atuação terrena e histórica da vocação cristã, cujas grandes linhas foram traçadas no capítulo precedente. Antes de iniciar o exame do referencial normativo da atividade moral (Parte III), convém analisar a natureza e a estrutura do que deve ser regulado (as ações, os afetos, etc.) e a modalidade em que pode ser regulado. Isto é, devem examinar-se as estruturas que fazem do cristão um sujeito capaz de colaborar livremente com Deus, traçando e escolhendo – com o auxílio da graça – um tipo de vida (conduta moral) que não só seja congruente com a sua identidade de filho de Deus, senão que, além disso, lhe permita expressar-se e crescer segundo «a medida da plenitude de Cristo».[1]

(1) Ef 4, 13.

A antropologia moral cristã não trata de todos os temas da antropologia clássica: esta é tomada como pressuposto. O objeto da nossa atenção é somente o cristão enquanto sujeito moral e, portanto, fundamentalmente, a liberdade, que passaremos a estudar neste capítulo. *O cristão considera a liberdade no marco da sua autocompreensão como filho de Deus em Cristo,* ou seja, como a liberdade de um filho que deseja, sobretudo, cumprir a vontade do Pai.[2] O estudo prévio das dimensões do conceito filosófico de liberdade oferecerá o esquema analítico para enquadrar corretamente o tema.

As ações livres possuem uma articulação discursiva complexa, que se desenvolve entre dois eixos. Segundo o eixo horizontal, o agir livre pode ser concebido como um processo de comunicação entre o homem, o mundo e Deus, o qual em seu conjunto tende à efetiva realização da vida em Cristo. Segundo o eixo vertical, representa o momento culminante e o princípio supremo de integração de uma diversidade de processos, de conteúdos e de estados da psique que, devido à sua interconexão e à sua retroalimentação, possuem certo caráter circular.[3]

Neste processo, é possível distinguir analiticamente cinco elementos fundamentais:

1) As inclinações e as tendências, que chamaremos, genericamente, desejo, no sentido de desejo não deliberado, ou seja, prévio à livre escolha.

2) A percepção da presença ou da ausência de bens aos quais se inclina o desejo humano.

3) As reações afetivas (sentimentos, emoções, paixões) que se seguem à percepção. A pessoa reage de maneira positiva ou negativa em função do significado que aquilo que foi percebido tem para as tendências.

4) Os atos humanos ou atos livres, governados pela inteligência

(2) Cf. Jo 4, 34; 5, 30; 6, 38 com referência a Jesus Cristo, e Jo 7, 17 com referência ao cristão.

(3) Devido a essa circularidade, o estudo da teologia moral pressupõe o conhecimento das estruturas essenciais do ser e do agir humanos: faculdades espirituais, apetites sensíveis, consciência, etc., questões que não se podem analisar aqui em toda a sua extensão. Estudar-se-ão apenas os aspectos que se relacionam diretamente com a conduta moral.

e pela vontade, por meio dos quais a pessoa se conduz a si mesma (conduta) para realizar o tipo de vida que escolheu, dirigindo as suas próprias tendências e respondendo, de modo positivo ou negativo, ao chamado de Deus.

5) Os hábitos, expressão principal da liberdade pessoal, mediante os quais a liberdade modifica, para melhor ou para pior, a própria estrutura operativa, ou seja, as inclinações, as tendências, a capacidade de julgar, de decidir, de realizar. Junto com os hábitos adquiridos através da conduta pessoal, a antropologia moral cristã deve estudar os hábitos infusos (as virtudes morais infusas, os dons do Espírito Santo), pelos quais o Espírito Santo guia o cristão para a vida dos filhos de Deus em Cristo. Este quinto elemento, os hábitos morais adquiridos e infusos, fecha o círculo, e passa a ser na realidade o primeiro elemento da série, já que na vida real as inclinações e as tendências não se encontram em estado puro na pessoa: foram modificadas, de modo positivo ou negativo, pelos hábitos morais, isto é, pela conduta ética da pessoa e pela sua correspondência à ação santificadora do Espírito Santo.

Dos cinco elementos mencionados, os três primeiros serão estudados no capítulo V. Eles são muito importantes para fazermos uma ideia exata da liberdade humana, das suas motivações e dos bens que a atraem. *A liberdade humana é sem dúvida uma realidade espiritual, mas não é a opção pura de um espírito que está fora do espaço e do tempo.* Nosso desejar não é mera iniciativa, sem raízes. O homem tem inclinações e necessidades relacionadas com o corpo, com a sensibilidade e com a racionalidade, bem como «inclinações» e exigências recebidas com a graça do Espírito Santo, as quais só se podem cumprir mediante uma conduta livre. Por isso, na vida moral, temas e necessidades que procedem da não liberdade elevam-se ao plano da liberdade, no qual sofrem certa elaboração e transformação e, às vezes, são corrigidos ou até rejeitados. A liberdade alimenta-se de motivações que, com frequência, não procedem dela mesma. Algumas dessas motivações surgem nos estratos inferiores da totalidade psicofísica humana, enquanto outras procedem do âmbito superior determinado pela presença do Espírito Santo no cristão. Em todo caso, se estes elementos não forem cuidadosamente considerados, não se poderá ter uma ideia adequada do homem e do cristão enquanto sujeito moral. Este não é um sujeito indiferente vinculado por uma lei, nem um sujeito autônomo que realiza, fora do espaço e do tempo, opções transcendentais.[4]

Os dois últimos elementos, a ação moral e os hábitos morais, são mais familiares à tradição da teologia moral. Dedicaremos a eles os capítulos VI e VII, respectivamente.

2. Dimensões do conceito filosófico de liberdade

A ética filosófica, e o mesmo vale para a teologia moral, pressupõe a realidade da liberdade humana. Se não tivéssemos a real possibilidade psicológica de decidir livremente entre o bem e o mal, não existiria a conduta humana (o homem não poderia «conduzir-se») nem seria possível imputar-nos responsabilidade alguma, e tampouco teria sentido o louvor ou a censura com respeito ao nosso comportamento. A experiência jurídica e política da humanidade apoia-se no mesmo pressuposto. A existência de múltiplos fatores que condicionam o agir humano não implica uma objeção essencial à realidade da liberdade humana, desde que tais condicionamentos deixem certa margem para a decisão autônoma última,[5] e, como observa Hans Reiner, ninguém até agora conseguiu demonstrar rigorosamente que tal margem não exista.[6] A negação da liberdade baseia-se em premissas de caráter geral, cuja legítima aplicabilidade a todo o âmbito do real nunca foi provada.

É preciso reconhecer, no entanto, que a liberdade humana é uma realidade profunda, poliédrica e, em certo sentido, misteriosa; por isso foi, continua a ser e, provavelmente, sempre será um dos principais objetos da reflexão humana. Cabe principalmente à antropologia filosófica e à metafísica esclarecer os múltiplos aspectos teóricos da noção

(4) As diferentes concepções do sujeito moral nas orientações éticas atuais podem ser consultadas em G. Abbà, *Quale impostazione per la filosofia morale?*, cit., pp. 239-274.

(5) Uma adequada avaliação das restrições aludidas pela psicologia do profundo é feita por A. Lambertino, *Psicoanalisi e morale in Freud*, Guida, Napoli, 1987, pp. 429-474.

(6) Cf. H. Reiner, *Etica. Teoria e storia*, Armando, Roma, 1971, p. 36.

de liberdade.[7] Aqui, limitamo-nos a esboçar as principais dimensões do conceito filosófico de liberdade, para podermos enquadrar adequadamente o que a antropologia cristã ensina a seu respeito.

Se considerarmos a expressão «devemos ter liberdade para ser livres e ainda mais livres», veremos que *o conceito de liberdade se usa com três diferentes significados.* O primeiro («devemos ter liberdade») significa *ausência de restrições ou de coação;* o segundo («para ser livres») significa *liberdade de escolha, capacidade de escolher autonomamente;* o terceiro («ainda mais livres») significa, por sua vez, uma condição da pessoa que é alcançada por meio da escolha, e que representa *uma qualidade de ordem genuinamente ética* cuja natureza deve ser posteriormente explicada. Em torno destas três acepções podemos agrupar os principais núcleos problemáticos do conceito de liberdade, ainda que nem todos, certamente.

a) A liberdade de coação

A «liberdade de coação» ou «liberdade de restrição» é a condição do sujeito que não é obrigado a atuar ou impedido de atuar por agentes externos. Não têm esta liberdade o escravo, o prisioneiro nem aqueles a quem uma lei ou a força de outros os impeça de expressar-se ou de fazer o que quereriam. *É uma liberdade que se refere principalmente a poder cumprir externamente o que se decidiu fazer,* ainda que possa também referir-se ao querer, quando se está diretamente submetido a uma coerção exterior: por exemplo, por meio de certas drogas ou de certos sistemas de tortura. Deste tipo de liberdade e de suas múltiplas manifestações tratam, de diversos pontos de vista, a moral, a política e o direito.

As primeiras reflexões sobre a liberdade na Grécia clássica pré-aristotélica faziam-se neste âmbito. A liberdade era definida em

(7) Para uma visão de conjunto do conceito de liberdade e dos problemas conexos, cf. A. Fernández, *Filosofía de la libertad* (2 vol.), Conf. Caj. de Ahorros, Madri, 1975; F. Inciarte, *Freiheit,* em Vários Autores, *Persönliche Verantwortung,* Adamas, Köln, 1982, pp. 65-83; A. Rodríguez Luño, *Ética general,* cit., pp. 201-210. O leitor interessado numa análise interdisciplinar pode consultar com utilidade F. Russo & J. Villanueva (cur.), *Le dimensioni della liberta nel dibattito scientifico e filosofico,* Armando, Roma, 1995.

oposição àquilo de que se é livre, e assim se formulava uma noção de liberdade fundamentalmente política: é livre o cidadão, aquele que não é escravo nem prisioneiro de guerra. Este conceito de liberdade foi o objeto principal da atenção de alguns filósofos da Idade Moderna, ainda que num contexto muito diferente do grego. Com a chegada da ciência moderna, a redução da causalidade à mera causa material/eficiente tornou especialmente difícil a reflexão sobre a liberdade: estabelecia-se uma relação causal de tipo material/eficiente entre o estado precedente da pessoa e a volição que dele derivava; em conclusão, analisava-se como uma conexão necessária entre dois acontecimentos ou momentos (dada a motivação ou o estado de ânimo A, segue-se necessariamente a decisão B). Afirmar a liberdade do querer significava negar a existência dessa conexão necessária entre motivação e ação e, consequentemente, a causalidade. Ora, como o exercício teórico da razão estava dominado pela categoria da causalidade, afirmar a liberdade limitando a causalidade equivalia a sustentar a impossibilidade de compreender teoricamente o agir humano livre, que acabaria por ser concebido como o irracional e o imprevisível por excelência. Por essa razão, filósofos como Hobbes, Locke, Hume e Voltaire preferiram considerar a liberdade não como uma propriedade do querer, mas como uma capacidade de agir externamente segundo o próprio querer. A liberdade seria o poder agir como se quer, mas não a faculdade de querer livremente. Leibniz fez notar com acerto que o verdadeiro problema é o da liberdade do espírito e não da dos braços ou das pernas, ainda que ele tampouco tenha conseguido resolver de modo satisfatório todos os problemas ligados à liberdade do querer.

b) A liberdade de escolha

O segundo significado da liberdade não se fixa tanto na possibilidade de fazer o que se decidiu fazer, mas na *ausência de necessidade interna para tomar uma decisão ou outra. É propriamente a liberdade de querer, que comumente se chama liberdade psicológica*, e que é um pressuposto do que dissemos sobre a ação humana, sobre as paixões e sobre as virtudes nos três capítulos precedentes. A doutrina filosófica que nega a existência desta liberdade é genericamente chamada *determinismo psicológico*, e afirma, em síntese, que a liberdade de escolha do homem é só aparente, já que, na realidade, está sujeita a uma necessidade interna, como, por exemplo, a da motivação racional mais forte, diante da qual a vontade se restringe à aceitação. Certamente não se pode negar a existência de certas limitações internas, que diminuem (e, em algum caso, até eliminam) a liberdade psicológica; isto prova que a liberdade humana é limitada, mas não nega a sua existência: a autoexperiência do agir humano permite observar que, em condições normais, a pessoa escolhe o que *quer*.

Tal liberdade de escolha, chamada «livre arbítrio» pela filosofia clássica, envolve a realização autônoma de um ato da vontade que se põe entre o «posso» e o «não sou obrigado». No plano vital, está ligada ao reconhecimento de que é devido à minha vontade que existe algo que poderia não ter existido nunca, ou ainda que não existe algo que, pelo contrário, poderia existir. Graças à liberdade psicológica, o homem é causa e princípio dos seus próprios atos (Aristóteles), dono das suas próprias ações (Santo Tomás). O homem não quer necessariamente aquilo que quer; pode fazer escolhas ou manifestar preferências e pode, mesmo quando não existe a real possibilidade de escolher, tomar uma posição interior: afirmar ou negar, aceitar ou recusar o que lhe é oferecido. É uma liberdade interior compatível até com a coação: o prisioneiro, por exemplo, conserva a liberdade de tomar posição em face da sua situação, aceitando-a porque a considera uma justa pena por seus delitos, ou não a aceitando porque sabe que foi condenado injustamente.

Na liberdade de escolha é possível distinguir conceitualmente duas dimensões: a *autodeterminação* e a *intencionalidade*. A ideia de autodeterminação[8] expressa fielmente, em nosso modo de ver, a essência do ato livre. Mostra, com efeito, que em cada ação livre *sou eu* (e não outra pessoa ou uma necessidade interna) *o que decide ou determina*, e que, além do mais, *decido ou determino quan-*

(8) Aqui, seguimos a análise da autodeterminação de K. Wojtyla, *Persona y acción*, BAC, Madri, 1982, cap. III.

to a mim mesmo. O primeiro aspecto desta dimensão («sou eu o que decide, e não outro em meu lugar») pertence ao próprio conceito de liberdade. Mas o segundo não é menos importante: em cada ação livre, mesmo quando se trata de uma ação que recaia sobre outra pessoa ou sobre uma matéria externa, eu decido também quanto a mim mesmo, modifico e dou forma ao meu modo de ser pessoa. A segunda dimensão da vontade livre (intencionalidade) está na linha da abertura da vontade para o seu objeto. A vontade é a faculdade de que a pessoa se serve para alcançar os seus objetivos, e, nesta perspectiva, a liberdade faz que os objetos apresentados pela inteligência não determinem necessariamente o ato da vontade. Este ponto de vista foi absolutizado indevidamente por aqueles que concebem as discussões a respeito da liberdade em termos de oposição entre determinismo e indeterminismo. Mediante a ideia de indeterminismo em face dos objetos do querer, só é possível formar uma ideia negativa (o que não é) e inadequada da liberdade, pois esta implica uma forma de dependência e de determinação qualitativamente superior à dependência e à independência com relação aos objetos do querer: tal forma superior de determinação e de dependência é a *autodeterminação* ou *autodependência*. A pessoa não é determinada pelos objetos do querer, na medida em que é determinada e dominada somente por si mesma (autodeterminação). Sendo assim, a autodeterminação é a dimensão fundamental da liberdade, enquanto a intencionalidade no plano dos objetos é uma dimensão derivada.[9]

Santo Tomás estabelece uma distinção na liberdade de escolha entre o plano do exercício e o plano da especificação,[10] equiparável à já indicada entre autodeterminação e intencionalidade, na qual não nos deteremos agora. Convém, antes, considerar que, para o Aquinate, a universalidade do conhecimento intelectual é a raiz da liberdade de escolha. Os objetos conhecidos são certamente individuais, mas a respeito deles dizemos que são respectivamente uma casa, uma mesa, etc.; isto é, nós os conhecemos na sua universali-

(9) Ver as interessantes observações sobre este tema de M. Scheler, *Fenomenología y metafísica de la libertad*, em Id., *Metafísica de la libertad*, Nova, Buenos Aires, 1960, pp. 7-36.

(10) Cf. *De malo*, q. 6.

dade – casa, mesa – e, em última análise, enquanto entes ou bens. Assim como ouvimos algo enquanto produz um som, e o vemos enquanto está iluminado, assim compreendemos algo enquanto é, e o compreendemos «praticamente» quando o consideramos bom. A capacidade intelectual relaciona-se *per se* com o ser e com o bem universais, e por isso não pode ser saciada por objetos singulares. O horizonte universal da inteligência – virtualmente infinito – possibilita a liberdade do juízo da razão prática acerca da bondade das coisas singulares e, portanto, que haja sempre uma margem real de autodeterminação da vontade, cujo horizonte – a razão do bem em geral – participa da infinitude virtual da inteligência: nenhum bem finito (ou infinito, mas conhecido de maneira finita) se comensura perfeitamente com a inteligência e com a vontade de modo que produza um juízo ou um assentimento necessários.

Por isso, comumente, a avaliação cognitiva dos bens concretos não introduz necessidade no querer. A pessoa não é atraída necessariamente pelos bens conhecidos, senão que lhe cabe a ela própria determinar-se a em relação a esses bens. Poderíamos dizer que o querer pessoal se autoforma, se dá a si mesmo uma determinação formal, servindo-se certamente do conhecimento. Também se pode dizer que a inteligência só introduz a determinação formal que a vontade aceita. Em todo caso, diante de um bem cuja atração pareça irresistível, a pessoa pode querer não considerar este bem, pensar em outra coisa, etc.: é o caso de quem não entende «porque não quer entender» e de quem não ouve «porque não quer escutar». Devemos concluir que o exercício da inteligência depende da vontade e, por outro lado, que a inteligência dirige, de certo modo, esse aparente transcender-se da vontade: a pessoa rejeitaria a proposta da inteligência somente se tal proposta fosse considerada contrária, de algum modo, ao seu próprio bem. Em síntese: a vontade é precedida de um ato intelectual, que ela não constituiu objetivamente; no entanto, depende da vontade que tal consideração – e não outra – seja decisiva no plano prático. Nesse sentido, dissemos que a autodeterminação é a dimensão fundamental da liberdade de escolha.

c) A liberdade como valor como e tarefa ética

Referimo-nos agora ao valor e à tarefa moral que o bom uso da liberdade de escolha traz consigo ou, em outras palavras, ao valor que tem a livre afirmação do bem e, por contraste, a degradação que causa no mundo espiritual o fato de que um ser inteligente escolha aquilo que ele sabe que é mau ou rejeite aquilo que ele sabe que é bom. Este tipo de liberdade não é, portanto, algo que o homem tenha por natureza, em virtude da sua constituição ontológica ou psicológica: é antes objeto de escolha e de conquista por parte da pessoa, e pode considerar-se como um terceiro tipo da «liberdade-de». Se anteriormente falamos da liberdade-de coação externa e de liberdade-de necessidade interior, agora tratamos da *liberdade-dos impulsos desordenados, a liberdade do pecado e da miséria moral. Esta liberdade representa a perfeição ética da liberdade psicológica, a sua consolidação no bem mediante a virtude, que é o fim próprio da educação moral.* O cristianismo teve influxo decisivo na formação deste terceiro significado da liberdade, vendo-a como fruto da colaboração entre a liberdade (psicológica) humana e a graça de Deus, ainda que não se possa considerar este conceito como exclusivamente teológico.[11]

d) Liberdade e amor

A reflexão filosófica mostra que a consideração da liberdade humana como «liberdade-de» nos três sentidos indicados é insuficiente. Nos três casos, são noções negativas que, paradoxalmente, necessitam daquilo que negam para poder afirmar-se. Com efeito, consideramos a liberdade como negação da coação, como negação de motivos internos

(11) Neste sentido, escreve V. Mathieu: «Para ser livre, é necessário e suficiente *querer*: mas ao dizer "basta querer" não se deve esquecer a *dificuldade* intrínseca deste querer, que não depende do simples arbítrio, senão que é, ao contrário, a mais árdua das realizações. O problema é conseguir querer ser livre; a relação entre graça e liberdade foi uma aquisição preciosa para o conhecimento deste problema, precisamente porque destacou a problematicidade daquele querer. [...] Além do seu interesse teológico, o conceito de "graça" é necessário para compreender em toda a sua profundidade, mesmo no âmbito estritamente filosófico, o problema da liberdade» (V. Mathieu, verbete *Libertà*, em *Enciclopedia Filosofica*, Sansoni, Florença, 1957, vol. 3, col. 23).

que determinam necessariamente a escolha e como libertação das paixões desordenadas e do pecado. Mas, ainda que estivessem garantidos estes três tipos de liberdade, nem assim a vida humana não alcançaria a sua plenitude. Ainda que a liberdade seja um grande bem, não é o bem que satisfaz os desejos da pessoa, mas sim a condição necessária para a consecução desse bem. Sem liberdade, nenhum bem é um bem humano; mas sem o bem a liberdade é algo vazio. A liberdade é a liberdade da pessoa que «se conduz a si mesma», liberdade da conduta. E o «conduzir-se a si mesmo» levanta a questão da meta proposta, do «para quê» da liberdade. A «liberdade-de» suscita o tema da «liberdade -para» e, portanto, do bem humano que se deve afirmar e do mal que se deve negar. *O estudo da liberdade leva à consideração do amor, que em todas as suas formas é sempre uma livre afirmação do bem.*

Na primeira parte do livro, analisamos a resposta que a fé cristã dá à questão do bem último do homem. Agora, no seu estudo filosófico, podemos notar que a liberdade pressupõe a transcendência do querer humano em relação aos bens que nos cercam, razão por que a vontade é atraída mas não determinada por eles. A liberdade parece ser animada por uma tendência ao bem absoluto. Santo Tomás de Aquino designa-o com o conceito técnico de *voluntas ut natura* (inclinação natural da vontade). O horizonte intencional da *voluntas ut natura* é descrito com expressões técnicas que põem em relevo a sua amplitude potencialmente infinita.[12]

Na sua realidade inicial como ser dado, esta aspiração é formal, envolve a *ratio volendi* e não um ato concreto da vontade. Cada pessoa elabora esta aspiração de diferentes maneiras, amiúde com um processo de caráter religioso; em todo caso, esta elaboração não é alheia a algo muito semelhante à fé, que desta forma se mostra assim como categoria antropológica de primeira ordem. Para vivermos, necessitamos da esperança, da expectativa de um bem que nem sempre tem

(12) Para Santo Tomás, o objeto da *voluntas ut natura* é «ipsum bonum absolute» (*De veritate*, q. 25, a. 1), «bonum conveniens aprehensum» (*De malo*, q. 6, a. un.), «ipsam bonitatem» (*De veritate*, q. 25, a. 1), «ultimus finis sui in commune» (*Ibid.*, q. 22, a. 7), «se esse completum in bonitate» (*Ibidem*), «bonnum in commune» (*S.Th.*, I-II, q. 10, a. 1), «finis ultimus, ut beatitudo et ea quae in ipsa includitur» (*De veritate*, q. 22, a. 5), «rationem appetibilitatis absolute» (*Ibid.*, q. 25, a. 1). Cf. T. Alvira, *Naturaleza y libertad. Estudio de los conceptos tomistas de «voluntas ut natura» y «voluntas ut ratio»*, Eunsa, Pamplona, 1985.

equivalência empírica. As pessoas que carecem desta expectativa perdem o ânimo e a confiança, que são necessários para a vida moral. Significativamente, diz-se que estão desmoralizadas.

3. A liberdade na antropologia cristã

a) A liberdade como dom de Deus na perspectiva histórico-salvífica

A Sagrada Escritura não contém reflexões filosóficas abstratas sobre o conceito de liberdade, ainda que algumas considerações da literatura sapiencial alcancem certa abstração. Particularmente, *no Novo Testamento prevalece uma perspectiva existencial ou histórico-salvífica, que vê a liberdade – que se tornou pecadora – redimida por Cristo e chamada a colaborar com a graça para chegar a ser livremente vontade boa e até vontade santa.* É habitual, na perspectiva bíblica, que a liberdade de escolha esteja simplesmente pressuposta quando trata do comportamento das pessoas ou do povo escolhido; mas não faltam afirmações explícitas: «Veja que hoje ponho diante de ti a vida com o bem, e a morte com o mal. [...] Ponho diante de ti a vida e a morte, a bênção e a maldição. Escolhe, pois, a vida, para que vivas com a tua posteridade»;[13] e de modo mais abstrato: «No princípio Deus criou o homem, e o entregou ao seu próprio juízo; deu-lhe ainda os mandamentos e os preceitos. Se quiseres guardar os mandamentos, e praticar sempre fielmente o que é agradável (a Deus), eles te guardarão. Ele pôs diante de ti a água e o fogo: estende a mão para aquilo que desejares. A vida e a morte, o bem e o mal estão diante do homem; o que ele escolher, isso lhe será dado».[14]

No Antigo Testamento, o episódio do Êxodo ocupa lugar importante no estudo da libertação: Deus viu a opressão do seu povo e decide livrá-lo dessa situação de sofrimento e de exploração, para

(13) Deut 30, 15.19.

(14) Eclo 15, 14-18.

conduzi-lo à terra prometida.[15] É uma libertação que tem um aspecto sociopolítico imediato, ainda que não deva ser interpretada no sentido individualista, nem no sentido de libertação de uma classe, pois se trata de todo o povo eleito; por outro lado, não é o homem o que se emancipa, senão que recebe a libertação de Deus,[16] ainda que isto não exclua – ao contrário, implique – a mediação humana.[17] A libertação sociopolítica, portanto, não esgota o sentido do Êxodo, e nem sequer é o seu significado principal: a libertação se ordena à Aliança, tem valor transcendente de relação com o Senhor, com as suas prescrições rituais, morais e jurídicas. O profundo sentido do Êxodo é religioso-moral; não se trata tanto de uma libertação ordenada a evitar a exploração humana, mas de uma libertação ordenada a mostrar a glória de Deus, a qual, certamente, exige o desaparecimento de todo tipo de opressão. Isso se torna mais evidente quando se entende que a terra prometida, mais que a uma área geográfica, designa o «povo de Deus» em que reina a justiça, como foi especialmente sublinhado pelos profetas.[18] É preciso notar, além do mais, que na versão dos LXX o termo *eleuthería* (liberdade), usado frequentemente em oposição à ideia de escravidão, não é empregado no contexto da libertação do Egito, nem nas tradições relativas ao retorno do exílio.

Deve destacar-se que a liberdade, tanto a de escolha como a libertação da opressão, é considerada um dom de Deus, ligado à ação salvífica daquele que o concede. O grande valor da liberdade humana como dom de Deus tornou-se uma tese característica da antropologia cristã.[19] A «verdadeira liberdade é um sinal eminente da imagem de Deus no homem».[20] E ressalta a transcendência do homem com respeito ao mundo material: «Por sua vida interior, o homem excede a universa-

(15) Cf. Êx 3, 7-9.

(16) Cf. Est 4, 17f-z; Sal 18, 3.49; Dan 6, 28.

(17) Cf. Êx 3, 10-12.

(18) Cf. Jer 31, 31; Ez 36, 24-29.

(19) Cf. J. Burggraf, *A liberdade vivida com a força da fé*, Diel, Lisboa, 2012.

(20) *Gaudium et spes*, n. 17. Cf. Tertuliano, *Adversus Marcionem*, II, 5, 5: CCL 1, 480; S. Gregório de Nissa, *De hominis opificio*, 16: PG 44, 184 BC; *S.Th.*, I-II, *proem.*; *Veritatis splendor*, n. 34.

lidade das coisas. Ele penetra nesta intimidade profunda quando se volta para seu coração, onde o espera Deus, que perscruta os corações, e onde ele pessoalmente sob os olhares de Deus decide a sua própria sorte».[21] Por isso, no plano humano, isto é, natural, a liberdade é o maior dom que Deus concedeu aos homens.[22] *O valor da liberdade consiste no fato de que só ela torna possível a livre afirmação do bem porque é bem, e, portanto, também o amor a Deus enquanto sumo bem, ato de livre adesão ao bem que constitui, por parte da criatura, a imitação ou participação da bondade beatificante de Deus.* Sem liberdade não seria possível a união com Deus mediante o amor nem a bem-aventurança eterna do homem. «Deus quis "deixar o homem entregue à sua própria decisão" (cf. Eclo 15, 14), para que busque por si mesmo o seu Criador e livremente chegue à total e beatífica perfeição, aderindo a Ele. Exige, portanto, a dignidade do homem que ele proceda segundo a sua própria consciência e por livre adesão, ou seja, movido e induzido pessoalmente de dentro e não por pressão de cegos impulsos interiores ou da mera coação externa».[23] Esta perspectiva obriga-nos a passar à dimensão da liberdade como tarefa ética e como amor do verdadeiro bem, que chamamos «liberdade-para»; assim faz o Concílio Vaticano II: «O homem consegue esta dignidade quando, liberto de todo o cativeiro das paixões, caminha para o seu fim pela escolha livre do bem e procura eficazmente os meios aptos com diligente aplicação. A liberdade do homem, vulnerada pelo pecado, só com o auxílio da graça divina pode tornar plenamente ativa esta ordenação a Deus».[24] Daqui a pouco voltaremos a este ponto; mas antes devemos propor outra reflexão.

A possibilidade de aderir livremente ao bem pressupõe, como é lógico, a possibilidade de não aderir a ele. A possibilidade do amor pressupõe a possibilidade do ódio. Em face da experiência histórica do mal, a qual adquire talvez formas brutais e humilhantes, pode surgir a dúvida de se a liberdade humana vale a pena. É o problema que vem atormentando durante séculos as mentes filosóficas e teológicas mais agudas. Do ponto de vista teológico, é preciso responder que se, diante

(21) *Gaudium et spes*, n. 14.

(22) Cf. Josemaria Escrivá, *É Cristo que passa*, cit., n. 148.

(23) *Gaudium et spes*, n. 17.

(24) *Ibidem*. Cf. *Catecismo*, ns. 1730-1733.

das duas possibilidades, houvesse algo que ponderar ou que discernir, Deus já o fez de uma vez por todas, e a sua sábia escolha foi um sim à liberdade humana, sabendo até que para sustentá-la seria derramado o sangue do Filho. Com isto se quer dizer que *a antropologia cristã, mesmo discernindo claramente entre liberdade e libertinagem, entre liberdade como valor e corrupção da liberdade, sustenta sem nenhuma restrição, com «divina» grandeza de espírito, o valor da liberdade humana, afirmação com respeito à qual não é possível duvidar.*

b) «Para esta liberdade Cristo nos libertou»

Como já se indicou, a atenção da Sagrada Escritura, e particularmente do Novo Testamento, dirige-se às duas últimas dimensões da liberdade, isto é, à liberdade do pecado e à que se expressa mediante o amor («liberdade-para»), consideradas numa perspectiva histórico-salvífica. É um ponto de especial importância, por causa das suas implicações soteriológicas, antropológicas e morais.

A ideia central é que *toda a humanidade pode ser libertada do pecado, somente se, e na medida em que, aceita a ação salvífica de Deus em Cristo.* Isto é mostrado com particular força na Carta aos Romanos, que é a exposição mais completa e detalhada do evangelho de São Paulo. Nela, a realidade atual, os acontecimentos passados e os que nos esperam no futuro são lidos à luz da fé em Cristo Redentor, cuja obra se pode entender em profundidade somente em referência ao poder do pecado que reduz a humanidade à escravidão, aquele pecado como poder personificado (*hamartía*, no singular) tão característico desta carta paulina.[25] Resumindo seu sentido, escreve Prat: «O pecado, entrando no mundo e estabelecendo-se como uma fortaleza, reina de forma despótica. O império do mal cresce e dilata-se cada vez mais; a corrup-

(25) Cf. St. Lyonnet, *Péché*, DBS VII, Paris, 1966, p. 495; J. D. G. Dunn, *La teologia dell'apostolo Paolo*, Paideia, Brescia, 1999, pp. 130-134. Ver também: G. Badini, *Il peccato nella teologia di San Paolo*, em P. Palazzini (ed.), *Il peccato*, Ares, Roma, 1959, pp. 95-122; L. Ligier, *Péché d'Adam et péché du monde*, 2 vol., Paris, 1961; P. Grelot, *Péché originel et rédemption à partir de l'épître aux Romains. Essai théologique*, Desclée, Paris, 1973; F. Varo Pineda, *El concepto teológico de pecado en la Epístola de San Pablo a los Romanos (Reflexiones en torno a Rom 1, 21 y 10, 3)*, em Vários Autores, *Reconciliación y penitencia*, Eunsa, Pamplona, 1983, pp. 417-430.

ção do coração alcança a mente, e a perversão da mente acelera a dos costumes. Isso explica, aos olhos de Paulo, o progresso da idolatria e a extensão do vício».[26]

A humanidade não podia autolibertar-se desse estado de sujeição. São Paulo não tem dúvidas de que o pecado é mais forte que a lei de Moisés e que a sabedoria moral dos melhores filósofos pagãos. Levando em conta somente as forças humanas, é preciso dizer que toda a humanidade estava escravizada, judeus e não judeus;[27] mais ainda – poderíamos dizer, ampliando a perspectiva –, pecadores é o que somos todos nós sem a ajuda da «força de Deus para a salvação de todo o que crê».[28] Estas afirmações não são uma profissão de pessimismo antropológico, mas uma expressão sintética da fé em Cristo Redentor e na universalidade e necessidade da obra de salvação preparada e anunciada pela Lei e pelos Profetas.[29]

Rom 1, 18-3,20 contém uma imponente acusação contra o gênero humano,[30] um processo judicial que recorre frequentemente ao estilo da diatribe.[31] Destinatária da rogatória é, sem dúvida, toda a humanidade, judeus e gentios: «já demonstramos que judeus e gregos estão todos sob o domínio do pecado».[32] Aparentemente, refere-se à humanidade antes do advento de Cristo, mas na realidade se dirige a todos os homens – antes e depois da vinda de Cristo –, consideradas as suas forças separadas da obra salvadora de Deus que se cumpre em Cristo e que se acolhe com a fé.[33] São Pau-

---

(26) F. Prat, *La teologia di San Paolo*, Società Editrice Internazionale, Torino, 1961, vol. II, p. 55.

(27) Cf. Rom 3, 9-20.

(28) Rom 1, 16.

(29) Cf. Rom 3, 21.

(30) Cf. J.D.G. Dunn, *La teologia dell'apostolo Paolo*, cit., p. 101.

(31) A. Pitta, *Lettera ai Romani, nuova versione, introduzione e commento*, Paoline, Milão, 2001, pp. 81-86.

(32) Rom 3, 9.

(33) Esta é uma das interpretações propostas por Santo Tomás: «Uno modo quod intelligatur: nullus est justus in se ex seipso, sed ex se quilibet est peccator, ex solo autem Deo habet justitiam» (S. Tomás de Aquino, *Super Epistolam ad Romanos Lectura*, cap. III, lect. II, Marietti, Taurini-Romae, 1953, n. 277).

lo não pretende afirmar que na história nunca existiu um judeu ou um gentio justo antes da chegada de Cristo.[34] Isto também se evidencia na referência a Abraão de Rom 4, 3: «Abraão creu em Deus, e isso lhe foi imputado em conta de justiça». O mesmo se pode dizer de outros justos do Antigo Testamento. O Apóstolo mostra a sua convicção de fé: não existiram no passado nem haverá no futuro homens justos independentemente da ação salvífica de Deus, em Cristo. Isto é, os justos do passado (Abraão, etc.) não o são por suas forças naturais[35] ou pelas obras da lei de Moisés,[36] como se os homens pudessem derrotar o poder do pecado à margem de Cristo, senão que foram justificados pela fé, ou seja, por terem aceitado a «justiça de Deus» em Cristo tal como a cada um deles se mostrava (em muitos casos, como promessa). Em resumo: somente Deus pode superar a condição em que se encontra a raça humana depois do pecado, e só acolhendo pela fé a livre e gratuita ação de Deus os homens podem ser justos[37]: «Justificados, pois, pela fé, estamos em paz com Deus, por meio de nosso Senhor Jesus Cristo».[38]

A proliferação do pecado não significa que a liberdade humana, entendida como liberdade psicológica ou liberdade de escolha, não exista ou seja totalmente incapaz de fazer algo bom. Não é esta a perspectiva paulina. Quando o Apóstolo diz: «Assim como por um só homem entrou o pe-

(34) Em Rom 2, 10, afirma explicitamente que são dignos de glória, honra e paz aqueles que fazem o bem, «primeiro o judeu e depois o grego». Discute-se a quem Paulo se refere em Rom 2, 9-10. Deve-se distinguir a perspectiva apocalíptica da escatológica: cf. R. Penna, *Escatologia paolina. Aspetti originali dell'escatologia paolina*, «Annali di storia dell'esegesi» 16 (1999) 77-103; publicado também em R. Penna, *Vangelo e inculturazione. Studi sul rapporto tra rivelazione e cultura nel Nuovo Testamento*, San Paolo, Cinisello Balsamo, 2001, pp. 581--611.

(35) Cf. Rom 2, 14-16.

(36) Cf. Rom 3, 20.

(37) Desse modo, Estius interpreta o texto de Rom 2, 9-10 opondo-se ao parecer de Orígenes: «Hanc partem [v. 10] Origenes de iis exponit sive Judaeis sive gentilibus, qui in Christo non crediderunt, opera tamen fecerunt justitiae, misericordiae, temperantiae, caeterarumque virtutum [...]». Estius refuta tal interpretação, porque «constat enim sine fide Christi neminem posse bene vivere. Sed etsi in Christum non credens aliqua faciat opera bona, non ea tamen esse ejusmodi, quae gloriam et honorem et pacem apud Deum judicem mereantur» (G. Estius, *In omnes D. Pauli Epistolas item in Catholicas Commentarii*, Ludovico Vivès, Parisiis, 1891, vol. I, p. 42).

(38) Rom 5, 1.

cado no mundo, e pelo pecado a morte, assim a morte passou a todo o gênero humano, porque todos pecaram»,[39] quer afirmar duas coisas e negar outras duas. Afirma que o regime do pecado entrou no mundo por meio de Adão, e que sob este regime todos pecaram livremente. E nega tanto o fatalismo quanto que o pecado seja um ato puramente individual. Harmoniza o poder do pecado com a certeza de que não é um *fatum* ou uma necessidade: o poder do pecado expressa-se no ato de pecar, e, ao mesmo tempo, este ato é uma claudicação sob o poder do pecado. Schlier escreve que «o regime de pecado que desde o começo da história entrou no mundo não é uma ideia ou uma hipóstase, senão que existe nas ações pecaminosas concretas. Inversamente, o ato de pecar não é só uma decisão exclusivamente autônoma do indivíduo, que de vez em quando ocorre num mundo sadio, senão que antes implica um assentimento que mantém concretamente na existência aquele regime. Pecar significa, em suma, manifestar o regime do pecado realizando uma ação pecaminosa».[40]

Só a graça que recebem os que creem em Cristo torna possível a vitória completa sobre o pecado. O poder do pecado, que se manifesta com a escolha imoral da pessoa, tem sua origem na ruptura fundamental da relação do homem com Deus. Esse poder só é vencido quando aquela relação se renova pela graça de Cristo. No entanto, também o fiel encontra em si mesmo a oposição entre o homem interior e o «homem velho», entre uma instância interior crítica que distingue entre o bem e o mal e outra lei que lhe opõe resistência e quereria evitar que aquela instância orientasse a vida para o bem: «Como homem interior, encontro toda a minha satisfação na Lei de Deus; mas sinto em meus membros outra lei, que luta contra a lei de minha mente e me aprisiona na lei do pecado, que está em meus membros. Infeliz que sou! Quem me libertará deste corpo de morte? Graças sejam dadas a Deus por Jesus Cristo, nosso Senhor! Assim, pois, pela minha mente sirvo à Lei de Deus, mas pela carne sirvo à lei do pecado».[41] A libertação do

---

(39) Rom 5, 12.

(40) H. Schlier, *La Lettera ai Romani*, Paideia, Brescia, 1982, p. 279.

(41) Rom 7, 22-25. Santo Agostinho, seguindo alguns Padres e escritores eclesiásticos gregos, interpretou esta passagem pensando que o «eu» dividido fosse o «eu» daqueles que ainda não tinham sido justificados pela fé em Cristo. Depois, devido principalmente ao aprofundamento motivado pela controvérsia com Pelágio, afirmou que São Paulo aqui

pecado é uma tarefa ética para o fiel, uma luta contra a divisão interior que se experimenta todo dia. Mas agora, com Cristo, a vitória é possível: «É para esta liberdade que Cristo nos libertou».[42]

c) A liberdade, a caridade e a lei de Cristo

A fé em Cristo abre caminho para a realização da liberdade cristã no amor, ou seja, de uma liberdade que não se esgrime como defesa diante das exigências do próximo, senão que que se autocompreende como dom para servir aos demais. Aquele que foi liberto por Cristo é ao mesmo tempo servo de Cristo,[43] posto sob a lei de Cristo,[44] a qual é a lei da liberdade[45] e do amor, «pois toda a lei se resume neste único mandamento: "Amarás ao teu próximo como a ti mesmo"».[46] *A lei de Cristo é o impulso para o bem e para o amor que promana do Espírito Santo. A liberdade cristã manifesta-se como libertação do próprio egoísmo e como disponibilidade para o serviço de Deus, da justiça e do próximo*[47]. «O amor de Cristo nos impele, [... Ele] morreu por todos, para que os que vivem já não vivam para si mesmos, mas para aquele que morreu por eles e ressuscitou».[48] O amor para com os irmãos, pelos quais morreu Cristo, pode exigir até que, em certas circunstâncias, para viver em plenitude a liberdade ética, não se faça uso da própria liberdade de escolha.[49]

De notável interesse para a moral são as referências à liberdade como «pretexto» ou como «véu para cobrir a malícia»: a liberdade cristã nunca pode converter-se em «pretexto para viver segundo a carne»; é caminhar segundo o Espírito, e, consequentemente, é incompatível

também se refere ao cristão. Para uma discussão das diferentes posições dos comentaristas antigos, ver: G. Estius, *In omnes D. Paulii Epistolas item in Catholicas Commentarii*, cit., vol. I, pp. 141-143.

(42) Gál 5, 1.

(43) Cf. Rom 1, 1; 1 Cor 7, 22; Fil 1, 1.

(44) Cf. 1 Cor 9, 21.

(45) Cf. Tg 1, 25;2, 12.

(46) Gál 5, 14.

(47) Cf. Rom 6, 18-23; 1 Cor 9, 19-22; Gál 5, 13; 1 Tess 1, 9; 1 Pe 2, 16.

(48) 2 Cor 5, 14-15.

(49) Cf. Rom 14, 13-15; 1 Cor 8, 7-13. *Vide* cap. X, § 2 (a).

com as «obras da carne».[50] Mais ainda, caminhando segundo o Espírito e afastando-se, portanto, das «obras da carne», a pessoa alcança a plenitude da sua liberdade humana e cristã. Por isso, *o livre desenvolvimento da caridade*, que foi vertida em nossos corações pelo Espírito Santo,[51] *implica uma precisa regulação das nossas relações com os outros (paz, benevolência, etc.), das nossas ações e dos nossos sentimentos (alegria, paciência, fidelidade, mansidão, domínio de si)*, o que equivale a dizer que a graça consolida na pessoa todas as virtudes morais informadas pela fé e pela caridade. Dessa realidade derivam também exigências normativas precisas; portanto, pode falar-se justamente de lei, a «lei da fé»[52], a «lei de Cristo»[53] ou a «lei do Espírito».[54] Mas não é uma lei que obriga exteriormente, e sim um princípio sobrenatural vital destinado a desenvolver-se com espontaneidade e naturalidade; por isso também se pode e se deve falar de «lei da liberdade»[55] ou simplesmente de liberdade cristã.[56] Em todo caso, a perspectiva neotestamentária não corrobora de nenhum modo a contraposição dialética entre liberdade e «lei de Cristo» (ou «lei do Espírito»), que é uma perspectiva completamente estranha à antropologia cristã.[57]

Uma ulterior e convergente caracterização da liberdade cristã pode ser obtida percorrendo o caminho joanino. É no quadro da autorrevelação de Jesus Cristo como «o Caminho, a Verdade e a Vida»[58] que devem ser postas as palavras de Jesus referidas por São João: «Se permanecerdes na minha palavra, sereis meus verdadeiros discípulos; conhecereis

---

(50) Cf. Gál 5, 19-26; Jdt 4.

(51) Cf. Rom 5, 5.

(52) Rom 3, 27

(53) Gál 6, 2.

(54) Rom 8, 2.

(55) Tg 1, 25; 2, 12.

(56) Neste sentido, Santo Agostinho afirma «*libertas est caritatis*» (*De natura et gratia*, 65, 78: CSEL 60, 293), e Santo Tomás «*quanto aliquis plus habet de caritate, plus habet de libertate*» (*Scriptum super Sententiis*, lib. III, d. 29, q. 1, a. 8, ql. 3, s.c.).

(57) Esta é uma das ideias recorrentes fundamentais na *Veritatis splendor*.

(58) Jo 14, 6. Ver cap. II, § 4 (a). Acerca desta temática, cf. I. de La Potterie, *La vérité dans saint Jean. I: Le Christ et la vérité. L'Esprit et la vérité*, Biblical Institute Press, Romem 1977, pp. 242-277. Um estudo mais sintético e acessível aos não especialistas pode ver-se em R. Tremblay, *La «Verità», condizione per la realizzazione della liberta dell'uomo*, em F. Russo & J. Villanueva (cur.), *Le dimensioni della liberta nel dibattito scientifico e filosofico*, cit., pp. 113-126.

a verdade, e a verdade vos fará livres. [...] Todo homem que se entrega ao pecado é seu escravo. Ora, o escravo não fica na casa para sempre, mas o filho, sim, fica para sempre. Se, portanto, o Filho vos libertar, sereis verdadeiramente livres».[59] O tema do filho contém uma dupla referência: «Seja a Jesus que, como Filho, liberta os escravos (cf. v. 36), seja aos fiéis que, em Jesus, devem renunciar à escravidão do pecado atrás do qual se esconde o diabo, e devem converter-se em descendentes de Abraão-filhos de Deus, como aparece no diálogo que se segue nos versículos sucessivos».[60] No texto de João, aparece também a imagem doméstica: o escravo não permanece sempre na casa, enquanto o filho, pelo contrário, habita sempre nela.[61] Em suma, junto à dimensão moral da *liberdade cristã* (libertação da escravidão do pecado), a perspectiva joanina acrescenta *a dimensão ontológica da filiação divina* do cristão em Cristo.

Esta perspectiva contempla também a colaboração do homem exigida pela *liberdade cristã*, que agora *se expressa como viver na verdade*: «Alegrei-me muito com a vinda dos irmãos e com o testemunho que deram da tua verdade, de como andas na verdade. Não tenho maior alegria que ouvir dizer que meus filhos caminham na verdade».[62] Viver segundo a verdade é seguir a Cristo, porque «Jesus é, pois, a síntese viva e pessoal da perfeita liberdade na obediência total à vontade de Deus. Sua carne crucificada é a plena Revelação do vínculo indissolúvel entre liberdade e verdade, assim como a sua ressurreição da morte é a suprema exaltação da fecundidade e da força salvífica de uma liberdade vivida na verdade».[63]

---

(59) Jo 8, 31-32.34-36.

(60) R. Tremblay, *La «Verità», condizione per la realizzazione della libertà dell'uomo*, cit., p. 123.

(61) Esta imagem deve ser entendida à luz da dupla referência indicada anteriormente: «No caso de Jesus, a expressão remete a seu habitar junto ao Pai, na prática, à sua filiação divina, com a consequência de que o Filho é livre na medida em que está unido ao Pai, vive permanentemente com Ele. No caso dos fiéis, a expressão indica que "ser livres" é, contrariamente à escravidão, ter um lugar assegurado na casa do Pai, ou seja, através da comunhão com o Filho, gozar para sempre da sua presença» (*Ibid.*, p. 124).

(62) 3 Jo 3-4. Cf. 2 Jo 4.

(63) *Veritatis splendor*, n. 87. A necessária relação entre a liberdade e a verdade foi destacada, com especial força e de diversos pontos de vista, nesta encíclica; ver também A. Sarmiento, T. Trigo & E. Molina, *Moral de la persona*, cit., pp. 321-349.

Podemos dizer, em resumo, que a liberdade cristã pressupõe a liberdade de escolha ou liberdade psicológica e acrescenta-lhe um novo elemento: um aperfeiçoamento ou intensificação moral estável da capacidade de escolha, pela qual o cristão pode regular as suas ações e os seus sentimentos de modo que atualize em cada momento o seguimento e a união com Cristo. Este aperfeiçoamento moral estável da liberdade de escolha se funda na graça e nas virtudes teologais e não é outra coisa que as virtudes morais cristãs. Delas nos ocuparemos mais adiante. Por enquanto basta notar que as virtudes não são o simples resultado do esforço humano, e menos ainda de um esforço direcionado à autoafirmação pessoal; as virtudes são fruto da colaboração entre a liberdade humana e a graça divina.[64] É uma verdadeira colaboração, na qual as duas partes são igualmente necessárias e igualmente insuficientes. A graça só pode ser recebida por uma criatura livre que livremente a aceite, e a liberdade humana, depois da primeira queda, por si só não está em condições de querer livremente o bem em toda a sua plenitude, porque está como que subjugada pelas más inclinações e pelo pecado.

4. Liberdade transcendental e opção fundamental

Na segunda metade do século XX, alguns teólogos consideraram oportuno distinguir um novo e mais profundo nível de liberdade, denominado *liberdade transcendental*, cuja atuação se chama *opção fundamental*. Nem todos conceberam a opção fundamental do mesmo modo, mas, de modo geral, com este conceito se tentava superar um tratamento atomista dos atos humanos, aprofundar-se na relação entre a pessoa e os seus atos singulares e alcançar uma compreensão mais adequada da natureza do pecado.

É fato que *alguns* autores (não todos), desenvolvendo esta noção, formularam teses sobre a liberdade e sobre o pecado que merecem claras reservas doutrinais. Por isso a encíclica *Veritatis splendor* tratou

(64) Uma análise profunda da relação liberdade-graça encontra-se em E. Gilson, *El espíritu de la filosofía medieval*, Rialp, Madri, 1981, cap. XV (pp. 277-295).

dessa temática,[65] traçando claramente os limites dentro dos quais o conceito de opção fundamental é doutrinalmente aceitável.[66] De acordo com esta encíclica, «*a chamada opção fundamental, na medida em que se diferencia de uma intenção genérica* e, por conseguinte, ainda não determinada numa forma vinculante da liberdade, *realiza-se sempre através de escolhas conscientes e livres.* Precisamente por isso, *ela é revogada quando o homem compromete a sua liberdade em escolhas conscientes de sentido contrário, relativas a matéria moral grave.* Separar a opção fundamental dos comportamentos concretos significa contradizer a integridade substancial ou a unidade pessoal do agente moral em seu corpo e em sua alma».[67]

Mesmo reconhecendo que o conceito de opção fundamental é doutrinalmente aceitável dentro dos limites apontados pela encíclica *Veritatis splendor*, nós, no entanto, não o usaremos, porque não é congruente com o nosso enfoque teológico. Para uma ética da virtude, o conceito de opção fundamental não é idôneo para expressar o verdadeiro modo de agir da razão prática e da liberdade humana, e, portanto, acaba por ser supérfluo. Pensamos, além disso, que esta noção pressupõe o substrato filosófico próprio da concepção «transcendental» da liberdade, presente nos autores que a ela deram uma formulação mais profunda e coerente, e que torna difícil e artificioso usar esse conceito dentro dos limites indicados pelo magistério eclesiástico.[68] Para respeitar esses limites, tal conceito deve ser reelaborado, dando lugar a um enfoque híbrido que acarreta a perda da sua própria coerência interna.

É preciso esclarecer que a nossa crítica à teoria da opção fundamental não corresponde ao fato de que algumas das suas for-

(65) Cf. *Veritatis splendor*, ns. 65-70.

(66) Nesta linha doutrinalmente aceitável, encontram-se, por exemplo: A. Sarmiento, *Elección fundamental y comportamientos concretos*, «Scripta Theologica» 26 (1994) 179-197; A. Gatti, *Opzione fondamentale si, ma...*, LAS, Roma, 1994; L. Melina, *Moral: entre la crisis y la renovación*, Eiunsa, Madri, 1998, pp. 67-80. Um estudo muito interessante desta noção, centrado no pensamento de D. von Hildebrand, pode ver-se em J. M. Yanguas, *La intención fundamental*, Eiunsa, Barcelona. 1994.

(67) *Veritatis splendor*, n. 67.

(68) Uma primeira informação sobre a gênese do ponto de vista transcendental pode ver-se em: A. Rodríguez Luño, *Ética general*, cit., pp. 70-79.

mulações sejam doutrinalmente questionáveis ou mesmo incorretas. Pensamos, antes, que considerada em si mesma e em seus pressupostos filosóficos, é uma teoria infundada, que não se ajusta à realidade da consciência humana e da conduta moral. As razões que apoiam nossa opinião foram parcialmente expostas há algum tempo.[69] Mais recentemente, Angelini escreveu sobre este tema: «Semelhantes e igualmente problemáticos parecem os resultados daquelas correntes da teologia moral recente que se inspiram na antropologia de Rahner. Apesar das reiteradas afirmações em sentido contrário, esta teologia não parece capaz de explicar a mediação histórica da opção fundamental. A chamada *liberdade fundamental* do sujeito só pode realizar-se com referência a experiências históricas determinadas; na sua determinação histórica, essas experiências têm, segundo as circunstâncias, uma maior ou menor idoneidade para mostrar a evidência do bem incondicionado, em direção ao qual o sujeito adverte (*sente*) imediatamente que deveria determinar-se, e que, no entanto, não se lhe manifesta adequadamente de imediato».[70] A isto se acrescenta uma segunda consideração: «Os moralistas da corrente "transcendental" tendem a estabelecer uma dissociação entre o momento transcendental (precisamente) da ação e o seu momento categorial; esta dissociação impede que se esclareça o processo dilatado no tempo que a liberdade conhece. Só mediante a sua prolongação no tempo se torna possível que a pessoa alcance aquele *tempo pleno*; unicamente nele é possível, e até necessária, para o sujeito, a disposição absoluta de si».[71]

No entanto, Angelini acrescenta que não se pode duvidar da pertinência e da necessidade, na teoria moral, do conceito de opção fundamental, desde que esta categoria não se considere «uma espécie de superescolha transcendental, que se produziria em justaposição às diversas escolhas chamadas categoriais».[72] Esta categoria deveria ser en-

---

(69) Cf. A. rodríguez Luño, *Sulla fondazione trascendentale della morale Cristiana*, em Vários Autores, *Persona, verità e morale*, cit., pp. 61-78.

(70) G. Angelini, *Teologia morale fondamentale. Tradizione, Scrittura e teoria*, Glossa, Milão, 1999, p. 625.

(71) *Ibidem.*

(72) *Ibidem.*

tendida, no entanto, em referência a um perfil formal da ação humana: «Em cada ato livre, com efeito, põe-se em jogo o destino último, que não pode considerar-se como destino que se conclui no tempo».[73] Estamos plenamente de acordo em que todo ato livre põe em jogo o destino último do homem. Mas isso pode e deve ser esclarecido sem necessidade de recorrer a uma distinção como a que se postula entre um plano transcendental e outro categorial, que não parece estar bem fundamentada e que acarreta os problemas antes mencionados. Basta pensar em Santo Tomás, que, no começo da moral, se interroga «utrum homo omnia quae vult, velit propter finem ultimum».[74] Recentemente tentamos apresentar o significado desta tese tomista, tendo em conta também as objeções mais comuns que lhe foram feitas.[75] Com indicou Angelini, a opção fundamental, em vez de mostrar eficazmente o nexo entre o ato livre e o bem pleno do homem, acaba por dissociá-los, tornando muito difícil manter uma concepção unitária do homem como sujeito moral. O que se dirá nos três capítulos seguintes deverá contribuir com ulteriores esclarecimentos sobre a nossa posição.

(73) *Ibid.*, p. 626.

(74) *S.Th.*, I-II, q. I, a. 6.

(75) Cf. A. Rodríguez Luño, *Ética general*, cit., cap. III: «El papel de la concepción global del bien humano en la Ética».

Capítulo V

TENDÊNCIAS, SENTIMENTOS E PAIXÕES

1. A pessoa humana enquanto sujeito de desejos e de paixões

Começamos o estudo da articulação do livre agir humano. Neste capítulo e nos dois seguintes, vamos percorrer, de baixo para cima, o eixo vertical que descrevemos brevemente no parágrafo 1 do capítulo anterior.

Antes de tudo, é necessário esclarecer o critério escolhido para pôr as diferentes experiências da alma ao longo de um eixo vertical. *A experiência moral torna-nos conscientes das ações ou dos movimentos que têm início, se delineiam e são controladas por nosso eu*; assim, por exemplo, centramos a atenção em resolver um problema de matemática ou um dilema moral, fazemos esforço por lembrar onde deixamos um livro de que agora precisamos, ou preparamos o esquema de um artigo que desejamos escrever. *Mas a experiência também nos mostra que há outras atividades que não são empreendidas nem concebidas pelo eu.* São as paixões, os sentimentos e os estados de ânimo que procedem de um estrato da nossa psique que está abaixo do plano determinado pelas ações livres do eu, e que Lersch denomina *fundo endotímico.*[1]

Ao falar do significado deste estrato mais profundo da psique, não devemos esquecer que ele também tem uma dimensão horizontal, ou seja, através dele o homem, de algum modo, entra em comunicação com tudo o que o cerca (coisas, pessoas e até Deus mesmo). Estes fenômenos expressam uma característica exclusivamente humana do caráter relacional próprio dos seres pessoais. Para toda pessoa, «ser» é «ser-com»: a pessoa «coé», «coexiste», no profundo sentido metafísico que tem o «ser».[2] Não poderíamos imaginar a hipótese da existência de uma só pessoa em todo o universo (humana ou divina) sem ficar com a clara impressão de que isso seria um absurdo ou uma tragédia metafísica. O «ser-com», no caso da pessoa humana, realiza-se de acordo com a sua constituição essencial. Nesta perspectiva, os fenômenos de que estamos falando (tendências, sentimentos, paixões) significam que, no homem, o «ser-com» se realiza também como um ser englobado pelos outros ou pelo ambiente, como uma reação ou uma modificação subjetiva causada pela presença ou pela ausência de pessoas ou de bens; em última análise, o «ser-com» humano também se realiza como afetividade e como paixão.[3] O homem, portanto, não é somente ativo, sujeito e autor de ações, mas também reativo.

---

(1) Cf. Ph. Lersch, *La estructura de la personalidad*, Scientia, Barcelona, 1996, pp. 80-81. É a tradução espanhola da oitava edição alemã (*Aufbau der Person*, J. A. Barth, Munique, 1962).

(2) Cf. L. Polo, *Antrología transcendental.* Tomo I: *La persona humana*, Eunsa, Pamplona, 1999: F. Haya Segovia, *El ser personal. De Tomás de Aquino a la metafísica del don*, Eunsa, Pamplona, 1997.

(3) Nesta linha, pode ser útil consultar a interpretação das paixões proposta por S. Harak, *Virtuous Passions: The Formation of Christian Character*, Paulist Press, Nova Iorque-Mahwah (NJ), 1993. Nos últimos anos, houve interesse crescente pela psicologia moral, que se desenvolve de diferentes perspectivas, nem todas igualmente úteis. Cf. O. Flanagan & A. Rorty Oksenberg (ed.), *Identity, Character and Morality. Essays in Moral Psichology*, The MIT Press, Cambridge/MA-Londres, 1990; J. J. Kupperman, *Character*, Oxford University Press, Nova Iorque-Oxford, 1991; A. Manenti & C. Bresciani (ed.), *Psicologia e sviluppo morale della persona*, Dehoniane, Bolonha, 1992; L. A. Blum, *Moral Perception and Particularity*, Cambridge University Press, Cambridge, 1994; J. Jacobs, *Practical Realism and Moral Psychology*, Georgetown University Press, Washington, D. C., 1995.

Para compreender melhor esta característica da dimensão relacional humana, é necessário analisar a corporeidade e a particular síntese humana de natureza e de liberdade.

a) Alma e corpo

A pessoa humana é uma totalidade unificada de corpo e de espírito (alma e corpo), condição à qual a antropologia cristã atribui importância notável.[4] O corpo humano não é independente do espírito, como tampouco o espírito é independente do corpo enquanto lhe dá vida. A dependência é tão estreita, que até a atividade humana mais espiritual está, de algum modo, impregnada da condição corpórea, assim como o corpo está governado pelo espírito e dele recebe finalidade.

O fato de que a alma humana informe um corpo implica que o homem possui as funções próprias da vida vegetativa e da vida sensitiva, além das que são específicas da vida racional. As funções principais da vida vegetativa são a nutrição, o crescimento e a reprodução. A vida sensitiva caracteriza-se por ter, além disso, um sistema perceptivo (sentidos externos e internos) e um sistema apetitivo, mediante os quais o homem estabelece uma relação com o *habitat* voltada para a satisfação das suas necessidades vitais. Mediante a percepção sensível, o animal capta um estímulo procedente do ambiente, ao qual se segue uma resposta apetitiva instintiva, isto é, automática e não modificável. Por sua vez, a vida intelectual própria do homem é caracterizada pelo conhecimento intelectual e pela vontade livre. Desse modo, o homem elude a necessidade do circuito estímulo-resposta, pois que entre estes se insere o juízo intelectual e a livre decisão da vontade. Todas estas funções são os princípios dos atos humanos: dos atos dirigidos a satisfazer as necessidades vegetativas, que, neste caso, não são reguladas unicamente pelo instinto, mas passam a ser objeto de um governo propriamente moral; e também dos atos próprios da vida intelectiva: compreensão do significado das coisas, amor interpessoal, adesão a valores ideais, busca da justiça, desenvolvimento da técnica, etc.

---

(4) Cf. *Gaudium et spes*, n. 14.

Estes três graus da vida humana – vegetativo, sensitivo e racional – não estão simplesmente justapostos: entre as atividades humanas vitais, estabelece-se uma hierarquia e uma interconexão. Interconexão significa que existe dependência recíproca entre elas e entre as suas funções, de modo que a alteração de uma provoca também mudanças nas outras. A hierarquia corresponde ao princípio de que cada nível de vida pressupõe o inferior e se beneficia do bom desenvolvimento dos superiores. Desse modo, por um lado, a atividade da razão e da vontade pressupõe a atuação do conhecimento e do apetite sensível, que, por sua vez, pressupõe a integridade das bases orgânicas, do cérebro, etc. Por outro lado, o exercício reto ou desordenado da liberdade modifica positivamente ou negativamente as disposições dos apetites sensíveis mediante os hábitos morais (virtudes e vícios) e pode até modificar as funções vegetativas (doenças com notável componente psicossomático).

A interconexão não deve ser interpretada simplesmente como causalidade. A causalidade produz-se entre organismos diferentes, cada um dos quais constitui uma totalidade. Mas a alma e o corpo não são duas realidades distintas que interagem entre si. Não é exato afirmar que a alma exerce uma causalidade sobre o corpo ou vice-versa. Alma e corpo constituem no homem uma só realidade, uma totalidade unificada, na qual se produzem os fenômenos que se iniciam umas vezes nas dimensões mais ligadas à corporeidade e outras vezes nas dimensões próprias do espírito, mas que, em última análise, pertencem e refletem as características do todo.

No homem, é difícil isolar as funções puramente sensíveis ou as puramente racionais. Do ponto de vista analítico, essa diferença subsiste, mas, no plano funcional e prático, o sensitivo e o intelectual agem sempre em conexão recíproca. Por isso, os fenômenos do apetite sensitivo humano são diferentes daqueles próprios dos animais: contêm elementos que pressupõem a autoconsciência e a vontade. Basta pensar que nos apetites sensíveis humanos radicam os hábitos morais que modificam sua intencionalidade.

A corporeidade humana e, em sentido funcional, a vida vegetativa e a sensitiva envolvem uma estrutura e um conjunto de atividades e de necessidades vitais que são dadas ao ser humano, sem intervenção do centro ativo da pessoa. Por meio delas, o homem vive e age; delas procedem frequentemente motivações, sentimentos e finalidades que cada um elabora ou cumpre à sua maneira. Elas constituem uma fonte primeira e importante de passividade, de emoções e paixões, tendo em conta, porém, que passividade não implica negatividade, lentidão ou ausência de significado, e sim que estes fenômenos não brotam por iniciativa do eu.

b) Natureza e liberdade

Mesmo no nível das operações humanas superiores – o conhecimento intelectual e a vontade –, nem tudo corresponde à iniciativa ou à livre escolha da pessoa. Neste nível, temos uma síntese entre natureza e liberdade, ou seja, dois modos de agir claramente diferentes, que se caracterizam, respectivamente, pela *determinatio ad unum* e pela autodeterminação.[5] Isso não quer dizer que alguns atos concretos da vontade (algumas decisões) sejam necessários e outros sejam livres. Significa que a vontade possui uma natureza, em virtude da qual – e por isso de modo necessário, anterior e independente de qualquer ato do indivíduo – se inclina (naturalmente) para o seu objeto formal próprio, a *ratio boni* captada pela inteligência. Essa inclinação, do mesmo modo que a inteligência, tem amplitude potencialmente infinita e se manifesta como aspiração à felicidade. Como é sabido, Santo Tomás chama a esta inclinação natural «*voluntas ut natura*».[6] Ela constitui o horizonte intencional básico do querer humano e a razão de seu automovimento, cuja presença informa em nível fundamental todos os atos concretos da vontade, que são sempre livres («*voluntas ut ratio*»). Tudo o que se quer livremente é querido graças a uma razão de bem, autêntico ou aparente, que a inteligência descobre.

Também a inteligência possui uma dimensão natural, denominada por Santo Tomás «*ratio naturalis*»,[7] a qual é formada por algumas evidências fundamentais de caráter especulativo e prático: os primeiros

(5) Cf. *S.Th.*, I-II, q. 10, a. 1 ad 1.

(6) Cf. cap. IV, § 2 (d).

(7) *Vide*, por exemplo, *De Veritate*, q. 11, a. 1.

princípios, que vamos analisar ao estudar a lei moral natural. Agora o que nos interessa observar é que tanto a composição de alma e de corpo como a síntese de natureza e liberdade implicam que a liberdade humana não seja uma iniciativa pura, sem pressupostos. O homem tem inclinações e necessidades vinculadas à corporeidade e à sensibilidade, e até à racionalidade, que só podem ser satisfeitas mediante um comportamento livre. *Na vida moral, a pessoa deve defrontar-se com e tomar decisões sobre temas e necessidades que não escolheu livremente*, como, por exemplo, o desejo de plenitude e felicidade, a necessidade de alimentos ou o impulso sexual. Isso se aplica igualmente à vida moral do cristão, que deve definir um modo de satisfazer essas inclinações e necessidades apropriado a um filho de Deus em Cristo.

A distinção entre natureza e liberdade, válida como distinção entre dois modos de agir no plano operativo, não pode ser entendida como uma distinção de sujeitos no plano ontológico. No homem não coexistem dois sujeitos, um natural e outro livre ou pessoal. O ser humano não é uma soma de natureza e razão, mas um indivíduo de natureza racional. No plano entitativo, o termo natureza não tem o mesmo sentido que no plano físico ou cosmológico, onde é entendida como modo de ser e de agir oposto ao espiritual e ao livre; deve tomar-se, pelo contrário, na sua acepção rigorosamente metafísica, como a índole própria ou a peculiar maneira de ser de um ente, como princípio de seu dinamismo específico. *A natureza,* em sentido metafísico, *não é em si um princípio de operações uniformes* (como a natureza objeto da física), mas *um princípio uniforme de operações,* que podem muito bem ser livres, como no caso do homem. Por isso, o espírito é uma natureza, não menos do que o é um vivente irracional. O fato de que seja própria do espírito a abertura para o universal não invalida o conceito metafísico de natureza espiritual.

De tudo isso se conclui que não parece realista a distinção entre *natureza* e *pessoa* proposta por alguns autores,[8] para eles estrei-

(8) Cf. K. Rahner, *Sobre el concepto teológico de concupiscencia*, em Id., *Escritos de Teología*, vol. I, Taurus, Madri, 1961, pp. 381-419; F. Böckle, *I concetti fondamentali della morale*, Queriniana, Bréscia, 1988, pp. 45-47.

tamente ligada ao conceito de opção fundamental. Natureza seria tudo o que o sujeito humano recebe no plano físico, no psicológico, no espiritual, etc., ao passo que a liberdade ou a pessoa seriam a pura capacidade de autodecisão junto com as consequências do seu exercício. Pertenceriam à natureza as inclinações e as disposições espontâneas, ao passo que à pessoa se atribuiriam as ações e as disposições causadas inteiramente pelo eu. Esta contraposição entre natureza e pessoa introduz necessariamente uma ambiguidade na determinação da responsabilidade moral (não se sabe a que ponto pode ser imputada à pessoa uma conduta, porque é mediada pela «natureza»), e torna particularmente difícil – no plano ético, no pedagógico, etc. – a articulação unitária dos conhecimentos próprios da filosofia e da teologia com os da medicina, da psicologia experimental, etc. («ciências da natureza»), pois entre os dois tipos de saber existiria a mesma falta de integração que há entre as duas partes do ser humano.

É verdade que a integração dos diversos dinamismos humanos constitui, às vezes, um árduo problema ético-prático, o qual, em todo caso, é uma tarefa atribuída às virtudes morais. Mas, como veremos imediatamente, conceber substancialmente as tendências e os sentimentos como resistências, e não como bases motivacionais da liberdade, é redutivo. De qualquer maneira, na ordem ontológica, a necessidade de integrar os diversos elementos físicos e caracterológicos da ação livre, com tudo o que isso implica de tensão e de busca de equilíbrio, pertence à essência da liberdade humana e corresponde, em última análise, a uma das condições metafísicas de todo espírito finito: o ato é diferente do sujeito e deriva dele; o sujeito não é ato puro. Portanto, é necessário pressupor no sujeito algo não posto por ele; caso contrário, teríamos de admitir que o ato realizado pelo sujeito impõe ao mesmo tempo as suas próprias condições intrínsecas, isto é, aquelas que determinam, a partir do seu interior, a estrutura típica do ato, e isso não é possível. O certo é que o ato de um espírito finito pressupõe a natureza espiritual. Neste sentido, o espírito tem também uma dimensão natural, ainda que se trate de natureza aberta ao ser em toda a sua universalidade (*anima quodammodo omnia*). No caso da pessoa humana, a condição natural é ao mesmo tempo corpórea e espiritual, pois o espírito humano, além de ser finito, é essencialmente forma de um corpo.[9] A contraposição entre natureza e pessoa à qual nos estamos referindo depende de uma visão inicial que interpreta a abertura intencional do espírito humano como uma espécie de infinitude entitativa tendencial (espírito como plena autotransparência e autopossessão) que, de fato, estaria limitada por um elemento estranho, denominado natureza. Como se a finitude fosse uma condição extrínseca do espírito humano, derivada da sua união com o corpo (o corpo seria a prisão da alma).

2. *O desejar humano*

O desejo ou impulso é a forma como se manifestam as necessidades do homem no seu diálogo com o mundo. A cada necessidade corresponde um impulso, e vice-versa. Os impulsos animais referem-se substancialmente às necessidades vitais (nutrição, reprodução, defesa). As tendências humanas têm um campo muito maior (sociabilidade, necessidade de amar e de ser amado, desejo de saber, religiosidade, etc.), que se amplia ainda mais no cristão. Mas, em ambos os casos, *os desejos constituem um princípio de seleção dos objetos significativos e, para a pessoa humana, um princípio configurador do próprio mundo.* O mundo de cada um é resultado dos próprios interesses, ainda que se deva acrescentar que o homem, graças aos processos mais elevados de pensamento e de vontade, pode alcançar alto grau de objetividade na compreensão de si mesmo e do mundo (na prática, no entanto, nem sempre consegue fazê-lo). Esta dimensão «cognoscitiva» do desejo é muito importante também para a percepção do bem, que, na experiência moral concreta, não é só objeto da inteligência abstrata, senão que pressupõe condições pessoais e, em particular, uma adequada estabilidade emocional. A dimensão «cognoscitiva» do desejo é a base antropológica da função cognoscitiva das virtudes morais.

---

(9) Cf. acerca deste argumento J. de Finance, *Etica generale*, Pont. Univ. Gregoriana, Roma, 1997, pp. 459-478.

Empreendemos o estudo do desejar humano a partir de duas perspectivas diversas, ainda que complementares. Analisaremos primeiro o conceito tomista de *inclinação natural*, o qual evidencia o fundamento ontológico do desejar humano. Depois mostraremos o ponto de vista descritivo próprio da psicologia, para apresentar um «mapa» do sistema tendencial humano.[10]

a) A dimensão ontológica do desejar humano: as inclinações naturais

O conceito tomista de *inclinação natural*[11] é um conceito metafísico, não psicológico, que pretende evidenciar o fundamento ontológico das tendências humanas. Partindo da posição criacionista, Santo Tomás considera que toda natureza criada se ordena à sua própria perfeição, e essa ordenação metafísica é chamada, genericamente, *apetite natural*. Este apetite não é em si mesmo uma inclinação ou desejo consciente, mas uma ordenação objetiva ao fim da própria natureza (um finalismo metafísico), prévia a qualquer ato do indivíduo. O apetite natural é conforme à essência de cada ser: nos animais é instinto, no homem é tendência consciente que se manifesta no desejo sensível e no querer voluntário.

Santo Tomás trata das inclinações naturais, sobretudo quando estuda a lei natural. Neste contexto, ressalta que *a razão prática capta «naturalmente» como bens humanos todos aqueles objetivos para os quais o homem está naturalmente inclinado* (a finalidade das inclinações naturais). Por isso, ele pode afirmar que os preceitos da lei natural se ajustam adequadamente à temática das inclinações naturais e constituem a regulação moral básica. As inclinações naturais cumprem uma função de primeira grandeza na constituição das evidências práticas fundamentais.

(10) Retomamos, com amplas modificações, tudo o que se diz em A. Rodríguez Luño, *Ética General*, cit., cap. V.

(11) Cf. *S.Th.*, I-II, q. 94, a. 2. Um primeiro estudo das inclinações naturais tinha sido feito pelo Aquinate em *Scriptum super Sententiis*, lib. IV, d. 33, q. 1, a. 1.

Ele distingue três grandes grupos de inclinações naturais:[12]

1) as que o homem tem em comum com todas as substâncias: a permanência no ser, que para os seres vivos pressupõe a conservação da vida, autodefesa, nutrição, etc.

2) as que ele tem em comum com os animais: reprodução e cuidado da prole, que para o homem se estende ao matrimônio, etc.

3) as que são próprias do homem enquanto ser racional: sociabilidade, amizade, conhecimento, amor, transcendência metafísica, etc.

Como se disse, a explicação do Aquinate só tenta ilustrar a relação entre as inclinações naturais e os preceitos da lei moral natural. Por isso, é esquemática e não pretende traçar um quadro completo dos bens humanos. Dado que são as virtudes morais as que contêm os critérios de regulação na busca dos bens humanos, só o estudo destas virtudes nos permite captar em profundidade a visão tomista dos bens humanos fundamentais.[13]

b) A fenomenologia do desejo humano: as tendências

A psicologia empírica emprega o conceito de *tendência* para descrever o dinamismo que oferece as motivações de base para a conduta humana. Este conceito psicológico se situa num plano de reflexão diverso daquele próprio da metafísica; por isso uma tendência não é o mesmo que uma inclinação natural tomista. Não obstante, pensamos que os dois conceitos são complementares e que as tendências são a manifestação dinâmica das inclinações naturais humanas no plano da atividade psicológica.

As tendências têm quatro notas características:[14]

1) São um reflexo psicológico da lei vital da comunicação entre a pessoa e o mundo. Na tendência, as nossas necessidades (as inclinações naturais) manifestam-se como um *deficit* acompanhado de inquietação

---

(12) Cf. *S.Th.*, I-II, q. 94, a. 2. É útil ainda, acerca deste tema, o estudo de D. Composta, *Natura e ragione. Studio sulle inclinazioni naturali in rapporto al diritto naturale*, Pas-Verlag, Zurique, 1971.

(13) Cf. *S.Th.*, II-II, qq. 47-170.

(14) Cf. Ph. Lersch, *La estructura de la personalidad*, cit., pp. 99-100.

(fome, sede, desejo de estima, etc.) que desejamos superar por meio da ação.

2) São experimentadas como um movimento que vai do estado de necessidade de que se quer sair ao estado futuro de satisfação, percebido antecipadamente de modo ainda obscuro e confuso, mas que a tendência prevê e sugere.

3) Cada tendência aponta para uma meta. Se a tendência é proposta como «procurar algo», a meta é esse «algo» que se procura. Essa meta representa um valor, um bem no sentido largo do termo, porque corresponde a uma necessidade.

4) A tendência tem sempre caráter de algo dado. Não procede de uma iniciativa do indivíduo, assim como não procede de uma opção livre a necessidade de alimentar-se ou a de viver em sociedade. Nesse sentido, a tendência tem caráter passivo.

Não é difícil perceber que as tendências, em seu conjunto, visam ao desenvolvimento e à plena realização do homem, e que ter um «mapa» dessas tendências equivale a ter um quadro completo dos bens humanos. No entanto, há entre os psicólogos muitas divergências a respeito dos bens concretos compreendidos no desenvolvimento e na realização da pessoa. Por isso, eles propõem concepções diferentes acerca do número e da classificação das tendências humanas.

Alguns autores defendem uma concepção *monotemática* das tendências, reduzindo toda a dinâmica finalista da vida anímica a um único motivo fundamental, que constituiria em última análise a explicação e o denominador comum de todos os fenômenos da esfera tendencial. Um exemplo é Freud, para quem a libido (impulso sexual) é o tema de fundo do dinamismo da psique. Também Epicuro, Hobbes, Bentham, La Rochefoucauld e Adler tem uma visão monotemática do desejar humano.

Outros, como McDougall, Pfänder e Klages, defendem uma concepção *politemática*, na qual se distinguem várias tendências ou grupos de tendências diversas entre si, não procedentes umas das outras.

Um terceiro grupo de autores, dentre os quais se destaca Gehlen, são partidários de uma concepção *atemática*: reconhecem que é possível distinguir no plano experimental uma variedade de tendências, mas consideram-nas como adaptações transitórias à diversidade de situações pelas quais vamos passando ao longo da vida. Portanto, não seria possível propor uma classificação, porque no homem não existiria um sistema tendencial fixo.

A classificação das tendências humanas é sem dúvida um problema complexo, e possivelmente nunca se encontrará uma solução que satisfaça a todos. É muito difícil expressar a riqueza da vida humana numa classificação fechada e definitiva, e talvez nem sequer seja conveniente tentá-lo. No entanto, é importante, no âmbito moral, dispor de uma base descritiva – ainda que não seja definitiva – que leve em conta todas as dimensões essenciais da vida e do desenvolvimento humano, isto é, que não seja redutiva *a priori*. Adotamos a classificação *politemática* proposta por Lersch,[15] que consideramos aberta a melhoras posteriores, mas que nos parece suficientemente ampla e equilibrada.

c) Classificação das tendências

Lersch distingue três grupos de tendências: a) *as tendências da vitalidade,* que são o impulso para a atividade, a inclinação ao deleite, a tendência sexual e o impulso vivencial; b) *as tendências do eu individual,* que compreendem o instinto de conservação, a tendência a possuir o necessário para a expansão da própria vida, o desejo de poder, a necessidade de ser estimado pelos outros, o afã vindicativo, o desejo de autoestima; c) *as tendências transitivas,* que são a tendência a estar com os outros (sociabilidade) e a de ser para os outros, as tendências criativas (criatividade), o desejo de saber, a tendência amatória, as tendências normativas e as tendências transcendentes.

Antes de expormos sinteticamente as características das diversas tendências, convém recordar que esta classificação foi elaborada numa perspectiva fenomenológica descritiva. Seu propósito é mostrar como as vivências humanas se apresentam a uma observação atenta, e não estabelecer quais e como elas devem ser do ponto de vista moral. Corres-

(15) Cf. *ibid.*, pp. 99-183.

ponde justamente à moral individuar os critérios que ajudem a separar os impulsos e os sentimentos ordenados dos desordenados.

Tendências da vitalidade – A *tendência à atividade* busca a atividade pelo seu próprio valor funcional. O corpo necessita de exercício, e a vida desenvolve-se mediante a atividade. Ninguém consegue permanecer completamente parado durante muito tempo. A necessidade de atividade é muito pronunciada nas crianças, e tende a diminuir com o passar dos anos. No entanto, há importantes diferenças individuais: desde as pessoas hiperativas ou inquietas até as sedentárias ou passivas, para as quais qualquer mudança produz ansiedade e sofrimento interior.

A forma mais elementar da *tendência ao deleite* é o impulso para o prazer, presente desde a primeira infância. Ao longo da vida, o tema desta tendência sofre diversas mudanças, entrando em relação com os temas de outras tendências (junto ao prazer de comer ou de beber, aparece o deleite vinculado às funções superiores: conhecimento, humor, autoafirmação, etc.). Esta tendência adquire um tom particular na atitude hedonista, para a qual o deleite é o fim último da vida. O hedonista não aceita vínculos nem responsabilidades, evita o esforço e a exigência, é inconstante, não vai além de si mesmo e acaba por sentir uma sensação de vazio interior (como a figura de Dorian Gray, criada por Oscar Wilde).

A *tendência sexual* é uma forma básica do impulso vital. Busca a união com o sexo oposto, e diferencia-se da simples tendência ao deleite pela sua referência objetiva à transmissão da vida e, uma vez transmitida, à sua conservação. A relação genética que esta tendência possui com a precedente torna possível que uma pessoa transfira o seu dinamismo do âmbito da procriação para o do prazer sexual exclusivamente, e então a busca da voluptuosidade se torna autônoma; isto tem consequências negativas sobre as possibilidades de atualizar com maturidade algumas tendências transitivas.

A meta do *impulso vivencial* é perceber a própria vitalidade, vivendo e «revivendo» interiormente os fenômenos do fundo endotímico, quaisquer que sejam. Esta tendência se manifesta especialmente na puberdade, coincidindo com a maturidade sexual. Sua intensidade varia muito de pessoa para pessoa; em alguns casos, pode manifestar-se como uma busca de experiências cada vez mais fortes e cada vez mais excitantes.

Tendências do eu individual – A *tendência à conservação individual* é, na sua forma evolutiva mais básica, o instinto de conservação da existência biológico-corporal do indivíduo, que tem como objetivo a alimentação, a defesa e a fuga do perigo. Mas, normalmente, vai além: estimula o desenvolvimento e a produção de ferramentas, de recursos e, em geral, de todas as coisas úteis para a vida que nós consideramos parte da cultura humana.

A *tendência à posse* se relaciona com a anterior, mas distingue-se dela na medida em que se manifesta diante do perigo ou da rivalidade ocasionados por outras pessoas e não por elementos naturais. Por outro lado, enquanto o instinto de conservação se limita a manter a vida, a tendência à posse se ordena a uma vida melhor (até melhor que a dos outros), e fomenta a acumulação de bens não estritamente necessários. Em sentido amplo, pode-se chamar egoísmo, que oscila entre o que se considera um «egoísmo sadio» e a egolatria. O ególatra é frio e indiferente para com os demais, agressivo e sem consideração, ou então – quando se sente fraco – excessivamente preocupado com a própria segurança. A egolatria tende a inibir as tendências transitivas.

O *desejo de poder* pretende dominar o ambiente, incluído o do próximo. Tem uma relação genética com as duas tendências anteriores, já que dominar o ambiente é um meio seguro para garantir a própria conservação e a própria segurança, mas envolve uma diferença específica uma vez que pretende confirmar a própria superioridade, que ultrapassa as necessidades da conservação.

A *necessidade de estima* busca o reconhecimento, o ser apreciado pelos outros. Não se trata da conservação ou afirmação da vida biológico-corporal, mas do sentido do próprio valor tal como aparece no juízo dos outros. Especialmente durante a infância, mas sempre até certo ponto, a estima alheia é necessária para o desenvolvimento normal da personalidade. Uma genuína e moderada necessidade de estima faz que a pessoa seja prudente, simples e modesta. O afã de notoriedade é a sua manifestação exagerada e deforme: dá lugar a pessoas que buscam acima de tudo reforçar o próprio eu mediante as aparências. Fazem de tudo (até a simulação de uma doença) para atrair a atenção e o apreço dos outros. Frequentemente são pessoas intransigentes, obstinadas e suscetíveis, com as quais é difícil colaborar. Facilmente se isolam.

O *afã vindicativo* tende a compensar a lesão das próprias aspirações (legítimas ou ilegítimas) causando um dano ao responsável pela ofensa. Rege-se pela crença comum de que «quem ofendeu deve pagar» ou pela lei de talião. Admite uma diversidade de formas e pode manifestar-se como ressentimento. Quando esta tendência está bem integrada e ordenada, é perfeitamente compatível com o perdão e com a generosidade.

O *desejo de autoestima* corresponde ao sentido do próprio valor, necessário para a normal constituição da personalidade e para as suas relações com os outros. Com a puberdade, manifesta-se como desejo de autonomia, de independência, de liberdade. Quando exagerado, dá lugar a figuras negativas (orgulho), às vezes cômicas e até ridículas. A ausência total de autoestima é característica de algumas tipologias criminológicas.

Tendências transitivas – A *tendência a estar com os outros*, a sociabilidade, corresponde à necessidade de viver em sociedade, de comunicar e de compartilhar. Não é simplesmente o instinto gregário de alguns animais: a realidade da linguagem faz da sociedade humana algo completamente diferente. Pressupõe a individuação e transcende-a, sem anulá-la. Em termos de caráter, há diferenças individuais que vão da introversão à extroversão.

A *tendência a ser para os outros* supõe a consciência de uma autêntica responsabilidade com relação aos demais, uma verdadeira dedicação. No âmbito das comunidades mais vitais e mais íntimas, como a família, desenvolvem-se aspectos desta tendência, que envolve um profundo sentido de pertença e de participação.

A *tendência criativa*, em suas diversas manifestações, é o impulso para deixar uma marca no mundo e na sociedade como resultado da atuação própria no que se refere ao rendimento ou à criatividade pessoal. Tende a contribuir com algo importante para os outros e para a sociedade, produzindo um aumento de valor.

O *desejo de saber* é a tendência a ampliar o próprio horizonte vital por meio do conhecimento. Não é um simples saber como poder, que haveria que relacionar antes com as tendências do eu individual, mas um saber como busca de sentido. Geneticamente, aspira-se ao saber, em primeiro lugar tendo em vista a sobrevivência individual e social, a conservação e a afirmação do eu no plano vital, profissional, econômico, social (razão instrumental). Depois, este desejo se mostra em toda a sua pureza e profundidade como autônoma busca de sentido.

A *tendência a amar e ser amado* representa o interesse mais radical do homem. Sua temática coincide, em parte, com a da tendência a ser para os outros. Inclui as diferentes formas de amizade, de benevolência e de amor, bem como os seus opostos: inimizade, malquerença e ódio. Esta tendência exerce notável influxo no desenvolvimento moral da pessoa.

As *tendências normativas* ordenam-se a valores abstratos: verdade, justiça, solidariedade, etc., e representam a capacidade e a necessidade de empenhar-se na promoção desses valores, considerados como algo cujo fundamento ultrapassa o homem. Quando interpretadas retamente, estas tendências expressam uma autêntica autotranscendência.

As *tendências transcendentes* buscam «no mundo uma esfera do ser que supere a relatividade e a fugacidade do eu individual [...]. O que se busca e se perquire aqui é, pois, sempre um absoluto».[16] Compreendem o impulso artístico, a aspiração metafísica e a busca religiosa. Enquanto a análise fenomenológica se limita a registrar a existência destas tendências e as formas que adotam num contexto particular, cultural e histórico, a reflexão teológica indaga o seu fundamento, descobrindo nelas a marca deixada no ser humano por Aquele que o criou por meio de Cristo e em vista de Cristo.[17]

As tendências transitivas têm importância particular na vida moral, já que levam o homem a transcender-se. Tendem à participação no mundo, não com afã de posse, mas insistindo na dependência e na dedicação do indivíduo às pessoas e aos valores. A pessoa sente-se atraída por algo que está além do eu. Em particular, a existência de uma inclinação a estar com os outros e ser para os outros ilumina o

(16) *Ibid.*, p. 170.

(17) Cf. Col 1, 16; Ef 1, 3-7.

fundamento antropológico da justiça e da solidariedade e, mais em geral, da ética social e da política: pressupõe o reconhecimento radical dos outros como iguais ao que assim os reconhece. O homem é capaz de reconhecer os seus semelhantes como iguais e, portanto, de promover o seu bem enquanto tal, e não só porque isso acarrete o seu bem particular. A capacidade de autotranscendência permite solucionar o inútil quebra-cabeças de querer fundar a ética social exclusivamente no *self-interest.*

A autonomia das tendências transitivas com relação às tendências do eu individual mostra a importância autônoma do exercício da inteligência dirigido à captação do sentido do mundo e da vida, bem como da busca do Absoluto. Este exercício da inteligência, que poderíamos chamar sapiencial, não pode ser reduzido nem suplantado pela razão instrumental, ou seja, pelo exercício da inteligência, certamente necessário, destinado a dominar e a explorar a natureza em ordem à segurança e à expansão do eu e das suas necessidades individuais (afã de posse, de segurança, de autoafirmação, etc.). O desejo de conhecer a verdade não representa, do ponto de vista antropológico, uma tendência menos importante e menos necessária que as que se referem à subsistência biológica.

A coordenação e integração das diversas tendências não é algo dado de maneira imodificável. É algo condicionado pelas diferenças de caráter individual e pelas concepções da vida que se afirmam nas diversas sociedades e culturas. Cada temperamento individual, como cada cultura, representa um ponto de partida, parcialmente diverso, para alcançar o equilíbrio e a integração requeridos por um gênero de vida adequado ao bem da pessoa. As virtudes morais cristãs, à luz das virtudes teologais, contribuem com novas temáticas e com critérios específicos de regulação das tendências humanas.

d) As tendências e a vontade

Devemos estudar agora, do ponto de vista fenomenológico, a questão de como a vontade se relaciona com as tendências. A vontade é um impulso endotímico específico do ser humano, ou é autônoma em relação às tendências estudadas? *A vontade*, à primeira vista, *não parece ser mais uma tendência, mas uma instância superior de controle, cuja tarefa é regular o «tráfego» das tendências, determinando que impulso deve ser seguido e como se deve realizar, e vencendo as resistências que encontra para fazê-lo.* No entanto, alguns autores, como Wundt, afirmam que o querer é apenas uma emoção particular pertencente ao fundo endotímico. Essa equiparação não parece aceitável.[18] As tendências e os outros fenômenos do fundo endotímico tem algo em comum: partem de um nível psíquico não controlável diretamente pela consciência do eu, e tendem por si mesmos a empurrar o eu para um fim determinado, antecipando e sugerindo uma linha de ação. Têm um caráter *pathico* (do grego *pâschein*, padecer). No querer, no entanto, o homem percebe-se a si mesmo como centro ativo, consciente e unitário, não determinado necessariamente por um impulso, já que é ele mesmo o que se determina ativamente, o que planeja e gere o seu querer. *Na volição, o eu percebe-se como instância ativa que decide o que fazer e como fazer.* Alçando-se sobre os fenômenos *pathicos* como uma ilha no mar, a experiência do autodomínio e da autodeterminação[19] distingue-se do fluxo dos fenômenos endotímicos assim como a terra firme se distingue das águas em movimento.

Certamente, muitas temáticas da vontade, consideradas «materialmente», procedem das tendências. A distinção todavia subsiste, porque a vontade aparece como um posicionamento pessoal com respeito ao que é sugerido pelas tendências. A pessoa aceita ou rejeita, favorece, elabora, modifica ou reprime. E, depois, centra-se na realização da meta escolhida, mostrando-se como uma força capaz de tomar novamente posição diante das resistências internas ou externas, e até de superá-las.

A autonomia do querer baseia-se numa dinâmica específica, numa aspiração que segue a inteligência – e, portanto, de caráter não endotímico –, e que é o «desejo»[20] do bem a que chamamos *voluntas ut natura*, isto é, a inclinação constitutiva da vontade que é o desejo do bem captado como tal pela inteligência. A vontade, portanto, é também

(18) Cf. Ph. Lersch, *La estructura de la personalidad*, cit., pp. 435-437.

(19) Cf. cap. IV, § 2 (b).

(20) Com relação à vontade, pode falar-se de desejo no sentido de desejo deliberado, mas não de desejo prévio à escolha, o qual é próprio das tendências.

desejo, e tem uma temática específica, ao menos do ponto de vista formal, ao passo que até as mesmas temáticas procedentes das diversas tendências são agora vistas e avaliadas em relação ao bem-estar global da pessoa.

A vontade humana, no entanto, *não é apenas desejo.* Também atua em sentido diferente do «receber» e do «tender», e, para não reduzi-la a desejo, é necessário assumir um «conceito hiperteleológico de vontade», muito característico da antropologia cristã.[21] Para o pensamento grego, a vontade era uma faculdade basicamente tendencial e desiderativa; só o conhecimento era considerado como a operação imanente que possui o seu próprio fim (a teoria aristotélica da amizade obrigaria a fazer algumas precisões, mas não a modificar substancialmente esta assertiva). «Por isso Tomás de Aquino diz que todos os filósofos, mais ou menos, vislumbraram que Deus é Logos; mas que Deus é amor, isso nenhum deles vislumbrou. É claro que, se a vontade é somente tendência e desejo, não é possível pô-la em Deus (um deus desejoso é uma noção mítica ou uma ilusão gnóstica aberrante), porque disso se conclui que Deus é imperfeito, e um deus imperfeito é uma contradição. No entanto, o cristianismo sabe que Deus é Amor.»[22] *O amor – que consiste em dar-se – é uma atuação específica da vontade. No dom de si podem reunir-se e purificar-se, em nível axiologicamente superior, os elementos procedentes das tendências, em particular os que são próprios das tendências transitivas.*

3. A afetividade humana: sentimentos e paixões

Se as tendências são como um movimento que sai do sujeito e se projeta sobre o mundo, orientando a procura e a percepção, *as emoções e os sentimentos constituem a ressonância interior que se segue à percepção.* Nos sentimentos, adverte-se e valoriza-se a resposta que o mundo dá à interrogação contida na tendência.

(21) Cf. L. Polo, *Tener y dar. Reflexiones en torno a la Segunda Parte de la Encíclica «Laborem Exercens»*, em Vários Autores, *Estudios sobre la Encíclica «Laborem Exercens»*, BAC, Madri, 1987, pp. 223-227.

(22) *Ibid.*, p. 224.

Os sentimentos têm caráter passivo (não correspondem a uma iniciativa do eu), e por isso a filosofia lhes deu o nome de paixões. *Os sentimentos não são ainda um posicionamento deliberado*, ainda que de per si tendam a um posicionamento e um comportamento livre e os sugiram. Mas, em si mesmo, o sentimento é uma reação, orgânica, psíquica e espiritual ao mesmo tempo, causada pela percepção do bem (alegria, entusiasmo) ou do mal (tristeza, medo, preocupação) em relação às tendências. Assim, por exemplo, a tendência (que nós não escolhemos) a ser apreciados pelos outros produz espontaneamente um sentimento de satisfação diante do louvor, e um sentimento de tristeza ou de desânimo diante da repreensão.

a) Fenomenologia dos sentimentos

A estreita relação entre os sentimentos e as tendências faz que, nos dois casos, se possa adotar a mesma classificação. Desse modo, temos sentimentos ligados às tendências da vitalidade (prazer e dor, aborrecimento, repugnância, diversão, fastio), às tendências do eu individual (medo, excitação, confiança e desconfiança, ciúmes, sentimento de inferioridade ou de fracasso, vergonha, desprezo de si mesmo), e às tendências transitivas (simpatia e antipatia, amor e ódio, estima e desprezo, respeito e escárnio, compaixão, alegria de compartilhar, sentimento artístico e religioso, etc.). Uma fenomenologia completa dos sentimentos implicaria que se analisasse de novo a temática de cada tendência, indicando os sentimentos específicos vinculados a cada uma. Não o faremos, para evitar repetições.

A Psicologia distingue os sentimentos dos estados de ânimo. Os primeiros são emoções de breve duração, ao passo que os segundos são mais persistentes. No entanto, não se pode estabelecer uma distinção rígida entre eles, porque existem fenômenos emotivos que se encontram a meio caminho entre uns e outros. Compreender a origem e a dinâmica dos estados de ânimo é uma questão complexa. Aqui nos limitamos a indicar que estes estados persistentes podem ter papel importante no modo de vida da pessoa. Basta pensar, por exemplo, na diferença entre as pessoas predominantemente alegres e as que são melancólicas ou estão deprimidas; entre as que são hipersensíveis com relação à própria dignidade, hierarquia ou valor e as que são afetadas por um persistente complexo de inferioridade. Também são conhecidas as consequências vitais de estados de ânimo caracterizados pela ansiedade, pelo pessimismo ou pelo sentido niilista do mundo.[23]

b) As paixões

Passamos agora a falar dos apetites e das paixões, e assim retomamos uma terminologia mais familiar à teologia moral. Nos seres vivos que têm conhecimento, as inclinações naturais manifestam-se como apetite elícito (para a psicologia, como tendência), que age em dependência do objeto intencionalmente captado pelos sentidos (apetites sensíveis) ou pela inteligência (vontade).

Santo Tomás chama paixões aos atos dos apetites sensíveis. O conceito tomista de paixão não tem o significado negativo que posteriormente se deu ao termo. São paixões todos os atos dos apetites sensíveis (alegria, desejo, fuga, etc.), independentemente de serem atos positivos ou negativos, violentos ou não violentos, causados pela vontade, aceitos por ela ou completamente involuntários. A paixão não é por si mesma um impulso violento para uma ação imoral que dificulte o governo racional do comportamento. É um componente normal da vida humana, e que constitui com frequência a base motivacional da ação. O termo «paixão» implica, no entanto, a ideia de passividade, de algo que o sujeito padece ou que lhe ocorre sem que ele tenha tido a iniciativa (ainda que nem sempre seja assim).

O Aquinate dedica amplo espaço ao estudo das paixões,[24] por sua importância para a vida moral: as paixões movem o sujeito a objetivos concretos convenientes, aqui e agora, para suas faculdades sensitivas, e que, portanto, são captados como bens; nesse sentido, as paixões constituem notável apoio ou notável oposição ao bem global da pessoa.

As paixões distinguem-se segundo três critérios:

1) Sua diversidade genérica baseia-se na distinção entre duas fa-

---

(23) Acerca dos estados de ânimo persistentes, *vide* Ph. Lersch, *La estructura de la personalidad*, cit., pp. 267-309.

(24) Cf. *S.Th.*, I-II, qq. 22-48.

culdades apetitivas da sensibilidade humana: o *apetite concupiscível* ou impulso para o prazer, o qual tem como objeto o bem sensível deleitável, e o *apetite irascível* ou impulso agressivo, cujo objeto é o bem deleitável difícil de conseguir ou o mal difícil de evitar, e que por isso requer esforço e luta. Segundo este critério, as paixões do apetite concupiscível são sempre diferentes das paixões do apetite irascível.

2) As diferenças entre os objetos das paixões segundo o bem e o mal, e também segundo a presença ou ausência do bem ou do mal. As paixões que visam ao bem deleitável ausente (*desejo*) são diferentes das que visam ao bem deleitável presente (*gozo*) e das que reagem diante do mal presente (*tristeza*) ou do mal ausente (*aversão*).

3) Só para o apetite irascível se usa um terceiro critério, que consiste nos diferentes tipos de movimento diante de um mesmo objeto: tendência ao bem árduo possível de alcançar (*esperança*) ou renúncia a este bem, na medida em que se considera impossível de conseguir (*desespero*).

Compondo estes três critérios, Santo Tomás enumera as seguintes paixões:

1) No apetite concupiscível: a) fazendo abstração da presença ou da ausência do objeto, temos o *amor* ao bem e o *ódio* ao mal; b) com relação a um objeto ausente: o *desejo* do bem e a *fuga* ou *aversão* do mal; c) com relação a um objeto presente: o *gozo* (ou alegria) do bem e a *tristeza* diante do mal.

2) No apetite irascível: a) com relação a um bem árduo ausente, considerado como possível de alcançar: *esperança*; e se parece impossível de alcançar: *desespero*; b) com relação a um mal iminente que se supõe evitável: *audácia*; se se julga inevitável: *temor*; c) com relação a um mal presente: *ira*.

Esta classificação pretende ressaltar as diferenças formais entre os diferentes atos dos apetites sensíveis, deixando de lado a diversidade de bens e de males, ou seja, a temática das tendências. É, portanto, uma classificação extremamente formal, de pouca utilidade descritiva. Para o Aquinate, o desejo é uma paixão, mas do ponto de vista fenomenológico são muito diferentes entre si o desejo de comer, o desejo de saber, o desejo de vingança e o desejo de fazer outra pessoa sofrer. No entanto, tal formalismo é intencional e consciente. *O ponto de vista tomista não corresponde ao propósito de descrever os diferentes temas ou conteúdos dos fenômenos da alma, mas ao propósito de distinguir a tarefa que esses fenômenos apresentam à razão.* O seu objetivo é distinguir as paixões que movem das paixões que freiam, porque é muito diferente o modo como incidem sobre a liberdade. Tenha-se em conta, por exemplo, a disparidade de influência do desejo e do medo sobre o consentimento matrimonial: o consentimento dado por medo não é plenamente voluntário e facilmente pode ser canonicamente nulo; um profundo desejo de contrair matrimônio faz que o consenso seja mais voluntário, a não ser no caso em que dificultasse o uso da razão.

Deve acrescentar-se, por outro lado, que Santo Tomás, ao tratar das virtudes que ordenam as paixões, introduzirá posteriores distinções segundo os diversos tipos de bens e males. Assim, por exemplo, distingue a virtude que regula o desejo de comer (*temperança*) da que se refere ao desejo de saber *(studiositas)* e da que regula o desejo de ser estimado (*humildade*). Isso mostra que o estudo das virtudes morais leva em conta as temáticas das diferentes tendências, tal como faz a psicologia.

4. As paixões na vida moral

a) O papel das paixões na vida moral

A presença das paixões na vida humana é um fato absolutamente normal, que pertence à condição psicológica humana. Pelo contrário, seria anormal a ausência das paixões e dos sentimentos; esta ausência, de fato, é uma das características das personalidades psicopáticas. Assim como é natural que cada ser vivo reaja de algum modo diante do que favorece ou dificulta o seu próprio desenvolvimento, assim também é natural que o homem, como ser dotado de sensibilidade, «reviva» interiormente tais reações. O desenvolvimento harmônico do próprio ser e a consecução dos objetivos vitais marcam a vivência interior com uma tonalidade afetiva de sinal positivo; e, ao contrário, a frustração dessas tendências provoca um estado afetivo de sinal negativo.

Também não é exata a ideia de que as paixões sejam em si mesmas um obstáculo à voluntariedade da ação humana. Ao contrário, *as paixões de intensidade normal são uma das motivações mais frequentes das ações voluntárias.*[25] As paixões e os sentimentos constituem a base que, posteriormente elaborada e quando necessário moderada pelo eu, impulsiona muitas ações humanas e desenvolve o caráter psicológico e moral da pessoa. As paixões não devem ser consideradas fundamentalmente como um inimigo por combater ou por suprimir, mas como parte do próprio ser que se deve integrar e regular segundo as exigências do bem da pessoa.

A esfera tendencial e sentimental não é, portanto, algo que de per si impeça a livre expressão da pessoa. A estrutura afetiva é antes uma das expressões mais claras e, às vezes, também mais imediatas da personalidade moral do homem. Se não se tratar de casos de doenças mentais ou de transtornos de personalidade, cada pessoa tem, afinal, a estrutura afetiva que pouco a pouco foi dando a si mesma. É verdade que o temperamento inato e certos condicionamentos educativos, culturais e sociais exercem muitas vezes notável influxo sobre a pessoa. Mas, em última análise, ela conserva sempre a capacidade de tomar posição em face desses condicionamentos, e de controlar – seguindo-os ou contrariando-os – a sua influência no próprio caráter. O fato de que a personalidade se forme e se modifique pouco a pouco, e de que, chegado certo momento, já não seja fácil modificá-la, não contradiz em absoluto que a causa de certos traços de caráter positivos ou negativos seja, fundamentalmente, a própria liberdade, na forma de esforço ou ainda de descuido em formar a afetividade.

Também se deve enfatizar o papel dos sentimentos no desenvolvimento das nossas relações com os demais e com o mundo. Os sentimentos mostram que os outros e o mundo não nos são indiferentes. Mais ainda, causam-nos reações interiores que permitem avaliar a sua incidência na nossa vida e nas nossas tarefas. A alegria de encontrar um ente querido, o medo de enfrentar uma nova situação, a vergonha causada por um erro correspondem ao modo de sentir e de viver o encontro com o mundo e com os demais. *Nos sentimentos, o mundo é considerado na perspectiva do valor*, e por isso os sentimentos oscilam entre o positivo e o negativo: prazer-dor, simpatia-antipatia, respeito-escárnio, etc. Devido a tal tonalidade positiva ou negativa, jamais

(25) Cf. *S.Th.*, I-II, q. 6, a. 7.

neutra, *os sentimentos desempenham importante papel na percepção do bem e do mal em sentido moral.*

Por sua vez, a tarefa dos sentimentos é muito delicada, já que eles são ou podem ser moralmente ambíguos. Esta ambiguidade se deve:

• a que a ressonância que os sentimentos têm na pessoa depende do seu grau de educação da afetividade;

• a que o sentimento se refere a uma ou a várias tendências, sem ser capaz de expressar no seu conteúdo de valor a função que essas tendências têm no bem integral da pessoa. Os sentimentos não se integram por si mesmos; necessitam da atividade própria da razão e da vontade.

Se as tendências e os sentimentos estiverem bem formados, proporcionarão um conhecimento verdadeiro. Nas palavras de Aristóteles, o homem virtuoso «julga bem todas as coisas, e em todas se lhe mostra a verdade. Pois, para cada modo de ser, há coisas belas e agradáveis, e, sem dúvida, aquilo em que mais se distingue o homem bom é o ver a verdade em todas as coisas, sendo como que o cânone e a medida delas».[26] Como veremos no capítulo VII, as virtudes morais são necessárias não apenas para fazer o que é bom, mas também e anteriormente para saber o que é bom em cada situação concreta; isso tem um fundamento antropológico no caráter antecipador da interrogação contida nas tendências e na avaliação contida nos sentimentos. As virtudes beneficiam-se da capacidade de antecipação e de penetração de uma afetividade moralmente ordenada.

b) As paixões na antropologia cristã

A doutrina moral cristã considera as paixões como componentes naturais da psique humana.[27] A Sagrada Escritura, ao oferecer um retrato do homem tal qual é, destaca também o elemento emocional e passional. À primeira vista, poderia parecer que São Paulo considerasse as paixões numa perspectiva eticamente negativa: «Os que pertencem a Jesus Cristo crucificaram a carne com as suas paixões e os

(26) Aristóteles, *Ética a Nicómaco*, III, 4: 1113 a 28-32, cit., pp. 188-189.

(27) Cf. *Catecismo*, n. 1764.

seus desejos»;[28] mas esta impressão não é totalmente exata. O Apóstolo avalia negativamente as «paixões vergonhosas»[29] que dominam os que não conhecem a Deus.[30] De fato, no contexto da Escritura, as paixões não recebem uma valoração unicamente negativa, pois são atribuídas a Deus mesmo[31] e a Jesus.[32]

Segundo a doutrina da Igreja, *as paixões são positivas ou negativas do ponto de vista moral «na medida em que dependem efetivamente da razão e da vontade. [...]. Faz parte da perfeição do bem moral ou humano que as paixões sejam reguladas pela razão* (cf. *S.Th.*, I-II, q. 24, a. 3)».[33] No estado de justiça original, havia perfeita harmonia entre as tendências sensíveis e a vontade; o pecado original alterou esta harmonia, já que a natureza humana ficou ferida pela concupiscência ou *fomes peccati* que provém do pecado e inclina a pecar.[34] A graça não restaurou plenamente a harmonia perdida, de modo que o homem caído, mesmo redimido, não possui total domínio dos seus próprios movimentos sensíveis, se bem que – com a graça – seja capaz de vencer as desordens graves.[35]

A doutrina cristã não compartilha a ideia de algumas correntes de pensamento – por exemplo, os estoicos e Kant – que consideram as paixões com desconfiança, na medida em que prejudicariam o juízo da inteligência e seriam incompatíveis com uma autêntica pureza moral: isso é verdade apenas quanto às paixões desordenadas; as paixões ordenadas, ao contrário, contribuem para o bom comportamento moral. *O que está mais de acordo com a natureza humana é ordenar todos os movimentos passionais de maneira que o homem todo se esforce na realização do bem:* «Pertence à perfeição do bem moral que o homem se dirija ao bem não apenas segundo a vontade, mas também segundo o apetite sensível, de acordo com o que diz o *Sal* 83(84), 3: *Meu coração*

(28) Gál 5, 24.

(29) Rom 1, 26.

(30) Cf. 1 Tess 4, 5.

(31) Cf. Deut 28, 63; Is 30, 27.30; Am 5, 21.

(32) Cf. Mt 21, 12-13; 26, 37-38; Lc 10, 21; Jo 11, 33-35.

(33) *Catecismo*, n. 1767.

(34) Cf. Conc. de Trento, *De peccato originali*, can. 5: DS 1515.

(35) Cf. *Gaudium et spes*, n. 17.

e minha carne exultam no Deus vivo, entendendo por *coração* o apetite intelectivo, e por *carne* o apetite sensível».[36]

O impulso para o bem pode ser gerado até no mesmo âmbito tendencial: as paixões não só podem cegar a inteligência, mas também podem torná-la mais clarividente para mostrar o melhor modo de agradar o amado. A vida cristã não deve ser tão somente intelectiva e voluntarista; deve também levar em conta os sentimentos humanos, pois de outro modo não estaria suficientemente enraizada na pessoa e poderia desagregar-se (o que não significa, certamente, uma religiosidade «meramente sentimental»). Tudo isto não exclui que, na atual economia da salvação, as paixões tenham frequentemente um influxo moral negativo, mas não por si mesmas, e sim por uma prévia desordem voluntária: o pecado «produziu em mim [...] toda espécie de cobiça».[37] A desordem introduzida pelo pecado faz que cada apetite busque o seu próprio objeto independentemente da ordem racional; por isso, ao invés de facilitar a reta intenção da vontade, as paixões podem dificultá-la, por causa da sua falta de integração; esta desagregação é evidente para a própria experiência, ainda que a sua origem no pecado original só seja claramente conhecida com a ajuda da fé.

Os pecados pessoais agravam tal desordem, especialmente no campo em que a pessoa peca com mais frequência ou com mais intensidade; por exemplo, a tendência a irritar-se acentua-se em quem não luta para manter a calma ou luta pouco, etc. O pecado obscurece a inteligência e faz crescer a desordem passional, que, por sua vez, impulsiona mais fortemente o pecado: «Cada um é tentado por sua própria concupiscência, que o arrasta e o seduz. Então, a concupiscência concebe o pecado e dá-o à luz».[38] No homem pecador, a desordem afetiva torna-se preponderante e mais difícil de evitar: «O que a carne deseja é contra o Espírito, e o que o Espírito deseja é contra a carne: são o oposto um do outro, e por isso nem sempre fazeis o que gostaríeis de fazer».[39] Os Padres da Igreja comparam as paixões – boas e más – às árvores que crescem no campo da alma; podem ser facilmente elimi-

(36) *S.Th.*, I-II, q. 24, a. 3.

(37) *Rom* 7, 8.

(38) Tg 1, 14-15.

(39) Gál 5, 17. Cf. *Dominum et Vivificantem*, n. 55.

nadas quando ainda não cresceram muito, o que é mais difícil quando já se desenvolveram; «assim são as paixões: enquanto são pequenas, se queremos, conseguimos arrancá-las facilmente. Mas, se as deixamos porque são pequenas, endurecem, e, quanto mais endurecem, necessita-se de maior esforço. Se além disso lançam raízes profundas, nem sequer com esforço conseguimos extirpá-las por nós mesmos».[40]

Podemos dizer, em resumo, que, para a doutrina cristã, os sentimentos e as paixões são parte importantíssima da pessoa humana, expressão do seu ser e da sua qualidade moral, e, ao mesmo tempo, um dos cenários onde se apresenta a luta entre a boa vontade e a graça, por um lado, e o pecado, por outro. Por isso a educação e a formação moral da afetividade são decisivas.

c) Educação moral da afetividade

Os sentimentos e as paixões são atos morais (bons ou pecaminosos) somente quando provocados ou consentidos deliberadamente; no entanto, estes fenômenos, considerados em si mesmos, não são realidades moralmente neutras. Já vimos que os sentimentos desempenham um papel na percepção do bem e do mal, contêm uma primeira valoração, esboçam uma tomada de posição e sugerem uma possível linha de conduta em face do que foi percebido. *Seu valor moral depende da verdade ou da falsidade da valoração moral que contém, da correção ou da incorreção moral da tomada de posição que esboçam e da moralidade da conduta que sugerem ou para a qual impulsionam.*[41] A qualidade dos sentimentos depende, portanto, do seu conteúdo e da sua intensidade. É positivo alegrar-se ou sentir-se espontaneamente atraído pelo que é

(40) São Doroteu, *Doctrine (Ensinamentos)*, 11, 115: SC 92, 361.

(41) «Os grandes sentimentos não determinam a moralidade nem a santidade das pessoas; são reservatório inesgotável das imagens e das afeições em que se exprime a vida moral. As paixões são moralmente boas quando contribuem para uma ação boa, e más quando se dá o contrário. A vontade reta ordena ao bem e à bem-aventurança os movimentos sensíveis que ela assume; a vontade má sucumbe às paixões desordenadas e as exacerba. As emoções e sentimentos podem ser assumidos como virtudes ou pervertidos como vícios» (*Catecismo*, n. 1768).

realmente bom, e é negativo alegrar-se ou sentir-se espontaneamente atraído pelo que é mau. De fato, os sentimentos positivos são uma grande ajuda na vida moral, conquanto pudessem tornar-se nocivos se adquirissem intensidade exagerada; por sua vez, os sentimentos negativos constituem um grave obstáculo, certamente não insuperável, mas importante a longo prazo.

O objetivo da educação moral da afetividade é superar a ambiguidade dos fenômenos emocionais antes indicada, conferindo-lhes uma ordem habitual (as virtudes morais), para que não só deixem de constituir um obstáculo, mas estejam a serviço do bem moral pela sua rapidez e presteza. O sentimento ordenado permite julgar e agir com prontidão, facilidade e agudeza, com profunda intuição do bem.

A educação moral dos sentimentos envolve uma tríplice tarefa: interpretar, avaliar e dirigir ou corrigir.[42] Interpretar quer dizer entender o significado daquilo que se experimenta. Às vezes, isto é sumamente fácil: se, por exemplo, por causa de uma dor de dente, se dorme pouco e mal durante alguns dias, não é difícil entender o motivo do cansaço ou do desânimo que torna árdua e aborrecida qualquer tarefa. Outras vezes, pelo contrário, é mais difícil captar o significado exato de um sentimento: uma pessoa para a qual aparentemente tudo corre bem pode experimentar um profundo mal-estar, amargura ou vazio interior, para o qual não encontra explicação. E, enquanto ignorar o que lhe sucede, não será possível aplicar o remédio oportuno.

Uma vez conhecido o significado do que se sente, é necessária uma avaliação. O bem e o mal que nos afetam devem ser postos em relação com o bem global da vida em Cristo, segundo a vocação e as circunstâncias de cada um. Pensemos, por exemplo, em uma pessoa que decidiu ser médico. No começo da sua atividade profissional, pode espontaneamente sentir medo diante dos pacientes com doenças contagiosas graves, ou sentir-se deprimido por ver com frequência morrer pacientes com que estabeleceu uma relação profissional que, sem dúvida, tem importante dimensão emotiva. Tais sentimentos manifestam uma dificuldade inegável, que a pessoa deve saber avaliar. Se ela decidir dar continuidade à atividade médica para a qual se sente chamada, deverá aprender a conviver com esses sentimentos sem se deixar abater,

(42) Cf. A. Malo, *Antropologia dell'affettività*, Armando, Roma 1999, pp. 216-230.

procurando ao mesmo tempo dar um sentido ao sofrimento próprio e ao alheio, à morte e à própria responsabilidade junto aos moribundos; desse modo, sua atividade como médico contribuirá positivamente para o seu amadurecimento humano e cristão. Se a dificuldade lhe parecer insuperável, talvez deva pensar em mudar de profissão. Esta avaliação da afetividade é uma importante função normativa da razão prática.

Após a ponderação da afetividade, vem o direcionamento. Dirigir significa, conforme o caso, aceitar os sentimentos, com a valoração espontânea que contêm e a linha de conduta que sugerem, ou então modificá-los ou rejeitá-los. Assim, por exemplo, deve afastar-se e modificar-se um sentimento negativo que não tenha base objetiva, que incite a ser injusto com um colega e que o sujeito entenda proceder da inveja de alguém que é um bom profissional. Em certas ocasiões, caberá à inteligência prática suscitar ou procurar suscitar sentimentos (paixões consequentes, que analisaremos em seguida).

d) O influxo dos sentimentos e das paixões na vontade

É normal que *as paixões ocorram independentemente da vontade.* Em alguns casos, podem provocar um ato exterior absolutamente involuntário que, consequentemente, não teria valor moral; por isso, afirma-se que a moralidade não consiste em «sentir», mas em «consentir» em determinado impulso passional. No entanto, a vontade normalmente está em condições de exercer um controle ou domínio «político» sobre as paixões;[43] chama-se «político» porque não é um domínio pleno: a tendência da sensibilidade ao seu objeto próprio não pode ser eliminada, mas pode ser reconduzida ao bem do homem pela vontade. Por isso, *normalmente, o influxo das paixões sobre o agir depende do consentimento da vontade.* Por outro lado, a graça de Deus, reforçando profundamente a vontade, torna-a cada vez mais apta a ser o centro unificador da pessoa, e aumenta o seu domínio sobre a sensibilidade;

(43) Cf. Aristóteles, *Política*, I, 5: 1254 b 6.

isso faz com que os santos alcancem notável equilíbrio nos movimentos passionais.[44]

Os afetos que se sentem antes de a vontade tomar uma decisão com respeito a eles são chamados paixões antecedentes. Às vezes aparecem espontaneamente sem que se advirtam, e, mais ainda, sem que a vontade as aprove (*motus primo primi*); até quando são advertidas, podem preceder a livre decisão (*motus secundo primi*). Um movimento passional pode, também, perdurar no tempo sem o consentimento da vontade; neste caso, continua a ser uma paixão antecedente. *As paixões antecedentes influem sobre a vontade de dois modos:*

1) condicionando o juízo prático da razão, para que aceite como conveniente, aqui e agora, o que a paixão deseja; quando a paixão é desordenada, pode apresentar como adequado um «bem aparente», até contrário a uma virtude que se possui; nesse sentido, a paixão influi sobre a razão prática fazendo-a julgar uma ação concreta em sentido contrário ao que se pensa de modo habitual e em geral;[45] quando a paixão é ordenada, reforça o juízo prático para buscar o bem real;

2) outra maneira de as paixões antecedentes influírem sobre a vontade é enfraquecendo-a: a energia interior da pessoa não é ilimitada, e, quando uma paixão é muito forte, apodera-se da capacidade de atenção e das energias operativas, deixando pouco espaço para uma ação de controle por parte da vontade.[46] Quando a paixão e a vontade estão orientadas na mesma direção, não há problema; ao contrário, quando

(44) «Quão suave foi para mim a privação de doçuras fúteis! Temia então perdê-las, como agora sentia prazer em deixá-las! Porque tu as afastavas de mim, e entravas em seu lugar, mais doce que qualquer prazer, mas não para a carne e o sangue; mais claro que toda luz, mais oculto que qualquer segredo; mais sublime que todas as honras, mas não para os que se exaltam a si mesmos. Minha alma já estava livre dos devoradores cuidados da ambição, do ganho, e do prurido dos apetites carnais; e falava muito contigo, ó Deus e Senhor meu, minha luz, minha riqueza, minha salvação!» (Santo Agostinho, *Confissões*, 9, 1, 1: CCL 27, 133).

(45) «Da paixão depende que algo apareça agora como um bem que se deve realizar. Como quem por medo do naufrágio julga bom no momento presente lançar ao mar a carga da embarcação; ou como quem padece uma forte concupiscência e considera bom cometer uma ação desonesta. No entanto, o juízo pelo qual a pessoa julga que algo é bom em si mesmo e de modo absoluto depende, por outro lado, da inclinação do hábito» (*In decem libros Ethicorum*, lib. III, lect. 13, n. 520).

(46) Cf. *S.Th.*, I-II, q. 77, a. 1.

estão em direções opostas, ou pelo menos divergentes, uma paixão forte pode impor-se à vontade.

Além das paixões antecedentes, que têm grande importância na moral, há ainda as *paixões consequentes:* sua atuação depende da vontade, porque são provocadas por uma decisão voluntária, ou porque, uma vez geradas de modo espontâneo, são depois livremente aprovadas. Por fim, a paixão pode ser simplesmente reflexo da voluntariedade da ação: é a *paixão concomitante.* Esta não se busca por si mesma, senão que aparece contemporaneamente ao ato voluntário; se for aceita livremente, converte-se em paixão consequente.

No próximo capítulo, estudaremos em que medida as paixões podem modificar a imputabilidade moral da ação voluntária.

CAPÍTULO VI

NATUREZA, ESTRUTURA E AVALIAÇÃO DA AÇÃO MORAL

1. Conceito de ato moral

Seguindo o plano esboçado no primeiro parágrafo do capítulo IV, passamos agora ao estudo dos atos livres. Neles se expressa diretamente a liberdade da pessoa humana e a sua resposta, positiva ou negativa, ao chamado divino de sermos santos em Cristo.[1] *Os atos livres são o sujeito imediato da moralidade e da imoralidade da pessoa quando age livremente.* A moralidade (oposta, em sentido genérico, à imoralidade) e a liberdade têm a mesma extensão: todos os atos livres, e somente eles, são morais. O fato de que a ação livremente projetada e cumprida seja um comportamento privado, interpessoal ou até político não introduz nenhuma diferença substancial: o uso ou o abuso de bebida alcoólica em casa, o devido esforço ou o desleixo na atividade profissional e os atos legislativos de um parlamento são realidades que pertencem ao âmbito moral (entendido em sentido genérico). A razão dessa igualdade é simples: tudo aquilo que, no homem, não se rege indubitavel-

(1) Cf. Ef 1, 4-5.

mente pelo instinto ou por algum tipo de necessidade causal deve ser projetado pela razão prática e assumido pela liberdade, e precisamente isso é ser moral.

O ser moral ou imoral é uma qualidade específica e, em sentido estrito, exclusiva do querer pessoal e dos seus atos. Os atos das outras faculdades humanas (pensamentos, lembranças, atos da faculdade nutritiva ou generativa, atividades econômicas, etc.), assim como os impulsos instintivos, as paixões e os sentimentos, são morais ou imorais só quando imperados ou consentidos livremente. Tanto os atos da vontade livre como os das demais faculdades, imperados ou consentidos livremente, chamam-se, em teologia moral, *atos humanos*, porque é próprio da pessoa humana ter a liberdade de realizar ou não as suas ações, de realizá-las de uma forma ou de outra, determinando deliberadamente a sua intencionalidade. Os atos humanos são os atos de que o homem é dono.

Por essas características, os atos humanos distinguem-se não só das tendências e dos sentimentos, cuja intencionalidade é determinada pelo fundo endotímico, mas também dos *atos do homem*. São atos do homem, por exemplo, os processos fisiológicos produzidos sem a intervenção da vontade (a digestão), ou as ações puramente reflexas, isto é, as respostas involuntárias a um estímulo que partem de um órgão periférico de sentido e não de uma decisão pessoal (afastar o braço de um objeto aquecido que de repente queima a pele). Em todo caso, são processos ou ações que ocorrem *no homem*, mais do que realizados *pelo homem*.

Tudo isso pode ser resumido dizendo que *o que qualifica o ato humano – e, portanto, o ato moral – é o fato de que seja voluntário*. Por isso, convém definir o que é a ação voluntária e quais são as suas características.[2]

---

(2) Acerca da teoria da ação, além dos trabalhos que citaremos neste capítulo, cf. J. de Finance, *Ensayo sobre el obrar humano*, Gredos, Madri, 1966; W. Zagar, *Acting on Principles: a Thomistic Perspective in Making Moral Decisions*, University Press of America, Nova York/Londres, 1984; P. Ricoeur, *El discurso de la acción*, Cátedra, Madri, 1988; G. E. M. Anscombe, *Intención*, Paidós, Barcelona, 1991; A. Léonard, *El fundamento de la moral*, cit. cap. I; T. H. Nisters, *Akzidentien der Praxis. Thomas von Aquin Lehre von dem Umständen menslichen Handelns*, Alber, Freiburg-Munique, 1992; M. Rhonheimer, *La perspectiva de la moral*, cit., cap. III; D. Westberg, *Right Practical Reason. Aristotle, Action, and Prudence in Aquinas*, Clarendon Press, Oxford, 1994; S. L. Brock, *Tomás de Aquino y la teoria de la acción*, Herder, Barcelona, 2000; A. Fumagalli, *Azione e tempo. Il dinamismo dell'agire morale*, Cittadella, Assis, 2002.

a) Definição de ação voluntária

A ação voluntária pode ser definida como *a ação que procede de um princípio intrínseco e é acompanhada pelo conhecimento formal do fim.*[3] Expliquemos agora os diversos elementos desta definição:

1) A ação voluntária «*procede de um princípio intrínseco*», de uma faculdade operativa do sujeito que age: a vontade. Os atos voluntários nascem do interior do homem, e isso os distingue das ações coercitivas ou violentas, impostas por uma causa externa contra a vontade ou o desejo do sujeito.

2) *«Conhecimento formal do fim» significa que o sujeito conhece «aquilo em vista de que» realiza a ação, e o conhece expressamente como objeto do seu agir*, avaliando a sua conveniência, de tal forma que o conhecimento ponderado do objeto é a origem e a causa do agir. Por isso, a ação voluntária distingue-se também dos gestos e dos processos simplesmente espontâneos, que procedem do homem ou acontecem nele, mas não procedem de um juízo livre (por exemplo, os reflexos).

> Sem o conhecimento formal do fim, ou na medida em que se desconheça, não existe ato voluntário. Se, por exemplo, alguém, sem que eu saiba, deixa entre os meus papéis velhos um cheque de $ 500, quando eu jogar esses papéis no cesto do lixo realizo a ação voluntária de «rasgar e jogar papéis velhos no lixo» (isso é o que eu sei que faço), mas não realizo voluntariamente a ação de «rasgar e jogar um cheque de $ 500 no lixo», ainda que seja verdade que fui eu quem o fez sem sofrer violência. Se falta o conhecimento formal do que se faz, não existe ato voluntário.

3) Por último, *o termo «fim» exprime o objeto próprio dos atos da vontade.* Há uma acepção restrita do termo *fim*, que estudaremos no § 2 deste capítulo. Agora, tratamos do fim na sua acepção mais ampla e genérica, segundo a qual *fim* significa o objeto ou termo do ato vo-

---

(3) Cf. *S.Th.*, I-II, q. 6, a. 1. «Duo igitur sunt necessaria ad constituendam rationem voluntarii, nempe quod sit a *principio intrinseco, et cum aliqua cognitione finis*» (Santo Alfonso M. de Ligório, *Theologiae Moralis*, lib. V, *praeamb.*, 1, 7: *Opere*, Giacinto Marietti, Turim, 1880, vol. VI, p. 6).

luntário: uma vez atingido, a vontade realizou seu ato, e este termina. A vontade está naturalmente inclinada (*voluntas ut natura*) para o bem captado pela inteligência; por isso, o fim do ato voluntário é sempre um bem autêntico ou, pelo menos, um bem aparente (algo considerado como um bem), que pode ser atingido, utilizado, realizado por uma ação voluntária (bem prático).

Quando se fala do fim (isto é, do objeto) de um ato voluntário, é errado pensar imediatamente numa coisa (relógio, caneta, vestido, etc.). Como se trata de um bem prático, *o fim do ato voluntário será, com frequência, uma ação imperada*: se a vontade escolhe a ação «dar de presente um relógio» ou «furtar um relógio», o objeto ou fim do ato voluntário não é «relógio», mas a ação de «dar de presente um relógio» ou de «furtar um relógio».

b) A tendência da vontade para o fim: a voluntariedade

A definição indicada do ato voluntário mostra que *o elemento constitutivo essencial do ato moral é a tendência consciente e deliberada do querer pessoal ao seu fim*, tendência que chamamos *voluntariedade*. A voluntariedade é, portanto, o «tender a», o «olhar para» encarnado em todo ato voluntário. A *voluntariedade* é a intencionalidade constitutiva do ato voluntário.

Toda a teoria da ação moral pressupõe uma compreensão adequada da voluntariedade. Não somente porque, sem ela, não há ação voluntária, mas também porque a modalidade concreta assumida pela voluntariedade em cada ato é o que o constitui num tipo específico de ação (doação, furto, empréstimo, etc.). Em termos gerais, qualquer ação é especificada por seu objeto, isto é, pelo princípio específico de atuação da faculdade operativa humana de que se trate:[4] o ouvido se atualiza com o som, e o olfato com o cheiro: diante do cheiro e do som, o olfato e o ouvido não podem realizar outro ato que cheirar e ouvir. A pessoa, no entanto, pode enfrentar a mesma realidade de maneiras muito diversas (aprovar ou rejeitar, amar ou odiar, comprar

(4) Cf. S. Pinckaers, *Le renouveau de la morale*, Téqui, Paris, 1978, pp. 131-134.

ou furtar), razão por que esta realidade, enquanto objeto ou fim da vontade, não é independente do modo como a pessoa a considera, isto é, não pode ser definida independentemente da voluntariedade. Por isso, como já dissemos, e repetimos porque é importante, *o fim ou o bem objeto da vontade não é propriamente uma coisa – um relógio, por exemplo –, mas uma ação que utiliza ou trata de alguma forma essa coisa*: o relógio é um bem prático (um fim da vontade) enquanto objeto de uma compra ou de um furto, como alarde de riqueza ou de bom gosto, como objeto de presente para manifestar amizade ou para subornar uma pessoa, etc. O bem ou o fim da vontade seria, nesses diferentes atos, comprar um relógio, furtar um relógio, ostentar riqueza ou bom gosto através do relógio, etc.

É um grave erro conceber ou descrever o ato moral do ponto de vista exterior, como um simples ato físico, sem ter em conta o propósito interior (voluntariedade) de que o ato procede e a que dá forma. O ato moral não é, portanto, um simples evento externo a que se seguem certos efeitos. O evento e os efeitos são apenas o componente físico da ação, o corpo da ação, ao passo que a ação voluntária é também constituída, e em sentido formal, pela voluntariedade, que é como que a sua alma. Assim, por exemplo, se o paciente Pedro morre ao ser submetido a uma cirurgia corretamente realizada, temos a ação «cirurgia» e o efeito «morte de Pedro», mas não se produz a ação voluntária «assassinar Pedro», porque em momento algum e por nenhum aspecto o cirurgião considerou a morte de Pedro como um bem (fim) que quisesse alcançar, nem a quis causar intencionalmente mediante a sua própria ação.

c) Características da voluntariedade

Podemos agora analisar, de modo mais explícito, as características da voluntariedade.

A voluntariedade é um dirigir-se deliberada e conscientemente para o objeto; não é suficiente que a pessoa «tenha consciência» do que faz: pode-se ter consciência de alguma coisa que, no entanto, não é organizada nem controlada por mim (como é o caso do bater do coração). *A ação voluntária é deliberada e consciente porque inclui um juízo intelectual na sua estrutura íntima, que projeta e avalia como um bem a ação ou aquilo que é atingido por meio da ação.* O conhecimento racional é pressuposto da voluntariedade e está como que imerso nela *(nihil volitum nisi praecognitum)*: a vontade é um «tender julgando».[5] Isso é assim porque a vontade é um apetite racional, que pode escolher uma ação somente quando a razão a apresenta com sentido inteligível. As ações escolhidas são desejadas sempre à luz de uma descrição racional, isto é, de uma descrição tal que a sua escolha por parte da pessoa tenha um sentido.[6]

> Santo Tomás explica que o objeto das ações morais são formas concebidas e constituídas pela razão.[7] Quer dizer que o objeto a que se refere a vontade não se identifica com a ação escolhida ou com o objeto realizado considerados simplesmente na sua facticidade física ou unicamente como atos de uma faculdade física (nutrição, faculdade generativa, etc.), porque a ação moral é o ato de um agente racional que capta os seus aspectos inteligíveis, os quais, por sua vez, explicam por que a pessoa se dirige para um objeto de um modo e não de outro. Assim, por exemplo, a mesma ação de «desconsiderar» os erros cometidos por um estudante na exposição de um tema pode ser contemplada pela razão, segundo as circunstâncias, como um ato de misericórdia ou de condescendência injusta por parte do professor. Uma atuação fisiologicamente idêntica da faculdade generativa pode ser em um caso adultério e em outro um legítimo ato de amor conjugal. A diferença entre o primeiro e o segundo é relevante para a pessoa que escolhe a ação, mas não para uma consideração puramente naturalista (médico-fisiológica) de tal ato.

A voluntariedade é ativa, já que o modo de dirigir-se para o fim foi escolhido ou decidido pela pessoa. Não é um movimento puramente reativo, como são, ao contrário, as *paixões* da sensibilidade. Os atos da vontade não são paixões, mas ações, porque a relação entre o sujeito

(5) Cf. K. Wojtyla, *Persona y acción*, cit., p. 171.

(6) Este aspecto foi estudado e profundamente esclarecido por G. E. M. Anscombe, *Intención*, cit.

(7) «Species moralium actuum constituuntur ex formis prout sunt a ratione conceptae» (*S.Th.*, I-II, q. 18, a. 10).

do ato voluntário e o seu objeto é decidida e realizada pelo próprio sujeito.

A voluntariedade é sempre autorreferencial. A ação voluntária, além de tender para um objeto no sentido até agora indicado, afeta o sujeito pessoal, modificando-o e qualificando-o. Não é possível, por exemplo, furtar sem se tornar um ladrão; pelo contrário, pode-se ter conhecimento de um roubo ou de um homicídio sem manchar-se dessas culpas morais. A voluntariedade pressupõe uma identificação pessoal (uma avaliação e um posicionamento positivo com o amor, ou negativo com o ódio e com a rejeição) com a ação querida,[8] o que não acontece com o conhecimento (o homem não se torna ladrão simplesmente por saber que ocorreu um roubo). A voluntariedade é a expressão imediata da pessoa, que é implicada como pessoa em cada ato da vontade,[9] e por isso *toda determinação da vontade para um objeto é sempre também autodeterminação*, ou seja, ato pelo qual a pessoa se autodetermina. Pertence à própria essência do querer que o eu pessoal reclame para si o que é querido, aprovando-o ou rejeitando-o, ao passo que não vincula a si aquilo que é objeto de simples conhecimento. A voluntariedade nunca é neutra, e se alguma vez é descrita como neutra é porque se desconhece a sua verdadeira essência.[10] Essa autorreferencialidade do ato humano explica por que Deus «retribuirá a cada um segundo suas obras».[11]

d) Atos voluntários elícitos e atos voluntários imperados

Chamam-se elícitos os atos voluntários realizados diretamente pela vontade (amor, ódio, decidir uma compra, etc.). Como centro espiritual, a pessoa toma posição em face de um objeto (ama, odeia, apro-

(8) Isso não significa que não existam atos voluntários realizados com certa repugnância, como tomar um remédio de sabor desagradável: o que o agente procura – aquilo com que se identifica – é a saúde, não o sabor.

(9) Cf. K. Wojtyla, *Persona y acción*, cit., cap. III (pp. 123-172); L. Polo, *Curso de teoría del conocimiento*, Eunsa, Pamplona, 1984, vol. II, p. 229.

(10) Cf. *Veritatis splendor*, n. 78.

(11) Rom 2, 6; Cf. Sal 62, 13; Prov 24, 12; 2 Cor 5, 10.

va, desaprova, escolhe, decide, etc.). Os atos elícitos podem referir-se também a objetos que não estão em seu próprio poder; assim, por exemplo, podem-se amar ou odiar as qualidades de outra pessoa, pode-se desejar que tenha sucesso nas suas atividades ou que fracasse, ainda que não se faça nada para promover ou obstaculizar tais qualidades, êxitos ou fracassos. Mas, com muita frequência, os atos elícitos projetam ou escolhem ações realizáveis ou realizadas (decide-se sair de férias em tal data, comprar uma roupa, etc.), e aplicam as faculdades operativas (as mãos para segurar algo, as pernas para correr, etc.) para realizar o que se decidiu fazer. Uma possível interpretação errônea da natureza dos atos elícitos é pensar «que consistem em atos que não só se originam imediatamente da vontade, senão que também terminam "na" vontade, nunca em alguma potência sujeita à vontade; em outras palavras, pensar que *per se* constituem *somente* relações volitivas, e nunca constituem *per se* nenhum outro tipo de relação, isto é, uma relação que implique alguma outra potência além da vontade».[12] O ato elícito de querer mover as pernas para caminhar (uso ativo) termina em caminhar efetivamente, que é já um ato imperado.

A realização dos atos escolhidos dá lugar, com efeito, aos *atos voluntários imperados, isto é, atos realizados imediatamente por uma faculdade diferente da vontade (a inteligência, os braços, os olhos) sob a influência e a moção da vontade:* assim, ler um livro, empurrar a mesa, prestar atenção são ações voluntárias imperadas. Esses e outros atos imperados são projetados, escolhidos e executados livremente pela pessoa e, portanto, são ações voluntárias em sentido rigoroso. O projeto e a escolha interior desses atos constituem a sua «alma», aquilo que informa, vivifica e dá sentido ao ato; a ação imperada na sua facticidade psicológica ou física é como que o seu «corpo».

Disto derivam duas consequências significativas para a teologia moral: a primeira é que *os atos elícitos possuem grande transcendência moral, porque são o fundamento e o princípio dos atos imperados.* O cristianismo sublinha a importância do «coração», onde o homem se exprime – pelo menos em relação a Deus e a si próprio – de modo mais pessoal do que mediante a sua atividade corporal. Nesse sentido, o ato elícito é o que deve ser considerado bom ou mau por essência, ao passo que

(12) S. L. Brock, *Acción y conducta*, cit., p. 218.

o ato imperado o é pela sua participação no ato elícito.[13] A segunda consequência é que *a descrição moral das ações deve captar, na medida do possível, o que anima o ato imperado*: o ato elícito caracterizado essencialmente pela vontade. Uma ação descrita assim: «os músculos do braço esquerdo do motociclista Pedro se contraem» não é ainda uma ação voluntária nem pode ser avaliada moralmente; é um «corpo» sem «alma», moralmente ininteligível; descrita dessa maneira, ninguém poderia escolhê-la. Se essa ação for descrita de outro modo, por exemplo: «o motociclista Pedro levanta o braço para indicar que vai virar à direita», ou também: «Pedro levanta o braço para insultar João», então essa escolha de Pedro possui significado humano, e é suscetível de avaliação moral. Na descrição de um ato, não se pode prescindir da *voluntariedade*, porque ela é *o nível básico de intencionalidade constitutivo da ação voluntária imperada.* É justamente a voluntariedade o que permite distinguir um tipo de ato de outro, que talvez pareçam quase idênticos a um observador externo. Além dessa intencionalidade constitutiva, podem existir intenções ulteriores, não constitutivas da ação, mas moralmente relevantes, como se explicará neste mesmo capítulo. Logicamente, deve evitar-se uma descrição da ação que mostre um «corpo» sem «alma», e também uma descrição que mostre uma «alma» sem «corpo». A ação imperada é um todo unitário.

Santo Tomás, e com ele muitos outros teólogos, chama aos atos elícitos da vontade *atos internos*, e aos atos imperados *atos externos*. Os termos «interno» e «externo» utilizam-se aqui com referência à vontade, e, desse modo, um pensamento ou uma lembrança voluntária (que são atos imperados da vontade mas realizados por uma faculdade externa a ela) são considerados atos externos. Esse é o uso correto dessa terminologia. No entanto, às vezes, as qualificações «interno» e «externo» referem-se ao que um observador externo pode captar. Nesse sentido, um pensamento ou uma lembrança voluntária seriam atos internos, ao passo que estudar, bater ou roubar seriam atos externos. Com esse significado, tradicionalmente se distinguem os pecados internos (maus pensamentos, maus desejos, etc.) dos pecados externos (roubo, violência, etc.).

(13) Cf. *Scriptum super Sententiis*, lib. III, d. 23, q. 1, a. 4, ql. 1.

2. *Os diversos tipos de objeto da vontade*

a) O objeto direto da vontade

Precisando mais a nossa análise, convém esclarecer que o objeto da ação voluntária até agora estudado deveria chamar-se, a rigor, *objeto direto da vontade*, para distingui-lo do *objeto indireto*, do qual trataremos no § 2 (b). Em relação ao objeto direto da vontade, devem levar-se em conta algumas diferenças qualitativas, que permitem entender melhor a acepção estrita do conceito de fim.[14]

O objeto direto da vontade é o bem (real ou aparente) apresentado pela razão. Para o sujeito agente, uma ação, ou o que por meio dela se atinge, pode ter a razão de bem sob formas diversas: por assim dizer, há várias classes de bens. Entre elas, *o fim, na sua acepção mais rigorosa, é o que se apresenta como bem desejável em si mesmo*, isto é, aquilo que interessa por si mesmo e, portanto, pode ser, por si mesmo, princípio de atuação da vontade. Uma vez conseguido o fim que deu origem a um ato da vontade, esse ato voluntário termina. *Fim é o que se considera como bom ou desejável em si mesmo, e é querido ou realizado por si mesmo.* Nesta acepção restrita de fim, deve introduzir-se ainda uma ulterior distinção de tipo qualitativo: uma ação ou uma coisa podem ser consideradas boas em si mesmas porque são *honestas* ou porque são *deleitáveis*. O que é querido por si mesmo por ser objetivamente bom e digno de ser amado (ou seja, porque é dotado de um valor objetivamente relevante) é um *bem honesto*; esse bem honesto tem caráter objetivo, porque a pessoa humana se reconhece nele e o aprova como tal. O que é querido em si mesmo porque causa em mim uma ressonância afetiva positiva (prazer, satisfação, alegria, etc.) é um *bem deleitável.*

Finalmente, há um terceiro tipo de bem que não é um fim, mas é querido em relação ao fim e, por isso, entra no objeto direto da vontade, ainda que de modo secundário. Este terceiro tipo de bem costuma chamar-se *bem útil*, conquanto fosse preferível denominá-lo *bem tido como fim* (Tomás de Aquino usa a expressão «*ea quae sunt ad finem*») ou, simplesmente, *meio*. *O bem tido como fim considerado formalmente*

---

(14) Retomamos aqui o que foi escrito em A. Rodríguez Luño, *Ética general*, cit. pp. 183, 194-196, limitando-nos aos aspectos essenciais.

enquanto tal não é querido por si mesmo (nem como bem honesto nem como bem deleitável), senão enquanto ordenado (tido como fim) à realização ou à consecução do fim: é querido em virtude de outro, em função do fim para cuja consecução é útil. Por exemplo, quem se submete a um tratamento médico doloroso não o deseja por si mesmo, e sim porque o leva a recuperar a saúde. A distinção entre fins e meios permite vislumbrar uma das formas mais habituais de organizar os comportamentos morais complexos: certas ações são escolhidas como meios, em ordem a outras coisas. A distinção entre a volição de uma coisa como fim ou como meio tem muitas aplicações em teologia moral.[15]

b) O objeto indireto da vontade

Além do fim e do bem tido como fim (meio) que são queridos diretamente pela pessoa, a vontade pode ter também um objeto indireto que, na medida em que foi previsto, permanece no campo intencional.[16] *O objeto indireto é uma consequência da ação (um efeito colateral do ato) que não interessa nem é querida de nenhum modo, nem como fim nem como meio, mas é prevista e permitida enquanto está inevitavelmente unida ao que se quer.* Alguns exemplos: uma pessoa se submete a um tratamento contra a leucemia que provoca, como efeito secundário, a queda do cabelo; uma mulher que desejaria ter filhos permite a extração do útero por causa de um tumor maligno e, como consequência, fica estéril. A queda de cabelo e a esterilidade são objeto indireto da vontade, não queridos, mas efeitos conhecidos e previstos que a necessidade obriga a tolerar. Quando uma ação acarreta um efeito indireto negativo para si mesmo ou para outros, aparece o problema da sua licitude moral. Assim, São Paulo ensina que se devem evitar certas ações que, sendo em si mesmas lícitas, têm como efeito indireto o escândalo dos frágeis na fé.[17] É o problema moral da ação de duplo efeito, que estudaremos no § 5 deste capítulo.

Para evitar confusões, *é importante distinguir o objeto indireto (ou*

(15) Ver, por exemplo, *Evangelium vitae*, n. 62.

(16) Como exemplo da distinção entre voluntário direto e voluntário indireto, *vide Evangelium vitae*, n. 57.

(17) Cf. Rom 14, 14-21.

ação voluntária indireta) do objeto querido diretamente como meio. Se uma mulher não deseja ter mais filhos, porque um novo parto pode acarretar um risco para a saúde, e pede que o médico extirpe o seu útero, a cirurgia é querida diretamente como esterilizadora, e a esterilidade consequente é também querida diretamente, ainda que seja como meio para conservar a saúde. O critério distintivo fundamental é o seguinte: *para que o efeito previsto de uma ação possa ser considerado objeto indireto da vontade, tal efeito não pode ser querido como o meio (no plano real, a causa) que permite conseguir ou realizar o que realmente interessa.* Todo efeito considerado e querido como nexo causal entre o sujeito e o seu fim é querido diretamente como meio, isto é, como bem tido como fim. No último exemplo, a esterilidade futura é querida diretamente como meio; nos outros exemplos, ao contrário, a queda de cabelo e a esterilidade são queridas indiretamente, porque a queda de cabelo não é causa da cura da leucemia, assim como o fato de não poder ter mais filhos não é a causa pela qual a mulher se liberta do tumor. Falando propriamente, o efeito indireto não é querido, mas permitido, tolerado ou suportado.

Na prática, a distinção entre objeto direto e objeto indireto da vontade é, por vezes, difícil de estabelecer, e isso pode ocasionar abusos. Contudo, deve afirmar-se que, quando se faz uma análise atenta e serena, a diferença entre os dois tipos de objetos da vontade pode ser estabelecida de modo objetivo e controlável. Até a mesma linguagem corrente é suficientemente sensível às diferenças existentes no gênero do voluntário. Basta examinar o campo semântico de algumas palavras com que nos referimos às ações humanas (querer, aprovar, permitir, tolerar, suportar, etc.) para ter uma confirmação de tudo quanto foi dito.

3. A estrutura discursiva do agir voluntário

A atividade racional é discursiva, comporta a passagem de um termo a outro. Na ordem teórica, o progresso consiste em adquirir novas verdades a partir das já conhecidas. Na ordem prática, estabelece-se uma relação análoga entre os diversos momentos de atuação da razão prática e da vontade: do ato de querer no aumentar de peso passamos, por exemplo, a deliberar sobre o modo de conseguir tal fim decidindo fazer exercício físico ou seguir uma dieta. Santo Tomás, assumindo e completando as análises de Aristóteles, de Santo Agostinho e de São João Damasceno, elaborou um quadro geral dos diversos níveis de atuação da vontade.[18] Segundo o Aquinate, à *primeira apreensão* de um fim se segue a complacência da vontade que se chama *amor*. Depois há um *juízo* que avalia a possibilidade e o modo de atingir o fim, ao qual pode seguir-se uma firme decisão de alcançá-lo por meio de certas ações: esta decisão chama-se *intenção*. Movida pela intenção, a inteligência *delibera* acerca dos meios (ação finalizada) idôneos para conseguir ou realizar tal fim, aos quais a vontade pode dar, ou não, o seu *consentimento*. Depois, é preciso estabelecer, entre as ações possíveis, quais são as mais apropriadas e quais devem ser postas em prática imediatamente (*juízo de eleição*), e então se toma a decisão de agir de tal maneira (*eleição*). Quando já se decidiu o que se fará aqui a agora, é preciso organizar e coordenar a atividades das diversas faculdades operativas (*império* racional), e, segundo esse plano, a vontade move as outras faculdades (*uso ativo* da vontade e *uso passivo* das outras faculdades). Seguem-se a *consecução do fim* e o *gozo do fim possuído*. A primeira apreensão, o amor, a intenção e o juízo que a precede, assim como o gozo e a fruição final, são atos que têm o fim como objeto, isto é, o que é desejável em si e por si próprio, e, entre os atos, o amor, a intenção e a fruição são atos elícitos da vontade. O consentimento, a eleição e o uso ativo são também atos elícitos da vontade, mas têm por objeto as ações ordenadas ao fim. As interpretações modernas afirmam que esta análise é de caráter estrutural e não psicológico, e que não deve ser interpretada como um conjunto de atos completos e independentes, que ocorrem numa sequencia temporal fixa e irreversível, mas antes como individuação analítica das modalidades que adquirem os atos da razão prática e da vontade, que dão lugar a uma estrutura discursiva unitária que, segundo o caso, pode ser atuada de maneira parcial ou total.[19]

(18) Cf. *S.Th.*, I-II, qq. 11-16.

(19) Cf. Pinckaers, *La structure de l'acte humain suivant Saint Thomas*, «Revue Thomiste» 63 (1955) 393-412.

No estudo do agir voluntário, a teologia moral tem interesse particular pela *eleição* e pela *intenção*.[20]

Entendemos por intenção um ato elícito da vontade que consiste no querer eficaz de um fim (algo apetecível em si e por si) que, na sua realidade fática, está distante de nós, de modo que não é imediatamente realizável ou atingível, senão que se alcança mediante uma série de ações ordenadas a ele. Este fim, que é o objeto da intenção, tradicionalmente se chamou *finis operantis*. É formalmente visto e projetado enquanto termo de algumas ações ordenadas; a intenção é o ato ordenador por excelência.

O Aquinate observa que, «quando o apetite se dirige imediatamente a alguma coisa, não tem intenção desse bem, quer se trate do fim último, quer de um fim a ele ordenado; somente quando, por meio do que se quer agora, se pretende chegar a um fim, tem-se intenção desse fim».[21] Essa característica da intenção pode ocasionar confusões. Se separarmos do fim uma série de meios concatenados entre si, uma ação ordenada poderá aparecer como fim sem sê-lo realmente. Por exemplo, a saúde em si mesma é um bem, e para conservá-la estou disposto a tomar um remédio repugnante que, além do mais, só posso encontrar numa farmácia situada no extremo oposto da cidade. Abstraindo o meu desejo de conservar a saúde, eu poderia pensar que apanho o dinheiro, tomo o ônibus, etc., para comprar e tomar o remédio repugnante estimando que ele é o fim desejado. Mas essa descrição das ações é errônea, porque o remédio não é propriamente um fim (não é querido por si mesmo): é um fim só funcionalmente no modo – errado, neste caso – de descrever a ação; aqui, o fim, e portanto a intenção, é a saúde.

Chamamos eleição ao ato elícito da vontade que tem por objeto a ação imediatamente realizável em vista do fim desejado.[22] O objeto da eleição

---

(20) Aristóteles já estudara este aspecto: cf., por exemplo, *Ética a Nicómaco*, VI, 2: 1139 a 32-34.

(21) *Scriptum super Sententiis*, lib. II, d. 38, q. 1, a. 3. Acerca da intenção, cf. *S.Th.* I-II, q. 12.

(22) Acerca da eleição, ver *S.Th.*, I-II, q. 13.

é, portanto, a ação ordenada que imediatamente posso ou não executar, realizar de uma maneira ou de outra. A eleição pressupõe vários atos da inteligência: pelo menos, a deliberação e o juízo prático, e supõe também o ato de intenção. O objeto da deliberação e da eleição não pode ser um fim, porque deliberar sobre um bem e escolhê-lo significa orientá-lo a outro e, portanto, significa considerá-lo como bem ordenado (meio).

Se confrontamos o que agora dizemos com aquilo que já sabemos da voluntariedade,[23] notamos imediatamente que *há diversos níveis de intencionalidade da ação*. Assim, por exemplo, a ação «ameaçar de morte um funcionário», a qual, em virtude da sua *intencionalidade constitutiva* (intencionalidade própria da eleição), é diferente da ação de «pedir» ou de «agradecer», poderia responder, em um caso, à *intenção* de obter uma licença de construção a que se tem direito, e em outro caso à intenção de obter algo a que não se tem direito, e que é até ilegal. A presença de diferentes níveis de intencionalidade apresenta alguns problemas quando se deve fazer a avaliação moral, como veremos no § 4 (c) deste capítulo.

4. A avaliação moral da ação voluntária: as fontes da moralidade

Após ter estudado a natureza e a estrutura da ação voluntária, é possível agora analisar os elementos de que depende a avaliação moral da ação no que diz respeito à sua matéria, isto é, ao seu conteúdo. São os elementos que a teologia moral costuma chamar *fontes da moralidade*. No § 6 deste capítulo, estudaremos os elementos referentes à perfeição psicológica da ação, que determinam não tanto a moralidade objetiva do seu conteúdo, mas antes a sua imputabilidade subjetiva.

Vejamos primeiro qual é o problema que se deve resolver, utilizando alguns exemplos. O médico precisa definir e classificar as diferentes patologias (úlcera gástrica, diabetes, tuberculose, malária,

(23) *Vide* § 1 deste capítulo.

etc.) para poder identificar a doença de cada paciente baseando-se nos sintomas, na história clínica, etc., e dessa forma prescrever os tratamentos adequados. O juiz dispõe da definição e da classificação dos diversos delitos (homicídio doloso, homicídio culposo, furto, roubo, extorsão, etc.) para poder julgar a conduta com respeito à qual deve dar a sentença. Também o moralista dispõe da definição e da classificação dos atos próprios das virtudes e dos atos contrários a elas (mentira, roubo, aborto, anticoncepção, assassinato, calúnia, etc.) para poder avaliar moralmente os diferentes comportamentos. Cada uma dessas categorias de análise (mentira, roubo, etc.) constitui uma *espécie moral*, cabendo à teoria das virtudes defini-las com precisão e justificar a sua moralidade. O problema de que agora tratamos é mais restrito: saber de que depende a espécie moral de uma conduta livre, isto é, quais são os elementos da ação humana que mostram se é um aborto ou uma intervenção terapêutica lícita, ou então se é uma prática anticonceptiva ou um aborto, etc.

a) A doutrina eclesial sobre as fontes da moralidade

Há uma secular reflexão teológica sobre as fontes da moralidade[24] e também uma precisa doutrina eclesial, recordada recentemente pelo *Catecismo da Igreja Católica*[25] e pela encíclica *Veritatis splendor*.[26]

A exposição do *Catecismo da Igreja Católica*, muito sintética, limita-se praticamente a enumerar todos os elementos essenciais. A moralidade dos atos humanos depende de três elementos: 1) «Do objeto escolhido», isto é, o objeto do ato que na seção anterior chamamos *eleição*; 2) «do fim que se procura ou a intenção», que é o objeto do ato que denominamos *intenção*; 3) «das circunstâncias da ação», cuja natureza ainda não foi explicada. «O objeto, a intenção e as circuns-

(24) Uma boa síntese da reflexão teológica acerca desta matéria é recolhida em Th. G. Belmans, *Le sens objetif de l'agir humain. Pour relire la morale coniugale de Saint Thomas*, Libreria Editrice Vaticana, Cidade do Vaticano, 1980.

(25) Cf. ns. 1749-1761.

(26) Cf. ns. 71-83.

tâncias formam as "fontes" ou elementos constitutivos da moralidade dos atos humanos».[27]

O objeto escolhido indica a espécie moral do ato da vontade,[28] e «pode por si só viciar o conjunto de todo o ato. Há comportamentos concretos – como a fornicação – cuja escolha é sempre um erro, porque a sua eleição comporta uma desordem da vontade, isto é, um mal moral».[29] Uma intenção boa não pode tornar bom nem justo um comportamento imoral por seu objeto; pelo contrário, uma intenção má converte em mau um ato que, de si, pode ser bom.[30] As circunstâncias, elementos secundários do ato moral, contribuem para aumentar ou diminuir a bondade ou a malícia moral de um ato; podem também atenuar ou aumentar a responsabilidade de quem age, mas não podem tornar boa nem justa uma ação imoral por seu objeto (ações intrinsecamente más).[31] Em síntese, «o ato moralmente bom pressupõe, ao mesmo tempo, a bondade do objeto, a do fim e a das circunstâncias».[32]

A exposição da encíclica *Veritatis splendor* tem caráter diverso, porque não tenciona expor uma visão geral e simples da doutrina, mas reiterar e aprofundar alguns pontos que foram negados ou postos em discussão recentemente. O núcleo doutrinal da seção que analisa o ato moral é a afirmação da existência dos atos intrinsecamente imorais (*intrinsece malum*), ou seja, mostra que há comportamentos concretos (adultério, aborto, etc.) que são moralmente maus «sempre e por si mesmos, ou seja, por seu objeto, independentemente das intenções ulteriores de quem atua, e das circunstâncias».[33] O termo «comportamento» não se refere às ações realizadas por alguém incapaz de executar uma ação livre; quando se fala de «comportamento» entende-se, precisamente, o objeto possível de ações deliberadas e li-

---

(27) *Catecismo*, n. 1750.

(28) Cf. *ibid.*, n. 1751.

(29) *Ibid.*, n. 1755.

(30) Cf. *ibid.*, n. 1753.

(31) Cf. *ibid.*, n. 1754.

(32) *Ibid.*, n. 1760. É o princípio «bonum causatur ex integra causa, malum autem ex singularibus defectibus» (*S.Th.*, I-II, q. 19, a. 6 ad 1). *Vide* também *S.Th.*, I-II, q. 18, a. 4 ad 3 e q. 19, a. 7 ad 3.

(33) *Veritatis splendor*, n. 80.

vres.[34] Essa referência explícita à escolha deliberada está presente sempre que a encíclica fala dos tipos ou classes de ações que são intrinsecamente más.[35]

É evidente que a insistência nos mesmos modos de dizer é deliberada e tem significado preciso. Também se afirma que «a Igreja, ao ensinar a existência de atos intrinsecamente maus, acolhe a doutrina da Sagrada Escritura».[36] Da existência de ações moralmente más segundo a sua espécie, isto é, segundo o seu objeto,[37] deriva uma segunda tese doutrinalmente importante: as normas que proíbem tais ações são válidas *semper et pro semper*, sempre e para todos sem exceção.[38] É uma tese afirmada em diversos momentos.[39]

A encíclica oferece, além disso, as indicações necessárias, positivas e negativas, para entender adequadamente os ensinamentos doutrinais expostos até agora. Em sentido positivo, essas indicações pressupõem a tese de que «*a moralidade do ato humano depende sobretudo e fundamentalmente do objeto escolhido racionalmente pela vontade deliberada*»,[40] tese otimamente exposta e fundamentada por Tomás de Aquino, mas não só por ele. Também em sentido positivo, mas adentrando-nos no campo metodológico, faz uma observação de especial importância: «Para poder apreender o objeto de um ato, o qual o especifica moralmente, é preciso

(34) Cf. J. Finnis & G. Grissez, *Gli atti intrinsecamente cattivi*, em *Lettera enciclica "Veritatis Splendor" del Sommo Pontefice Giovanni Paolo II. Testo e commenti*, «Quaderni de "L'Osservatore Romano"» 22, Libreria Editrice Vaticana, Cidade do Vaticano, 1994, p. 227.

(35) Alguns exemplos: «*É preciso rejeitar a tese [...] segundo a qual seria impossível qualificar de intrinsecamente má [...] a escolha deliberada de alguns comportamentos ou atos determinados*» (n. 79); «as circunstâncias ou as intenções nunca poderão transformar um ato intrinsecamente desonesto pelo seu objeto num ato *subjetivamente* honesto ou justificável como eleição» (n. 81); «é preciso rejeitar como errônea a opinião que considera impossível qualificar moralmente de má segundo a sua espécie a eleição deliberada de alguns comportamentos ou atos determinados» (n. 82); «a moralidade não pode ser julgada se se prescinde da conformidade ou da oposição da escolha deliberada de um comportamento concreto [...]» (n. 67); «semelhantes teorias não são fiéis à doutrina da Igreja enquanto acreditam poder justificar, como moralmente boas, escolhas deliberadas de comportamentos contrários aos mandamentos da lei divina e natural» (n. 76).

(36) *Veritatis splendor*, n. 81.

(37) Cf. *ibid.*, n. 79.

(38) Cf. *ibid.*, n. 82.

(39) *Vide*, por exemplo, ns. 52, 96, 97 e 99.

(40) *Ibid.*, n. 78.

situar-se *na perspectiva da pessoa que atua*. Com efeito, o objeto do ato do querer é um comportamento escolhido livremente. E, na medida em que é conforme com a ordem da razão, é causa da bondade da vontade».[41] Sobre essa base, mostra-se a unidade entre a moralidade da eleição e a moralidade da pessoa: o objeto moral «é o fim próximo de uma eleição deliberada que determina o ato do querer da pessoa que atua. Neste sentido, como ensina o *Catecismo da Igreja Católica*, "há comportamentos concretos cuja eleição é sempre errada, porque comporta uma desordem da vontade, isto é, um mal moral"».[42]

Entre as indicações metodológicas negativas, duas são particularmente decisivas. A primeira refere-se, basicamente, ao conceito de ação: «Não se pode tomar como objeto de determinado ato moral um processo ou um evento de ordem unicamente física, que é avaliado enquanto ocasiona determinado estado de coisas no mundo exterior».[43] A segunda refere-se à constituição do objeto moral: «A ponderação dos bens e dos males, previsíveis como consequência de uma ação, não é um método adequado para determinar se a escolha daquele comportamento concreto é, *conforme à sua espécie* ou *em si mesma*, moralmente boa ou má, lícita ou ilícita».[44]

Esses breves apontamentos mostram essencialmente a doutrina da Igreja sobre as fontes da moralidade. Mas há pontos que devem ser aprofundados, como veremos a seguir.

b) O objeto moral

O princípio geral que está na base da doutrina eclesial sobre as fontes da moralidade é claro e pacificamente aceito: *o ato de vontade especifica-se fundamentalmente pelo objeto (pelo fim ou pelo bem) a que tende*

(41) *Ibidem*. Sobre esse aspecto, cf. William May, *Los actos intrínsecamente malos y la enseñanza de la encíclica "Veritatis splendor"*, «Scripta Theologica» 26 (1994) 199-219; M. Rhonheimer, *"Intrinsically Evil Acts" and the Moral Viewpoint: Clarifying a Central Teaching of "Veritatis splendor"*, «The Thomist» 58 (1994) 1-39.

(42) *Veritatis splendor*, n. 78. A citação interna é do n. 1761 do *Catecismo*.

(43) *Ibid.*, n. 78.

(44) *Ibid.*, n. 77.

diretamente esse ato. O objeto escolhido confere a espécie à eleição (faz que seja um tipo de eleição e não outro); o objeto (fim ou bem) da intenção confere a espécie ao ato de consentimento. A tradição moral chama ao objeto da eleição *objeto moral* ou *finis operis* (finalidade do ato); e ao objeto da intenção *fim* ou *finis operantis* (fim do agente).

A espécie dos atos voluntários é uma espécie moral. A vontade segue à inteligência: a eleição humana é uma eleição deliberada, e a intenção humana é igualmente iluminada pelo juízo racional. O objeto de intenção e o da eleição devem, portanto, ser julgados à luz dos princípios práticos naturais da razão, que são as virtudes morais:[45] esse juízo manifesta o seu valor moral.[46]

> Quando esses princípios se aplicam a uma ação simples, não apresentam problemas especiais: a eleição tende normalmente ao ato imperado (por exemplo, roubar um carro) e, portanto, é especificada por ele (eleição de roubar, roubo). No entanto, em ações mais complexas, onde se apresentam simultaneamente diversos bens, pode surgir a dúvida quanto a que elementos fazem parte da essência do ato imperado, e que, portanto, devem considerar-se o *objeto* que especifica moralmente a eleição. Por exemplo, o médico prescreve a uma mulher casada que tem uma doença um remédio que torna inférteis as relações conjugais. A mulher pode questionar-se quanto a se tomar esse remédio é uma ação terapêutica lícita ou um ato anticonceptivo. Se se explicar à mulher que não é um ato anticonceptivo, ainda que esse mesmo fármaco seja ingerido por outras mulheres unicamente como anticoncepcional, poderia parecer que é a intenção ou são as circunstâncias, e não o objeto moral, o que principalmente determina a moralidade da conduta, ao contrário do que ensina a Igreja. Para resolvermos esse e outros problemas similares, devemos analisar com mais detalhe a natureza e a substância do objeto moral, do fim e das circunstâncias.

---

(45) «In ratione practica praexistunt quaedam ut principia naturaliter nota, et huiusmodi sunt fines virtutum moralium, quia finis se habet in operabilibus sicut principium in speculativis» (*S.Th.* II-II, q. 47, a. 6).

(46) «Omnis finis a ratione deliberativa intentum, pertinet ad bonum alicuius virtutis, vel ad malum alicuius vitii» (*S.Th.* I-II, q. 18, a. 9 ad 3).

Conceito de objeto moral – Grande parte da dificuldade em compreender exatamente o que seja o objeto moral deriva do erro, bastante frequente, de descrever os atos voluntários imperados como um simples acontecer físico, ao qual se seguem alguns efeitos, sem ter em conta o propósito interno da escolha (voluntariedade) de que procede o ato imperado em que se encarna.[47] Esse erro, por vezes, procede de um uso inadequado da terminologia: *falar do objeto do ato faz sentido quando se trata do ato elícito da vontade (a eleição), mas não faz sentido em relação à ação externa escolhida pela pessoa.* O objeto da eleição é a própria ação externa escolhida (roubar um veículo), e não «algo» material da ação externa (o veículo).[48] Se o objeto moral fosse o veículo, as ações de «roubar um veículo» e «dar de presente um veículo» da mesma marca teriam o mesmo objeto moral, o que é claramente falso. Ou então, se o fato de que as relações conjugais sejam estéreis em consequência de um fármaco fosse o objeto moral da anticoncepção e da ação terapêutica anteriormente mencionada, se chegaria à conclusão de que os dois atos são moralmente idênticos e, portanto, igualmente lícitos ou ilícitos. Por isso, deve sublinhar-se que *o propósito interior representa o nível básico de intencionalidade que constitui o elemento formal e decisivo do objeto moral da ação externa escolhida.*

Para compreender melhor o conceito, voltemos ao exemplo do motociclista Pedro. Se dissermos «os músculos do braço direito de Pedro contraem-se», falamos de um fato físico e fazemos uma descrição fisiológica. Santo Tomás chama a esse evento físico *materia ex qua* da ação voluntaria imperada. Essa matéria, por si só, não constitui ainda uma ação voluntária ou um objeto moral. Porém, se dissermos «Pedro indica que vai virar à direita levantando o braço», falamos já de uma ação voluntária, que uma pessoa sensata pode escolher, na qual os movimentos corporais (levantar o braço direito) correspondem a um projeto ou propósito deliberado que faz sentido para ele e para os outros que o veem. Santo Tomás utiliza para

(47) Cf. § 1 b) e d), assim como *Veritatis splendor*, n. 78 (texto citado no § 4 a). *Vide* também J. Costa, *El discernimiento del actuar humano: contribución a la comprensión del objeto moral*, Eunsa, Pamplona, 2003.

(48) Cf. *Scriptum super Sententiis*, lib. II, d. 40, q. 1, a. 3; *S.Th.*, I-II, q. 20, a. 1 c. e ad 1; *De Malo*, q. 2, a. 4.

isso o conceito técnico de *materia circa quam*,[49] equivalente ao do objeto moral da escolha, mas tendo em conta que a *materia circa quam* é, de algum modo, uma *forma a ratione concepta*,[50] isto é, que o objeto moral é formalmente um projeto ou um propósito operativo concebido e avaliado pela razão prática, e escolhido *enquanto tal*.[51] O mesmo elemento material da ação imperada, e, portanto, o objeto da escolha (levantar o braço), poderia responder a um propósito diferente, por exemplo, ameaçar alguém, e dessa forma um mesmo componente material seria a *materia ex qua* de uma ação moral completamente diversa. «Indicar que se vai virar à direita» é uma ação voluntária muito diferente de «ameaçar alguém levantando o braço»: o objeto moral da escolha da primeira ação é diferente do objeto moral da segunda, e essa diferença depende unicamente do objeto moral, não da intenção ou do *finis operantis*. Ainda não falamos da intenção pela qual Pedro decide levantar o braço; e não é necessário fazê-lo se se trata apenas de distinguir a ação «virar à direita» da ação «ameaçar alguém». A intencionalidade (voluntariedade) intrínseca de cada um desses dois atos é constitutiva da ação, indica a sua espécie moral e costuma chamar-se *finis operis*. Diante dessa intencionalidade constitutiva da ação, a intenção ou *finis operantis* representa uma intencionalidade ulterior ou de segundo nível. A encíclica *Veritatis splendor* fala, nesse sentido, de «intenção ulterior»,[52] e a edição latina do *Catecismo* de «intentio superaddi-

(49) «Obiectum non est materia ex qua, sed materia circa quam, et habet quodammodo rationem formae, inquantum dat speciem» (*S.Th.*, q. 18, a.2 ad 2). «Obiecta, secundum quod comparantur ad actus exteriores, habent rationem materiae circa quam, sed secundum quod comparantur ad actum interiorem voluntatis, habent rationem finium; et ex hoc habent quod dent speciem actui» (*S.Th.*, I-II, q. 72, a. 3 ad 2). *Vide* também *S.Th.*, I-II, q. 73, a. 3 ad 1.

(50) *S.Th.*, I-II, q. 18, a. 10.

(51) Não se deve pensar que para Santo Tomás o elemento material e o elemento formal do objeto sejam duas coisas ou dois princípios hilemórficos (matéria e forma de uma coisa). São antes o aspecto formal e o material do mesmo objeto, como quando se fala do objeto material e do objeto formal de uma ciência. Santo Tomás compara-os com a cor e o corpo que possui essa cor. Tanto a cor (*ratio visibilitatis*) como o corpo caracterizam o objeto todo, mas de um ponto de vista diferente. Para este tema, ver o profundo estudo de Martin Rhonheimer, *Ley natural y razón práctica*, pp. 111-120 (especialmente 115-117) e 394-464.

 (52) *Veritatis splendor*, n. 80.

ta»,[53] para indicar que já no nível de escolha ou de *finis operis* há uma intencionalidade inicial constitutiva da ação (que chamamos *voluntariedade*).

À luz desses esclarecimentos, o objeto moral da ação contraceptiva, por exemplo, não pode ser descrito como «tomar um comprimido anovulatório com um pouco de água». Esse ato físico, em si mesmo, poderia ser a *materia ex qua* da contracepção (não, com certeza, a *materia circa quam*), mas também poderia sê-lo de uma ação que nada tem que ver com a contracepção, como, por exemplo, a ação terapêutica mencionada na encíclica *Humanae vitae*,[54] ou então a ação de proteger-se dos efeitos dos atos de violência sexual que podem ocorrer quando um exército inimigo invade a cidade. Se quisermos saber o que é uma ação contraceptiva ou qual é o objeto moral da escolha contraceptiva, deve definir-se o propósito a que corresponde a ação (a *forma a ratione concepta*) e no qual essa mesma ação se encarna; dessa forma, a contracepção é a «ação que, ou em previsão do ato conjugal, ou durante a sua realização, ou ainda durante o desenvolvimento das suas consequências naturais, se proponha, como fim ou como meio, a tornar impossível a procriação».[55]

Em resumo, o problema todo consiste em entender que a eleição (que é uma ação voluntária), como todo ato humano, é uma realidade intencional, é outro modo de expressar o princípio metafísico *omne agens agit propter finem*.[56] A ação voluntária, também quando descrita em termos abstratos como tipo de ação (furto, assassinato, calúnia, etc.), possui uma intencionalidade (voluntariedade) que a constitui como tal tipo de ação. Quando a intencionalidade constitutiva ou de primeiro nível entra em contradição com uma virtude moral (contra

(53) *Catechismus Catholicae Ecclesiae*, Editio Typica Latina, Libreria Editrice Vaticana, Cidade do Vaticano, 1997, n. 1753.

(54) «A Igreja, por outro lado, não considera ilícito o recurso aos meios terapêuticos verdadeiramente necessários para curar doenças do organismo, ainda que daí venha a resultar um impedimento, mesmo previsto, à procriação, desde que tal impedimento não seja, por motivo nenhum, querido diretamente» (Paulo VI, Encíclica *Humanae vitae*, 25/07/1968, n. 15).

(55) *Ibid.*, 14.

(56) Cf. Stephen L. Brock, *Acción y conducta*, cit., pp. 59-62 e 123-131.

a justiça, contra a temperança, etc.), a ação possui uma negatividade moral que nenhuma intenção ulterior ou de segundo nível (*finis operantis*) pode sanar. Logicamente, existem muitos tipos de ação que, segundo a sua intencionalidade constitutiva, não se opõem a uma virtude, como veremos a seguir.

Tipologia moral do objeto – Segundo o seu objeto, os atos voluntários podem ser: 1) *bons*: se são em si mesmos atos conformes a uma virtude, como rezar ou ajudar o próximo; 2) *maus*: se são em si mesmos contrários à virtude, como o furto, o adultério, etc.; 3) *indiferentes*: se são atos que em si mesmos não possuem razão específica de conformidade ou desconformidade com a virtude. No entanto, não se pode esquecer que esses atos possuem certa qualificação moral, pois caso contrário seriam meros atos físicos e não atos voluntários: são atos compatíveis com a plena verdade sobre o homem, mas que, em si próprios, não a promovem; nessa perspectiva, qualificam-se de atos *lícitos* que, para que sejam realmente bons, devem proceder de uma vontade boa e estar ordenados a Deus pelo agente.

> Na realidade, não existem atos indiferentes «em concreto», porque, quando os atos humanos são considerados em sua realidade concreta, a sua moralidade já está determinada por algumas circunstâncias ou pelo fim. Alguns teólogos (por exemplo, São Boaventura) defendem a existência de atos humanos concretos que são moralmente indiferentes; contudo, a grande maioria deles – entre os quais figuram Santo Tomás e Santo Afonso M. de Ligorio – negam essa possibilidade. Santo Tomás conclui assim o estudo de questão: «É necessário que todo ato humano que procede da razão deliberativa, considerado individualmente, seja bom ou mau».[57] Esta doutrina moral é um grande estímulo para ordenar a atividade pessoal a Deus, ainda aquela que pareça indiferente.

Como se pode conhecer a bondade ou a malícia do objeto de um ato moral? Não há dúvida de que *a fonte do discernimento moral está na razão humana*: com base nos seus princípios práticos naturais e no seu desenvolvimento discursivo, a razão tem condições de reconhecer e de

---

(57) *S.Th.*, I-II, q. 18, a. 9.

distinguir o bem do mal, a virtude do vício.[58] *A capacidade natural da razão é reforçada pela Revelação*, que confirma os ensinamentos da reta razão e a instrui no que se refere aos bens sobrenaturais. Concretamente, a Escritura contrapõe as obras boas, ou frutos do Espírito Santo, ou da fé[59], às obras da carne, obras malvadas, obras perversas, obras das trevas, obras mortas.[60] De forma mais sistemática, «a *matéria grave* é precisada pelos Dez Mandamentos segundo a resposta de Jesus ao jovem rico: "não mates, não cometas adultério, não furtes, não digas falso testemunho, não cometas fraudes, honra pai e mãe" (Mc 10, 19)».[61]

Também o Magistério da Igreja constitui uma ajuda ulterior para distinguir as ações boas das más.[62] O «*magistério dos pastores da Igreja* em matéria moral é exercido habitualmente na catequese e na pregação, com a ajuda das obras dos teólogos e dos autores espirituais. [...] Esta catequese tomou tradicionalmente por base, ao lado do Credo e do Pai-Nosso, o Decálogo, que enuncia os princípios da vida moral válidos para todos os homens».[63] Outros exemplos deste ensinamento moral são: os preceitos da Igreja;[64] a imoralidade dos atentados à pessoa humana;[65] os ensinamentos sobre o matrimônio;[66] a doutrina sobre a ética sexual;[67] a diversas encíclicas e documentos de ética socioeconômica.

c) O fim do agente ou *finis operantis*

Conceito de fim (*finis operantis*) – Embora o objeto de qualquer ato voluntário (intenção, eleição, consentimento, etc.) seja comumen-

(58) Cf. *Veritatis splendor*, n. 61.

(59) Cf. Mt 5, 16; Rom 7, 4; 8, 4-6; 2 Cor 9, 8; Gál 5, 22; Col 1, 10; Tg 2, 17-18.

(60) Cf. Rom 7, 5; 8, 12-13; 13, 12; Gál 5, 19-21; Hebr 9, 14; 1 Jo 3, 12; 2 Jo 11.

(61) *Catecismo*, n. 1858.

(62) Cf. *Veritatis splendor*, n. 25.

(63) *Catecismo*, n. 2033.

(64) Cf. *Catecismo*, ns. 2041-2043.

(65) Cf. *Gaudium et spes*, n. 27; *Evangelium vitae*, ns. 57, 62 e 65.

(66) Cf. Enc. *Casti connubii*, *Humanae vitae* e Instr. *Donum vitae*.

(67) Cf. Congregação para a Doutrina da Fé, Decl. *Persona humana*, 29/12/1975.

te chamado fim, a doutrina sobre as fontes da moralidade reserva o termo fim para o objeto de um desses atos, a intenção.[68] *O fim (finis operantis) é o objetivo a que o agente ordena o seu agir, isto é, o que quer conseguir por meio da ação ou das ações escolhidas; é, portanto, o motor principal da ação.* A teologia moral dedica-lhe particular atenção, por ser a fonte de que fluem todas as ações humanas, que são a materialização do verdadeiro amor (ou rejeição) de Deus e do próximo.[69]

O Evangelho destaca o significado moral da intenção que move a agir. É uma doutrina que Jesus quis inculcar explicitamente aos seus discípulos, pois era contrária ao ensinamento moral da época, tanto o hebraico quanto o pagão. A passagem do Evangelho que talvez desenvolva mais essa ideia é a discussão com os fariseus a propósito de lavar as mãos antes da refeição; a conclusão é clara: «O que sai da boca procede do coração, e isso é o que torna impuro o homem. Porque do coração procedem os maus pensamentos, os homicídios, os adultérios...»[70] A razão dessa primazia da interioridade é evidente: o homem deve procurar o verdadeiro bem (Deus, em último termo) com todo o seu coração, com toda a sua alma e com toda a sua mente; por isso, o aspecto mais significativo da conduta moral está nas disposições interiores.[71]

O fim ou intenção do agente, o verdadeiro motivo ou «motor» da ação, não deve ser confundido com outros motivos que podem concorrer acidentalmente: por exemplo, é distinto dar esmola para fazer-se notar, e este seria o fim (se outros não olhassem, não se daria a esmola) de dá-la para ajudar o próximo mas com a satisfação de ser olhado. De fato, junto com a intenção principal, podem insinuar-se intenções concomitantes ou motivos que não invalidam o fim principal, conquanto possam torná-lo mais puro ou menos puro. Nesse sentido, convém sublinhar a importância de lutar contra as intenções concomitantes desordenadas, porque, se não forem

---

(68) Ver o indicado no § 2 (a).

(69) Cf. 1 Cor 13, 1-7; Tg 1, 22-27; 1 Jo 2, 4-5; *Catecismo*, n. 1752.

(70) Mt 15, 18-19.

(71) Convém lembrar que a vida moral "flui" do coração humano: cf. Lev 26, 41; Deut 10, 16; 11, 16; 30, 6; Sal 37, 48; 81, 13; 112, 7; Ecl 11, 9; Sab 1, 6; Eclo 6, 35; Ez 11, 19; 44, 7; Mt 5, 8; 15, 8; 22, 37; Lc 12, 34; At 5, 3; 7, 51; 8, 21; Rom 2, 29; Ef 3, 17; Tg 4, 8, etc.

combatidas, podem acarretar, com frequência, a mudança do próprio desígnio prioritário da vontade; por exemplo, trabalhar *com* vaidade ou com uma intenção concomitante de «carreirismo» pode transformar-se facilmente em trabalhar *por* vaidade ou *por* «carreirismo».

A presença de diferentes níveis de intencionalidade (intenção e eleição, voluntas intendens e voluntas eligens)[72] *não rompe a unidade da conduta humana.* É verdade que o ato de intenção pode realizar-se separadamente do ato de eleição, como acontece quando se toma uma firme decisão de conseguir um objetivo futuro sem sequer pensar nos meios por escolher (por exemplo, uma pessoa que está no penúltimo ano do ensino médio decide ser jornalista, mas ainda não pensa na forma de consegui-lo: pode matricular-se numa faculdade de ciências da comunicação, ou começar um estágio num jornal e depois, se for necessário, fazer um *master*, etc.). No entanto, *em muitas ocasiões, a intenção e a eleição dos meios são dois momentos de um mesmo movimento da vontade*, que poderia ser descrito começando por cada um dos extremos: o objetivo é conseguir uma meta utilizando certos meios, e então falamos de *intenção*, ou então se escolhem determinadas ações para atingir essa meta, e então falamos de *eleição*.[73]

Em termos absolutos, a intenção do fim (do que realmente interessa) é mais significativa, e reflete melhor a disposição de ânimo da pessoa do que a eleição dos meios. A perspectiva da moral, no entanto, é determinada pelo princípio «*bonum et malum sunt in rebus, verum et falsum sunt in mente*»,[74] isto é, a moral considera os diferentes momentos da conduta como um processo de realização de metas que possuem valor positivo ou negativo, e, nessa perspectiva, a intenção apresenta-se como o projeto interior de um bem que se realizará ou se negará mediante as ações escolhidas.

(72) São esses os conceitos empregados em *Scriptum super Sententiis*, lib. II, d. 38, q. 1 e lib. II, d. 40, onde Santo Tomás empreende um profundo estudo sobre a relação entre intenção e eleição.

(73) Cf. *S.Th*, I-II, q. 12, a. 4.

(74) *De veritate*, q. 1, a. 2.

Por exemplo, o gerente de uma companhia industrial enfrenta um problema econômico complicado, com a intenção de resolvê-lo de modo justo, respeitando os direitos dos trabalhadores, dos acionistas, dos credores, etc. Depois, estabelece um programa de ação que, de fato, não respeita os direitos de todos, e até um dos grupos em questão sofre uma grave injustiça; neste caso, a intenção original correta foi negada pelas ações escolhidas. A intenção de praticar a justiça é negada no próprio momento em que, para realizá-la, se escolhem ações injustas: a justiça não pode ser obtida por meio da injustiça. A distinção entre o fim justo e os meios injustos, distinção que analiticamente é possível, não deve ser enfatizada demais porque, na realidade, quem projeta a realização de um objetivo justo utilizando meios injustos nunca teve uma intenção real de justiça.[75] O exemplo mostra que, na ordem do bem, a realização prática da intenção por meio da eleição acrescenta um novo valor, positivo ou negativo, à intenção somente projetada («não bastam as boas intenções»). A intenção é um princípio a que é preciso acrescentar um reto discernimento sobre o modo concreto de realizá-la.

A seleção do que é preciso fazer aqui e agora para realizar uma intenção apresenta, com frequência, novas dificuldades e resistências que devem ser superadas. Disto decorre que *a eleição, pressupondo e conservando o significado ético da intenção, lhe acrescente a ela novos elementos; a intenção torna-se realidade – ou não – por meio das eleições.* O malogro no plano da eleição concreta tornaria vã a boa intenção, ou então manifestaria a debilidade e a escassa convicção de uma intenção, que cedeu em face do primeiro obstáculo encontrado. Também se deve ter presente que as ações ordenadas escolhidas para conseguir o fim podem causar efeitos indiretos não desejados, mas previstos ou tolerados, que por vezes podem ser moralmente significativos: seria o

(75) «Finis autem dicitur ad quem actus proportionatus est; et ita etiam si finis est bonus, et actus bonus; quia actus malus non est proportionatus ad finem bonum. Unde dicit Philosophus in 6 Ethic. de his qui per malos actus bonos fines consegui intendunt, quod quaerunt sortiri finem incovenienti médio; sicut enim non quaelibet materia est disposita ad quamlibet formam, nec quodlibet instrumentum ad quemlibet effectum, nec quodlibet medium ad quamlibet conclusionem; ita nem quilibet actus ad quemlibet finem» (*Scriptum super Sententiis*, lib. II, d. 38, q. 1, a. 5).

caso, por exemplo, de que ações escolhidas para atingir um fim justo ocasionassem, indiretamente, situações injustas mais importantes que o fim justo diretamente procurado.

O explicado até agora evidencia que a intenção é só um momento particular (ainda que muito importante) da organização e do projeto interior da ação. *O projeto intencional não é só finalização, mas também escolha das ações ordenadas e do modo de executá-las.* Por isso, o ato próprio e principal da virtude é a *reta eleição*, porque a virtude requer não só a boa intenção, mas também e acima de tudo o cumprimento da intenção por meio de eleições retas, isto é, por meio de eleições que verdadeiramente realizem a intenção virtuosa.[76] A pessoa entraria em contradição consigo própria se tentasse realizar a justiça mediante meios injustos, ou a pureza mediante atos impuros. A unidade da pessoa pressupõe a coerência ética entre a intenção e a eleição.

Essa relação entre intenção e eleição permite entender com exatidão o ensinamento evangélico segundo a qual as intenções interiores se mostram por meio dos seus frutos, que são as obras exteriores: «Pelos seus frutos os conhecereis».[77] Ao final do Sermão da montanha, a «carta magna» da moral cristã, o Senhor disse explicitamente: «Nem todo aquele que me diz: "Senhor, Senhor", entrará no reino dos Céus, mas sim aquele que faz a vontade do meu Pai, que está nos Céus. [...] Todo aquele que ouve estas minhas palavras e as põe em prática é como um homem prudente [...]. Mas aquele que ouve estas minhas palavras e não as põe em prática é como um homem néscio».[78] Ou seja: ao amor, à boa intenção, devem seguir-se coerentemente as obras boas.[79]

---

(76) «Principalitas virtutis moralis in electione consistit» (*De veritate*, q. 22, a. 15, ob. 3). «Haec enim cognitio ad electionem requiritur, in qua principaliter consistir moralis virtus» (*Scriptum super Sententiis*, lib. III, d. 35, q. 1, a. 3, ql. 2). «Proprium virtutis moralis est facere electionem rectam» (*S.Th.*, I-II, q. 65, a. 1). «Electio maxime videtur esse propria virtuti» (*In decem libros Ethicorum*, lib. III, lect. 5, n. 432).

(77) Mt 7, 20.

(78) Mt 7, 21.24.26.

(79) Cf. Mt 25, 40.45; Jo 13, 15; Rom 2, 13; Hebr 10, 24-25; Tg 2, 18; 1 Jo 3, 18; Apoc 2, 23.26; 22, 12. Assim também os Padres da Igreja: «Devemos acreditar sempre nos atos e nas obras, não nos discursos teóricos. Falar e prometer é fácil, mas não é tão fácil agir levando à prática as próprias ideias. Por que eu disse isso? Porque são muitos os que dizem temer e amar a Deus, enquanto mostram o oposto com as suas obras: Deus, pelo contrário, pede ser

Convém sublinhar que as obras de que a Bíblia fala não são ações abstratas, mas muito concretas: vejam-se os diferentes elencos daquilo que se deve fazer ou evitar, além de no Sermão da montanha, em Rom 1, 22-32; 12, 6-21; 1 Cor 10, 7-11; Gál 5, 19-22; 1 Pe cap. 2, 3 e 4, etc. Ao longo da história, não faltaram autores que defendessem uma moral sem o esforço das ações concretas; contudo, a tentativa de estabelecer como que dois âmbitos da moralidade isolados, isto é, uma moral das intenções e uma moral das obras, é destinada ao fracasso; significa não ter compreendido a dinâmica da vontade e, o que é pior, desconhecer o profundo sentido das palavras de Jesus, pois é patente que tal pretensão não possui o menor fundamento bíblico, como evidenciou a encíclica *Veritatis splendor*, n. 82.

O papel do fim na avaliação moral – A qualidade moral do fim pelo qual a ação é escolhida influi sobre a sua moralidade de modo diverso segundo a qualificação moral do objeto. *As ações que pelo seu objeto são indiferentes tornam-se boas ou más por causa do fim.*[80]

As ações boas pelo seu objeto (por exemplo, um comportamento amistoso), por causa do fim, *convertem-se em:* 1) *melhores*: por exemplo, fazer amizade por amor a Deus ou para ajudar o próximo; 2) *menos boas*, por motivos concomitantes desordenados: por exemplo, fazer amizade com (*não* por) vaidade de ser popular; 3) *más*, por exemplo, fazer amizade *para* encontrar cúmplices para um roubo; nesse sentido, o Evangelho fala das «virtudes» hipócritas dos fariseus;[81] «uma intenção má acrescentada (como a vaidade) torna mau um ato que, de si, pode ser bom (como a esmola: cf. Mt 6, 2-4)».[82]

Uma ação má pelo objeto pode piorar ou diminuir a sua malícia por causa da intenção; assim diz Jesus: «Pai, perdoa-lhes, porque não sabem

amado também com as obras. Por isso, Jesus dizia aos discípulos: "Se me amardes, guardareis meus mandamentos". Como antes dissera: "Qualquer coisa que pedirdes, eu vo-la darei", e para que não acreditassem que fosse suficiente pedir, acrescentou: "Se me amardes", "só com essa condição", diz, "eu o farei"» (São João Crisóstomo, *In Ioannem homilia*, 75, 1: PG 59, 403).

(80) Cf. Mt 15, 19; Mc 7, 20-21.

(81) Cf. Mt 23, 28; Lc 11, 39-44.

(82) *Catecismo*, n. 1753.

o fazem»,[83] *mas nunca pode chegar a ser boa*: «Se os atos forem intrinsecamente maus, uma intenção boa ou determinadas circunstâncias particulares podem atenuar a sua malícia, mas não podem suprimi-la: são atos "irremediavelmente" maus, que por si e em si mesmos não são ordenáveis a Deus e ao bem da pessoa [...] Por isso, as circunstâncias ou as intenções nunca poderão transformar um ato intrinsecamente desonesto pelo seu objeto num ato "subjetivamente" honesto ou justificável como eleição».[84]

Na realidade, como já vimos, aquele que escolhe uma ação contrária à virtude nunca tem – a não ser por erro invencível – uma intenção moralmente boa: em semelhantes casos, o fim é reto só na aparência, e os motivos alegados para agir assim contêm, no fundo, mais autojustificação do que verdadeiras razões para agir desse modo.[85]

d) As circunstâncias

Além dos dois elementos principais do ato moral, existe um conjunto de elementos secundários que influem na sua moralidade: são as variadas condições pessoais e ambientais, o surgimento – junto com a intenção principal – de diferentes motivos secundários, o tempo ou o lugar onde se realiza a ação, etc. Todos esses elementos constituem as circunstâncias morais, que são componentes do ato humano de valor moral secundário. A Bíblia leva em consideração essa realidade quando, além dos elementos essenciais, ensina a importância de tais fatores concomitantes: o valor da oferta da viúva, a diversa gravidade da culpa de Pilatos e dos fariseus, mais responsabilidade de quem está investi-

(83) Lc 23, 34; cf. Mt 11, 20-24.

(84) *Veritatis splendor*, n. 81. São Paulo ensina que não se pode fazer o mal ainda que a finalidade seja boa (Rom 3, 8), e Santo Tomás escreve: «Nenhum mal feito com boa intenção pode ser desculpado» (*In duo praecepta caritatis*, 6, n. 1168; cf. *S.Th.* I-II, q. 68, a. 6 ad 3). De fato, «uma intenção boa (por exemplo, ajudar o próximo) não torna bom nem justo um comportamento em si próprio desordenado (como a mentira e a maledicência). O fim não justifica os meios. Assim, não se pode justificar a condenação de um inocente como um meio legítimo para salvar um povo» (*Catecismo*, n. 1753).

(85) «Quando aliquis vult malum propter bonum, illud bonum nom est actus voluntatis, secundum se considerati, sed est finis a volente inordinate praestitutus» (*Scriptum super Sententiis*, lib. II, d. 38, q. 1, a. 5 ad 1).

do de autoridade.[86] A consideração das circunstâncias morais permite também alcançar o homem concreto, que age em seu próprio ambiente e na continuidade da sua existência temporal.

Segundo a *S.Th.*, I-II, q. 7, a. 3, as circunstâncias morais podem agrupar-se em duas categorias:

1) Circunstâncias relacionadas com o objeto moral:

– tempo (*quando*): um serviço atrasado perde parte da sua eficácia;

– lugar (*ubi*): não é a mesma coisa injuriar uma pessoa em público ou em privado;

– quantidade do objeto (*quantum*): valor econômico da mercadoria roubada;

– efeitos da ação (*quid*): uma esmola que afasta o receptor de um grave perigo físico ou moral.

2) Circunstâncias relacionadas com o agente:

– condição do agente (*quis*): exemplo da oferta da viúva;[87] «não é a mesma coisa que incorra em culpa uma pessoa favorecida e que recebeu muitos benefícios do Espírito Santo [...] que incorrer em culpa uma pessoa sem tantos privilégios».[88]

– modo de agir (*quomodo*): por exemplo, ordem e intensidade ao cumprir o próprio dever,[89] agir deliberadamente ou estando ofuscado por alguma paixão veemente;

– meios empregados (*quibus auxiliis*): o uso de meios eficazes significa uma voluntariedade maior para o bem ou para o mal; por exemplo, o bom samaritano adota meios extraordinários para socorrer o ferido;[90]

– Motivos circunstanciais (*cur*): por exemplo, fazer um serviço por cortesia mas esperando certo reconhecimento ou compensação

(86) Mc 12, 41-44; Jo 19, 11; Ti 1, 5-9.

(87) Cf. Lc 21, 1-4.

(88) São João Crisóstomo, *In Mattaheum homilia*, 26, 7: PG 57, 341.

(89) Cf. Lc 19, 17.19.

 (90) Cf. Lc 10, 34-35.

é menos meritório do que fazê-lo por caridade com absoluta benevolência.[91]

A moralidade do agir humano não depende só do fim e do objeto, mas também das circunstâncias morais. Porém nem todas as circunstâncias que o são na ordem física também o são na ordem moral: às vezes, uma circunstância física é irrelevante em certos casos (se o ladrão é casado) e não o é em outros (se é casado o que pratica a fornicação). Outras vezes, algo que parece uma circunstância na realidade modifica a essência moral do ato e, portanto, não é uma circunstância moral em sentido estrito (por exemplo, furtar numa igreja é um sacrilégio). O Concílio de Trento tem isso presente quando prescreve que os pecados graves devem manifestar-se no sacramento da penitência junto com as circunstâncias suscetíveis de mudar a espécie.[92]

Falando estritamente, as circunstâncias morais comportam-se como acidentes do ato moral, cuja moralidade substancial provém do objeto e do fim; desse modo, *as circunstâncias aumentam ou diminuem a bondade ou a malícia do ato, sem converter nunca em bom um ato mau, nem um ato mau em bom, e sem sequer mudar a espécie moral ou teológica.*[93]

Como já se indicou, há circunstâncias que não podem ser consideradas como elementos acidentais do agir moral. São aspectos que mudam a espécie moral do ato; assim, nem todos os pecados de furto pertencem à mesma espécie moral: existe o simples furto, o roubo (com violência), o roubo sacrílego. Em termos gerais, pode afirmar-se que é circunstância aquela característica que não tivesse nenhuma relação com a ordem moral se não qualificasse algum elemento que por si próprio já possui alguma relação de conformidade ou desconformidade com a virtude. Por exemplo, o fato de ser muito ou pouco dinheiro é moralmente significativo, em se tratando de dinheiro roubado, isto é, da quantia do roubo. Pelo contrário, se determinada qualidade é aquilo pelo qual, *antes de tudo,* uma ação se opõe à ordem moral, tal qualidade constitui o

(91) Cf. Mt 5, 44-47.

(92) Cf. *De sacramento paenitentiae*, cap. 5 e can 7: DS 1681 e 1707.

(93) Cf. *Catecismo*, n. 1754.

objeto moral. Por exemplo, se uma pessoa interrompe uma cerimônia religiosa cantando uma música da moda (que em sua casa teria plena liberdade de cantar quando quisesse), não se pode dizer que a ação escolhida seja a de cantar, e que a sua presença na cerimônia religiosa seja uma circunstância de lugar: a ação moral (*genus moris*) que se considera contrária à virtude da religião é a *interrupção de um ato de culto*, e cantar é uma circunstância (o meio empregado para interromper o ato). As circunstâncias que mudam a espécie moral da ação são, realmente, elementos da mesma essência que o objeto moral do ato.[94]

e) Aprofundamento da doutrina eclesial com referencia ao debate sobre o proporcionalismo

A encíclica *Veritatis splendor* critica as orientações morais conhecidas como consequencialismo e proporcionalismo por negarem a existência de atos intrinsecamente maus e o valor absoluto das normas éticas que proíbem esses atos:[95] «É por isso – repetimo-lo – que se deve rejeitar como errônea a opinião que considera impossível qualificar moralmente como má segundo a sua espécie a opção deliberada de alguns comportamentos ou de certos atos, prescindindo da intenção com que a escolha é feita ou da totalidade das consequências previsíveis daquele ato para todas as pessoas interessadas. Sem esta *determinação racional da moralidade do agir humano*, seria impossível afirmar uma "ordem moral objetiva" e estabelecer qualquer norma determinada, do ponto de vista do con-

(94) Cf. *S.Th.* I-II, q. 18, aa. 10-11; A. Rodríguez Luño, *Ética general*, cit, pp. 189-190; *Ibidem*, *"Veritatis splendor", un anno dopo. Appunti per un bilancio (II)*, cit., p. 61.

(95) A encíclica *Veritatis splendor* entende por consequencialismo a concepção ética que «pretende obter os critérios de retidão de determinado agir apenas do cálculo das consequências que se prevê que possam decorrer da execução de uma decisão» (n. 75). E entende por proporcionalismo a concepção ética que, «ponderando entre si os valores e os bens que se pretendem, está centrada na proporção reconhecida entre os efeitos bons e maus, tendo em vista o *bem maior* ou o *mal menor* que sejam efetivamente possíveis em determinada situação» (n. 75).

teúdo, que obrigasse sem exceção».[96] A encíclica mostra as motivações doutrinais do juízo exposto, afirmando explicitamente que essas duas teorias não são fiéis à doutrina da Igreja porque, com base na sua metodologia, justificam «como moralmente boas escolhas deliberadas de comportamentos contrários aos mandamentos da lei divina e natural».[97]

Partindo de uma concepção simplista do problema proposto pelo proporcionalismo, afirmou-se que este sustenta que uma ação reconhecida como moralmente má em si mesma pode converter-se em moralmente boa por causa do fim, das circunstâncias ou das consequências. Alguns autores pensaram, erradamente, que essa fosse a crítica que a *Veritatis splendor* dirigia ao proporcionalismo.[98] As coisas não são exatamente assim. Um editorial publicado em *L'Osservatore Romano*[99] esclarecia que a raiz do problema em discussão está na concepção do objeto moral; mais concretamente, no fato de os proporcionalistas privarem o objeto de um elemento fundamental, que nós chamamos voluntariedade,[100] e, nesse sentido, «moralmente, neutralizam-no». Assim, por exemplo, Fuchs escreveu que «não se pode dizer, portanto, que matar, enquanto realização de um ato humano, seja moralmente bom ou mau, porque matar, em si mesmo, não expressa ainda a intenção e o fim do sujeito moral e, portanto, em si mesmo, não pode ser uma ação humana».[101] Sem essa intenção não se poderia distinguir, por exemplo, entre matar por interesse e matar em legítima defesa. É preciso afirmar, portanto – acrescenta Fuchs –, que «uma ação, em sua materialidade (homicídio, agressão, ir à Lua), não pode ser justificada do ponto de vista moral sem considerar o motivo pelo qual o sujeito age. Sem esse motivo, de fato, ainda não é uma ação humana, e só uma ação humana pode ser avaliada em sentido próprio como moralmente

(96) *Veritatis splendor*, n. 82. O texto remete à Decl. *Dignitatis humanae*, n. 7.

(97) *Veritatis splendor*, n. 76.

(98) Cf., por exemplo, R. A. McCormick, *Some early reactions to «Veritatis splendor»*, «Theological Studies» 55 (1994) 490-491.

(99) *La ricezione della «Veritatis splendor» nella letteratura teologica*, «L'Osservatore Romano», 20/05/1955, p. 1.

(100) Cf. § 1 (b).

(101) J. Fuchs, *Responsabilità personale e norma morale*, cit., p. 110.

boa ou má. O mal pré-moral cumprido mediante uma ação humana não pode ser querido enquanto tal e deve ser justificado na totalidade da ação por razões proporcionadas».[102] Daí se extrai a seguinte conclusão: «Um juízo moral pode ser formulado somente a partir da consideração simultânea de três elementos (ação, circunstâncias, fim) em si pré-morais. O cumprimento dos três elementos (a. subtrair dinheiro de outro; b. que é muito pobre; c. para agradar a um amigo) não é a combinação de três ações humanas, que possam ser avaliadas separadamente, senão que constitui uma única ação humana».[103] Para ser verdadeiramente universal, uma norma moral deveria ter em conta os três elementos em toda a sua amplitude, mas isso «é teoricamente impossível», e, por essa razão, no momento da aplicação da norma, descobrir-se-á que a sua amplitude é menor do que se pensava.[104]

Como fizeram notar diversos autores,[105] em raciocínios como o de Fuchs e o de McCormick, há um erro no plano da teoria da ação, que talvez proceda da herança da moral casuística. O erro consiste na consideração fisicista da ação moral (o *matar em si*, de que fala Fuchs), privada do significado da sua voluntariedade, que se quer resolver mediante o acréscimo de elementos tomados da intencionalidade do sujeito (*finis operantis*), das circunstâncias ou das consequências. McCormick e Fuchs têm razão ao dizer que uma ação descrita de maneira puramente fisicista (sem a voluntariedade) não poderia ser avaliada moralmente, porque não é uma ação humana, uma vez que a ação humana é uma ação essencialmente voluntária; porém, em vez de entender a voluntariedade (e, portanto, a moralidade) como intrínseca à ação (que eles mesmos eliminaram para poder considerar a ação como uma realidade pré-moral),

---

(102) *Ibidem*, p. 111. Fuchs assinala que as últimas frases correspondem também ao pensamento de Van der Marck, de Van der Poel e de Knauer.

(103) *Ibidem*, p. 112.

(104) Cf. *Ibidem*.

(105) Cf. W. May, *Los actos intrínsecamente malos y la enseñanza de la encíclica «Veritatis splendor»*, cit.; M. Rhonheimer, *«Intrinsically Evil Acts» and de Moral Viewpoint: Clarifying a Central Teaching of «Veritatis splendor»*, «The Thomist» 58 (1994) 1-39; *Ibidem*, *Intentional Actions and the Meaning of Object: A Reply to Richard McCormick*, «The Thomist» 59 (1995) 279-311; A. Rodríguez Luño, *El acto moral y la existencia de una moralidad intrínseca absoluta*, em G. del Pozo Abejón (ed.), *Comentarios a la «Veritatis splendor»*, cit., pp. 693-714.

pretendem introduzir a voluntariedade (e, portanto, a moralidade) somente no plano da intenção do agente, das circunstâncias e das consequências previsíveis. Como escreveu Rhonheimer, para esse autores, a ação humana, como realidade voluntária e portanto moral, seria a soma de uma ação física ou fisicamente descrita (*o matar em si*) mais a atitude do sujeito com respeito ao fim (o *finis operantis* da manualística tradicional, que a *Veritatis splendor* n. 80 chama «ulteriores intenções») e com respeito às circunstâncias e às consequências; mas o verdadeiro problema é que, já no plano da teoria da ação, uma ação física mais a intenção não dá como resultado uma ação voluntária.[106]

Assim, pode entender-se de maneira correta o esclarecimento feito pelo editorial citado: «Fornecendo indicações sobre o modo de entender o objeto moral, a encíclica alerta sobre o risco do consequencialismo e do proporcionalismo, como teorias que concebem a constituição do objeto moral de tal maneira que empreendem, em primeiro lugar, uma indevida neutralização moral da ação escolhida, e, depois, uma sucessiva redefinição da moralidade com base nas intenções ou nas consequências ulteriores. Constitui-se de tal forma um contexto argumentativo que, certamente, não nega o principio de que o fim não justifica os meios, mas faz dele algo praticamente inaplicável. Essa é a complexa opção metodológica que deve rejeitar-se absolutamente».[107]

5. A moralidade dos efeitos

A voluntariedade de uma ação envolve, de alguma forma, a voluntariedade dos efeitos resultantes da ação. Por isso, a avaliação moral de um ato deve levar em conta a moralidade das suas consequências. A problemática que se apresenta pode ser muito complexa. A teologia moral, partindo da tradição viva da Igreja, de muitas experiências con-

(106) Cf. M. Rhonheimer, *Intentional Actions and the Meaning of Object*, cit., 286-287.

(107) *La ricezione della «Veritatis splendor» nella letteratura teologica*, cit., p. 1.

cretas e da reflexão sobre a vida prática, propõe alguns critérios que ajudam a resolver esses problemas.

a) Imputabilidade moral das consequências

O problema está em saber quando há real responsabilidade pelas consequências boas ou más de uma ação ou de uma omissão. Embora a temática seja muito ampla, limitamo-nos a indicar cinco princípios que ajudam a resolver os casos mais frequentes.[108]

1) Somos responsáveis pelas consequências negativas previsíveis das nossas más ações, ainda que não tenham sido previstas.[109] Poderiam ter sido previstas mediante uma conduta correta. Ao jogar uma pessoa ao chão para roubá-la, e em consequência da queda a pessoa morre, o ladrão é responsável pela morte, ainda que só quisesse roubar e não matar.

2) As consequências boas das más ações não podem ser alegadas como mérito. Não se pode considerar moralmente boa a ação de um ladrão que, querendo roubar num lugar, impede que um terrorista deixe naquele lugar um artefato explosivo que poderia causar muitas vítimas.

3) Não somos responsáveis pelas consequências negativas *não previsíveis* das nossas boas obras.[110] Essas consequências são simplesmente não intencionais, desde que realmente não tenham podido ser previstas. O juiz que condena um delinquente à cadeia não é responsável por sua morte se ele, uma vez na cadeia, se suicida.

4) Não somos responsáveis pelas consequências negativas *previstas* da omissão de uma ação imoral. Quem recusa um suborno não é responsável pelos atos ilícitos que realiza o corruptor para conseguir o que pretende, ainda que sejam mais imorais.

5) Não há culpa pelas consequências negativas *previstas* das boas

---

(108) Seguimos os aspectos essenciais da análise mais ampla feita por M. Rhonheimer, *La perspectiva de la moral*, cit., pp. 385-389.

(109) Cf. *Catecismo*, n. 1736.

(110) Cf. *Catecismo*, n. 1737.

ações, desde que se cumpram as condições indicadas para a ação de duplo efeito.

b) A ação de duplo efeito

Na vida quotidiana, é frequente a existência de atos que, além dos efeitos desejados, têm também consequências não desejadas, mas toleradas por amor ao efeito bom que se procura; este tipo de ação pode também ser chamada «voluntário indireto».[111] O problema moral aparece quando um desses efeitos não desejados se configura como um mal ético: por exemplo, vender uma arma a quem possa utilizá-la para roubar. A pergunta que se propõe é: quando é lícito realizar uma ação que, além dos efeitos bons, acarreta também algum moralmente mau?

Costumam indicar-se algumas *condições* que devem ser observadas – todas juntas – para que seja lícito executar (ou omitir) uma ação quando esta provoca também um efeito imoral.[112] Estas condições são:

1) *O ato realizado deve ser em si mesmo bom, ou pelo menos indiferente*: a moralidade da ação em si mesma tem prioridade sobre a moralidade dos efeitos; por isso, antes de estudar a bondade ou a malícia dos efeitos, deve-se considerar a do próprio ato; caso contrário, poderia ser lícito tudo aquilo de que *hic et nunc* [aqui e agora] derivassem efeitos positivos.

2) *O efeito bom não deve ser conseguido por meio do mau*: não devemos fazer «o mal para que venha o bem».[113] Se o bem procede do mal,

---

(111) Cf. § 2 (b).

(112) Sabemos que esse enfoque foi criticado por alguns autores; no entanto, as críticas parecem ser dirigidas mais às aplicações casuísticas e as derivações quase mecanicistas do que aos próprios princípios morais que configuram o problema. Por outro lado, se é verdade que diversos problemas práticos poderiam ser resolvidos mediante outros instrumentos de análise moral, isso nem sempre é possível se prescindimos da figura do «voluntário indireto». Acerca deste tema, remetemos a: V. Alonso, *El principio de doble efecto en los comentadores de Santo Tomás de Aquino, desde Caetano hasta los Salmanticenses*, Roma, 1937; J. T. Mangan, *An Historical Analysis of the Principle of Double Effect*, «Theological Studies» 10 (1949); F. Cuervo, *Principios morales de uso más frecuente*, Rialp, Madri, 1995, pp. 79-144.

(113) Rom 3, 8.

este não é «indiretamente voluntário», mas querido diretamente como meio.

3) *A pessoa deve buscar diretamente o efeito bom* (isto é, tem intenção reta), e aceitar de má vontade ou tolerar a contragosto o efeito mau. Nesse sentido, esforçar-se-á ao máximo para evitar, ou pelo menos limitar, esse efeito mau. Esse critério leva em conta que o homem não deseja as coisas de maneira genérica, mas concreta: num agente livre, «a intenção, para ser seguida pela ação, deve dirigir-se a um bem particular, pois os bens considerados de maneira genérica não movem; movem só os bens particulares, que existem em ato. Por isso, caso se queira executar uma ação que acarrete sempre ou frequentemente a privação de um bem racional [isto é, voluntário, moral], então o mal moral se produz não casualmente, mas sempre ou quase sempre».[114]

4) *Que haja proporcionalidade entre o bem que se pretende e o mal que se tolera:* não é moralmente justificado arriscar a própria vida para ganhar uns poucos dólares, ou pôr em perigo a gravidez tomando um medicamento para evitar algum leve mal-estar. A citada proporcionalidade exige que o efeito bom seja tão mais importante quanto: a) mais grave seja o mal tolerado; b) mais proximidade exista entre o ato realizado e a produção do mal: é diferente investir a poupança pessoal numa editora que publica muitas publicações imorais de investir num banco que controla parte da editora; c) maior for a certeza do efeito mau: vender álcool a um alcoólatra; d) maior for a obrigação de impedir o mal: por exemplo, quando se trata de uma autoridade civil ou eclesiástica.

6. *A integridade psicológica da ação humana e a sua imputabilidade moral*

Concluído o estudo da avaliação da ação voluntária no que diz respeito ao próprio ato (objeto, fim, circunstâncias) e às suas consequên-

(114) *C.G.*, III, 6, n. 1905. Cf. *S.Th.*, II-II, q. 64, a. 8. Por exemplo, quem deve estudar a sexualidade – médicos, moralistas, etc. – tomará as necessárias precauções para que isso não se torne ocasião de pecado: se tiver problemas morais como consequência de não seguir os conselhos que lhe foram dados, pode dizer-se que habitualmente não tem intenção reta, desejo autêntico de evitar o possível efeito mau.

cias, passamos a tratar dos elementos que explicitam ou limitam a imputabilidade subjetiva.

a) Noção de imputabilidade moral

Imputar significa atribuir uma ação a um homem. A imputabilidade é a qualidade que uma ação possui de ser atribuível ou, mais exatamente, o estado do homem enquanto sujeito da ação, em virtude da qual essa ação pode ser-lhe atribuída a ele como ator. Se a ação pode ser atribuída como mérito ou como culpa moral, temos a imputabilidade moral, que não coincide exatamente com a imputabilidade jurídica.[115] *Só as ações livres são moralmente imputáveis*: o homem pode responder (dar razão), diante de si próprio e diante dos demais, apenas das ações que ele próprio projetou e organizou. Isto é: deve sentir-se responsável somente pelas ações que lhe possam ser atribuídas enquanto é autor delas, e na medida em que é o seu autor. Agora nos interessa estudar algumas condições e circunstâncias do sujeito que modificam ou podem modificar a liberdade da ação, e, por conseguinte, a sua imputabilidade moral. Trata-se de condições e de circunstâncias de origem diversa, que incidem direta ou indiretamente sobre algum dos elementos essenciais do ato livre, ou seja, sobre o conhecimento formal do fim e a voluntariedade, e que podem diminuir ou até anular a liberdade e a imputabilidade.[116]

b) Circunstâncias próprias do conhecimento que modificam a imputabilidade moral

A advertência e tipos de advertência – No que diz respeito ao conhecimento formal do fim, devemos considerar e advertência e a igno-

(115) A imputabilidade jurídica depende de certas disposições da lei civil. Uma pessoa pode estar obrigada, pela lei civil ou por sentença do juiz, a ressarcir um dano causado de modo involuntário, e portanto sem ter cometido uma culpa moral. Neste caso, existe a imputabilidade jurídica do ato, mas não imputabilidade moral (conquanto não se exclua uma imputabilidade moral do ressarcimento).

(116) Há também outras causas que podem modificar a imputabilidade moral, como algumas doenças, especialmente as mentais, e outros fatores psicológicos, que requerem um estudo especializado; acerca deste tema, o leitor interessado pode consultar: A. Polaino, *Psicología Patológica*, 2 vol., Uned, Madri, 1983.

rância. *A advertência é o ato mental pelo qual a pessoa se apercebe do que se dispõe a fazer ou do que está fazendo e da moralidade da sua ação.* Em relação à advertência, convém ter presentes as seguintes distinções:

1) *Pela intensidade*, ou seja, pela maior ou menor percepção do ato ou da sua moralidade por parte do agente:

a) *advertência plena*: quando a pessoa é claramente consciente do que faz e do seu significado moral;

b) *advertência parcial ou semiplena*: quando existem obstáculos que dificultam a plena consciência, sem suprimi-la: por exemplo, embriaguez parcial, sonolência ou grande agitação;

c) *inadvertência*: quando um obstáculo suprime totalmente esse conhecimento.

2) *Pela modalidade*: refere-se à característica do ato humano que se adverte; não são a mesma coisa, por exemplo, conhecer as leis de trânsito e não ver um sinal de «pare» e advertir a existência de uma faixa amarela sem saber que indica proibição de estacionar. Por isso, fala-se de:

a) *advertência (ou inadvertência) da lei*: saber (não saber) da existência de uma lei moral: por exemplo, não saber que existe a obrigação grave de assistir à Missa dominical;

b) *advertência (ou inadvertência) do fato:* ser consciente (ou não sê-lo) de um ato concreto, cuja lei se conhece: por exemplo, saber (ou não saber) que hoje é domingo.

3) *Pela atualidade:*

a) *advertência atual:* há consciência do ato e da sua moralidade no momento em que o sujeito o executa;

b) *advertência virtual*: é a que possui uma pessoa que, anteriormente, teve uma advertência atual que ainda influi no ato, mas que não é atual no momento de realizá-lo: por exemplo, a advertência da meta que muitas vezes possui quem está viajando. Grande parte das nossas ações é realizada somente com advertência virtual.

4) *Pela amplidão:*

a) *advertência distinta (ou clara)*: quando se advertem de maneira precisa as particularidades éticas do ato: por exemplo, pagar uma dívida advertindo que é uma obrigação de justiça;

b) *advertência genérica (ou confusa)*: quando se advertem somente a bondade ou a malícia, sem distinguir exatamente a moralidade específica do que se faz: por exemplo, quando se compreende que pagar os impostos é um bem, sem saber que se trata de uma obrigação de justiça.

Princípios morais sobre a advertência – 1) *Uma ação é moralmente imputável se for realizada pelo menos com advertência virtual, pois esta é suficiente para garantir a liberdade do ato.* Por outro lado, não é possível ter sempre advertência atual em todas as nossas ações. A advertência virtual é também suficiente para o pecado mortal e para um ato virtuoso heroico. A advertência atual é, *per se*, causa de maior voluntariedade, mas, *per accidens*, a advertência virtual pode causar um ato moral mais intenso: por exemplo, a advertência virtual de uma pessoa que trabalha intensamente durante muito tempo pela sua família corresponde a uma voluntariedade maior do que a advertência atual de uma pequena cortesia na vida social.

2) *A advertência genérica da moralidade é suficiente para o ato moral:* ainda que não se esteja consciente da moralidade específica da ação, é um conhecimento que distingue claramente o bem do mal.

3) *A advertência semiplena diminui a liberdade e, portanto, a imputabilidade do ato.* De fato, para o pecado mortal é necessária a plena advertência, que não deve ser confundida com a advertência reflexa de ofender a Deus; é suficiente ter plena advertência – ainda que talvez confusamente – de que aquela ação é má, de que não é correto fazê-la, de que não é congruente com os ensinamentos do Senhor, etc. Por outro lado, advertência semiplena não equivale à inadvertência; de fato, a primeira não suprime toda a liberdade, e por isso os atos são parcialmente imputáveis: por exemplo, um pecado mortal pelo seu objeto torna-se venial se for cometido com advertência semiplena.

A ignorância – É uma questão diferente. Aqui não se trata da existência de um obstáculo que impeça a aplicação do ato do conhecimento que normalmente se possui, mas do fato de que o conhecimento das circunstâncias da ação e, principalmente, da sua moralidade seja errôneo; isto é, considera-se boa uma ação que, na realidade, é má ou vice-versa. Estudaremos a ignorância ao tratar da consciência moral, no capítulo X.

c) Circunstâncias próprias da vontade que modificam a imputabilidade moral

Ação não voluntária, involuntária e voluntária mista – Sabemos o que é uma ação voluntária. Agora, é preciso acrescentar que falamos de *ação não voluntária para indicar a simples ausência de voluntariedade.* A causa mais frequente das ações não voluntárias é a ignorância das circunstâncias concretas da ação, principalmente do seu objeto. Quem atira numa árvore como alvo e fere um cão, cuja presença perto da árvore era inadvertida, não o fere voluntariamente, pois tal lesão não foi objeto de um ato positivo e deliberado da sua vontade. Tais ações não pertencem ao âmbito da moralidade formal, embora possam ter certo grau de imputabilidade porque a não voluntariedade admite diferentes graus.

O conceito de ação involuntária acrescenta mais um elemento ao da ação não voluntária. Esse elemento é contrariedade ou oposição da ação involuntária ao ato ou à disposição habitual da própria vontade. A ação involuntária procede frequentemente da violência, mas também pode derivar da ignorância das circunstâncias concretas da ação. Isso acontece, por exemplo, quando se sente dor ao advertir, sem saber, que se fez algo que nunca se quis fazer, por ser contrário aos próprios sentimentos, às próprias convicções, etc.

São muito mais frequentes as ações cumpridas por uma pessoa sadia, quando a voluntariedade e a involuntariedade se misturam: são as *ações mistas. As ações mistas são ações livres, que todavia não correspondem a uma livre iniciativa da pessoa.* São ações realizadas por causa de uma situação difícil em que o sujeito se encontra, e realizam-se vencendo certa repugnância, porque são opostas aos seus desejos e, de fato, não se realizariam fora dessa situação. Aristóteles descreveu detalhadamente este tipo de ações.[117] Do ponto

(117) É conveniente transcrever aqui as suas palavras: «Aquilo que for feito por temor de males maiores ou por alguma causa nobre (por exemplo, se um tirano que é dono dos pais e dos filhos de alguém mandasse a este fazer algo vergonhoso, ameaçando-o de matá-los se não o fizesse, mas salvá-los se o fizesse), é duvidoso se esse ato é voluntário ou involuntário. Algo semelhante ocorre quando se lança a carga ao mar nas tempestades, pois ninguém faz isso com agrado, mas todos os sensatos o fazem pela sua própria salvação e pela dos demais. Tais ações são, pois, mistas, mas parecem-se mais com as voluntárias, porque, quando se realizam, são objeto de eleição, e o fim da ação depende do momento [das circunstâncias...]. Por

de vista moral, convém recordar que a constrição da situação não elimina de si a imputabilidade de ação, mas pode diminuí-la e até eliminá-la, se o temor ou outra paixão causada pelo perigo próximo reduz ou impede o uso da razão.

O consentimento e os tipos de consentimento – *Entende-se aqui por consentimento o elemento essencial da voluntariedade: a livre tendência da vontade (aprovação, aquiescência) para o bem (real ou aparente) apresentado pela inteligência.* Portanto, o consentimento está intimamente ligado à advertência: esta é uma condição daquele; mas o consentimento não é um simples transunto da advertência, porque a vontade pode querer mais ou menos intensamente o bem conhecido, e escolher entre os diversos bens. O consentimento refere-se tanto à intenção do fim quanto à eleição das ações tendentes ao fim (os meios). Para efeitos práticos, são importantes as seguintes distinções:

1) *Pelo grau de consentimento:*

a) *Consentimento perfeito:* a vontade adere plenamente ao ato, pelo menos nos seus aspectos essenciais, porque o consentimento perfeito admite diversos graus acidentais.

b) *Consentimento imperfeito:* significa adesão parcial da vontade, seja porque a vontade não adere plenamente ao objeto, seja porque decorre de uma advertência semiplena.

c) *Pela atualidade do consentimento:* trata-se de uma divisão análoga à da advertência atual (veja-se § b), mas referida à vontade e não ao conhecimento.

Convém recordar, além disso, que o consentimento diz respeito também aos efeitos indiretos da vontade, estudados anteriormente.

Princípios morais sobre o consentimento – 1) *Para a imputabi-*

vezes, os homens são elogiados por tais ações quando suportam algo vergonhoso ou penoso por causas grandes e nobres; ou, pelo contrário, são censurados, porque suportar as maiores vergonhas sem um motivo nobre ou por um motivo medíocre é próprio de um miserável. Em alguns casos, um homem, se não é louvado, é contudo perdoado: [tal coisa ocorre] quando alguém faz o que não deve por causas que ultrapassam a natureza humana e que ninguém conseguiria suportar. Há talvez coisas a que ninguém pode ser forçado [não as deve realizar], senão que deve preferir a morte após terríveis sofrimentos: assim, as causas que obrigaram o Alcméon de Eurípedes a matar sua mãe são ridículas» (Aristóteles, *Ética a Nicómaco*, III, 1: 1110 a 4-29, cit., pp. 178-179).

lidade do ato humano é suficiente o consentimento imperfeito, que deriva de uma advertência semiplena, ou então de uma advertência plena, mas com aquiescência incompleta da vontade. Isso é assim porque a vontade tem domínio sobre o seu próprio agir, e, portanto, se houver advertência e não existir violência, o ato deve ser considerado voluntário e imputável. Certamente, um consentimento imperfeito diminui a moralidade positiva ou negativa do ato.

2) *Para o pecado mortal, que tem uma malícia e consequências gravíssimas, é necessário um consentimento perfeito; este, no entanto, como foi dito, é possível com certa repulsa e com a voluntariedade mista.* Dentro de uma perfeição essencial do consentimento, existem diversos graus acidentais: não são a mesma coisa um pecado de paixão e um pecado de malícia; neste casos, o grau de moralidade, sem mudar a espécie do ato, depende da intensidade da vontade.

3) *A realidade de nossa natureza livre acarreta que, com a normal advertência e se não houver coação externa, o consentimento seja perfeito quando o ato se realiza externamente.* Nos atos puramente internos, é mais difícil apreciar a perfeição ou a imperfeição do consentimento; no entanto, existem alguns sinais que podem ajudar a reconhecer o grau de consentimento em caso de *dúvida* (ou seja, quando a pessoa, de boa fé, não está certa de haver consentido perfeitamente):

– um consentimento que muda a profunda atitude pessoal, se é perfeito, é igualmente claro: na *dúvida*, presume-se que a pessoa em estado de graça não pecou gravemente (talvez o tenha feito venialmente), e a pessoa em pecado cometeu um novo pecado; analogamente, se uma pessoa que luta por ser santa tem dúvida quanto a se fez um ato de culto de modo rotineiro, provavelmente o realizou com plena voluntariedade;

– com advertência semiplena, o consentimento presume-se imperfeito, ainda que o ato seja externo: por exemplo, em estado de sonolência ou de embriaguez parcial;

– se é fácil realizar o ato exterior e não se executa, deve-se supor um consentimento imperfeito.

Alguns desses conceitos serão tratados de novo ao estudarmos especificamente o tema do pecado (capítulo XI).

d) Relação das paixões com a imputabilidade moral

As paixões em geral – É possível formular alguns princípios acerca do influxo das paixões na imputabilidade moral, os quais são úteis para a casuística.[118] Os principais são os seguintes:

1) *As paixões antecedentes, na medida em que perturbam a razão, diminuem a responsabilidade do ato*: por exemplo, uma pessoa irritada diz e faz coisas que não faria se estivesse tranquila. Se a paixão impede completamente o uso da razão, anula a imputabilidade, ainda que isso não seja frequente; os pecados cometidos por paixão antecedente chamam-se de fragilidade, e, conquanto possam ser mortais, são menos graves que os cometidos deliberadamente.

2) *A paixão concomitante*, que acompanha espontaneamente o ato voluntário, *não muda a responsabilidade*; é antes um sinal da intensidade da voluntariedade.

3) *A paixão consequente aumenta a imputabilidade*, pois foi voluntariamente provocada para que se agisse com mais intensidade: por exemplo, excitar a própria ira para provocar um ato violento. Aqui podem ser incluídas aquelas paixões que parecem antecedentes, mas que, na realidade, são voluntárias «*in causa*», como quem não quer rejeitar o pensamento de uma ofensa recebida, e quando encontra o ofensor se irrita imediatamente.

Estudo especial do temor – Merece consideração especial o temor, que pode ter repercussões notáveis na vontade, comparáveis às da violência; o temor diminui e, em alguns casos, até anula a responsabilidade moral.[119] O temor pode ser grave ou leve segundo a intensidade, que, por outro lado, é muito subjetiva: o que para uma pessoa é grave pode ser leve para outra. O temor também pode ser justo, quando produzido em outro sujeito por um motivo justo (a presença de um agente da polícia pode causar temor justo a um ladrão), ou injusto, quando por si mesmo ou pela sua intensidade não corresponde a um motivo justo e proporcionado.

Em relação à sua imputabilidade moral, devem levar-se em conta os seguintes princípios:

---

(118) Utilizamos aqui conceitos e distinções estudados no cap. V, § 4 (d).

(119) Cf. *Catecismo*, n. 1735.

1) O temor diminui a voluntariedade – ainda que normalmente não a anule – de acordo com a sua gravidade objetiva e subjetiva; por exemplo, fazer o bem por temor do castigo é menos meritório do que fazê-lo com plena voluntariedade.[120]

2) As leis positivas não obrigam em caso de temor grave, pois não obrigam *cum grave incommodo*: por exemplo, não peca quem não assiste à Missa em dia de preceito por temor de perder a vida. Porém tais leis obrigam com temor leve: por exemplo, pecaria quem não assistisse à Missa por medo de ficar resfriado.

3) As leis negativas (que se referem aos atos intrinsecamente maus) obrigam até com temor grave: por exemplo, não se pode apostatar nem sequer por temor da morte.

4) Superar o temor é sinal de maior voluntariedade, como seria o caso de quem ajuda um doente, mesmo temendo contrair uma doença infecciosa.

5) O temor pode tornar nulos ou ao menos rescindíveis certos atos que, pela sua importância e pelas suas consequências, requerem liberdade plena. Assim, por exemplo, seria nulo o matrimônio sob pressão de um temor grave ocasionado injustamente.

Como dissemos, estes princípios se referem exclusivamente à relação das paixões com a imputabilidade moral. De outros pontos de vista, seria possível tecer outras considerações. Basta pensar, por exemplo, que a pessoa que não consegue dominar o temor, conforme aos pressupostos de um sadio realismo e da devida confiança em Deus, pode ter problemas comportamentais de considerável importância: desde a ansiedade até a pusilanimidade, desde formas neuróticas leves até transtornos da personalidade mais profundos. Também deste ponto de vista, a regulação virtuosa das paixões coincide com o equilíbrio e com a maturidade da pessoa.[121]

---

(120) O bem realizado *apenas* «por temor» não é meritório por falta de intenção reta; pelo contrário, o mal feito só «por temor» é menos grave, mas não é totalmente inculpável, porque «o amor de Deus implica obrigatoriamente o respeito dos seus mandamentos, mesmo nas circunstâncias mais graves, e a recusa de atraiçoá-los, mesmo com a intenção de salvar a própria vida» (*Veritatis splendor*, n. 91).

(121) Uma aplicação da teoria das paixões ao âmbito educativo pode consultar-se em G. Abbà, *L'architettura delle virtù. Educare e vivere bene*, «Studi Cattolici» 35 (1991) 292-297. Também é útil a leitura de A. Aguiló, *Educar los sentimientos*, Palabra, Madri, 1999.

7. As ações morais meritórias

a) O mérito na Sagrada Escritura

O termo «mérito» indica a *retribuição devida a uma ação ou a uma conduta. A Sagrada Escritura esclarece que, a rigor, o Criador não deve nada à criatura, mas de forma também muito clara ensina que Deus recompensa as ações humanas boas e pune as más.*[122] O Antigo Testamento utiliza diversos termos que correspondem, com maior ou com menor exatidão, à ideia de retribuição: premiar, castigar, arruinar, fazer feliz, ressarcir as boas ações, pagar pelos pecados, recompensar segundo os próprios atos, etc.[123]

---

(122) O Deuteronômio equilibra esmeradamente os dois aspectos: a) a absoluta gratuidade do amor preveniente e retributivo de Deus; e b) a real liberdade humana para aceitar e fazer frutificar os dons divinos. Essa doutrina é explícita no que diz respeito à Aliança como o povo de Israel, mas os seus ensinamentos podem ser aplicados à conduta ética da pessoa. Relendo Deut 7, 7-11, 32, podem resumir-se as seguintes ideias:

1) Israel é o povo predileto não por seus méritos, mas pelo amor e pela fidelidade de Deus (Deut 7, 7-8a; 10, 14-15); por isso, o Senhor resgatou-o do Egito (Deut 7, 8b); e, pela mesma razão, não deve temer os outros povos, mas recordar o que o Senhor fez no Egito; porém Deus lhe pede que extermine tudo quanto seja ocasião de idolatria (Deut 7, 16.25-26).

2) O Senhor entregará outros povos nas mãos de Israel, ainda que sejam mais numerosos (Deut 7, 17-24); mas o povo não deverá pensar «"pela minha justiça trouxe-me o Senhor a esta terra". Pelo contrário, é pela perversidade dessas gentes que o Senhor as expulsa de ti. Não é, pois, pela tua justiça nem pela retidão do teu coração que vais possuir a sua terra, mas [...] para manter a palavra que o Senhor jurou a teus pais, a Abraão, a Isaac e a Jacó» (*Deut* 9, 4-5).

3) Os israelitas devem reconhecer esses dons e corresponder ao amor do Senhor observando os Mandamentos que o próprio Deus promulgou para bem do povo (Deut 7, 11; 10, 12-13), e devem observá-los com docilidade interior (Deut 10, 16); isso consolidará a Aliança e derramará sobre ele a benevolência do Senhor, que amará, abençoará e multiplicará o povo (Deut 7, 12-15; 10, 20-22); de fato, a terra prometida é um dom de Deus, e a sua posse deve levar a abençoá-lo e a cumprir a sua lei (*Deut* 8, 6-11; 11, 1-25).

4) Quando chegarem à terra prometida, não devem pensar «a minha força e o vigor de minha mão fizeram-me alcançar este poder», porque o fez a força do Senhor: razão a mais para observar a Aliança (Deut 8, 12-18).

5) Se não cumprirem a lei, o Deus poderoso e temível, que não faz acepção de pessoas e age com justiça (Deut 10, 17-18), puni-los-á (Deut 8, 19-20), como fez com seus pais (Deut 9, 7-24); mas com uma punição misericordiosa, em ordem a corrigir e não a destruir (Deut 8, 5); se o povo não foi exterminado, foi pela fidelidade divina (Deut 7, 9; 9, 27-29) e pela oração de Moisés (Deut 9, 18-20.25-26).

(123) Cf. Lev 16, 18; 1 Sam 24, 20; 2 Sam 22, 21; Tob 13, 2-5; Prov 19, 17; Is 40, 10; Jer 15, 13; Ez 25, 14.17; Os 4, 9. Não é necessário que nos detenhamos na evolução da ideia de retribuição divina no Antigo Testamento. Um momento de extrema importância é chegar à certeza, no judaísmo tardio, da existência de um juízo final e de uma vida ultraterrena, contexto em que abre caminho uma ideia da retribuição divina mais próxima do cristianismo.

No Novo Testamento, é onipresente a ideia de retribuição,[124] que de alguma forma já acontece neste mundo, mas, acima de tudo, na vida eterna: «Em verdade vos digo: ninguém há que tenha deixado casa ou irmãos, ou irmãs, ou pai, ou mãe, ou filhos, ou terras por causa de mim e por causa do Evangelho que não receba, já neste século, cem vezes mais [...] e no século vindouro a vida eterna».[125] A remuneração será dada «a cada um segundo a sua conduta»,[126] mas ao mesmo tempo deve reconhecer-se que «somos servos inúteis; não fizemos senão o que tínhamos de fazer».[127] O prêmio depende do que Deus preparou,[128] pois a obra da salvação é um dom gratuito do amor do Pai.[129] São Paulo recorda que o homem não pode gloriar-se das suas obras,[130] porque é Deus quem chama segundo o seu desígnio, e é Ele quem justifica e glorifica.[131] No entanto, não se ignora a realidade da liberdade humana, que pode aceitar ou recusar o dom divino: se o recusar, fica a caminho da condenação;[132] se o aceitar, salvar-se-á pela escolha de Deus, pela obra santificadora do Espírito e pela graça de Cristo.[133]

Embora a Escritura se sirva do conceito humano de remuneração para exprimir a realidade do mérito, o significado desta noção bíblica excede a ideia humana de recompensa, porque Deus mesmo, com os seus dons gratuitos prevenientes e consequentes, nos faz idôneos para que cumpramos as boas obras: o Senhor «é tão bom para com os homens, que quer que os seus dons se convertam em méritos para os homens».[134] Por isso, «o mérito do homem diante de Deus na vida cristã provém de que Deus *dispôs livremente o associar o homem à obra da sua graça*. A ação paternal de Deus é o primeiro, enquanto Ele im-

(124) Cf. Mt 10, 41-42; 19, 27-29; 20, 1-9; 22, 1-14; 25; etc.
(125) Mc 10, 29-30.
(126) Mt 16, 27. Cf. Rom 2, 6-11.
(127) Lc 17, 10.
(128) Cf. Mc 10, 40.
(129) Cf. Jo 3, 16-17; Rom 6, 23.
(130) Cf. Rom 4, 2-8.
(131) Cf. Rom 8, 28-30.
(132) Cf. Jo 3, 18-20; Rom 2, 5-9; 2 Tess 1, 6-9.
(133) Cf. 2 Tess 2, 13-17; Ti 3, 3-7; 1 Pe 1, 1-9.
(134) Conc. de Trento, *De iustificatione*, cap. 16: DS 1548. Cf. *Indiculus*, cap. 9: DS 248.

pulsiona, e o livre agir do homem é o segundo, enquanto ele colabora, de sorte que os méritos das obras boas devem ser atribuídos à graça de Deus em primeiro lugar e, a seguir, a cada fiel».[135] A graça de Deus é a fonte originária de todo mérito humano.[136] Os santos sempre tiveram viva consciência de que seus méritos eram pura graça.[137]

b) Conteúdo do mérito

Qual é o conteúdo do mérito? *O homem que, ajudado pela graça, se entrega a Deus na ação boa recebe como recompensa a doação do próprio Senhor*, ou seja, uma união mais plena com a Santíssima Trindade: «Se alguém me ama, guardará a minha palavra, e meu Pai o amará, e nós viremos a ele, e faremos nele a nossa morada»;[138] isto é precisamente a graça, que nos converte em «participantes da natureza divina».[139] Ao crescimento da graça santificante, junta-se *um incremento das graças atuais*, que são ajudas transitórias no caminho da santidade. Além disso, como a graça é a semente da vida bem-aventurada, *mediante o mérito, o germe do paraíso se insere mais solidamente no homem.* Assim, o mérito sobrenatural é o título que os atos bons sobrenaturais adquirem para o aumento da vida da graça e para a consecução da vida eterna.[140]

Normalmente, distingue-se o mérito *de condigno*, que é devido em justiça, do mérito *de côngruo*, que supõe certa conveniência da retribuição tendo em conta a liberalidade do doador. A ordem sobrenatural excede de tal modo a ação humana, que o mérito *de condigno*, em sentido estrito, corresponde somente a Jesus Cristo; quanto a nós, pode falar-se de um mérito *de condigno* fundado na gratuita promessa divina, pela qual, se o homem realiza obras boas, em virtude da Re-

(135) *Catecismo*, n. 2011.

(136) Cf. Conc. de Trento, *De iustificatione*, cap. 7 e 16: DS 1530, 1546 e 1547; *Sacrosanctum Concilium*, n. 102; *Lumen gentium*, ns. 49 e 60; *Gaudium et spes*, n. 22.

(137) Cf. *Catecismo*, n. 2011.

(138) Jo 14, 23.

(139) 2 Pe 1, 4.

(140) Cf. Conc. de Trento, *De iustificatione*, cân. 32: DS 1582.

denção, tem o direito de receber a vida eterna e o aumento da graça e da glória:[141] «A adoção filial, tornando-nos partícipes, pela graça, da natureza divina, pode conferir-nos, segundo a justiça gratuita de Deus, *um verdadeiro mérito*».[142] O mérito *de côngruo* não nasce de uma proporcionalidade – conquanto seja em virtude da promessa – entre a ação e o prêmio, mas da pura liberalidade divina, já que é conveniente que as boas obras sejam premiadas. Fazem parte deste mérito a graça da conversão, a graça da perseverança final e as graças que podem ser merecidas para outras pessoas.

Uma vez que Deus é a fonte primeira de todo mérito humano, «*ninguém pode merecer a graça primeira*, no início da conversão, do perdão e da justificação. Sob a moção do Espírito Santo e da caridade, *podemos depois merecer* em nosso favor e em favor dos outros graças úteis para a nossa santificação, para o crescimento da graça e da caridade, e para atingir a vida eterna. Os próprios bens temporais, como a saúde, a amizade, podem ser merecidos segundo a sabedoria de Deus. Estas graças e estes bens são objeto da oração cristã, que provê a nossa necessidade de graça para as ações meritórias».[143]

c) Condições para o mérito

As condições para que a ação humana seja suscetível de mérito sobrenatural são as seguintes:

1) Que o ato seja humano: sem liberdade não há mérito, porque ninguém merece um prêmio se não age com plena liberdade e e com plena responsabilidade.

2) Que seja um ato bom: somente os atos ordenados a Deus têm a promessa da retribuição; isso não significa a necessidade de uma intenção atual dirigida a Deus, pois, como já dissemos, é suficiente uma intenção virtual, ainda que renovar a reta intenção, para que seja o mais atual possível, seja de grande ajuda na vida moral.

3) Que se trate de um homem *viator*: «Todos devemos comparecer

(141) Cf. Conc. de Trento, *De iustificatione*, cap. 10 e 16; cân. 26: DS 1535, 1545 e 1576.

(142) *Catecismo*, n. 2009.

(143) *Catecismo*, n. 2010.

diante do tribunal de Cristo, para que cada um receba conforme o bem ou o mal feito durante a sua vida mortal».[144]

4) Que a ação boa seja realizada em estado de graça: já se indicou que somente a caridade realiza a união com Deus, que é a raiz de todo e qualquer mérito. O homem em estado de pecado pode merecer somente *de côngruo*.[145]

5) Pelo mesmo motivo, a medida do mérito depende da qualidade do amor da pessoa.[146] Uma ação mais árdua não comporta de si um mérito maior, ainda que o grau de dificuldade possa ser um sinal do grau de caridade no agir.[147]

6) Quando a doutrina do mérito é corretamente entendida, a pessoa não se torna um egoísta «caçador de recompensas»: o cristão não ama para merecer, mas merece porque ama.[148] No entanto, como o prêmio desejado é o amor e a união com Cristo, o desejo de ser remunerado é próprio do cristão. A Sagrada Escritura, ao louvar a Moisés (e a outros) pelas suas obras, indica: «Tinha o olhar posto na recompensa».[149] E São Paulo diz de si próprio: «Só procuro isto: prescindindo do passado e atirando-me ao que resta para frente, persigo o alvo, rumo ao prêmio celeste, ao qual Deus nos chama, em Jesus Cristo».[150] À luz destas considerações, compreende-se que tenha sido condenada a tese segundo a qual o desejo de mérito é pecado.[151] Na profundidade da alma fiel, encontrar-se-á sempre a suprema aspiração do salmista: «Fala-vos meu coração, minha face vos busca».[152]

---

(144) 2 Cor 5, 10. Cf. Jo 9, 4.

(145) Cf. Conc. II de Orange, cân. 18 e conclusão: DS 388 e 397; Conc. de Trento, *De iustificatione*, cap. 5: DS 1525; *S.Th.*, I-II, q. 114, a. 4; *De malo*, q. 2, a. 5 ad 7; *De virtutibus in communi*, a. 2 ad 18.

(146) Cf. 1 Cor 12, 3; Tg 1, 12.

(147) Cf. Prov 11, 25; Lc 21, 1-4; 2 Cor 9, 6; Hebr 6, 10-12.

(148) Cf. Rom 14, 6-8; 2 Cor 8, 7-8.

(149) Hebr 11, 26; Cf. Lc 23, 51.

(150) Fil 3, 13-14.

(151) Conc. de Trento, *De iustificatione*, cân. 31: DS 1581; Decr. do Santo Ofício, 7/12/1690, n. 13: DS 2313.

(152) Sal 27, 8.

Capítulo VII

AS VIRTUDES MORAIS E OS DONS DO ESPÍRITO SANTO

1. As virtudes na tradição teológico-moral católica

a) As origens na filosofia grega

Virtude (*aretê*) é um dos conceitos fundamentais da antropologia e da ética filosóficas gregas, e significa a *excelência moral* do homem. Originariamente, a língua grega dava uso muito mais amplo ao termo virtude, que podia expressar as *qualidades excelentes* de coisas, de animais, de homens ou de divindades. Sócrates já o emprega com significado mais restrito, para referir-se apenas à excelência moral do homem, entendida prevalentemente como um *saber sobre o bem* que pode ser comunicado através do ensino. Nesta mesma linha, Platão desenvolveu a classificação das quatro virtudes: sabedoria, fortaleza, temperança e justiça,[1] que se tornou célebre no pensamento filosófi-

(1) Cf. Platão, *A República*, liv. IV: 427 E, 433 B-C, 435 B, etc.

co ocidental. Em diálogo crítico com a tradição socrático-platônica, Aristóteles levará a doutrina da virtude à sua expressão clássica mais completa; para ele, a virtude é a perfeição habitual e estável (*héxis*) das faculdades operativas humanas, tanto das faculdades intelectuais (*virtudes dianoéticas* ou intelectuais) como das faculdades apetitivas (*virtudes éticas*). A vida humana segundo as virtudes representa para Aristóteles a vida melhor do homem, a vida boa ou felicidade. A tradição estoica retomará a doutrina da virtude, insistindo particularmente na harmonia que existe entre a vida segundo as virtudes e a vida segundo a natureza. A doutrina sobre as virtudes contida no *De officiis* de Cícero teve notável importância pelo seu influxo sobre alguns escritores cristãos.

b) A Sagrada Escritura

A língua hebraica não possui nenhum termo que corresponda ao grego *aretê*. A versão grega dos LXX traduz com a palavra *aretê* algumas expressões hebraicas que significam quase sempre a ação gloriosa de Deus. Nos livros dos Macabeus, o vocábulo *aretê* é empregado com frequência para significar tanto a fidelidade a Deus quanto a valentia, a virilidade e a prudência. O influxo grego é evidente no livro da Sabedoria: a virtude contrapõe-se ao vício[2] e relaciona-se com a imortalidade;[3] além disso, mencionam-se as quatro virtudes platônicas: «Se alguém ama a justiça [no sentido genérico de santidade], os seus trabalhos são para ela as virtudes, ela ensina a temperança e a prudência, a justiça e a força, não há ninguém que seja mais útil aos homens na vida».[4] Segundo o Antigo Testamento, o homem virtuoso age com a potência e com o vigor (*virtus*) do Espírito divino, como se vê, por exemplo, no oráculo messiânico de Is 11, 2: sobre o Messias descansará o espírito de sabedoria e de inteligência, de conselho e de fortaleza, de ciência e de temor do Senhor.

No Novo Testamento, o vocábulo *aretê* é pouco utilizado. Em 1 Pe

---

(2) Cf. Sab 5, 13.

(3) Cf. Sab 4, 1.

(4) Sab 8, 7.

2, 9 e em 2 Pe 1, 3, aplica-se a Deus. Em outras passagens, Fil 4, 8 e 2 Pe 1, 5, refere-se ao bom comportamento dos cristãos. No entanto, são inúmeros os catálogos, tanto de virtudes como de vícios, que resumem as atitudes morais congruentes ou não com a vida cristã: concretamente, no Novo Testamento se encontram pelo menos quatorze catálogos de virtudes[5] e vinte e um catálogos de vícios.[6] Embora os vícios enumerados sejam muitos e nem sempre coincidam, pode descobrir-se um denominador comum no amor-próprio, que leva a satisfazer os desejos da «carne»: luxúria e apego aos bens terrenos, convertidos numa espécie de idolatria que gera invejas, contendas, dissensões, etc.

Em termos gerais, pode afirmar-se que *a Sagrada Escritura ressalta que a iniciativa do esforço para adquirir as virtudes não parte do homem, mas de Deus: as virtudes cristãs conectam-se explicitamente com a ação do Espírito Santo*; são «frutos do Espírito»,[7] dado que sob o seu influxo temos a esperança da justificação por meio da fé, que opera mediante a caridade.[8] Para um cristão, não só a origem mas também o fim das principais virtudes são Deus mesmo; são as virtudes teologais, alma da vida cristã: «Diante de Deus, nosso Pai, pensamos continuamente nas obras da vossa fé, no trabalho da vossa caridade e na firmeza da vossa esperança em Nosso Senhor Jesus Cristo».[9]

São numerosos os textos do Novo Testamento que evidenciam que, *mediante as virtudes, o cristão caminha segundo o exemplo de Cristo.*[10] Como antes se indicou, a perspectiva da virtude é uma premissa humana e racional idônea para estabelecer uma moral cristocêntrica que, superando a ética normativista, assuma a união sem confusão entre a dimensão natural e a dimensão sobrenatural do comportamento cristão.[11]

---

(5) Cf. 1 Cor 13, 4-7; 2 Cor 6, 5-10; Gál 5, 22; Ef 4, 2-3.32; 5, 9; Fil 4, 8; Col 3, 12-15; 1 Tim 4, 12; 6, 11; 2 Tim 2, 22; 3, 10; Tg 2, 1-9; 1 Pe 3, 8-9; 2 Pe 1, 5-7.

(6) Cf. Mc 7, 21-22; Rom 1, 29-31; 13, 13; 1 Cor 5, 10-11; 6, 9-10; 2 Cor 12, 20-21; Gál 5, 19-21; Ef 4, 31; 5, 3-5; Col 3, 5-9; 1 Tim 1, 9-10; 6, 4-5; 2 Tim 3, 2-5; Tg 1, 6-7.10; 3, 3; 1 Pe 2, 1; 4, 3.15; 2 Pe 2, 10.13-15; Apoc 9, 20-21; 21, 8; 22, 15.

(7) Gál 5, 22.

(8) Cf. Gál 5, 5-6.

(9) 1 Tess 1, 3; Cf. 1 Cor 13, 13.

(10) *Vide*, por exemplo, Ef 5, 2; Fil 2, 5; Col 3, 13.17.

(11) Cf. cap. I, § 2 (b); L. Melina, *Participar en las virtudes de Cristo*, cit., p. 182.

No estudo da virtude à luz da Escritura, devem distinguir-se, por um lado, a virtude como excelência moral e, por outro, a compreensão das virtudes em conexão com a doutrina filosófico-antropológica dos hábitos, isto é, como aperfeiçoamento próprio das faculdades operativas humanas. Do primeiro ponto de vista, não se pode negar que a Bíblia aluda frequentemente à excelência ética como o conjunto de qualidades pessoais que integram o ser moral do sujeito, e que o conceito de «justo» corresponde a quem pratica as virtudes e não tanto a quem simplesmente cumpre as normas. No Antigo Testamento, não faltam descrições concretas de condutas virtuosas ou viciosas, e apontam-se exemplos de pessoas virtuosas: Abraão, Moisés, Rute, Judite, etc.; também se louvam ou se reprovam atitudes próprias das virtudes e dos vícios, especialmente nos profetas e na literatura sapiencial. Por exemplo, o livro do Eclesiástico fala do temor de Deus (cap. 1), da paciência (cap. 2), da humildade (cap. 3), da misericórdia (cap. 4), dos pecados que se devem evitar (cap. 7), da prudência (cap. 8), da inveja e da avareza (cap. 14), da magnanimidade (cap. 18), da mentira (cap. 20), da preguiça (cap. 22), da luxúria (cap. 23), da honestidade (cap. 27), da temperança (cap. 31), etc. Também o Novo Testamento atribui o título de «justo» (santo) a diversas pessoas: Abel, João Batista, José, Zacarias e Isabel, Simeão,[12] etc. O Sermão da montanha apresenta um conjunto de atitudes morais próprias do discípulo de Jesus, sem esquecer que a vida cristã não é um acúmulo de atos bons desconectados entre si, mas uma disposição interior unitária que se concretiza em cada uma das ações.[13] Entre as qualidades morais e religiosas ensinadas pela Sagrada Escritura e as qualidades morais consideradas virtuosas pela ética filosófica, há notável convergência. Não podia ser de outro modo, uma vez que a perfeição do caráter humano santo está pressuposta e incluída na perfeição do santo.[14]

No que se refere ao segundo aspecto, ou seja, à virtude como hábito, como categoria da antropologia filosófica, a Sagrada Escri-

(12) Cf. Mt 1, 19; 23, 35; Mc 6, 20; Lc 1, 6; 2, 25.

(13) Cf. Mt 7, 17-20.

(14) Um estudo bíblico da humildade, da temperança, da mansidão, da prudência, da justiça, da simplicidade, da pobreza, da paciência, etc., constituiria uma ulterior e decisiva confirmação.

tura não contém um estudo temático explícito. A finalidade primária da Revelação é transmitir um ensinamento moral e religioso, e não oferecer as categorias filosóficas idôneas para a compreensão sistemática da vida moral como fenômeno humano e cristão. Este é um tema que permanece aberto à ulterior elaboração teológica, como veremos em seguida. Parece oportuno, no entanto, esclarecer que o conceito de virtude é mais congruente com a mensagem moral do Novo Testamento do que as discussões sobre o fundamento (para alguns «deontológico», para outros «teleológico») dos preceitos morais próprios da ética normativa atual.

c) Os Padres, o magistério e os teólogos

Os Padres veem nas virtudes a escada que sobe da terra ao céu e as disposições que se requerem para identificar-se com o Senhor: «O fim de uma vida virtuosa consiste em chegar a ser semelhantes a Deus».[15] As virtudes são necessárias para alcançar a meta para a qual Deus nos chama[16] e, por sua vez, são já certa realização do chamado divino, na medida em que fazem o homem semelhante ao único e perfeito modelo que é Jesus Cristo; isto se aplica igualmente às virtudes humanas, porque Cristo também é «*perfectus homo*». As virtudes cardeais, às vezes com outro nome, são louvadas em muitas passagens da Escritura,[17] e fazem parte da tradição cristã. Entre os Padres da Igreja latina, é importante a contribuição de Santo Ambrósio[18] e de Santo Agostinho. É de origem agostiniana a definição de virtude mais usada no Medievo cristão: «A virtude é uma boa qualidade da alma pela qual se vive retamente, que não pode ser usada para o mal, e que Deus produz em

(15) São Gregório de Nissa, *Orationes de beatitudinibus*, 1: PG 44, 1199 D.

(16) «O caminho certo para alcançar a bem-aventurança é a virtude» (Santo Tomás, *Compendium Theologiae*, cap. 172: *Opuscula theologica*, vol. I, Marietti, Taurini-Romae, 1954, n. 340).

(17) Cf. *Catecismo*, n. 1805.

(18) Se Santo Ambrósio é importante *De Officiis ministrorum*, inspirado na obra de Cícero antes citada.

nós sem nós».[19] Um tema especialmente debatido pelos Padres é se as virtudes humanas adquiridas, separadas da caridade, podem ser consideradas verdadeiras virtudes.

O conceito de virtude foi usado frequentemente pelo magistério da Igreja e pela catequese cristã para referir-se tanto à fé, à esperança e à caridade quanto às qualidades éticas naturais que no cristão estão unidas àquelas. «As virtudes humanas arraigam-se nas virtudes teologais, que adaptam as faculdades do homem para participar da natureza divina (cf. 2 Pe 1, 4). As virtudes teologais referem-se diretamente a Deus. Dispõem os cristãos a viver em relação com a Santíssima Trindade e têm a Deus Uno e Trino por origem, motivo e objeto».[20] Poderiam citar-se muitos textos do magistério da Igreja que expressam a perfeição moral do homem em termos de virtude;[21] assim, por exemplo, Leão XIII, falando de Jesus Cristo, afirma: «Olhando para a divindade deste exemplo, compreende-se mais facilmente que a verdadeira dignidade e grandeza do homem [...] consiste na virtude; que a virtude é patrimônio comum, igualmente alcançável pelos grandes e pelos pequenos, pelos ricos e pelos proletários; que só às obras virtuosas, praticadas seja por quem for, está reservado o prêmio da eterna felicidade».[22]

No que diz respeito à teologia, basta recordar que Santo Tomás considera os princípios específicos da vida cristã (fé, esperança e caridade) como virtudes teologais, e estrutura a parte moral de sua mais importante e madura síntese teológica, a *Summa Theologiae*, sobre a base das virtudes teologais e das virtudes morais. Não só reúne tudo o que se disse no Medievo sobre as virtudes, mas também acolhe e integra, em contexto teológico, a originalidade específica da ética aristotélica como ética da virtude, introduzindo importantes modifica-

(19) Esta definição foi formulada por Pedro Lombardo (*Liber Sententiarum*, II, d. 27, c. 5) e completada por Pedro de Poitiers (*Sententiarum libri quinque*, III, c. 1) inspirando-se nas reflexões de Santo Agostinho, *De libero arbitrio*, 2, 19: CCL 29, 271. Santo Tomás de Aquino utiliza-a, por exemplo, na *S.Th.*, I-II, q. 55, a. 4, e no *De virtutibus in communi*, a. 2.

(20) *Catecismo*, n. 1812.

(21) Um índice alfabético do Vaticano II mostra o amplo uso que o último Concílio faz da noção de virtude; ver também *Catecismo*, nn. 1803-1829; e *Veritatis splendor*, nn. 48, 52, 61, 64, 73, 76, 82, 93 e 100.

 (22) Leão XIII, Enc. *Rerum novarum*, 15/05/1891: ASS 23 (1890-91) 652.

ções.[23] Depois de Santo Tomás, o tratado das virtudes tornou-se parte integrante da teologia moral, embora as características específicas da ética da virtude nem sempre tenham sido entendidas corretamente e em boa parte se tenham perdido pelo caminho. Isso criou não poucos problemas para a teologia moral, e até para a mesma teologia bíblica, como já dissemos.[24]

Na atualidade não faltam autores – e em alguns ambientes é quase um lugar-comum – que pensam que o conceito de virtude está irremediavelmente unido a um sentido de autoafirmação ou de crescimento ético puramente humano que o torna inaceitável para a teologia moral. À luz das considerações precedentes e, sobretudo, tendo em conta o uso dado a este conceito na patrística, no magistério eclesiástico e na tradição teológica católica – onde as virtudes morais se integram no contexto essencialmente determinado pelas virtudes teologais –, pensamos que não se deveria duvidar da legitimidade teológica de apresentar a teologia moral católica como moral da virtude.

2. As virtudes morais

a) Noção e classificação das virtudes

No estudo sistemático da virtude, começaremos por uma primeira descrição deste conceito e dos seus diversos tipos, para depois aprofundar-nos na noção de virtude moral. *Em termos gerais, a virtude pode ser definida como hábito operativo bom.*[25] Um hábito operativo é uma disposição estável de uma faculdade humana (a inteligência, a vontade, os apetites da sensibilidade), pela qual fica bem ou mal estruturada para as ações que lhe são próprias. Os hábitos que aperfeiçoam as faculdades humanas são as virtudes; os hábitos que, pelo contrário, as degra-

---

(23) Cf. cap. I, § 2 (b) e a bibliografia aí citada.

(24) *Vide* cap. I, § 3 (b) e II, § 4 (c).

(25) Cf. *S.Th.*, I-II, q. 55, a. 3.

dam são os vícios. As virtudes aperfeiçoam as potências operativas de modo que sejam capazes de realizar ações boas e até excelentes com facilidade, prontidão, agrado e naturalidade em diversas circunstâncias e ante diversos objetos. Nesse sentido, segundo Aristóteles, a virtude é o que torna bom o que a possui e boa a sua obra.[26] As virtudes, enquanto hábitos operativos, diferenciam-se dos *hábitos entitativos*, que são qualidades que dispõem bem ou mal a natureza do homem, e não diretamente as faculdades; assim, por exemplo, a graça santificante é um hábito entitativo sobrenatural, infundido por Deus, que eleva a natureza humana convertendo-a em princípio imediato das ações próprias de um filho de Deus.

Os hábitos operativos (virtudes) dividem-se em *virtudes sobrenaturais* ou *infusas,* que o homem recebe como um dom unido à graça, e *virtudes humanas* ou *adquiridas*, que o homem adquire por meio do exercício e do esforço pessoal. As virtudes humanas ou adquiridas podem ser *intelectuais* ou *morais.* As virtudes intelectuais inerem na razão e aperfeiçoam-na tanto no aspecto especulativo como no prático. As virtudes morais aperfeiçoam a vontade e as tendências. Prudência,[27] justiça, fortaleza e temperança são as principais virtudes morais, chamadas por isso *cardeais.*

As virtudes da razão especulativa são: 1) os hábitos dos primeiros princípios especulativos (intelecto) e morais (sindérese); 2) o hábito de considerar as coisas a partir das causas últimas de toda a realidade (sabedoria); e 3) o hábito de estudar as causas últimas de um aspecto concreto da realidade partindo destas até chegar às conclusões (as diversas ciências). Os hábitos da razão prática são: 4) a prudência (*recta ratio agibilium*), que determina e ordena o que se deve fazer em cada caso concreto para agir virtuosamente, e 5) as artes ou técnicas (*recta ratio factibilium*), que facilitam a realização adequada de determinados objetos. A distinção entre prudência e saberes técnicos pressupõe a distinção entre «agir» (*agere*) e «fazer» ou «produzir» (*facere*).

---

(26) Cf. *Ética a Nicómaco*, II, 6: 1106 a 15 ss.

(27) Ainda que a prudência aperfeiçoe a razão, é considerada uma virtude moral por seu objeto, como imediatamente se verá.

Os hábitos intelectuais proporcionam a capacidade de agir bem, mas não garantem o reto uso desta capacidade: é possível utilizar a ciência ou a técnica para fazer o mal. Por isso, tais hábitos não preenchem plenamente a razão de virtude enquanto qualidade que torna moralmente bom quem a possui. Excetua-se a virtude da prudência: ainda que pela faculdade em que inere (a razão prática) seja um hábito intelectual, é uma virtude moral pelo seu objeto e porque o seu requisito essencial é a retidão da vontade. A tarefa da prudência não é tanto conhecer o que se deve fazer para agir bem, mas antes impulsionar o reto agir; o seu ato principal não é o juízo, mas o império, com o qual guia as outras potências conforme às exigências das virtudes morais. A prudência não pode existir se antes a pessoa não quiser ser virtuosa e, neste sentido, pressupõe a boa vontade e as outras virtudes morais, como veremos a seguir.

b) Definição da virtude moral

Passemos agora ao estudo das virtudes morais, que são as que mais diretamente interessam à teologia moral.[28] Nosso estudo baseia-se nos dados da Revelação e da experiência cristã, e segue a proposição filosófica feita por Santo Tomás; esta proposição é própria de Aristóteles, mas foi acolhida com facilidade pelo Aquinate, já que corresponde ao tema – tão característico da vida cristã – da realização da excelência moral, proposta de modo análogo na ética filosófica e na teologia moral.

Santo Tomás desenvolveu o estudo da virtude moral sobre a base da sua psicologia das faculdades (a inteligência, a vontade, o apetite irascível e o apetite concupiscível). Podemos completar este estudo, especialmente do ponto de vista descritivo e fenomenológico, à luz do que foi exposto no capítulo V acerca das tendências e dos sentimentos.

---

(28) Para um aprofundamento maior, ver: J. Pieper, *Las Virtudes fundamentales*, Rialp, Madri, 1998; E. Cófreces & R. García de Haro, *Teología Moral Fundamental*, cit., pp. 411-465.

O homem possui desejo inato de chegar à plenitude da sua condição humana. O cristão, em virtude da fé, sabe que essa plenitude é a santidade, a união com Cristo; e pela esperança e pela caridade a deseja e a ama. No entanto, imediatamente *surge o problema de como governar as tendências e os bens a que se dirigem para poder realizar a união com Cristo no dia a dia, na multiplicidade das circunstâncias pessoais e sociais, nas situações que se apresentam, tantas vezes novas e com frequência imprevisíveis, que obrigam a fazer escolhas nem sempre fáceis devido às paixões e aos sentimentos envolvidos.* A este respeito, é possível indicar algumas ações que nunca deverão ser praticadas (as ações intrinsecamente más, sempre incompatíveis com a vida em Cristo); mas *não é possível determinar previamente tudo o que a pessoa deve escolher para realizar em cada caso concreto a sua união com Cristo,*[29] tanto pela complexidade e pela variabilidade dos bens que devem realizar-se nas diferentes circunstâncias como pela diversidade do equilíbrio específico das tendências e do caráter de cada pessoa. A individualidade traz consigo, ao mesmo tempo, riqueza e limites: «A razão da indigência e da insuficiência da capacidade operativa do homem para realizar o ato humanamente bom radica na desproporção que a individuação introduz entre as capacidades operativas do homem como tal e as capacidades operativas deste ou daquele indivíduo humano».[30]

Em suma, a concreção em termos operativos tanto do bem humano como da vida em Cristo exige que cada um esteja em condições de deliberar e de julgar corretamente acerca das circunstâncias, das pessoas, das coisas, dos afetos, etc., para individuar e decidir as escolhas justas. Para assegurar a realização concreta da excelência moral, não bastam os

(29) Tendo-se em conta que o bem, considerado na sua concretude pessoal e histórica, «varia de muitas maneiras e consiste em muitas coisas, não pode existir no homem um desejo natural do bem em toda a sua determinação, ou seja, segundo todas as condições requeridas para que seja efetivamente bom, já que estas mudam segundo as circunstâncias das pessoas, do tempo, do lugar, etc. Por isso, o juízo natural, que é uniforme, é insuficiente: é necessário que mediante a razão, à qual compete comparar as diversas coisas, o homem busque e julgue o seu próprio bem, determinado segundo todas as circunstâncias, e decida como deve agir aqui e agora» (*De virtutibus in communi*, a. 6). Isto também se deduz de alguns comportamentos concretos que a Bíblia relata: por exemplo, diante da possibilidade de circuncidar os primeiros discípulos, a prudência de Paulo leva-o a agir de maneira diferente no caso de Timóteo (cf. At 16, 3) e de Tito (cf. Gál 2, 3), segundo as circunstâncias da comunidade.

(30) G. Abbà, *Lex et virtus*, cit., p. 190.

ensinamentos nem as regras gerais. É necessária uma especial perfeição para fazer as escolhas concretas e circunstanciadas. Esta perfeição é *a virtude moral*, que, por isso mesmo, *é definida como um hábito eletivo que consiste em «um termo médio relativo a nós, determinado pela razão e por aquilo que decidiria um homem prudente»*.[31] Esta definição contém três elementos que estudaremos nos três subparágrafos seguintes.

c) A virtude moral como hábito da boa escolha

Em primeiro lugar, *a virtude moral é hábito eletivo (héxis proairetichê)*. «Eletivo» significa «referente a escolha», e a escolha é um ato da vontade já estudado,[32] que consiste na determinação da ação que se deve executar para alcançar um fim. Hábito eletivo significa, portanto, hábito da boa escolha, ou melhor, da boa escolha da ação,[33] disposição estável que permite individuar e escolher a cada momento e a cada circunstância as ações justas e excelentes, perfeição específica da capacidade humana de escolher ou de preferir. Na prática, isto significa:

1) *A virtude não pode ser concebida como condicionamento ou dependência.* Não é um automatismo que inclina mecanicamente a repetir sempre as mesmas ações. O automatismo ou formalismo na conduta ética seria completamente insuficiente para a vida moral humana e cristã, também pela razão indicada no subparágrafo precedente.

2) *O ato próprio e principal da virtude (ainda que não o único,* como veremos daqui a pouco) *é a boa eleição.*[34] Os atos das virtudes intelec-

---

(31) Aristóteles, *Ética a Nicómaco*, II, 6: 1106 b 36-1107 a 2, cit., p. 169. Santo Tomás usa quase sempre esta definição; *vide*, por exemplo: *Scriptum super Sententiis*, lib. I, d. 46, q. 1, Exp. textus; lib. III, d. 33, q. 2, a. 3, ql. 1, c e ad 1; a. 4, ql. 2 c e ad 1; lib. III, d. 35, q. 1, a. 3, ql. 3; *S.Th.*, I-II, q. 56, a. 4 ad 4; q. 57, a. 5; q. 58, a. 1, ob. 2 e ad 2; q. 58., a. 2, ob 4 e ad 4; q. 64, a. 1; q. 65, a. 1; *In decem libros Ethicorum*, lib. II, lect. 4, n. 283; lect. 5, n. 301; lect. 7, nn. 322-323, lib. III, lect. 1, nn. 382-383; lect. 5, nn. 432-433; lib. VI, lect. 2, n. 1129; lect. 10, n. 1271 e lib. X, lect. 12, n. 2119; *De virtutibus in communi*, aa. 9 e 13. Pode encontrar-se um estudo monográfico desta definição em A. Rodríguez Luño, *La scelta etica*, cit.

(32) Cf. cap. VI, § 3.

(33) Cf. M. Rhonheimer, *La perspectiva de la moral*, cit., pp. 209-210.

(34) Cf. *S.Th.*, I-II, q. 58, a. 1 ad 2; q. 65, a. 1; *In decem libros Ethicorum*, lib. II, lect. 7, n. 322.

tuais, como, por exemplo, a formulação de uma proposição científica, são objeto de escolha (eu escolho desenvolver um teorema matemático), mas não são escolhas no mesmo sentido em que o são para as virtudes morais. Aqui entendemos por escolha a decisão tomada em relação a uma ação ou a uma paixão ou sentimento.

3) Para poder falar de ação virtuosa, *é necessário* não só um ato exterior adequado à norma, mas também *determinado modo de agir.* Concretamente se requer: a) conhecer o que se faz; b) escolher interiormente a obra como tal, ou seja, por ser boa aqui e agora; c) agir com firmeza e constância, sem fraquejar diante dos obstáculos.[35] Em suma, a virtude e o vício devem ser julgados mais pela voluntariedade[36] e pela eleição interior do que pela ação exterior, ainda que a virtude exija as duas; isso é assim porque uma ação exteriormente correta pode proceder não só da virtude mas também da ignorância, da casualidade ou de uma intenção retorcida. Por outro lado, uma escolha autenticamente virtuosa nem sempre se traduz em realização efetiva, talvez porque a situação não o requeira ou por motivos alheios à vontade e à previsão de quem age.

Em face destas três características, não restam dúvidas de que *a virtude moral está em consonância com a liberdade própria do agir que ela aperfeiçoa; mais ainda, as virtudes morais são, em si mesmas, princípio de um agir eletivo:* o homem considera elegível o tipo de ação para a qual está inclinado pelo seu próprio hábito, já que este faz com que o seu objeto seja conatural e amável.[37] Por isso, a virtude moral não deixa a deliberação e a escolha à margem, mas garante que uma e outra sejam boas. A ação virtuosa é realizada com facilidade, mas não de modo instintivo ou automático, e sim sempre de modo eletivo, porque assim agem as faculdades em que estas virtudes inerem.

Resta explicar como é possível aperfeiçoar e garantir a retidão de uma capacidade como a de escolha, que, por sua natureza, está aberta a diversas possibilidades e cujo conteúdo concreto não pode ser fixado antecipada e universalmente. Este complexo problema

(35) Cf. *In decem libros Ethicorum*, lib. II, lect. 4, n. 283.

(36) Cf. cap. VI, § 1 (b).

 (37) Cf. *S.Th.*, I-II, q. 78, a. 2.

será estudado daqui a pouco (§ 3 deste capítulo), depois de analisados os outros elementos da definição de virtude.

d) O termo médio da virtude moral

Costuma-se dizer que *as virtudes morais consistem num termo médio (in medio virtus)* porque o seu ato eletivo – sobretudo no que se refere aos afetos sensíveis – deve adequar-se ao ditame da reta razão, e a medida imposta pela razão poderia ser ultrapassada («demasiado») ou não alcançada («demasiado pouco») pelo movimento espontâneo da potência carente de virtude.

Na fortaleza e na temperança, fala-se de um medium rationis, não porque a razão seja atraída a um ponto médio quando deve ditar o ato que o apetite irascível ou o concupiscível devem realizar aqui e agora, mas porque o juízo da razão guia as tendências sensíveis, de modo que os seus atos se dirigem a um ponto médio; isto é, consegue-se que tendam a seu objeto com um impulso nem maior nem menor do que foi indicado pela razão. Por exemplo, o termo médio da temperança com relação à nutrição consiste em desejar o alimento necessário para conservar a saúde, e isto exige tanto refrear o excesso da gula como vencer o defeito oposto da inapetência. *Este ponto médio não é idêntico para todas as pessoas, mas deve ser estabelecido em cada caso pela prudência, ponderando as condições do indivíduo.* Por isso, na definição de virtude, fala-se de «um termo médio relativo a nós». *Na virtude da justiça,* cujo objeto é o direito (o que é devido a outro), o *medium rationis* coincide com o *medium rei*, porque aqui não se regula o excesso ou o defeito de uma paixão, mas a posse de uma coisa (um direito) que pode ser lesado por excesso ou por defeito: justo é quem dá a cada um o que é seu, nem mais nem menos.

e) A regulação do termo médio por parte da reta razão

Segundo a definição de virtude moral que estamos estudando, o «termo médio relativo a nós é determinado pela razão e por aquilo que decidiria um homem prudente». *O ato da virtude (a atuação das tendências em conformidade com a virtude) é aquele que individualiza e impera o juízo da razão, mas não uma razão qualquer, e sim a reta razão, isto é, a razão prática aperfeiçoada pela virtude moral da prudência.* Como sabemos, corresponde à inteligência interpretar, avaliar e dirigir os fenômenos de índole afetiva.[38] A prudência é a virtude que aperfeiçoa a razão prática para realizar esta função. Por isso, ela é chamada justamente «*auriga virtutum*», guia das virtudes; nesse sentido, a Bíblia louva a pessoa prudente[39] e ressalta que a prudência pertence ao Senhor.[40]

Da prudência deveremos tratar novamente. Por ora, basta notar que as virtudes morais, consideradas em seu conjunto como um organismo, são princípio da escolha excelente não só porque garantem que tal escolha se realizará e chegará a termo, mas sobretudo porque permitem determinar a escolha que aqui e agora se deve fazer. *As virtudes morais têm,* portanto, *um importante aspecto cognoscitivo, e não são de modo algum uma simples disposição que facilita o cumprimento do que foi estabelecido à margem da virtude.* O fundamento antropológico desta dimensão cognoscitiva é, como já se indicou,[41] o caráter antecipador próprio das tendências e a avaliação realizada pelos sentimentos: as virtudes éticas beneficiam-se da capacidade de antecipação e de penetração da afetividade. Por outro lado, ainda que seja possível conhecer abstratamente o que nunca se deve fazer, porque é oposto às exigências essenciais das virtudes (o adultério, por exemplo), e ainda que tal conhecimento possa ser transmitido por meio do ensino (na catequese, etc.), sem as virtudes morais não se pode garantir que esse conhecimento universal chegue a ser, no sujeito, uma convicção pessoal, sólida e prática, à qual o próprio comportamento sempre se adapte. O conhecimento moral prático pressupõe uma afetividade corretamente educada. O sujeito que careça de tais pressupostos não se adequará na prática às exigências morais e terminará por não entendê-las nem sequer em teoria.

---

(38) Cf. cap. V, § 4 (c).

(39) Cf. Prov 3, 13.21; Eclo 18, 27-29; Mt 24, 45-47; Tg 2, 5.

(40) Cf. Jó 12, 13; Prov 8, 14; Is 40, 14.

(41) *Vide* cap. V, § 4 (a).

3. O aperfeiçoamento habitual da escolha por meio das virtudes morais

a) As duas dimensões da virtude moral

Passamos agora a explicar como as virtudes morais podem aperfeiçoar habitualmente as escolhas humanas. Expressando-nos sinteticamente, tal aperfeiçoamento só é possível se, por um lado, estiverem garantidos os princípios da escolha excelente e, por outro, se forem eliminados os obstáculos que a ela se opõem. Tendo presente tudo o que estudamos nos capítulos V e VI, o aperfeiçoamento habitual das escolhas humanas requer:

1) A intenção habitual de um fim reto e a remoção dos obstáculos que dificultam tal intenção. Isto exige que as tendências e a vontade estejam retamente ordenadas de modo estável.

2) A capacidade habitual de determinar a ação ou as ações mediante as quais o fim virtuoso possa realizar-se aqui e agora, e a neutralização dos elementos que obstaculizem o determinar a escolha justa. Em boa medida, estes obstáculos são devidos ao influxo das paixões antecedentes sobre o juízo prático da razão.[42]

3) A escolha e realização da ação indicada pelo juízo prudencial.

Consideremos, por exemplo, um advogado que trabalha junto com outros colegas num escritório, e que esta pessoa esteja dominada por uma deformação da tendência a ser estimado pelos outros, a qual consiste no afã de notoriedade.[43] A deformação habitual da intencionalidade de fundo dessa tendência dá origem a repetidas decisões práticas desacertadas: cada vez que se deve estudar em comum a estratégia por seguir para resolver um caso confiado ao escritório, o nosso advogado aferra-se obstinadamente à sua opinião, e o desejo de que esta prevaleça e seja assumida pelos outros o leva com frequência a perder a objetividade, sem estar claramente consciente disso, o que dá lugar a muitos problemas e fracassos. Numa

(42) *Vide* cap. V, § 4 (d).

(43) Cf. cap. V, § 2 (c).

pessoa virtuosa, no entanto, a intencionalidade de fundo da tendência está habitualmente ordenada; isto significa que certamente deseja que a sua opinião seja acolhida pelos outros com respeito, mas, sobretudo, que seja apreciada e considerada pelo seu valor real. Esta pessoa subordina a tendência à realidade das coisas ao valor e à sensatez do parecer proposto. Esta atitude é em si um princípio de decisões corretas, e evita pelo menos uma das principais causas de erros de juízo.

A reta ordenação habitual das tendências segundo a medida da verdade e da racionalidade (reta razão) é a primeira dimensão das virtudes éticas, à qual chamamos *dimensão intencional* da virtude porque consiste em fazer que a intencionalidade das tendências seja habitualmente reta.[44] Esta reta intenção, geralmente, não pode ter como objeto uma conduta concreta, já que depende das circunstâncias.[45] O que é peculiar à pessoa virtuosa é a sua habitual busca da verdade, da justiça e da racionalidade e a sua subordinação a elas (reta razão). Mas, ainda que esta dimensão seja necessária para a virtude, não é suficiente: além da reta intenção, deve realizar-se ainda a segunda e mais importante dimensão da virtude, ou seja, a *dimensão eletiva*.[46]

---

(44) Cf. *In decem libros Ethicorum*, lib. VI, lect. 10, nn. 1269 e 1273. Assim escreve um ilustre comentador de Santo Tomás: «Fazer que seja reta a intenção dos fins das virtudes é obra das próprias virtudes, não em seu ato consumado e último, que é a escolha (com efeito, a virtude é um hábito eletivo), mas em seu ato primeiro e inicial, pelo qual o apetite se torna bem disposto para o bem referente à virtude» (João de Santo Tomás, *Cursus Theologicus*, ed. Solesmes, 1938, Isagoge, vol. I, p. 171). Caetano pronuncia-se no mesmo sentido: «In electione ipsa clauditur intentio finis, quoniam electio est eorum quae sunt ad finem propter finem [...]. Propter quod in definitione, dum dicitur quae est habitus electivus, implicite dictum est quod etiam intentivus finis est» (Caetano, *Commentario alla «Summa Theologiae»*, cit., I-II, q. 58, a. 5, Com. IX).

(45) Assim, no exemplo citado, não se pode dizer que o homem virtuoso deva sempre renunciar à sua própria opinião para assumir a dos seus colegas. Podem ocorrer casos em que a pessoa esteja certa de ter razão e, pelo bem de todos, deva insistir na defesa da sua opinião. Em outros casos, essa insistência seria uma obstinação pouco razoável.

(46) Uma vez que os nossos advogados virtuosos estudam o problema com intenção reta, ou seja, tentando resolvê-lo de acordo com a verdade e com a justiça (e não em busca de outros fins, como, por exemplo, fazer prevalecer as suas opiniões, obter a todo custo o maior benefício econômico, etc.), é necessário em primeiro lugar que a prudência determine o que é justo nesta situação concreta, e depois se escolha efetivamente o que a prudência indica e seja cumprido, ainda que implique sacrifícios e dificuldades.

Podemos dizer, portanto, que *a virtude moral é o desejo habitual dos fins retos (dimensão intencional) e a escolha das ações que os realizam (dimensão eletiva)*, porque os fins das virtudes são fixos e universais (a justiça, a verdade, etc.), ao passo que as ações concretas necessárias para realiza-los variam segundo as diversas situações e circunstâncias. Vejamos, detalhadamente, como age a virtude nos dois planos.

b) A dimensão intencional da virtude: a prudência pressupõe as virtudes morais

Os hábitos morais aperfeiçoam, em primeiro lugar, a intencionalidade básica das tendências e da vontade na medida em que a pessoa necessita disso. As virtudes éticas garantem que todas as tendências estudadas no capítulo V (tendência à alimentação, impulso sexual, desejo de conhecer, etc.) estejam direcionadas ao seu objeto (alimento, sexualidade, instrução, etc.) de modo ordenado, não a qualquer preço e sem medida, mas dentro dos limites do razoável, ou seja, na medida e na forma em que a reta razão considera justas para o bem da pessoa que age e das outras pessoas envolvidas.

Santo Tomás refere-se à dimensão intencional das virtudes quando afirma que as virtudes morais são o pressuposto necessário da prudência. Em outras palavras, se as tendências e a vontade não estão permanentemente ordenadas, não será possível realizar o que é bom nem identificar o que seria bom realizar em cada caso. A pessoa geralmente dominada pela sede de poder ou pela ganância, ou pelo desejo de prevalecer sobre os demais, etc., agirá de modo desordenado com grande naturalidade, sem perceber sequer que deveria ter agido de outro modo.

> As outras virtudes intelectuais podem existir sem as virtudes morais (é possível ser um bom matemático sem ser valente), mas o mesmo não acontece com a prudência. «A razão disso é que a prudência é a reta razão do agir; não só em geral, mas também nos casos particulares, quando se realizam as ações. Pois bem, a reta razão exige previamente alguns princípios, dos quais procede no seu raciocínio. Mas, com respeito aos casos particulares, é neces-

sário que a razão proceda não só a partir dos princípios universais, mas também dos princípios particulares».[47] Imediatamente, Santo Tomás explica que a ciência moral dispõe a pessoa retamente em relação aos princípios universais; mas não se pode dizer o mesmo quanto aos princípios particulares, já que as disposições pessoais influenciam no conhecimento prático do bem. E conclui: «Para estar bem disposto quanto aos princípios particulares do agir, que são os fins, o homem precisa ser aperfeiçoado por alguns hábitos que lhe tornem de certo modo conatural o juízo reto a respeito do fim; isto se alcança pela virtude moral, pois o homem virtuoso julga retamente do fim da virtude, uma vez que, *segundo é cada um, assim lhe parecerá o fim,* como se diz no livro III da *Ethic.* Portanto, para a reta razão do agir, que é a prudência, requer-se que o homem possua a virtude moral».[48]

Neste mesmo sentido, Santo Tomás afirma que *os fins virtuosos são os princípios da prudência,*[49] assim como, de modo análogo, os primeiros princípios especulativos são os pressupostos do raciocínio científico. Os fins das virtudes são os princípios do conhecimento moral pessoal que dirige a conduta, ou conhecimento prático no sentido mais estrito do termo. Por *«fins virtuosos» entendem-se aqui os modos de regulação racional das tendências, dos sentimentos (paixões) e das ações requeridos para alcançar a plenitude da vida humana e cristã que, genericamente (isto é, sem descer às ações concretas que aqui e agora devem ser realizadas) chamamos prudência, justiça, humildade, sinceridade, fortaleza, generosidade, temperança, etc.*[50]

O fim virtuoso não é princípio da prudência se for considerado como uma proposição teórica que serve de premissa maior ou como um valor abstrato. *O que é, propriamente, princípio de um raciocínio prático é o desejo de um fim*; por isso, como as virtudes morais – no

(47) *S.Th.*, I-II, q. 58, a. 5. Os «princípios universais», neste contexto, são as ideias morais de caráter geral: por exemplo, que a justiça manda respeitar a propriedade alheia. «Princípios particulares» são, pelo contrário, os desejos virtuosos que constituem o ponto de partida do raciocínio concreto e circunstanciado que a pessoa realiza aqui e agora, e que leva à prática.

(48) *Ibidem.*

(49) Cf. *In decem libros Ethicorum*, lib. X, lect. 12, n. 2114; *S.Th.*, I-II, q. 65, a. 1 ad 4.

(50) Ver a explicação de G. Abbà, *Felicità, vita buona e virtù*, cit., pp. 244-250.

seu aspecto intencional – consolidam o desejo dos fins virtuosos, diz-se que sem estas não pode haver prudência. Com efeito, o último juízo prático acerca do que convém aqui e agora necessariamente leva em conta os desejos atuais do sujeito. Para garantir que este juízo seja conforme ao bem, é necessária a retidão habitual dos desejos do sujeito (dimensão intencional da virtude).[51] No entanto, para ser prudente, não bastam as virtudes morais. A reta ordem habitual das tendências e da vontade é condição necessária, mas não suficiente.

Em resumo, podemos dizer que *a dimensão intencional da virtude é a ordenação estável dos apetites e das tendências que permite deliberar sem nenhum obstáculo a partir dos fins das virtudes.* O vício, pelo contrário, leva a julgar mal não só deste ou daquele ato, mas fixa na alma uma finalidade retorcida, que se traduz em máximas do tipo: «tudo o que produz prazer deve ser aproveitado», «deve-se evitar todo esforço incômodo», etc., a partir das quais a razão delibera imprudentemente de modo habitual. A função da virtude não é, portanto, meramente negativa – impedir o obstáculo da paixão –, mas também positiva: estabelecer um desejo reto como princípio prático.

Diferente é a situação de quem não possui a virtude nem o vício, já que os seus apetites não estão estavelmente inclinados ao bem nem ao mal: é o caso, por exemplo, daqueles que Aristóteles e Santo Tomás chamam continente e incontinente, que não possuem a temperança nem o vício oposto. Nos dois sujeitos, estão presentes ao mesmo tempo as exigências da reta razão e as da concupiscência, e por isso o Aquinate diz que utilizam um raciocínio de quatro proposições, que concluirá de um modo ou de outro segundo prevaleça a razão ou a paixão. Em ambos os casos, a razão manda: «não se deve cometer nenhum pecado», e a concupiscência por sua vez sugere: «busque o prazer!» O incontinente deixa-se vencer pela paixão assumindo o princípio que esta propõe, e assim delibera e

(51) «Donde se conclui que, para ter o hábito de formular tais juízos, é necessária a boa inclinação habitual da faculdade apetitiva, ou seja, a virtude moral. Esta é a razão por que a "prudência", como se chama o hábito relativo a esses juízos, ainda que em sua essência seja uma virtude intelectual, constitui, não obstante, de modo material e como pressuposição, uma virtude moral, por implicar a retidão do apetite e ter como objeto os atos moralmente bons deste» (A. Millán Puelles, *Fundamentos de filosofía*, Rialp, Madri, 1969, p. 654).

conclui: «isto me causa prazer; portanto, convém que eu o faça». O continente consegue resistir à concupiscência, e delibera e conclui segundo as exigências da razão: «isto é contrário à virtude; portanto, vou evitá-lo».[52]

O continente age bem, mas não virtuosamente, porque lhe falta a firme e pacífica posse dos princípios da boa deliberação e do bom agir, de modo que a sua ação acaba por ser imperfeita, cheia de lutas e de inquietações, não plenamente harmonizável com a vida boa.[53] O incontinente age mal, ainda que com menos malícia que o intemperante (aquele que tem o vício da intemperança); o incontinente age *eligens* e não *ex electione*,[54] porque a sua má ação não é o resultado lógico de uma posse estável dos princípios do mal agir, mas de uma paixão momentânea – na qual certamente consentiu – que constrange e distorce a gênese deliberativo-eletiva da ação. O intemperante, ao contrário, toma decisões opostas à virtude sem sequer preocupar-se com isso, por causa do hábito que possui.

Tudo isso é consequência do diferente influxo dispositivo que a paixão e o hábito exercem sobre a razão prática. A paixão antecedente é em si mesma um elemento irracional e, devido à desordem do pecado, tende a entorpecer o processo decisório, podendo convertê-lo em mau ou imperfeito. O hábito moral é, no seu aspecto intencional, um princípio da atividade prática da razão livremente adquirido e conservado, e por isso a razão não é violentada por ele na sua normalidade psicológica. O hábito moral bom (virtude) é como uma marca da reta razão impressa na afetividade, a qual permite uma integração pacífica e positiva do aspecto afetivo e do racional da pessoa. O vício, pelo contrário, é a marca de uma razão que se deixa dominar pelas paixões desordenadas e que, assim, dá lugar à malícia moral de quem, consciente e livremente, projeta as suas atividades para buscar o prazer ou o interesse egoísta.

(52) Cf. *De malo*, q. 3, a. 9 ad 7; *In decem libros Ethicorum*, lib. VII, lect. 3, ns. 1328-1353.

(53) Cf. *S.Th.*, I-II, q. 58, a. 3 ad 2.

(54) Cf. *S.Th.*, I-II, q. 78, a. 4 ad 3.

c) A dimensão eletiva da virtude: as virtudes morais pressupõem a prudência

Partindo do desejo estável dos fins virtuosos, a prudência pode estabelecer a ação que aqui e agora realiza o fim virtuoso, de modo que possa ser escolhida e realizada (*dimensão eletiva da virtude*). Assim como a dimensão intencional das virtudes morais é pressuposto da prudência, assim esta, por sua vez, é pressuposto da dimensão eletiva das virtudes morais.

A verdade prática alcançada pela prudência possui uma natureza particular por causa da sua dependência dos fins virtuosos. Assim como a razão especulativa é reta na medida em que se conforma aos seus princípios, assim também a razão prática é reta quando adequada aos seus, que são os fins virtuosos; por isso, *a verdade prática consiste na conformidade da razão ao apetite reto, ou seja, ao desejo do fim virtuoso.*[55] No seu comentário à *Ética a Nicômaco*, Santo Tomás explica que a relação entre apetite reto e razão prática é a relação entre virtudes morais e prudência. Dizer que a verdade prática consiste na conformidade da razão prática com o apetite reto equivale a afirmar a dependência da prudência com relação às virtudes morais.

Esta dependência parece introduzir um círculo vicioso, já que a prudência pressupõe as virtudes morais e estas, por sua vez, requerem a prudência. O círculo resolve-se ao examinar os dois aspectos da virtude: «A retidão do apetite em relação ao fim [aspecto intencional da virtude] é a medida da verdade da razão prática [prudência], que se regula segundo a sua conformidade com o apetite reto. Esta verdade da razão prática é a medida da retidão do apetite quanto aos meios [aspecto eletivo das virtudes]. Nesse sentido, diz-se reto o apetite que tende àquilo que indica a razão verdadeira».[56] *Por um lado, as virtudes são a medida da reta razão e, por outro, a reta razão (prudência) é a medida do ato eletivo da virtude.* O aparente círculo vicioso é resolvido,

(55) Cf. *S.Th.*, I-II, q. 57, a. 5 ad 3.

(56) *In decem libros Ethicorum*, lib. VI, lect. 2, n. 1131. Os esclarecimentos entre colchetes são nossos.

mas resta solucionar o importante problema da formação das virtudes, que veremos daqui a pouco.[57]

O conceito de verdade prática deve ser considerado com atenção. Ele exclui não só a ideia de que basta uma intenção subjetivamente reta – a de quem quer fazer o bem e pretende fazê-lo, mas permanece no erro –, mas também a ideia de que seja suficiente uma intenção objetivamente reta. A concepção delineada até agora, caracterizada por uma estreita relação entre fins virtuosos e prudência, reforça a unidade e a coerência da razão prática. A razão, que tem como princípios específicos os fins virtuosos, é a mesma que determina o que convém fazer aqui e agora (prudência). Mais ainda, é capaz de determinar o que aqui e agora se deve fazer, precisamente porque o raciocínio prático tem o seu ponto de partida no desejo dos fins virtuosos e, mediante um processo de determinação cada vez maior, chega a discernir a ação concreta que nessa situação realiza a virtude, isto é, realiza um ato justo, temperado, etc. A prudência, portanto, aperfeiçoa o momento maximamente concreto da razão prática: o juízo com respeito à escolha que se deve fazer aqui e agora. Dizer que a escolha justa é o ato principal da virtude ética significa que, no raciocínio prático, o desejo do fim virtuoso (isto é, a reta intenção) é a fase inicial de um processo que culminará na ação concreta e particular. A boa intenção pode ceder ou extraviar-se ao deparar com o primeiro obstáculo que se apresente, por falta de firmeza ou de prudência.[58]

Estas considerações estabelecem dois corolários. O primeiro é que a determinação da ação que deve ser realizada não é uma atividade eticamente neutra; mais ainda, é o objeto da virtude específica da razão prática enquanto tal, o ponto de confluência de todo o agir moral, já que pressupõe a dimensão intencional das virtudes éticas e, além disso, é condição de possibilidade para a sua concreta realização. O segundo é que a unidade e a coerência entre intenção e escolha pertencem ao funcionamento normal da razão prática. A razão que determina um fim é a mesma que determina a ação idônea para

(57) Cf. § 4 (c).

(58) *Vide* cap. VI, § 4 (c).

realizar aquele fim, e idêntica unidade existe entre a *voluntas intendens* e a *voluntas eligens.* O raciocínio prático parte do fim virtuoso (justiça, temperança, etc.) e por si só termina com a escolha justa e temperada.[59] Por isso, segundo o processo normal do comportamento ético, a escolha equivocada pressupõe uma desordem moral da vontade,[60] porque o fim virtuoso (a justiça, a temperança, etc.) se afirma ou se nega precisamente na escolha concreta. A imprudência, isto é, o raciocínio e o juízo prático de onde provém a escolha contrária à virtude, é uma culpa moral e não um erro técnico de avaliação. Analogamente, a imprudência habitual é um vício.

Deve acrescentar-se, finalmente, que *o juízo e o império da prudência são seguidos pelo ato eletivo da virtude, a escolha virtuosa adequada ao ditame prudencial.* É a escolha de um ato que pode envolver também uma atividade da afetividade sensível, que será assim uma paixão consequente.[61] É preciso notar, portanto, que, quando o império da prudência alcança um apetite da sensibilidade, este, enquanto tal, se torna partícipe da escolha virtuosa. A atuação dos hábitos virtuosos da sensibilidade identifica-se, portanto, com um apetite deliberado, ou seja, com um desejar sensível (amor, gozo, temor, etc.) precedido da deliberação e do juízo imperativo da prudência e, portanto, moralmente excelente.[62]

d) Os fins virtuosos como princípios naturais da razão prática

Devemos esboçar agora uma importante questão. Sabemos que a escolha virtuosa é regulada pela prudência, e que a verdade do juízo

(59) A razão, por sua própria natureza, funciona corretamente também no campo moral. Por isso, Santo Tomás afirma que «perversitas enim rationis repugnat naturae rationis» (*In decem libros Ethicorum*, lib. II, lect. 2. n. 257), e que «corrupta ratio non est ratio, sicut falsus syllogismus non est syllogismus» (*Scriptum super Sententiis*, lib. II, d. 24, q. 3, a. 3 ad 3).

(60) Cf. *Catecismo*, n. 1761; *Veritatis splendor*, n. 78.

(61) Cf. cap. V, § 4 (d).

(62) Cf. *De virtutibus in communi*, a. 4 ad 1. João de Santo Tomás indica que a missão das virtudes morais é «reddere appetitum sensitivum promptiorem ad recipiendam rectam electionem» (Cursus Theologicus, cit., in I-II, d. 15, q. 2, n. 39). Ver também Caetano, *Commentario alla «Summa Theologiae»*, cit., I-II, q. 56, a. 4.

imperativo desta consiste em sua conformidade com os fins virtuosos. Mas agora podemos perguntar: como se especificam os fins virtuosos? Qual é a regra da dimensão intencional das virtudes morais? A resposta é que *o conhecimento dos fins virtuosos pertence à razão natural e precede à prudência, assim como a intelecção dos princípios especulativos precede à ciência.*[63] Com efeito, a razão prática humana possui alguns princípios naturais, que constituem o ponto de partida cognoscitivo tanto do raciocínio prático como do processo de formação das virtudes. Neste sentido, Santo Tomás «afirma que a prudência e as virtudes éticas dependem da razão enquanto natural, ou seja, enquanto naturalmente capaz de conceber e prescrever os fins virtuosos gerais da vida boa e certos tipos de ações, absolutamente requeridas ou absolutamente excluídas por tais fins».[64] O conhecimento natural dos fins virtuosos é um elemento substancial da «natureza prática» do homem, e constitui o conteúdo fundamental da lei moral natural. São aspectos que analisaremos na parte III deste livro.

4. *O organismo das virtudes morais*

a) Distinção das virtudes

A Escritura contém referências a uma rica gama de atitude virtuosas: no cume, estão as três virtudes teologais, mas também se fala de virtudes morais, como a audácia, a pureza, a valentia, a fidelidade, a laboriosidade, a humildade, a sinceridade, etc.,[65] sem que se empregue um princípio específico de classificação. Por sua vez, os estudos siste-

(63) Santo Tomás sustenta esta tese em *S.Th.*, I-II, q. 47, a. 7; em *De veritate*, q. 5, a. 1; e no *Scriptum super Sententiis*, lib. III, d. 33, q. 2, a. 3. Cf. A. Rodríguez Luño, *La scelta etica*, cit., pp. 50-55. Neste ponto, Santo Tomás acrescenta importantes desenvolvimentos à teoria aristotélica da virtude: cf. G. Abbà, *Quale impostazione per la filozofia morale?*, cit., p. 66; M. Rhonheimer, *La perspectiva de la moral*, cit., cap. V, § 1.

(64) G. Abbà, *Quale impostazione per la filosofia morale?*, cit., p. 66.

(65) Cf. Gên 29, 20; Deut 1, 16-17; Prov 28, 20; Sab 3, 13; Eclo 7, 12-15; Is 35, 3-4; Zac 8, 16; Mc 15, 43; Lc 6, 36-38; At 20, 33-35; 1 Cor 4, 12-13; Ef 4, 25-31; Col 3, 12-15; 2 Tim 2, 22-25; Hebr 10, 33-39; Tg 3, 2-12; 1 Pe 4, 8-10; 5, 6-9; Apoc 14, 4-5.

máticos da vida moral propuseram, normalmente, algumas categorias de virtudes. Platão distinguiu quatro virtudes fundamentais: prudência, justiça, fortaleza e temperança. Aristóteles elaborou uma fenomenologia das virtudes éticas recorrendo até a modelos descritivos.. A tradição teológica católica organiza as virtudes morais em torno das quatro virtudes fundamentais ou cardeais.[66]

Tendo em conta que *as virtudes morais aperfeiçoam estavelmente todo o dinamismo tendencial humano*, o modo de diferenciar e de organizar as virtudes dependerá, em boa medida, do método utilizado para analisar e classificar as tendências. A exposição do Aquinate baseia-se em sua concepção das faculdades da alma (razão prática, vontade, apetite irascível e apetite concupiscível) e na relação que existe entre as paixões e os bens a que estas tendem e a razão que as deve regular.[67] A prudência é a virtude fundamental (cardeal) da razão prática; a justiça é a virtude fundamental da vontade e das suas operações; a fortaleza e a temperança correspondem respectivamente ao apetite irascível e ao concupiscível. Em torno das quatro virtudes cardeais se organizam todas as outras virtudes morais como *partes subjetivas, partes integrais e partes potenciais* daquelas.[68] As *partes subjetivas* correspondem à distinção de âmbitos parciais dentro de uma mesma virtude cardeal: a sobriedade e a castidade são partes subjetivas da temperança. *Partes integrais* são os hábitos necessários para a plena realização da virtude cardeal: a paciência e a perseverança são partes integrais da forta-

(66) Estas virtudes se chamam «cardeais» porque são a base e o ponto de referência das demais virtudes humanas, tornam concreta a perfeição cristã e dão corpo e fisionomia à caridade: «Quatro virtudes têm papel de "dobradiça" (que, em latim, se diz "cardo, cardinis"). Por isso são chamadas "cardeais": todas as outras se agrupam em torno delas. São a prudência, a justiça, a fortaleza e a temperança» (*Catecismo*, n. 1805).

(67) Pode ser útil citar uma conhecida explicação tomista: «O bem das potências apetitivas não se realiza do mesmo modo em cada comportamento humano. Este bem se refere a uma tríplice matéria: a) aos impulsos irascíveis e agressivos, b) aos impulsos para o prazer, c) às operações por meio das quais nos ocupamos das coisas externas, como a aquisição, a venda, o aluguel e o empréstimo. O bem do homem em relação aos impulsos está em assumi-los de tal modo que não se deixe arrastar por eles afastando-se do juízo da razão; e, assim, diante das paixões que impelem em sentido contrário à razão, o bem da virtude consiste em refreá-las, como faz a temperança, que modera o impulso do prazer. Diante dos impulsos que impedem que se aja segundo a indicação da razão, como o medo, o bem da virtude consistirá em resistir ao impulso que detém a ação, como o faz a coragem ou a fortaleza» (*De virtutibus in communi*, a. 12).

(68) Cf. *S.Th.*, II-II, q. 48, a. 1.

leza. As *partes potenciais* são as virtudes afins a uma virtude cardeal, na qual não se dá plenamente a *ratio* dessa virtude: a religião e a piedade para com os pais são partes potenciais da justiça.

Detenhamo-nos brevemente para dar um panorama geral da classificação tomista. As partes subjetivas da prudência são a prudência pessoal, mediante a qual a pessoa se governa a si mesma, e a prudência governativa, própria do pai de família, das autoridades, etc. As partes integrais são virtudes como a memória, que é capaz de ganhar experiência do passado, a inteligência da situação presente, a docilidade, a diligência, a previsão, a cautela, etc. Partes potenciais são a capacidade de deliberar retamente (*eubulia*), a capacidade de julgar adequadamente nas situações normais (*synesis*) e nas situações extraordinárias (*gnome*), que regula a epiqueia.

As partes subjetivas da justiça são a justiça geral ou legal, a justiça comutativa e a justiça distributiva. As partes potenciais são as virtudes que não têm ou possuem perfeitamente a razão de igualdade própria da justiça, como a religião, a piedade para com os pais, a observância com relação às pessoas constituídas em autoridade e a obediência; ou então aquelas virtudes que não envolvem um dever em sentido estrito, como a veracidade, a gratidão, a bondade, a liberalidade, etc.

A magnanimidade, a magnificência, a paciência e a perseverança são partes integrais da fortaleza se as considerarmos como pressupostos do ato principal da fortaleza, ou seja, empreender ações ou resistir a ataques que põem a vida em perigo. Se, pelo contrário, as considerarmos como virtudes referidas a objetos secundários da fortaleza, estas quatro virtudes são partes potenciais.

Partes subjetivas da temperança são a moderação na comida (abstinência), a sobriedade na bebida e a castidade. São partes integrais o pudor e a honestidade. E partes potenciais são a continência, a mansidão, a clemência, a modéstia, a humildade, a moderação do desejo de saber e da curiosidade (*studiositas*) e a moderação no jogo, no esporte e, de modo geral, na diversão.

Cada virtude moral tem um modo específico de regular as ações, as tendências e as paixões, e, portanto, uma lógica interna, uma estrutura normativa que, convenientemente desenvolvida, permite resolver os problemas que a ética normativa apresenta.

b) A conexão das virtudes

Chama-se conexão das virtudes morais à propriedade pela qual uma delas não pode chegar ao estado perfeito sem o desenvolvimento das outras. A razão desta conexão é o vínculo que as virtudes morais têm com a prudência, e, do ponto de vista cristão, a sua relação com a caridade, que é a forma e a raiz de todas as virtudes.[69]

Santo Agostinho fala da conexão das virtudes como sendo uma proposição amplamente aceita: «A inseparabilidade das virtudes foi proposta por todos os filósofos que proclamam as virtudes como necessárias para a vida [...]. O motivo pelo qual pensam que, se alguém possui uma virtude, possui todas e, se lhe falta uma, não possui nenhuma é que a prudência não pode ser fraca, nem injusta, nem intemperante: porque, se tivesse algum desses defeitos, não seria prudente. E, se a prudência é prudência quando é forte, justa e temperada, onde ela estiver, com ela estarão as outras. Do mesmo modo, a fortaleza não pode ser imprudente, nem intemperante, nem injusta; da mesma maneira, a temperança deve ser prudente, forte e justa; assim como a justiça não é tal se não for ao mesmo tempo prudente, forte e temperada. E assim, quando existe uma dessas virtudes, ali estão igualmente também as outras; e, quando as outras faltam, aquela não é autêntica, ainda que por algum motivo possa parecer tal».[70]

Santo Tomás utiliza um argumento semelhante, possivelmente com maior amplitude: como vimos, a virtude moral é certa participação da reta razão nas potências apetitivas.[71] Esta relação de participação entre a prudência e as virtudes morais explica, ao mes-

(69) Cf. *1 Cor* 13, 1-13; *Col* 3, 14; *Catecismo*, nn. 1827-1828; *Veritatis splendor*, n. 15.

(70) Santo Agostinho, *Epistula* 167, 2, 4-5: CSEL 44, 591-593.

(71) Cf. *De virtutibus in communi*, a. 12 ad 16.

mo tempo, a distinção das virtudes (a impossibilidade de que exista uma só virtude ética) e a conexão entre elas: as virtudes morais participam de certo modo da unidade que o bem tem com a prudência; e assim todas se formam e se desenvolvem ao mesmo tempo, segundo certa proporção harmônica, de modo semelhante ao crescimento proporcional dos dedos da mão.

Isto se torna mais claro ao considerar que *as paixões e as ações reguladas pelas virtudes estão em relação recíproca*: «Todas as paixões se originam de umas primeiras, que são o amor e o ódio, e terminam em outras, que são o gozo e a tristeza. De modo parecido, todas as operações que são matéria de virtude moral conservam uma ordem entre si e com as paixões».[72] A virtude moral, portanto, só pode cumprir a função de hábito eletivo do justo meio à luz de uma prudência referida a todos os setores da vida moral.

A temperança, por exemplo, é o hábito eletivo do justo meio nos prazeres sexuais e do gosto, mas não enquanto este meio possa deixar de cumprir-se pelo impulso de uma ou de outra paixão, mas de modo absoluto, independentemente da origem da pulsão desordenada. Pela conexão entre ações e paixões, pode acontecer que alguém realize uma ação intemperante não tanto pelo desejo de prazer, mas por avareza ou por vingança. Por isso, a temperança deve salvar o justo meio entre os extremos que se opõem *per se* e entre aqueles que se opõem em razão da sua conexão com as outras paixões: a temperança deve tornar temperado o homem em absoluto, e não apenas por certo aspecto.

c) A formação das virtudes

Crescimento e diminuição dos hábitos – *As virtudes humanas (e os vícios) adquirem-se e aumentam pela repetição de atos.* As virtudes inerem nas potências não por serem estas princípios ativos, mas precisa-

(72) *S.Th.*, I-II, q. 65, a. 1 ad 3.

mente na medida em que possuem certa passividade. Estas potências, ao serem movidas por uma potência superior, estão dispostas por esta de certo modo, porque tudo o que é movido por outro recebe uma disposição do agente. Se esta moção se repete, a disposição torna-se estável, e gera-se o hábito. A fortaleza, por exemplo, forma-se na tendência irascível por meio dos atos que a razão impera para que esta tendência atue segundo a virtude, vencendo a própria paixão espontânea, quando esta não coincide com a reta razão. Por isso, o Aquinate afirma que a virtude «é uma disposição ou forma "gravada" e impressa na potência apetitiva pela razão»;[73] e a Bíblia recomenda: «Aprendei a fazer o bem».[74]

As virtudes diminuem e desaparecem pela realização de atos contrários à virtude. Dessa maneira, gera-se na potência um novo hábito, o vício, que anula a virtude oposta, já que duas formas contrárias (intemperança e temperança, injustiça e justiça, etc.) não podem coexistir na mesma faculdade. *A cessação prolongada de atos virtuosos pode ocasionar também a debilitação e até a perda da virtude,* porque, se o esforço para reordenar as potências segundo os ditames da reta razão não é constante, necessariamente surgirão atos que se oporão a ela, por causa do movimento instintivo que as tendências sensíveis conservam.

Nenhum hábito operativo humano procede exclusivamente da natureza, ou seja, não existem hábitos operativos inatos. No entanto, *existem alguns hábitos que podem ser chamados naturais, porque em parte procedem da natureza, em parte dos atos realizados pela pessoa.* Estes hábitos «naturais» são dois: o hábito dos primeiros princípios especulativos (*intellectus*) e o hábito dos primeiros princípios morais (*sindérese*). Diferentemente dos outros hábitos (que se chamam adquiridos), estes se constituem como disposições naturais que julgam infalivelmente, uma vez que, por meio da experiência ordinária, se conheçam os termos do juízo. Paralelamente aos hábitos intelectuais dos primeiros princípios, há na vontade um princípio natural de retidão moral: a inclinação natural ao bem conhecido pela razão, a qual, no entanto, não é um hábito incoado, mas algo que pertence constitutivamente à vontade.

---

(73) *De virtutibus in communi*, a. 9.

(74) Is 1, 17. Cf. Sal 1, 2; Lc 16, 8; Rom 1, 25-32.

Formação da prudência – O desenvolvimento das virtudes morais apresenta, do ponto de vista prático, um importante problema de que já falamos:[75] como a prudência se forma.[76] Em seu estado perfeito, a prudência pressupõe a posse de todas as virtudes morais, mas estas, por sua vez, só podem nascer guiadas pela prudência.[77] Este círculo, já resolvido do ponto de vista teórico, cria dificuldades do ponto de vista prático, seja para os jovens que se encontrem em fase de amadurecimento, seja para os adultos que se encontrem em estado imperfeito em relação à virtude e, não podendo contar com a ajuda de uma prudência desenvolvida, têm de enfrentar todos os dias problemas e escolhas com respeito aos quais forçosamente é preciso tomar uma decisão.

Aristóteles já havia apresentado esta questão, que ele solucionava nos marcos da sua ética da *pólis:* os que se encontram na situação que se acaba de descrever serão conduzidos como que pela mão – e em certo sentido obrigados – até à virtude pelas leis da *pólis,* que foram concebidas precisamente para este fim. Hoje em dia esta solução se mostra insuficiente, ainda que continue a ser parcialmente válida. Com efeito, *o Estado, a família, os «mass media», a linguagem, os padrões socialmente compartilhados, etc., exercem* – quer se queira, quer não se queira – *um importante influxo educativo, positivo ou negativo.*[78] A teologia moral acrescenta outra resposta: «Para o problema da prudência imperfeita existe, certamente, uma solução teológica: "a sanação da natureza" pela graça e pela revelação dos princípios morais fundamentais como lei divina».[79] *Só a lei de Cristo (lex nova)*, que consiste primeiramente na graça do Espírito Santo, *pode tornar o homem perfeitamente virtuoso.*[80]

(75) *Vide* § 3 (c).

(76) Temos presente o desenvolvimento de M. Rhonheimer, *La perspectiva de la moral*, cit., pp. 242-246.

(77) Cf. Santo Ambrósio, *De Officiis ministrorum*, 1, 27, 126: PL 16, 60.

(78) É um problema que estudaremos ao tratar das leis humanas no cap. IX. Ver também o que foi indicado com respeito às tradições de vida moral no cap. I, § 1 (b).

(79) M. Ronheimer, *La perspectiva de la moral*, cit., p. 245.

(80) Trataremos da lei de Cristo no cap. VIII.

5. Virtudes infusas, dons do Espírito Santo e carismas

a) Existência das virtudes infusas

A Revelação e a doutrina da Igreja ensinam que Deus transforma o homem redimido numa nova criatura e o torna capaz de agir como filho do Pai em Cristo mediante o Espírito Santo. A elevação sobrenatural abrange a pessoa em toda a sua integridade, incluídas as faculdades operativas. Dado que a perfeição das faculdades operativas se chama virtude, é teologicamente legítimo falar de virtudes sobrenaturais.

Os princípios fundamentais imediatos da vida sobrenatural que o Espírito infunde no homem são as virtudes teologais ou "divinas", isto é, a fé, a esperança e a caridade. A doutrina cristã ensina que «o amor de Deus [, que] foi vertido em nosso coração pelo Espírito Santo que nos foi dado»,[81] é uma virtude, assim como o são a fé e a esperança. *Estas três virtudes divinas informam as virtudes morais*, adequando-as às exigências da vida em Cristo.[82]

Além das virtudes teologais, diversas passagens da Escritura recordam que também as virtudes morais são um dom de Deus.[83] Não poucos Padres e documentos do magistério, bem como a grande maioria dos teólogos, afirmam que, *junto com a graça, recebem-se também as virtudes morais infusas*.[84] É lógico que seja assim, pois para a vida cristã não bastam as qualidades que dispõem a um agir imediatamente dirigido para Deus (virtudes teologais), senão que são necessárias também aquelas capacidades que tornam sobrenatural e meritório para a vida eterna o agir que se refere às coisas criadas (virtudes morais infusas). Estas úl-

---

(81) Rom 5, 5.

(82) Cf. *Catecismo*, n. 1813.

(83) Cf. Prov 2, 6; Sab 9, 10-11 e Lc 1, 17 (prudência); Prov 8, 16 e Is 1, 26 (justiça); Sal 18, 33 e 1 Tim 1, 12 (fortaleza); Mt 19, 11 e 2 Tim 1, 7 (temperança e outras virtudes).

(84) São Gregório Magno considera as quatro virtudes cardeais como uma dádiva do Espírito Santo: cf. *Moralia in Iob*, 2, 49: CCL 143, 106. Quanto ao magistério, *vide* Inocêncio III, Ep. *Maiores Ecclesiae causas*: DS 780: Conc. de Vienne, Const. *Fidei catholicae*: DS 904; *Catecismo Romano*, II, 2, 51. Quanto a Tomás de Aquino, cf. *S.Th.*, I-II, q. 51, a. 4; q. 63, a. 3. O *Catecismo da Igreja Católica* não fala diretamente das virtudes morais infusas, e sua redação poderia levar a pensar que não as considera necessárias; no entanto, tal omissão não significa automaticamente negação da sua existência.

timas são paralelas às virtudes morais humanas, na ordem sobrenatural: prudência, justiça, fortaleza e temperança infusas.

Em sentido estrito, a definição de origem agostiniana citada anteriormente refere-se apenas às virtudes infusas: «A virtude é uma boa qualidade da alma pela qual se vive retamente, que não pode ser usada para o mal, e que Deus produz em nós sem nós». *São virtudes que Deus infunde no cristão com a graça santificante, e que se disitinguem das correspondentes virtudes adquiridas não pela matéria que regulam (ações, tendências, paixões), mas pelo critério que inspira a regulação.* A temperança cristã, por exemplo, modera a tendência nutritiva em ordem ao progresso da vida espiritual com um critério diferente daquele da temperança humana em vista da conservação da saúde, ainda que haja pontos de contato: a embriaguez opõe-se igualmente à temperança humana e à cristã. A fé ilumina de modo novo o sentido dos bens humanos e da sua privação (saúde e doença, dor, falta de recursos econômicos, fracassos profissionais, etc.) e, por isso, modifica ao menos parcialmente os critérios de comportamento humano em relação a eles. Assim, por exemplo, a atitude do Senhor, que «tornou-se pobre por causa de vós»,[85] ilumina o sentido da pobreza e da sobriedade no uso dos bens, e abre caminho para um comportamento virtuoso que não teria sentido sem a fé em Cristo.

Por outro lado, a teologia sustenta que *as virtudes infusas dão ao homem a capacidade radical de fazer escolhas válidas em ordem ao progresso da vida cristã e à vida eterna, mas não proporcionam a facilidade característica do hábito adquirido.*[86] Por esta razão, este último é absolutamente necessário para o cristão.

---

(85) *2 Cor* 8, 9.

(86) No entanto, as virtudes infusas concedem, de modo remoto, certa facilidade para agir na ordem da graça. Santo Tomás indica que a facilidade para agir pode ser entendida de duas maneiras: a prontidão causada pelo hábito, e neste sentido as virtudes infusas não a conferem; e a prontidão que deriva da inclinação ao objeto das virtudes, que é própria dos dons divinos (cf. *Scriptum super Sententiis*, lib. IV, d. 14, q. 2, a. 2 ad 5). Neste segundo sentido, as virtudes sobrenaturais facilitam o agir moral de duas maneiras: 1) assim como as faculdades tendem a agir, assim também as virtudes infusas inclinam a agir sobrenaturalmente, pela sua tendência ao bem absoluto; 2) a virtude infusa supõe a supressão de qualquer vício propriamente dito, e, embora permaneça a disposição remota desordenada, ela fica debilitada pela firme adesão ao bem contrário, e isso facilita o agir ordenadamente (cf. *De virtutibus in communi*, a. 10 ad 14).

Deve-se reconhecer certamente que a existência de virtudes morais infusas não é matéria dogmática com respeito à qual a Igreja se tenha pronunciado com um juízo definitivo. No entanto, é a doutrina mais comum entre os grandes teólogos clássicos. A vida moral cristã poderia ser explicada também de outro modo: a graça faz meritórias as ações das virtudes adquiridas, as virtudes teologais elevam e modificam parcialmente os critérios reguladores da prudência humana, e a caridade continua a ser igualmente a «forma» de todas as virtudes. Da nossa parte, no entanto, pensamos que a doutrina sobre a existência de virtudes morais infusas facilita a compreensão do agir moral cristão e, por outro lado, não encontramos na literatura teológica argumentos definitivos que refutem a validez do que a teologia clássica disse em favor da sua existência.

b) Os dons do Espírito Santo

A Revelação mostra outro modo, mais elevado, de agir, e que ocorre quando o próprio Deus age em nós: «Todos aqueles que se deixam conduzir pelo Espírito de Deus são filhos de Deus [...]. O Espírito vem em socorro da nossa fraqueza. Pois não sabemos o que pedir nem como pedir; é o próprio Espírito o que intercede em nosso favor».[87] Nesse sentido, as obras boas do cristão são verdadeiramente frutos do Espírito Santo.[88] O Espírito conduz a vida do cristão, e, assim, por meio de Cristo, «todos nós [...] temos acesso a Deus, em um só Espírito».[89] Mas, para que isso aconteça, é necessária certa disposição estável, certa conaturalidade no íntimo da pessoa que a predisponha para secundar com prontidão o guiamento e as inspirações divinas. Tais qualidades estáveis, infundidas por Deus na alma, são *«os dons do Espírito Santo. Estes são disposições permanentes que tornam o homem dócil para seguir os impulsos do mesmo Espírito».*[90] Baseando-se, sobretudo, num texto de

(87) Rom 8, 14.26.

(88) Cf. Gál 5, 22.

(89) Ef 2, 18. Cf. Gál 5, 25.

(90) *Catecismo*, n. 1830.

Isaías, enumeram-se sete dons por meio dos quais o Espírito move os fiéis:[91]

– *sabedoria*: para conhecer e amar com prontidão as coisas divinas;

– *entendimento*: para entender com profundidade as verdades da fé;

– *ciência*: para avaliar as coisas humanas em relação ao fim último;

– *conselho*: para discernir as coisas que se devem fazer;

– *piedade*: para cumprir com solicitude e ânimo filial tudo o que se refere a Deus e, secundariamente, aos homens;

– *fortaleza*: para estar disposto a repelir prontamente as sugestões negativas nos perigos;

– *temor de Deus*: para evitar os estímulos das paixões desordenadas que ofenderiam ao Senhor.

A tradição da Igreja falou constantemente destes dons.[92] A sua necessidade funda-se na excelência da ordem sobrenatural, que requer não somente as virtudes infusas, mas também o impulso do Espírito Santo. Assim, os Padres comparam as virtudes à navegação a remo, e os dons à navegação à vela impulsionada pelo vento (sopro do Espírito); no entanto, como em qualquer comparação, não seria oportuno levá-la ao extremo, porque, na vida cristã, virtudes infusas e dons do Espírito Santo se entrecruzam e, do início ao fim do caminho da santidade, tanto uns como outros são necessários para responder ao chamado divino.

c) Os carismas

A palavra grega *carisma* significa favor, dom gratuito, benefício, e, com este sentido, aparece 14 vezes no Novo Testamento, nas cartas paulinas. Empregada desta forma, pode dizer-se que a graça, as virtudes e os dons do Espírito Santo são carismas. A palavra *carisma*

---

(91) Cf. Is 11, 1-3; *Catecismo*, n. 1831.

(92) Cf. *Decretum Damasi* do Sinodo Romano do ano 328: DS 178; *Catecismo Romano*, I, 9, 8; Leão XIII, Enc. *Divinum illud munus*, 9-V-1987: ASS 29 (1896-97) 644-658. Também os catecismos católicos e a liturgia da Igreja dão testemunho da sua existência, e o mesmo fizeram os teólogos (cf. *S.Th.*, I-II, q. 68). Para maior aprofundamento, remetemos a M. M. Philippon, *Los dones del Espíritu Santo*, Palabra, Madri, 1989.

nas línguas modernas adquiriu um significado técnico, poucas vezes usado no Novo Testamento.[93] Nesta acepção, *os carismas são múltiplos dons – diversidade de carismas*[94] *– que o Espírito distribui como quer «para utilidade comum»,*[95] *e que nem todas as pessoas recebem,*[96] *porque não são necessários a cada cristão para desenvolver a sua própria santidade.*

Tanto a etimologia da palavra como as indicações explícitas da Sagrada Escritura mostram que os carismas são dons gratuitos de Deus – às vezes, menciona-se concretamente o Espírito Santo – em ordem ao fim sobrenatural. «Sejam extraordinários sejam simples e humildes, os carismas são graças do Espírito Santo que, direta ou indiretamente, têm utilidade eclesial, ordenados que são à edificação da Igreja, ao bem dos homens e às necessidades do mundo».[97] Eles têm, portanto, uma relação muito estreita com a vida da Igreja; de fato, Rom 12 e 1 Cor 12 utilizam o exemplo do corpo para falar da diversidade, da unidade e da utilidade dos carismas. A sua incumbência eclesial e o fato de que nos textos indicados – e em outros[98] – se fale de carismas ministeriais, bem como as regras dadas pelos Apóstolos para o uso dos carismas,[99] manifestam não somente que não há oposição entre carisma e hierarquia, senão que são duas realidades estreitamente unidas.

> «Os carismas devem ser acolhidos com reconhecimento por aquele que os recebe, mas também por todos os membros da Igreja, pois são uma maravilhosa riqueza de graça para a vitalidade apostólica e para a santidade de todo o Corpo de Cristo, contanto que

(93) Ver, por exemplo, a tradução ao português de 1 Tim 4, 14. Sem traduzi-lo pela palavra carisma, usa-se o conceito em Rom 12, 6-11; 1 Cor 12, 4 e 1 Pe 4, 10-11.

(94) Cf. Rom 12, 6; 1 Cor 12, 4.

(95) Cf. 1 Cor 12, 7.11; 14, 12; *Catecismo*, n. 951. Os carismas são recebidos quase sempre para utilidade e serviço dos demais (*gratiae gratis datae*: 1 Cor 14, 19), ainda que algumas vezes sejam apenas para utilidade de quem os recebe: «Aquele que fala em línguas se edifica a si mesmo» (1 Cor 14, 4).

(96) Cf. 1 Cor 12, 28-30.

(97) *Catecismo*, n. 799.

(98) Cf. Ef 4, 11-12; 1 Tim 4, 14; 2 Tim 1, 6.

(99) Cf. 1 Cor 14; 1 Pe 4, 10-11.

se trate de dons que provenham verdadeiramente do Espírito Santo e que sejam exercidos de maneira plenamente conforme aos impulsos autênticos deste mesmo Espírito, isto é, segundo a caridade, verdadeira medida dos carismas (cf. 1 Cor 13)».[100] As cartas de São Paulo oferecem várias vezes uma lista deles; ao todo, mencionam uma vintena de carismas: alguns são prodigiosos, como as curas por meio do Espírito ou o poder de fazer milagres;[101] outros trazem consigo somente a aptidão particular para certo ofício, como o de apóstolo para suscitar uma comunidade, de profeta para exortar os fiéis, de doutor para instruir, etc. Muitas outras passagens da Bíblia, tanto do Antigo como do Novo Testamento, sem usar o termo, falam de diversos carismas: a profecia, desde Moisés até João Batista,[102] a glosolália,[103] o poder de fazer prodígios,[104] o de expulsar os espíritos imundos e o de curar doenças,[105] a prudência para julgar e para governar,[106] etc.

Enquanto os carismas prodigiosos se vão tornando pouco frequentes com o desenvolvimento da Igreja, os comuns e necessários para a vida da Igreja existirão sempre. Assim escreve o Vaticano II: o «Espírito Santo não só santifica e conduz o Povo de Deus por meio dos sacramentos e dos ministérios e o adorna de virtudes, mas, "dando a cada um os seus dons como lhe apraz" (1 Cor 12, 11), distribui também graças especiais entre os fiéis de todas as classes, as quais os tornam aptos e dispostos a assumir diversas obras e encargos, proveitosos para a renovação e para a cada vez mais ampla edificação da Igreja, segundo aquelas palavras: "a cada um se concede a manifestação do Espírito em ordem ao bem comum" (1 Cor 12, 7). Estes carismas, quer os mais elevados, quer ainda os mais simples e comuns, devem ser recebidos com ação de graças e consolação, por serem muito adeuados e úteis às necessidades da Igreja. [...] o juízo

(100) *Catecismo*, n. 800.

(101) Cf. 1 Cor 12, 9-10.

(102) Cf. Deut 34, 10; Lc 7, 26.

(103) Cf. At 2, 4.

(104) Cf. Jos 3, 7; At 2, 43.

(105) Cf. 1 Re 17, 17-24; Mt 10, 1.

(106) Cf. Jz 4, 4-6; 1 Re 3, 12; Prov 21, 1.

acerca da sua autenticidade e do seu reto uso pertence àqueles que presidem na Igreja».[107]

6. Relação entre as virtudes humanas e as infusas

A relação entre as virtudes humanas e as infusas (virtudes e dons) deriva da mútua coordenação entre natureza e graça, e pode resumir-se nos seguintes pontos:

1) Ainda que exista distinção entre o agir moral natural e o sobrenatural, *na vida cristã se dá um influxo recíproco entre virtudes humanas e virtudes infusas*: aquelas e estas estão enquadradas no empenho concreto por alcançar a santidade.

2) Depois do pecado, *a pessoa não pode perseverar no bem moral natural, considerado na sua totalidade, sem a ajuda sobrenatural*; em consequência, as virtudes naturais podem chegar a sua perfeição somente com a ajuda da graça.[108] Nesse sentido, afirma o Concílio Vaticano II: «Aquele que segue a Cristo, o homem perfeito, se torna mais homem».[109]

3) *A virtude sobrenatural infusa facilita a consecução da correspondente virtude humana*, porque o Espírito impulsiona e conduz a pessoa em graça no seu ser globalmente considerado, e, assim, quando ela põe em prática as virtudes infusas, desenvolve também os elementos da correlativa virtude natural.

4) *O dinamismo completo do agir em ordem à santidade exige a presença dos dois tipos de virtude: as adquiridas e as infusas* (incluindo todos os dons sobrenaturais). Nenhuma ordem é completa sem a outra: como se disse em 2), a virtude humana nunca será plena sem ajuda sobrenatural; de modo semelhante, a virtude infusa careceria de autêntica perfeição sem a presença da correspondente virtude humana: a graça

(107) *Lumen gentium*, n. 12. Cf. *Catecismo*, n. 801.

(108) *Catecismo*, n. 1810.

(109) *Gaudium et spes*, n. 41.

pressupõe a natureza e, ainda que a divinização seja obra de Deus, o homem deve cooperar. As virtudes humanas, em certo sentido, sustentam e estimulam o exercício das infusas.[110]

7. *Crescimento das virtudes infusas*

O crescimento das virtudes infusas, assim como a sua aquisição, não depende tanto do agir humano quanto da graça de Deus. No entanto, os atos de uma virtude sobrenatural asseguram a sua posse.[111] Isto acontece, entre outras coisas, porque o ato moral desenvolve a correspondente virtude adquirida que facilita em seguida o uso da infusa. Por isso, *o homem deve dispor-se pessoalmente ao desenvolvimento das virtudes infusas*, correspondendo generosamente aos dons recebidos do Senhor, porque as obras boas da pessoa em graça merecem o crescimento da graça e das virtudes.[112]

Pela mesma razão, afirma-se que as virtudes infusas propriamente não podem diminuir: nem a tibieza nem o pecado venial privam de tais virtudes ou as diminuem.[113] Muito diferente é a relação entre virtude infusa e pecado grave: este faz o homem perder a elevação sobrenatural do seu ser (graça santificante) e das suas faculdades (virtudes infusas e dons do Espírito), porque o isola da sua fonte, que é Deus; no entanto, a não ser no caso de um pecado contra a fé ou contra a esperança, estas duas virtudes persistem na pessoa, se bem que em condições precárias.[114]

O crescimento das virtudes infusas acompanha o aumento da graça de Deus. *As boas obras, a oração e a frequência dos sacramentos trazem*

---

(110) Por isso se fala de uma qualidade natural do homem, a *habilitas ad gratiam*, que o dispõe a receber ou a aumentar a vida sobrenatural: cf. E. Colom, *Dios y el obrar humano*, cit., pp. 92-118.

(111) «Os atos que procedem do hábito infuso não causam nenhum hábito, mas confirmam o hábito preexistente» (*S.Th.*, I-II, q. 51, a. 4 ad 3).

(112) Cf. cap. VI, § 7.

(113) Isso não significa que, no que se refere à virtude, seja indiferente agir com tibieza ou pecar venialmente, já que este modo de agir dificulta o exercício das virtudes; e, por outro lado, o pecado venial predispõe ao mortal.

(114) Cf. Conc. de Trento, *De iustificatione*, cap. 15 e cann. 27-28: DS 1544, 1577 e 1578.

consigo o crescimento das virtudes infusas. De fato, a Sagrada Escritura ensina a pedir as virtudes na oração.[115] Por sua vez, os sacramentos alimentam, robustecem e expressam a fé, e dispõem para o exercício da caridade.[116] Em suma, as virtudes infusas são recebidas com a graça, mas requerem a correspondência humana.

(115) São Paulo reza para que cresça a caridade dos tessalonicenses: «Que o Senhor dirija vosso coração para o amor de Deus» (2 Tess 3, 5), e pela fé e esperança dos romanos: «Que o Deus da esperança vos encha de toda a alegria e de toda a paz, na vossa vida de fé. Assim, a vossa esperança transbordará, pelo poder do Espírito Santo» (Rom 15, 13). Os Apóstolos pediram ao Senhor que aumentasse a sua fé (Lc 17, 6), e o pai do menino epilético rogou-lhe que o ajudasse na sua incredulidade (Mc 9, 24). Por isso, a liturgia da Igreja nos convida a pedir: «Deus eterno e todo-poderoso, aumentai em nós a fé, a esperança e a caridade» (Oração do dia, 30.º Domingo do tempo comum). Cf. Conc. de Trento, *De iustificatione*, cap. 10: DS 1535.

(116) Cf. *Sacrosanctum Concilium*, n. 59.

Parte III

O CAMINHO DA IDENTIFICAÇÃO COM CRISTO

Capítulo VIII

A LEI NO CONTEXTO DA DOUTRINA DAS VIRTUDES

1. O desígnio salvífico de Deus em Cristo e a sua participação no homem

A noção de lei, especialmente de lei moral, possui amplas ressonâncias bíblicas. É verdade que uma hipertrofia normativista da vida moral e um excesso legislativo na vida sociopolítica provocaram uma desafeição pela lei. Mas o abuso não elimina a necessidade deste conceito, também no campo moral. Por isso, convém considerar agora a relação existente entre as virtudes e a doutrina da lei moral, para sublinhar que a ética da virtude não é uma ética sem lei moral. Mais ainda, *a perspectiva que vê as virtudes como fundamento e razão das normas morais constitui*, em nossa opinião, *o modo mais adequado de interpretar a doutrina da lei moral segundo o pensamento cristão.*

a) O originário desígnio salvífico divino como lei eterna

No pensamento greco-romano, havia uma importante reflexão sobre a lei eterna, particularmente no estoicismo. Não há dúvida de que Santo Agostinho[1] e outros teólogos cristãos utilizaram a definição de Cícero.[2] No entanto, a influência das fórmulas estoicas não

(1) Santo Agostinho define a lei eterna como «a razão ou vontade de Deus que manda observar a ordem natural e proíbe perturbá-la» (*Contra Faustum*, 22, 27: CSEL 25, 261).

(2) Cf. *De Legibus*, livro 2, cap. 4, 8.

explica o importante papel moral atribuído à lei moral pelo pensamento cristão. Este depende, de modo muito mais profundo, do conceito bíblico de lei de Deus, ligado, já no Antigo Testamento, à Aliança entre o Senhor e o seu povo: trata-se da «Lei e os Profetas» que Jesus declara não querer abolir, mas levar à perfeição.[3]

No estado atual da teologia moral católica, pode afirmar-se que o conceito cristão de lei eterna não pode ser adequadamente entendido a partir das reflexões estoicas sobre a ordem cósmica. *A consideração do desígnio universal salvífico de Deus como lei eterna constitui o ponto-chave do pensamento cristão com respeito a tal noção.*[4] Isto é: pode-se e deve-se chamar lei eterna ao decreto pelo qual Deus «n'Ele [Cristo] nos escolheu antes da criação do mundo para sermos santos e sem mancha na sua presença, pelo amor; e nos predestinou a ser filhos adotivos em Jesus Cristo».[5] Chama-se *lei* porque é uma *ordinatio* ou plano da Sabedoria divina que «atinge com vigor o mundo, de um extremo a outro»,[6] criou todas as coisas e «governa tudo com benignidade».[7] *Eterna* porque se trata «do mistério que durante séculos esteve escondido em Deus, Criador de todas as coisas»,[8] ou também «das múltiplas formas da sabedoria de Deus [...], conforme ao plano eterno que realizou por meio de Cristo Jesus, Senhor nosso»;[9] esta lei é eterna, como o é a sabedoria de Deus, com a qual se identifica.

Tratando-se do plano da infinita sabedoria criadora de Deus, é claro que compreende e mede todas as realidades criadas, e em particular a existência e a vida dos homens, atingindo-as na sua singularidade. Nada escapa ao olhar divino.[10] Santo Tomás esclarecerá que a lei eterna não é só o plano da criação, mas também o desígnio realizado pela

(3) Cf. Mt 5, 17.

(4) Cf. E. Burkhart, *La grandeza del orden divino. Aproximación teológica a la noción de ley*, Eunsa, Pamplona 1977; A. Fernández, *Teología Moral. I*, cit., pp. 663-745.

(5) Ef, 1, 4-5.

(6) Sab 8, 1. Cf. Eclo 42, 15-26.

(7) Sab 8, 1. Cf. Prov 8, 22, 31.

(8) Ef 3, 9. Cf. Rom 16, 25.

(9) Ef 3, 10-11.

(10) Cf. J. Sordo & E. Colom, *La ley eterna y su penetración en las criaturas*, «Scripta Theologica» 7 (1975) 163-202.

Providência de Deus; e definirá a *lei eterna como «razão da sabedoria divina enquanto principio diretivo de todo ato e de todo movimento»*.[11] A doutrina da Igreja considera a lei eterna como a norma moral suprema, arquétipo de toda bondade, de toda justiça e de toda retidão. Com efeito, o Concílio Vaticano II afirma que «a norma suprema da vida humana é a própria lei divina, eterna, objetiva e universal, mediante a qual Deus ordena, dirige e governa, com o desígnio da sua sabedoria e do seu amor, o mundo inteiro e os caminhos da comunidade humana».[12] «Toda lei encontra na lei eterna a sua verdade primeira e última», acrescenta o *Catecismo da Igreja Católica*.[13]

O conceito teológico de lei eterna é de grande importância para explicar o fundamento teonômico da ordem moral. No entanto, do ponto de vista da nossa percepção, convém ter presente que nós não podemos conhecer diretamente a *ordinatio* da sabedoria divina *em si mesma*. O seu desígnio é «o mistério que esteve escondido durante séculos e gerações».[14] Esse mistério só nos é acessível a nós mediatamente, por meio das vias previstas pela providência de Deus para fazer-nos partícipes da verdade moral e salvífica.[15] Os diversos modos de participação do homem na lei eterna serão analisados no presente capítulo, oferecendo primeiro uma visão de conjunto e detendo-nos depois em cada um dos modos de participação.

b) A comunicação da lei eterna: da lei moral natural às virtudes cristãs, como a mais perfeita participação humana no plano da sabedoria divina

Pressupondo a doutrina dogmática sobre a gratuidade da elevação do homem à ordem sobrenatural,[16] podemos afirmar que

(11) *S.Th.*, I-II, q. 93, a. 1. Cf. *De Veritate*, q. 5, a. 1, ad 6.

(12) *Dignitatis humanae*, n. 3. Cf. São João XXIII, Enc. *Pacem in terris*, 11-04-1963: DS 3973; *Veritatis splendor*, n. 43.

(13) *Catecismo*, n. 1951; vejam-se também os ns. 1950 e 1952.

(14) Col 1, 26.

(15) Cf. 1 Cor 2; *Dignitatis humanae*, n. 3.

(16) Cf. Concílio Vaticano I, Const. *Dei Filius*, cit., cap. 2: DS 3005; Pio XII, Enc. *Humani generis*, 12-08-1950: DS 3891; *Lumen gentium*, n. 2; *Catecismo*, n. 1998.

são duas as vias que nos permitem ter acesso ao conhecimento de Deus. Uma, natural, à qual se refere São Paulo quando recorda que, «desde a criação do mundo, as perfeições invisíveis de Deus – o seu eterno poder e a sua divindade – tornaram-se visíveis à inteligência por meio das coisas criadas»;[17] e a outra, sobrenatural, que consiste na Revelação divina.[18] Essas são, substancialmente, as vias de conhecimento da lei eterna enquanto regra suprema da conduta moral.

A primeira e fundamental participação do homem na lei eterna é chamada pela teologia «lei moral natural». Consiste na «luz da inteligência infundida por Deus em nós. Graças a ela, conhecemos o que se deve cumprir e o que se deve evitar. Esta luz e esta lei foram dadas por Deus na criação».[19] A lei moral natural não é outra coisa que o fato, incontestável, de que o homem foi criado por Deus como um ser moral, e de que a razão humana é de si uma razão moral, capaz de ordenar a nossa conduta em ordem ao bem humano. Em outras palavras: a instância moral nasce imediatamente do interior do homem, e encontra nele uma estrutura que a alimenta e sustenta, sem a qual as exigências éticas – e até a linguagem que as exprime – seriam não apenas externas, mas também absolutamente ininteligíveis.[20]

Dissemos que *a lei moral natural* é a primeira e fundamental participação do homem na lei eterna. Primeira e fundamental em sentido lógico, porque ela *pressupõe a originária constituição do homem como sujeito moral, o que torna possível a inteligibilidade e a recepção de qualquer outra disposição ético-positiva, tanto divina quanto humana.* A lei moral natural garante também, como veremos em breve, os primeiros princípios das virtudes éticas. *Porém, ao mesmo tempo, a lei moral natural é objetivamente insuficiente e fragmentária.* É insuficiente para ordenar o convívio social necessário para atingir o bem humano, e por isso deve ser ulteriormente explicitada e determinada pela lei civil; também

(17) Rom 1, 20.

(18) Cf. Hebr 1, 1-2; *Catecismo*, ns. 50 ss.

(19) Santo Tomás, *In duo praecepta caritatis et in decem legis praecepta, prol.: Opuscula theologica*, vol. II, cit., n. 1129. Cf. *Veritatis splendor*, n. 40.

(20) Para a análise filosófica da lei moral natural, *vide*: A. M. González, *Moral, razón y naturaleza*, Eunsa, Pamplona 1998; A. Rodríguez Luño, *Ética general*, cit., pp. 233-247.

é insuficiente, na prática, para garantir a realização do bem pessoal: embora, em termos de princípios, indique todas as exigências do bem humano, não possui força necessária para evitar o obscurecimento da percepção de algumas exigências éticas, devido à desordem introduzida pelo pecado nas faculdades operativas humanas. Por outro lado, considerada a totalidade do desígnio salvífico de Deus, é óbvio que o bem sobrenatural do homem, isto é, a realização da união com Cristo por meio da fé, da esperança e da caridade, supera completamente o alcance da lei moral natural.

A totalidade do desígnio salvífico de Deus em Cristo foi objeto de uma revelação divina gradual e histórica (a história da salvação), por meio da qual se instaura também a progressiva participação do homem na lei eterna, chamada habitualmente lei moral divino-positiva. Nela, é preciso distinguir a lei do Antigo Testamento, que possui caráter provisório e imperfeito, mas muito importante pedagogicamente, enquanto confirma os aspectos essenciais da lei moral natural e promete e prepara a obra do Messias; e a lei do Novo Testamento, chamada também *lex gratiae*, porque consiste primariamente na graça do Espírito Santo dada aos que creem em Cristo, que torna possível o conhecimento e a realização prática da nossa vida de filhos de Deus.[21] É necessário acrescentar que, para completar os tipos de lei, a vida dos cristãos na Igreja tem necessidade de uma ulterior regulamentação humana, a lei eclesiástica ou direito canônico, que consiste em grande parte na explicitação ou determinação da lei moral natural.

Do ponto de vista normativo, a lei do Novo Testamento conserva e leva ao seu cumprimento as exigências da lei moral natural, embora não se limite a isso;[22] deste modo, representa a plenitude final a que tende todo o corpo das leis. Pelo contrário, *de um ponto de vista real, deve afirmar-se que a perfeita participação no desígnio salvífico de Deus se verifica (torna-se realidade) no cristão virtuoso*, isto é, na pessoa interiormente renovada pela graça que, por meio das virtudes e sob a ação dos dons do Espírito Santo, está em condições de identificar e de realizar em cada situação o modo idôneo de comportar-se com Deus, consigo

(21) Uma primeira aproximação a este tema pode encontrar-se no *Catecismo*, ns. 1961-1963 (sobre a lei antiga) e ns. 1965-1974 (sobre a lei nova).

(22) Cf. Cap. I, § 1 (c).

próprio, com os demais e com os diversos bens que, *hic et nunc*, a sua vida em Cristo respeita e promove. Só o cristão virtuoso participa de tal maneira no plano da sabedoria de Deus que possa atingir e avaliar efetivamente as ações e as situações na sua específica singularidade; isto é, só desse modo o conhecimento prático humano – dentro dos limites das suas possibilidades – chega a captar o desígnio divino.[23]. Assim ensina a encíclica *Veritatis splendor*: «"Para poder conhecer a vontade de Deus, o que é bom, o que Lhe é agradável e o que é perfeito" (Rom 12, 2), é necessário o conhecimento da lei de Deus em geral, mas esta não é suficiente: é indispensável uma espécie de "*conaturalidade*" *entre o homem e o verdadeiro bem.* [110] Esta conaturalidade se funda e se desenvolve nos comportamentos virtuosos do próprio homem: a prudência e as outras virtudes cardeais, e, antes ainda, as virtudes teologais da fé, esperança e caridade».[24]

c) A analogia da lei e a sua ordenação geral à virtude

A visão de conjunto apresentada no texto precedente é suficiente para perceber que *o conceito de lei moral é um conceito análogo*, ou seja, um conceito que possui significados diversos, ainda que mantendo um núcleo semântico comum; isso dificulta um discurso geral sobre a lei e explica o equívoco de algumas propostas teológicas. Por

---

(23) Um maior aprofundamento desta questão seria possível mediante o estudo da doutrina tomista das virtudes exemplares de Deus (cf. *S.Th.*, I-II, q. 61, a. 5). Acerca delas, escreve Abbà: a «lei eterna designa Deus enquanto princípio que move e regulamenta o homem na sua conduta. Mas isso é assim porque n'Ele se encontram as virtudes exemplares, e sobre tal exemplar [Santo Tomás] concebe a ideia das virtudes humanas, ou seja, dos *hábitos* que completam os indivíduos em ordem à natureza humana e à natureza divina participada. Em função da ideia de virtude, [o Aquinate] concebe uma ordem que pode ser parcialmente expressa mediante as diversas leis, diversamente promulgadas; leis pensadas para uma coletividade e emanadas com critérios educativos, isto é, para estimular os indivíduos a viver as virtudes. Além do mais, como Deus é princípio dos atos na sua singularidade, a lei eterna também designa a Deus ao conceber a ideia da perfeição conveniente a cada indivíduo, e conforme a tal ideia guia e move cada indivíduo nas coisas particulares da sua vida» (G. Abbà, *Lex et virtus*, cit., p. 259).

 (24) *Veritatis splendor*, n. 64.

isso, é conveniente recordar que, no corpo das leis que possuem dimensão moral, há leis divinas (a lei natural, a lei antiga e a lei nova)[25] e leis humanas (a lei civil e a lei eclesiástica); e que estas últimas devem manter relação com as primeiras. A lei natural e a lei nova são, substancialmente, leis internas, não escritas: a primeira consiste na luz natural da razão, e a segunda na graça que sara e eleva o homem e que atua fundamentalmente por meio das virtudes teologais;[26] ao contrário, a lei antiga é uma lei escrita, externa, que na sua vertente moral corresponde, em boa parte, à lei moral natural, mas que não está em condições de superar os obstáculos que o homem pecador encontra.

> Não entramos aqui na questão especializada de saber que lei pode ser considerada o analogado principal. Contudo, parece oportuno observar que, do ponto de vista do nosso conhecimento, as leis que, em si próprias e no seu processo de elaboração e promulgação, são mais conhecidas são as leis humanas (a lei civil e a lei eclesiástica). Isso obriga a sermos particularmente cautos para não cair no grave erro de querer conceber a lei moral natural ou a lei nova ao modo das leis civis.

Mesmo tendo isso conta, é possível fazer algumas breves considerações a reespeito da lei em geral.[27] A lei, qualquer lei, é *"aliquid rationis"*,[28] é uma ordem operativa elaborada pela razão. *A lei é uma ordem ou medida do agir*, e ordenar as ações para o bem é uma tarefa *que só*

(25) «Embora, na reflexão teológico-moral, seja habitual distinguir a lei de Deus positiva ou revelada da lei natural, e na economia da salvação se distinga a lei "antiga" da "nova", não se pode esquecer que essas e outras distinções úteis se referem sempre à lei cujo único autor é o mesmo e único Deus, e cujo destinatário é o homem. Os diversos modos com que Deus cuida do mundo e do homem não só não se excluem entre si, senão que se sustentam e se influenciam reciprocamente. Todos têm a sua origem e confluem no eterno desígnio sábio e amoroso com que Deus predestina os homens "a reproduzir a imagem de seu Filho" (Rom 8, 29)» (*Veritatis splendor*, n. 45).

(26) Como veremos mais adiante, a lei nova é também, secundariamente, lei «escrita», enquanto compreende os ensinamentos do Senhor (Sermão da montanha, etc.) transmitidos pelo Novo Testamento e pela Tradição apostólica.

(27) Cf. *S.Th.*, I-II, q. 90.

(28) Cf. *S.Th.*, I-II, q. 90, a. 1.

a razão prática pode desenvolver.[29] Por isso, mesmo sem excluir a intervenção da vontade do legislador,[30] a formalidade da lei pertence à razão prática e não à vontade, que por si própria não poderia ser regra e medida do agir. Uma segunda característica é que *a lei visa sempre, de algum modo, ao bem comum.*[31] Esta é uma tese sujeita a diversas interpretações, que não vamos estudar agora. É suficiente dizer que a necessidade da lei deriva, em boa parte, da dimensão relacional e social do homem. Ele, «portanto, para realizar atos bons, tem necessidade não só do complemento interior das virtudes, mas também do suporte externo da sociedade. Pois bem, esse suporte externo para a regulamentação da conduta é proporcionado pela sociedade mediante a lei. Daí a necessidade de uma perspectiva política no conceito de lei. Essa necessidade se vislumbra até em face da felicidade eterna. Também em relação a ela, o indivíduo depende da sociedade, que, em consequência, deve estar ordenada de maneira conveniente a esse fim».[32] Finalmente, *a lei se ordena à virtude,*[33] *porque* – como já se disse – *só graças às virtudes o homem participa plena e ativamente do plano da sabedoria divina, sendo ele mesmo capaz de ordenar retamente a própria conduta.* Esta tese será ulteriormente aprofundada neste capítulo e no próximo, e, a respeito da lei política, será também matizada.

2. *A radical constituição do homem como ser moral: a lei moral natural*

a) Doutrina católica

A lei moral natural na Sagrada Escritura – *O conceito de lei natural está claramente fundaado na Sagrada Escritura*, embora nela não seja

(29) Cf. *In decem libros Ethicorum*, lib. I, lect. 1, ns. 1-3.

(30) Cf. *S.Th.*, I-II, q. 90, a. 1, ad 3; q. 97, a. 3.

(31) Cf. *S.Th.*, I-II, q. 90, a. 2. Convém ter em conta que aqui o conceito de «bem comum» não se limita ao âmbito sociopolítico, mas tem um sentido mais amplo: refere-se à coletividade sujeita a essa lei.

(32) G. Abbà, *Lex et virtus*, cit., p. 240.

(33) Cf. *De malo*, q. 2, a. 6; *S.Th.*, I-II, q. 94, a. 3; II-II, q. 44, a. 2, ad 1 e a. 4.

utilizado explicitamente como expressão técnica. Um dos lugares clássicos é, sem dúvida, a Carta aos Romanos. No capítulo I, São Paulo vê uma conexão direta entre as formas mais perversas de imoralidade e a rejeição de um Deus que pode ser conhecido pela razão humana. Fica subentendido que a imoralidade dos pagãos é culpável, porque não prestam atenção à experiência humana do bem e do mal, experiência que é comum a todos os homens, incluídos os que não conhecem a lei de Moisés. No capítulo II, São Paulo considera explicitamente esta questão: «Quando os gentios, que não possuem a Lei, seguindo a natureza, cumprem os preceitos da Lei, eles, sem terem a Lei, são lei para si próprios. Com isso, mostram que têm gravado nos corações o que a Lei prescreve, como testemunha a sua própria consciência».[34] Os que não conhecem a Torá podem agir em conformidade com ela, porque está escrita em seu coração, como o demonstra o testemunho da sua consciência.[35]

Uma perspectiva complementar encontra-se na discussão do Senhor com os fariseus sobre a indissolubilidade do matrimônio. Diante da indulgência da lei mosaica, provavelmente ampliada pela sutileza interpretativa da tradição farisaica, Jesus recorda «o princípio», isto é, a verdade da criação. «Não lestes que no princípio o Criador *fez o homem e a mulher*, e disse: *Por isso, deixará o homem seu pai e sua mãe e unir-se-á à sua mulher, e serão dois em uma só carne?* De modo que já não são dois, mas uma só carne. Portanto, o que Deus uniu o homem não separe. Eles responderam: Por que então Moisés mandou dar *o libelo de repúdio e despedi-la*? Ele respondeu: Moisés permitiu repudiar as vossas mulheres por causa da dureza de vosso coração; mas no princípio não foi assim. No entanto, eu vos digo: quem repudiar a mulher – a não ser em caso de fornicação – e casar com outra comete adultério».[36] O interesse desta passagem não se centra no testemunho da própria consciência, que não é invocada em relação a uma exigência ética parcialmente obscurecida, mas na referência ao «princípio», entendido como verdade originária com respeito ao matrimônio, con-

(34) Rom 2, 14-15.

(35) Cf. R. Schnackenburg, *El mensaje moral del Nuevo Testamento*, cit., vol. II, pp. 61-67; J. Gnilka, *Pablo de Tarso. Apóstol y Testigo*, Herder, Barcelona, 1998, pp. 204-205.

(36) Mt 19, 4-9.

forme ao desígnio criador de Deus, o qual a lei moral natural exprime e do qual participa.[37]

Conceito de lei moral natural – A reflexão moral dos Padres e da tradição teológica católica a respeito da lei moral natural toma como referência, frequentemente, a Carta aos Romanos.[38] O mesmo pode dizer-se do ensinamento da Igreja, também nos primeiros séculos.[39] Durante muito tempo, não foi necessário um desenvolvimento doutrinal específico sobre a lei moral natural por parte do magistério eclesiástico, porque era doutrina pacificamente admitida. Há algum tempo as circunstâncias mudaram, e por isso Leão XIII,[40] Pio XI,[41] Pio XII,[42] João XXIII[43] e o Beato Paulo VI[44] se ocuparam muito e com grande precisão desta lei, tanto em geral quanto em relação a aplicações concretas. A mesma atenção prestaram o Concílio Vaticano II[45] e o *Catecismo da Igreja Católica* promulgado por São João Paulo II,[46] que na Enc. *Veritatis splendor*[47] retomou esta questão com profundidade e com rigor crítico.[48] Também Bento XVI insistiu na importância da lei natural e recordou os seus traços principais.[49]

---

(37) São João Paulo II sublinhou a importância dessa referência no seu primeiro ciclo de catequeses sobre o amor humano, recolhidas no volume *Varón y Mujer*, Palabra, Madri, 1995.

(38) Cf., por exemplo, São João Crisóstomo, *Homiliæ ad populum Antiochenum*, XII, 4-5; PG 49, 132-135; Santo Tomás, *Super Epistulam ad Romanos lectura*, 2, lect. 3, Marietti, Taurini-Romæ, 1953, ns. 215-221.

(39) Ver, por exemplo, o Sínodo de Arlés (ano 473): DS 336.

(40) Cf. Enc. *Quod Apostolici muneris*, 28/12/1878: DS 3133; Enc. *Diuturnum illud*, 29/06/1881: DS 3152; Enc. *Libertas præstantissimum*, 20/06/1888: DS 3247.

(41) Cf. Enc. *Mit brennender Sorge*, 14/03/1937: AAS 29 (1937) 156.

(42) Cf. Enc. *Summi pontificatus*, 20/10/1939: DS 3780-3781; Enc. *Humani generis*, 12/08/1950: DS 3892, e numerosos discursos.

(43) Cf. Enc. *Pacem in terris*, 11/04/1963: AAS 55 (1963) 264.

(44) Cf. Enc. *Humanæ vitæ*, 25/07/1968, ns. 4, 11, 16 e 24.

(45) Cf. *Gaudium et spes*, ns. 16 e 89; *Dignitatis humanæ*, n. 14; *Apostolicam actuositatem*, n. 7.

(46) Cf. *Catecismo da Igreja Católica*, ns 1954-1960.

(47) Cf. ns. 35-53.

(48) À luz dos seus fundamentos bíblicos e do seu constante ensinamento por parte do magistério, a existência da lei natural pode considerar-se uma verdade de fé: cf. J. M. Aubert, *Ley de Dios, leyes de los hombres*, Herder, Barcelona, 1969.

(49) Dentre os seus diversos ensinamentos acerca deste tema, podem destacar-se os Discursos de 12/02/2007, 5/10/2007, 9/12/2008, 22/01/2010, etc.

As discussões teológicas sobre a lei moral natural na segunda metade do século XX estão ligadas, em boa parte, ao debate sobre a especificidade da moral cristã e, sobretudo, ao tema da autonomia moral, do qual nos ocupamos anteriormente.[50] Por outro lado, é necessário reconhecer que o conceito filosófico de natureza é muito insidioso: a sua história semântica e a sua história não linear favoreceram os mal-entendidos. É um dado, de fato, que até grandes representantes da teologia clássica oferecem diferentes explicações científicas da lei moral natural (por exemplo, Santo Tomás e Suárez),[51] ainda que coincidam nas teses fundamentais, que são irrenunciáveis para a doutrina católica e que, substancialmente, foram já explicadas.[52]

O *Catecismo da Igreja Católica* e a encíclica *Veritatis splendor*, sem entrar em questões especializadas, favoreceram um esclarecimento notável, inclinando-se, em substância, pelo enfoque de Santo Tomás, como já o fizera Leão XIII.[53] O *Catecismo* ensina que «a lei natural exprime o sentido moral original, que permite ao homem discernir, pela razão, o que é o bem e o mal, a verdade e a mentira"».[54] A lei moral natural é uma lei divina,[55] que «está exposta, em seus principais preceitos, no Decálogo. Esta lei é denominada natural não em referência à natureza dos seres irracionais, mas porque a razão que a promulga pertence, como algo próprio, à natureza humana»;[56] já que

---

(50) Cf. cap. I §§ 1 (c) e 3 (b).

(51) A diferença de enfoque deste tema nestes dois teólogos foi analisada em A. Rodríguez Luño, *La virtù dell'picheia. Teoria, storie e applicazione (I)*, «Acta Philosophica» 6 (1997) 227-228 (com bibliografia).

(52) Cf. cap. I § 3 (b).

(53) Bento XVI recordou esta doutrina de Santo Tomás numa das catequeses dedicadas a ele: «Na perspectiva moral cristã, há lugar para a razão, que é capaz de discernir a lei moral natural. [...] Segundo Santo Tomás, todos os homens, fiéis e não fiéis, são chamados a reconhecer as exigências da natureza humana expressas na lei natural e a inspirar-se nela na formulação das leis positivas, isto é, as leis promulgadas pelas autoridades civis e políticas para regulamentar a conduta humana» (Bento XVI, *Audiência geral*, 16/06/2010).

(54) *Catecismo*, n. 1954.

(55) *Catecismo*, n. 1955; *Gaudium et spes*, n. 89.

(56) *Catecismo*, n. 1955.

essa lei não é outra coisa que *a luz da inteligência que Deus nos deu na criação ao permitir discernir o que é preciso observar e o que é preciso evitar.*[57]

Mais complexa, ainda que substancialmente idêntica, é a explicação oferecida pela Enc. *Veritatis splendor.*[58] O homem, tendo sido criado à imagem de Deus, é guiado pela Providência «"*de dentro*", mediante a razão, que, conhecendo pela luz natural a lei eterna de Deus, está por isso mesmo em condições de indicar ao homem a justa direção do seu livre agir (cf. *S. Th,* I-II, q. 90, a. 4, ad 1)».[59] O homem participa ativamente da lei eterna, e é capaz de prover para si mesmo e para os outros. «"Semelhante participação da lei eterna na criatura racional chama-se lei natural" (*S.Th.*, I-II, q. 91, a. 2)».[60] Em outras palavras, a lei eterna está naturalmente presente na luz da razão humana, e, ao mesmo tempo, existe «*essencial subordinação da razão e da lei humana à Sabedoria de Deus e à sua lei*».[61] O magistério da Igreja pôs em evidência a relação existente entre o aspecto imanente e o aspecto transcendente desta lei. Assim o explica a *Veritatis splendor* citando a Leão XIII: segundo este Papa, a lei natural «"está escrita e gravada no ânimo de todos os homens e de cada homem. [...] Mas tal prescrição da razão humana não poderia ter força de lei se não fosse a voz e o intérprete de uma razão mais alta, à qual devem submeter-se o nosso espírito e a nossa liberdade". Com efeito, a força da lei reside na sua autoridade de impor certos deveres, outorgar certos direitos e sancionar certos comportamentos: "Pois bem, tudo isso não poderia acontecer no homem se não fosse ele mesmo o que, como legislador supremo, se desse a si próprio a norma das suas ações". E conclui: "Daí se deduz que a lei natural é a *própria lei eterna*, inscrita nos seres dotados de razão, que

---

(57) *Catecismo*, ns. 1954-1955.

(58) Cf. M. Rhonheimer, *Autonomia morale, libertà e verità secondo l'enciclica «Veritatis splendor»*, em G. Russo (cur.), *Veritatis splendor. Genesi, elaborazione, significato*, cit. pp. 193--215; os textos de G. Cottier, B. Frailing, M. Rhonheimer e J. E. Smith, em Vários Autores, *Lettera encíclica «Veritatis splendor». Testo e commenti.* Libraria Editrice Vaticana, Cidade do Vaticano, 1994; J. De Finance, *La legge morale naturale*, em R. Lucas Lucas (ed.), *«Veritatis splendor». Testo e comento filosofico-teologico*, cit. pp. 268-286; A. Rodríguez Luño, *«Veritatis splendor». Un ano dopo. Appunti per un bilancio (I)*, cit., pp. 242-260.

(59) *Veritatis splendor*, n. 43.

(60) *Ibidem.*

(61) *Veritatis splendor*, n. 44.

os inclina *ao ato e ao fim que lhes convém;* é a mesma razão eterna do Criador e governador do universo"».[62]

Universalidade e imutabilidade da lei moral natural – *A universalidade e a imutabilidade são duas propriedades da lei moral natural recordadas constantemente pelos ensinamentos da Igreja.* Aqui nos limitamos a apontar os aspectos fundamentais desta doutrina. A lei moral natural é *universal* no sentido de que *«os seus preceitos e a sua autoridade se estendem a todos os homens».*[63] Essa universalidade tem o seu fundamento, em último termo, na igualdade essencial da razão humana e da sua participação na lei eterna. Sem uma razão moral substancialmente unitária, não seria possível um verdadeiro diálogo entre as diversas culturas, nem o reconhecimento universal dos direitos humanos e do direito internacional. Essa universalidade da lei moral natural não torna ilegítimas as diferenças em algumas aplicações concretas. A lei natural «pode exigir uma reflexão adaptada à multiplicidade das condições de vida segundo os lugares, as épocas e as circunstâncias. No entanto, na diversidade de culturas, a lei natural permanece como uma norma que une os homens entre si e lhes impõe, acima das diferenças inevitáveis, princípios comuns».[64]

A lei moral natural é também «*imutável* e permanente através das variações da história; subsiste sob o fluxo de ideias e de costumes e sustenta o seu progresso. *As normas que a exprimem permanecem substancialmente válidas»*[65] *em todo e qualquer tempo.* A imutabilidade dos princípios morais fundamentais não se opõe ao progresso histórico da consciência moral do homem, que pode adquirir uma sensibilidade maior diante de certos valores. De fato, existe, e é bom que exista, um progresso na expressão linguística das exigências morais naturais, que propõe «para as normas morais universais e permanentes a *formulação mais adequada* aos diversos contextos culturais, mais capaz de expri-

(62) *Ibidem.* As citações internas de Leão XIII são da Enc. *Libertas praestantissimum*, 20/06/1888: *Leonis XIII P.M. Acta*, VIII, Roma, 1889, p. 219. Para a noção de lei natural, podem ser úteis: M. Rhonheimer, *Ley natural y razón prática*, cit.; J. Finnis, *Ley natural y derechos naturales*, Abeledo-Perrot, Buenos Aires, 2000; S. Theron, *Morals as Founded on Natural Law*, Peter Lang, Frankfurt, 1989.

(63) *Catecismo*, n. 1956.

(64) *Catecismo*, n. 1957; *Veritatis splendor*, ns. 51-52.

(65) *Catecismo*, n. 1958.

mir-lhes incessantemente a atualidade histórica e de fazer compreender e interpretar autenticamente a sua verdade».[66] Nesses casos, trata-se de um progresso positivo da ciência moral, e não propriamente de uma mudança dos princípios da lei moral natural.

A universalidade e a imutabilidade da lei moral natural não significam que, de fato, todos os homens percebam a cada momento todos os princípios morais com igual clareza.[67] Mais adiante veremos que nem todos os princípios da lei moral natural gozam da mesma evidência. Tenha-se presente que a lei moral natural é «natural» para o homem de forma muito semelhante a como o é a linguagem: os animais irracionais nunca conseguirão falar; o homem, pelo contrário, possui a capacidade natural de fazê-lo, mas requer um longo período de aprendizado. E, assim como a qualidade da linguagem de cada um depende da qualidade da educação, assim também da diversa educação moral dependerá em boa parte a diversidade dos juízos morais com respeito a um mesmo comportamento. Isso, contudo, de forma alguma constitui uma objeção válida acerca da existência da lei natural; poderia ser uma objeção à existência de homens completamente amorais, sem razão prática, que não assumissem, diante da sua própria vida ou da vida dos demais, uma atitude de avaliação e de juízo; ainda que, por vezes, se encontrem comportamentos morais muito deformados, nunca são plenamente amorais. Do fato de que uma capacidade natural possa exercitar-se de forma defeituosa, não é lícito concluir que tal capacidade não exista ou não seja própria de todos os homens.

b) Os princípios naturais das virtudes morais

A razão natural e os princípios práticos – No estudo das virtudes morais[68] vimos que *os fins virtuosos se conhecem por natureza*,[69] e que esse

(66) *Veritatis splendor*, n. 53.

(67) Cf. *Catecismo*, n. 1960.

(68) Cf. cap. VII, § 3 (d).

(69) Cf. *In decem libros ethicorum*, lib. III, lect. 13, nn. 524-525; lib. VI, lect. 3, n. 1131. As considerações que oferecemos a seguir acompanham de perto a M. Rhonheimer, *La perspectiva de la moral*, cit., pp. 267 e ss.

conhecimento é parte fundamental da lei moral natural. Antes de explicarmos o modo e o sentido como os fins das virtudes são naturalmente conhecidos, convém fazer um esclarecimento importante. *A existência de um conhecimento natural dos fins virtuosos não pode ser interpretada como um simples fato psicológico (em sentido naturalista), sem relação com a vida moral.* O conhecimento natural dos fins significa que a razão prática tem *princípios* naturais, sobre os quais funda toda a sua atividade, porque na ordem prática os fins têm caráter de princípios, isto é, de pontos de partida do raciocínio prático que termina com a eleição. Deste ponto de vista, dizer fins conhecidos por natureza equivale a dizer fins que, por si próprios, são os critérios de retidão moral.[70]

Isso permite entender que, quando se afirma que alguns bens são por natureza conhecidos como fins, estamos falando simplesmente da lei moral natural. Essa é uma *ordinatio rationis* natural para o bem, como participação da lei eterna. O homem percebe o que é razoável por natureza, com independência de qualquer lei positiva. *A lei moral natural é a lei que o homem possui por natureza, em virtude da qual alguns fins são naturalmente conhecidos pelo homem enquanto tais, isto é, como princípios da atividade prática da razão.* Nesse sentido, pode falar-se de uma *ratio naturalis*, parte essencial da natureza prática do homem,[71] isto é, da natureza própria do homem enquanto agente racional ou enquanto sujeito moral. Se não existisse uma razão natural, ou seja, se não existisse na razão nada próprio da sua natureza que fosse princípio de todo e qualquer raciocínio prático, então não existiria nenhuma racionalidade no agir, mas somente um desejo cego.

O primeiro princípio da razão prática – Podemos examina agora os conteúdos da «lei» que a razão prática possui por natureza. *A razão prática tem um princípio primeiro e fundamental, constituído pela percepção prática do bem como aquilo que deve ser feito e do mal como aquilo que deve ser evitado.* A expressão deste princípio, em forma de

(70) Isso supõe que «uma tendência que se dirige àquilo que a razão reconhece como bom será necessariamente "correta". Qualquer liberdade que reconhecesse essa tendência como um mero *factum*, para questionar a sua correção, se suprimiria a si própria enquanto liberdade guiada pela razão. De fato: estar-se-ia perguntando se o racional é mesmo racional, no caso de que a pergunta sobre a correção fosse a mesma que a pergunta sobre a racionalidade [pela sua conformidade com a razão]» (M. Rhonheimer, *La perspectiva de la moral*, cit., p. 270).

(71) G. Abbà, *Felicità, vita buona e virtù*, cit., pp. 250-253.

proposição ou juízo (*"bonum est faciendum et prosequendum, et malum vitandum"*)[72] não oferece uma ideia adequada da sua natureza, já que não é propriamente um juízo, senão que representa, num nível muito superior à operação de julgar, a primeira e fundamental expressão da razão humana como razão prática, sob cuja luz todo objeto prático se torna visível enquanto prático. A percepção fundamental do bem, possuída por natureza e não por livre escolha do indivíduo, explica que a razão humana possa conceber um objeto não só como objeto de saber («A é A»), mas ainda como objeto de realização («devo fazer A»), isto é, como um bem; e determina, portanto, o modo de relacionar-se com o mundo próprio do homem, ser racional.

Este primeiro princípio é pressuposto de todo raciocínio prático como ponto de partida, e tem, na ordem prática, papel análogo ao do princípio de não contradição na ordem especulativa. Consideremos o seguinte exemplo: se eu partir da premissa «os homens precisam de alimento para viver», e acrescentar «eu sou um homem», a lógica pede que conclua assim: «eu preciso alimentar-me para viver». É um raciocínio especulativo que me leva a conhecer algo de mim mesmo. O raciocínio prático se constrói, pelo contrário, sob a luz da percepção originária do bem como algo que é preciso fazer e do mal como algo que é preciso evitar, bem como da percepção igualmente prática de outros bens (por exemplo, a vida). Desse modo, chega-se, logicamente, à conclusão imperativa: «devo alimentar-me».

Do ponto de vista gnosiológico, pode acrescentar-se que *o primeiro princípio prático pertence ao hábito intelectual da «sindérese»*.[73] Estamos num caso de conhecimento habitual, tema de notável importância para a teoria do conhecimento, mas no qual não nos podemos deter. No entanto, é interessante explicar que a sindérese inclui também os fins das virtudes com certa universalidade, sem julgar minuciosamente as exigências concretas da justiça, da temperança, etc.[74] Vejamos como isso acontece.

---

(72) *S.Th.*, I-II, q. 94, a. 2.

(73) *Vide* cap. VII, § 2 (a).

(74) Cf. *S.Th.*, I, q. 79, a. 12; II-II, q. 47, a. 7; A. Rodríguez Luño, *La scelta etica*, cit., pp. 50-55.

Os fins virtuosos como princípios práticos – As virtudes morais são os modos de regulação racional das ações e das paixões que se referem a determinados bens: por exemplo, as relações interpessoais são reguladas por meio da justiça, a comida e a bebida por meio da temperança, etc. Portanto, *a percepção dos fins virtuosos está ligada à percepção de certos bens humanos fundamentais que devem realizar-se de modo determinado*: todas as coisas que se devem fazer ou evitar pertencem à lei natural, enquanto conhecidas naturalmente como bens humanos pela razão prática, e esta conhece como bem humano aquilo a que o homem está naturalmente inclinado.[75] Por isso, *os fins das inclinações naturais são bens para o homem unicamente enquanto são reconhecidos e regulados pela razão.*

Como já se disse,[76] Santo Tomás indica três grandes grupos de inclinações naturais. Certamente, a enumeração não é exaustiva e pode ser completada. Mas agora importa destacar que essas tendências ainda não nos fazem conhecer os bens propriamente humanos nem as virtudes. Para isso, a razão deve entender qual é o modo justo («razoável», «conforme à razão») de satisfazer essas tendências e de realizar esses fins, de modo a que se integrem na totalidade da pessoa e contribuam para o seu bem. Embora a pessoa deva alimentar-se, não é um bem para o homem qualquer modo de fazê-lo; e o mesmo se pode dizer da união sexual e das outras inclinações naturais. A nutrição e a sexualidade são fenômenos que a natureza ensinou aos animais; mas só a razão ensina o que são a nutrição e a sexualidade como bem para o homem. As inclinação naturais oferecem tão somente a matéria ou temática que deve ser ulteriormente ordenada pela razão prática.

É aqui que as virtudes entram em ação. *As virtudes são os modos de regulação racional das inclinações naturais e dos bens a que elas tendem*: por exemplo, a regulação racional do que se refere à convivência humana é a justiça, e assim acontece com as demais virtudes. Entendidas neste sentido, isto é, como critério genérico segundo o qual devem

---

(75) Cf. *S.Th.*, I-II, q. 94, a. 2. Com respeito às inclinações naturais, cf. D. Composta, *Natura e ragione. Studio dele inclinazioni naturali in rapporto al diritto naturale*, cit.

(76) *Vide* cap. V, § 2 (a).

ser desejados, geridos e realizados os bens das tendências humanas para que contribuam efetivamente para o bem do homem, os fins virtuosos são captados naturalmente. Existe, portanto, um senso natural da justiça, da temperança, etc., do qual procedem os princípios práticos que se seguem ao primeiro princípio da razão prática, e que são, fundamentalmente, modos de regulação racional em relação com as inclinações naturais e nas inclinações naturais. Pode afirmar-se que, na percepção natural dos fins virtuosos, a razão e as inclinações convergem, relacionando-se como forma e matéria. As inclinações contribuem como matéria, e a razão dá a forma, sem a qual não existe o bem propriamente humano conforme à virtude. Essa necessária intervenção reguladora da razão implica que o bem propriamente humano (moral) seja sempre inteligível.

Os modos virtuosos de regulação das tendências naturais não se encontram na razão como ideias inatas. No entanto, são facilmente conhecidos nos seus termos gerais graças ao exercício natural da sindérese. Isso pressupõe, no entanto, uma compreensão espontânea das inclinações naturais e da relação que têm entre si e com a totalidade da pessoa e das pessoas.[77] Em suma, *o bem e o mal morais só podem ser determinados, em último termo, em relação com a virtude. Bem moral significa conformidade com a virtude; mal moral, desconformidade com ela.*

Convém, no entanto, esclarecer que *o papel das inclinações naturais e das tendências, mesmo sendo material, não é puramente matéria no sentido de que a razão não encontre nelas uma antecipação de significado.* Por isso, não seria correto dizer que a única regulação moral das inclinações e das tendências é a que a prudência estabelece em cada caso concreto. Os princípios práticos derivados da sindérese, que, na realidade, são a dimensão intelectual das virtudes morais, têm um conteúdo e uma estrutura normativos que já exprimem, em termos gerais, o papel que corresponde a cada um dos bens (alimentação, bens econômicos, amizade, sexualidade) na vida humana como um todo. Essa estru-

---

(77) Por exemplo, o homem tende à união sexual, mas também à amizade, à comunicação, à justiça entendida como igualdade no dar e no receber, à fidelidade à palavra dada, etc., e tudo isso tem muito que ver com o modo de regular a atuação da tendência sexual, e, portanto, com aquilo que, no âmbito dessa tendência, é honesto e devido, e também com aquilo que, no mesmo âmbito, é contrário à honestidade.

tura normativa se desenvolve ulteriormente mediante o saber moral, dando lugar a normas éticas mais concretas. A prudência só intervém num terceiro momento, e o faz mantendo a coerência com a sindérese e com o saber moral. A inteligência prática que formula o juízo prudencial é a mesma inteligência que se apropria dos primeiros princípios práticos e os desenvolve formulando normas operativas concretas. Nesse processo de concretização, a inteligência é sempre coerente consigo mesma. Um juízo moral concreto oposto aos princípios práticos (pensar, por exemplo, que num caso concreto o adultério estaria justificado) não seria um juízo racional e prudencial, mas um juízo deformado pelo erro ou pela paixão. Nesse juízo, a inteligência não pode reconhecer-se a si própria.

Primeiro princípio da razão prática e primeiro princípio da lei moral natural – O que dissemos sobre o primeiro princípio da razão prática e sobre os fins virtuosos como princípios práticos subsequentes explica a gênese da lei moral natural como espontânea atividade reguladora do comportamento que a razão humana possui e exercita «por natureza». Se consideramos o pleno progresso dessa atividade, que pode ser conhecido por meio das virtudes intelectuais (ciência, sabedoria) e, para o cristão, também mediante a fé, devemos dizer que o primeiro princípio da lei moral natural, no sentido de mais importante e maximamente «arquitetônico», é o amor a Deus e ao próximo.[78] *As virtudes exprimem, assim, os modos como devem ser reguladas a tendência e a realização dos bens humanos, para que sejam congruentes com uma vontade dirigida à perfeição em Deus, para si próprio e para cada pessoa humana.*[79]

c) Os preceitos da lei moral natural

Na literatura teológica, e também nos documentos do magistério da Igreja, fala-se com frequência de *preceitos* da lei moral natural. Isso é legítimo ao passarmos do plano do *exercício direto* da razão prática («*ratio practica in actu exercito*»), onde se insere tudo quanto dissemos

(78) A. Rodríguez Luño, *La scelta etica*, cit., pp. 52.

(79) Cf. G. Abbà, *Felicidad, vida buena y virtud*, cit., p. 189.

até o momento, ao plano do *exercício reflexo* da mesma razão (*«ratio practica in actu signato»*)[80], ou seja, quando passamos à reflexão sistemática sobre a atividade prática da razão humana, reflexão que pertence à ciência moral.[81] *É nesse plano de reflexão que a ciência moral estabelece enunciados normativos, isto é, proposições em termos de «deve-se» ou «não se deve», que exprimem os conteúdos dos princípios da razão prática ou os juízos fundados em tais princípios.* Por exemplo, a proposição «deve-se dar a cada um o que é seu» exprime o princípio de «justiça» num nível geral, ao passo que a proposição «deve-se restituir o que foi roubado» exprime uma exigência mais concreta do mesmo princípio. Esses são os enunciados normativos a que nos referimos normalmente quando falamos de preceitos de lei moral natural.

Seguindo a Santo Tomás, costuma-se estabelecer uma distinção entre as diversas categorias ou preceitos da lei moral natural, conforme à sua evidência ou à sua proximidade ou distência dos princípios evidentes.[82] Essas *categorias dos preceitos da lei moral natural são três*: os princípios primeiros e comuns; os princípios secundários muito próximos dos princípios primeiros; e os princípios secundários que derivam dos precedentes por meio de raciocínios mais ou menos difíceis e complexos.[83] Os *princípios primeiros* são aqueles que têm máxima evidência para todos e se estendem a diversos âmbitos da ação, como, por exemplo, «não se deve prejudicar a ninguém», a regra de ouro, etc. Esses preceitos correspondem também aos fins virtuosos considerados na sua generalidade máxima. Santo Tomás afirma que os princípios primeiros não foram promulgados no Decálogo, porque a sua evidência tornava supérflua a promulgação. *Os preceitos secundários próximos* referem-se a âmbitos específicos da atuação, e podem ser conhecidos a partir dos primeiros com raciocínios acessíveis à capacidade de todos; a este grupo pertencem os preceitos do Decálogo. *Os preceitos da terceira categoria* derivam de modo lógico da segunda categoria por meio de

(80) Cf. Caetano, *Commentario alla «Summa Theologiae»*, cit., I-II, q. 58, a. 5, Com. VIII.

(81) Cf. M. Rhonheimer, *La perspectiva de la moral*, cit., pp. 310 e ss.

(82) Não é fácil ter uma ideia exata do pensamento de Santo Tomás acerca deste tema, porque a terminologia utilizada não é uniforme: cf. *S.Th.*, I-II, q. 94, a. 6; q. 100, a. 3; II-II, q. 122, a. 1; além do mais, o Aquinate não oferece uma lista dos preceitos pertencentes a cada uma das categorias, questão que não tem grande interesse.

(83) Cf. *S.Th.*, I-II, q. 100, a. 3.

raciocínios mais complexos, só acessíveis aos sábios, isto é, aos que cultivam a ciência moral. Santo Tomás indica que «estes preceitos chegam ao povo mediante o ensinamento dos doutos».[84] Não estão explicitamente contidos no Decálogo, mas encontram nele as premissas de que procedem.

Afirmamos, portanto, que a luz natural da razão prática alcança alguns conhecimentos com evidência imediata: os primeiros princípios e as virtudes consideradas no seu conteúdo mais geral. A partir desses primeiros conhecimentos morais, ela chega discursivamente a outras verdades, mais ou menos longínquas das primeiras evidências (princípios secundários próximos ou remotos). Porém, no plano reflexivo, o decisivo para estabelecer se um princípio moral pertence à lei moral natural não é tanto a índole mediata ou imediata da evidência, mas o fato de que tenha uma *conexão necessária com os primeiros princípios ou com as virtudes.* Se a conexão necessária existir, ainda que só tenha sido descoberta pelos homens com o passar do tempo, estaremos diante de um preceito da lei moral natural; se não existir, estaremos, pura e simplesmente, diante de uma disposição ética estabelecida por uma autoridade política, religiosa, etc.

3. A Lei moral do Antigo Testamento: aliança, dom e promessa

a) O Antigo Testamento na história da salvação

Na literatura teológica, é frequente falar da «Lei» para referir-se (*pars pro toto*) aos ensinamentos morais do Antigo Testamento. No entanto, em sentido estrito, a «Lei» é só uma parte sua; concretamente, corresponde ao conteúdo essencial do Pentateuco, que o Novo Testamento denomina frequentemente «Lei de Moisés».[85] Junto à

(84) *Ibidem.*

(85) Lc 2, 22; Jo 1, 17; 7, 19; Hebr 10, 28.

Lei, mencionam-se «os Profetas»[86] e também «os Profetas e os Salmos».[87] Na teologia bíblica veterotestamentária, geralmente se aceita a distinção entre uma ética da lei, uma ética dos profetas e uma ética sapiencial,[88] distinção que não é concebida como separação, porque entre as três fontes da ética vetero-testamentária há evidentes conexões e pontos em comum.

A inteira economia do Antigo Testamento ordena-se, sobretudo, a preparar, anunciar e significar o acontecimento do Salvador[89] Conforme à expressão paulina, a «Lei» é boa e santa,[90] mas não definitiva: «A Lei foi o nosso pedagogo, que nos conduziu até Cristo, para que fôssemos justificados pela fé».[91] Portanto, ordena-se a Cristo, que constitui o seu cumprimento: «O fim da Lei é Cristo».[92] «Fim, não enquanto defeito – comenta Santo Ambrósio –, mas enquanto plenitude da lei, que se cumpre em Cristo, porque Ele veio não para abolir a lei, mas para dar-lhe cumprimento».[93] As expressões polêmicas de Paulo a respeito da «Lei» não se devem a que a considere contrária à graça; dirigem-se contra aqueles que, «não obstante a chegada da graça, persistem em manter o seu domínio [da lei]. Se, com efeito, abrange aqueles que deveriam aceitar a graça, então impede a nossa salvação. Assim como a lâmpada que brilha na noite, se, chegado o dia, impede a visão do sol, não só não faz algo bom, senão que, pelo contrário, faz algo prejudicial, assim aconteceria com a lei, se fosse obstáculo para conseguir o melhor».[94]

Feita esta necessária advertência, deve sublinhar-se, ao mesmo tem-

(86) Mt 5, 17; Lc 24, 25.27; At 28, 23.

(87) Lc 24, 44.

(88) Cf. E. Testa, *La morale del Antico Testamento*, Morcelliana, Brescia 1981; W. H. Schmidt, *Introducción al Antiguo Testamento*, Sígueme, Salamanca, 1983.

(89) Cf. *Dei Verbum*, n. 8. Uma visão sintética em M. Barthélemy, *Dieu et son image*, Cerf, Paris, 1963.

(90) Cf. Rom 7, 12.

(91) Gál 3, 24.

(92) Rom 10, 4.

(93) Santo Ambrósio, *In Psalmum CXVIII Expositio*, Sermo 18, 37: PL 15, 1541, citado em *Veritatis splendor*, n. 15.

 (94) São João Crisóstomo, *In Epistulam ad Galatas Commentarius*, 3, 5: PG 61, 656.

po, que *o Antigo Testamento é parte essencial da Palavra de Deus, e os seus livros conservam um valor permanente.*[95] Ao lado de alguns elementos evidentemente caducos, esses livros mostram instruções e exemplos de considerável valor moral, e até excelente: «Esses livros, apesar de conterem também elementos imperfeitos e transitórios, [...] exprimem um vivo senso de Deus, transmitem sublimes doutrinas a respeito de Deus e uma sabedoria salutar a respeito do homem, bem como admiráveis tesouros de preces, nos quais, afinal, está latente o mistério da nossa salvação».[96] Por isso a lei – e sobretudo o Decálogo – foi amplamente restabelecida, atualizada e aprofundada no Novo Testamento[97] e na tradição teológica e catequética cristã. «A Igreja rejeitou sempre vigorosamente a ideia de prescindir do Antigo Testamento sob pretexto de que o Novo o teria tornado caduco».[98] Concretamente, os seus textos foram constantemente utilizados na doutrina e na liturgia da Igreja, e o Decálogo, por exemplo, continua a ser utilizado como estrutura básica para a catequese moral cristã.

Os livros do Antigo Testamento possuem, além do mais, uma característica de grande interesse: *apresentam o ensinamento moral e religioso servindo-se de gêneros literários muito diversos.* Junto a passagens de natureza estritamente legal, encontram-se textos históricos (com uma estrutura fundamentalmente narrativa) e poéticos, coleções de orações e máximas sapienciais, narrações das gestas dos heróis do povo eleito, instruções sobre as festas que recordam os dons divinos, etc. Essas modalidades mostram a natureza e as condições da vida moral de modo mais exato que os discursos estruturados segundo os cânones da atual moral normativista.

Contudo, é preciso reconhecer que o estudo dos ensinamentos morais do Antigo Testamento apresenta não poucas dificuldades: análise da data, do gênero literário e da história e da composição redacional dos textos; semelhanças com a literatura dos povos cir-

(95) Cf. *Dei Verbum*, n. 14; *Catecismo*, n. 121.

(96) *Dei Verbum*, n. 15.

(97) Cf., por exemplo, Mt 19, 16-22 (e par.), onde Jesus se refere aos preceitos do decálogo; o capítulo I da *Veritatis splendor* analisa essa passagem. Ver também Rom 13, 8-10.

(98) *Catecismo*, n. 123.

cundantes; relação entre a evolução social do povo de Israel, a Revelação divina e a reflexão sobre a tradição da Revelação. São questões especializadas que não estudaremos aqui. Está presente, também, o problema da amplitude do material disponível. Aqui, limitar-nos-emos a oferecer uma visão de conjunto, atenta aos elementos fundamentais e, entre eles, aos que, pela sua natureza genuinamente moral, são permanentes, e portanto plenamente válidos para o cristão.[99]

b) A ética da lei

No Pentateuco, é habitual distinguir entre preceitos morais, cerimoniais e judiciais. As leis judiciais compreendem normas de direito penal, civil e processual, e encontram-se principalmente no «código da aliança»[100] e no Deuteronômio. As prescrições cerimoniais estão, sobretudo, no Levítico, embora também se encontrem no Êxodo e nos Números: assim, por exemplo, as normas quanto ao culto,[101] quanto à pureza legal,[102] e as contidas no «código da santidade».[103] As normas morais estão dispersas no Êxodo, no Levítico e no Deuteronômio, e contêm prescrições sobre o comportamento com o próximo, sobre a vida sexual, etc., e, sobretudo, o Decálogo, que chegou até nós em duas versões.[104] *Segundo a tradição teológica, as normas cerimoniais e judiciais devem ser consideradas revogadas* com a vinda de Jesus Cristo. Por isso, estudaremos unicamente as normas morais que, em seu con-

---

(99) Utilizamos especialmente as sínteses realizadas por H. Weber, *Teología Moral General. Exigencias y respuestas*, Herder, Barcelona, 1994, pp. 37-67; G. Barbaglio, *Decálogo*, e R. Cavedo, *Moral del Antiguo Testamento y del judaísmo*, em *Nuevo Diccionario de Teología Moral*, cit., pp. 310-326 e 1188-1206, respectivamente. Muito interessante, ainda que mais complexa, é a síntese da moral bíblica do Antigo Testamento em G. Angelini, *Teologia Morale Fondamentale*, cit., pp. 252-388.

(100) Cf. Êx cap. 20-23.

(101) Cf. Êx 34, 13-26.

(102) Cf. Lev cap. 11-16.

(103) Cf. Lev cap. 17-25.

(104) Cf. Êx 20, 2-17; Deut 5, 6-21.

teúdo, correspondem substancialmente à lei moral natural[105] e, portanto, às virtudes.[106]

De um ponto de vista geral, deve notar-se, antes de tudo, que *a ética da Torá tem caráter religioso-teológico*. A fé num único Deus, que tem singular relação com Israel (concebida como Aliança), é o marco onde se insere o *ethos* do povo eleito: todas as prescrições éticas se consideram como procedentes de Deus, e o seu cumprimento faz parte da Aliança. A vida moral, portanto, não é concebida como uma dimensão terrena autônoma, nem sequer dentro da comunidade: está impregnada de religiosidade, entendida em sentido dialógico, onde o elemento primário é a Aliança e a eleição amorosa por parte de Deus. Os ensinamentos morais são vividos como dom e como graça, sinal da proximidade e do cuidado de Deus com seu povo.[107]

A lei tem, também, acentuado caráter social: é a lei dada ao povo de Israel para garantir a justiça, a paz, a prosperidade e, acima de tudo, a fidelidade à Aliança selada com o Senhor. Todos os preceitos do Decálogo se ordenam à justiça: à justiça para com Deus e à justiça para com o próximo. Depois dos preceitos que se referem diretamente a Deus, prescreve-se a santificação do sábado, que possui uma dimensão cultual e outra social (deve garantir-se o descanso dos servos e dos estrangeiros), o respeito aos pais, à vida inocente, ao matrimônio e à propriedade alheia; por último, preserva o próximo das injustiças que procedem da falsidade nos processos judiciais e do desejo iníquo da sua esposa e dos

(105) «Versando os preceitos morais sobre os bons costumes, regendo-se estes pela razão natural e apoiando-se todo juízo humano, de algum modo, na *razão natural*, segue-se que todos os preceitos morais são de lei natural, ainda que de diverso modo» (*S.Th.*, I-II, q. 100, a. 1). A expressão «razão natural», que evidenciamos nós, deve entender-se no sentido indicado no § 2 (c).

(106) «O homem une-se a Deus pela mente, que é imagem de Deus, e assim a lei divina impõe preceitos de todas aquelas coisas pelas quais a razão humana se dispõe devidamente, e isso se realiza pelos atos de todas as virtudes» (*S.Th.*, I-II, q. 100, a. 2).

(107) O Deuteronômio testifica-o claramente: «Vede: ensinei-vos leis e ordenações, como o Senhor, meu Deus, me ordenou, a fim de as praticardes na terra que ides possuir. Observai--as, praticai-as, porque isto vos tornará sábios e inteligentes aos olhos dos povos, que, ouvindo todas essas prescrições, dirão: eis uma grande nação, um povo sábio e inteligente. Haverá, com efeito, nação tão grande, cujos deuses estejam tão próximos dela como está de nós o Senhor, nosso Deus, cada vez que o invocamos? Qual é a grande nação que tem mandamentos e preceitos tão justos como esta lei que vos apresento hoje?» (Deut 4, 5-8). A lei é a sabedoria que garante a liberdade e a paz conseguidas com o êxodo do Egito.

seus bens. A lei tem em conta a fraqueza moral dos homens e, em alguns pontos, condescende com «a dureza do vosso coração».[108] Embora *os preceitos da lei* se enunciem como mandatos e proibições («fazer», «não fazer»), nota-se, no entanto, que *tentam conduzir o povo a atitudes virtuosas*: a fé e o amor a Deus, a justiça e o amor ao próximo.[109] No pano de fundo dos mandamentos, encontra-se uma exigência de fé e de confiança em Deus. Repreende-se o povo quando, apesar dos prodígios realizados pelo Senhor em seu favor, ele se deixa levar pelo medo e pelas lamentações que manifestam uma falta de fé e de confiança; e, ao contrário, louva-se a fé dos justos e dos heróis de Israel.[110]

c) A ética dos profetas

Os profetas sublinham vigorosamente as exigências éticas, que não se satisfazem – e, menos ainda, podem ser eludidas – unicamente mediante os atos rituais.[111] «O eixo central do seu pensamento é que a dimensão ética é a primeira exigência do Deus verdadeiro.»[112] Obviamente, os profetas não são contrários ao culto, mas opõem-se a um culto sem alma que poderia coexistir com a injustiça e a transgressão dos preceitos divinos. Nessa perspectiva, encontra-se nos profetas *forte insistência*

---

(108) Cf. Mt 19, 3-9 acerca do divórcio.

(109) «Não te vingarás; não guardarás rancor contra os filhos do teu povo. Amarás o teu próximo como a ti mesmo. Eu sou o Senhor« (*Lev* 19, 18); os estrangeiros não são excluídos: «Amai o estrangeiro, pois estrangeiros fostes na terra do Egito» (Deut 10, 19).

(110) Basta pensar na fé plena na palavra de Deus destacada na Carta aos Hebreus (11, 2-38): pela fé, Abel ofereceu a Deus um sacrifício melhor que o de Caim; Henoc, antes de ser arrebatado, recebeu o testemunho de haver agradado a Deus; Noé, advertido divinamente de coisas que ainda não se viam, construiu uma arca para salvar a sua família; Abraão obedeceu e foi para o lugar que receberia como herança, e partiu sem saber aonde iria; peregrinou na terra prometida como terra estranha, habitando em tendas, da mesma forma que Isaac e Jacó; Sara recebeu o vigor de ser mãe, pois teve como digno de fé aquele que o prometera; Abraão, submetido a prova, ofereceu seu unigênito; Isaac bendisse a Jacó e a Esaú em ordem ao futuro, etc.

(111) «Aborreço, detesto as vossas festas, não consigo suportar o aroma das vossas reuniões de culto. Se me oferecerdes holocaustos e oblações, não me agradarei deles, nem olho para o sacrifício dos vossos animais cevados. Afasta de Mim o ruído dos teus cânticos! Não quero ouvir o som das tuas liras! Quero que o direito flua como a água, e a justiça como rio perene» (Am 5, 23-24). Cf. Is 1, 10-17; Jer 7, 21-13.

 (112) R. Cavedo, *Moral del Antiguo Testamento y del judaísmo*, cit., p. 1191.

nos deveres sociais, na justiça e no direito: a solicitude pelos deserdados, a defesa dos fracos, a superação das desigualdades.[113] Sem dúvida, há nos profetas um vivo senso do pecado, considerado como expressão do orgulho humano. Do ponto de vista temático, no *ethos* profético não há novidades substanciais com respeito ao Pentateuco: os profetas recordam as normas da Torá numa situação histórica e social em que o respeito à lei parecia perdido.

Também a moral dos profetas está enquadrada no contexto religioso. Por trás do próximo e dos deveres sociais, está o Senhor. No comportamento socialmente justo, torna-se visível a presença de Deus: «Se teu pai comia e bebia, era porque exercia o direito e a justiça; por isso tudo corria bem para ele. Fazia justiça ao pobre e ao miserável, e por isso tudo era bom para ele: "Não é isso reconhecer-me?" – oráculo do Senhor».[114] Como consequência, sublinham com força a necessidade da fé em Deus, de quem procede a salvação e a segurança: «Aguardarei o Senhor, que oculta seu Rosto na casa de Jacó; n'Ele esperarei».[115]

(113) O Senhor «esperava [do povo] juízo e encontrou preconceitos; justiça e encontrou angústia» (Is 5. 7). Ai daqueles «que justificam o malfeitor em troca de suborno, e privam o justo da sua justiça« (Is 5, 23). É duríssima a censura de Ezequiel a Jerusalém: «Dize-lhe: eis o que diz o Senhor Javé: ah! cidade que espalhas o sangue nas tuas ruas para que chegue a tua hora, que eriges ídolos para te sujares, pelo sangue que derramaste tu te tornaste culpada e te poluíste pelos teus ídolos que talhaste; precipitaste a tua hora, adiantaste o termo dos teus anos. Por isso vou abandonar-te aos ultrajes das nações, e ao escárnio de todos os países. Próximos ou distantes, eles zombarão de ti, cidade cujo nome é odioso, cidade cheia de desordens. Vê: os príncipes de Israel estão em ti ocupados, cada um por si, a derramar sangue. Em ti, desprezam-se pai e mãe, violenta-se o hóspede estrangeiro, maltratam-se o órfão e a viúva. Aviltaste os meus santuários e profanaste os meus sábados. Há em ti delatores que fazem derramar sangue; gente da tua casa que vai comer na montanha. Cometem-se infâmias no meio de ti: descobre-se a nudez de seu pai, faz-se violência à mulher durante o período da menstruação; um comete horrores com a mulher do próximo, outro desonra incestuosamente sua nora, outro viola sua irmã, filha de seu pai. Em ti aceitam-se presentes para derramar sangue, tu recebes a usura e os juros, fazes violência ao próximo para despojá-lo; e a mim tu me esqueces – oráculo do Senhor Javé» (Ez 22, 3-12).

(114) Jer, 22, 15-16.

(115) Is 8, 17. Jeremias oferece uma expressão significativa dessa confiança em Deus: «Maldito o homem que confia em outro homem, que da carne faz o seu apoio, e cujo coração vive distante do Senhor! Assemelha-se ao cardo da charneca e nem percebe a chegada do bom tempo, habitando o solo calcinado do deserto, terra salobra em que ninguém reside. Bendito o homem que deposita a confiança no Senhor, e cuja esperança é o Senhor. Assemelha-se à árvore plantada perto da água, a qual estende as raízes para o arroio; se vier o calor, ela não temerá, e a sua folhagem continuará verdejante; não a inquieta a seca de um ano, porque ela continua a produzir frutos» (Jer 17, 5-8).

d) A ética sapiencial

Características gerais – Os livros sapienciais apresentam características específicas dentro do Antigo Testamento.[116] A sua conexão com a literatura extrabíblica (egípcia, mesopotâmica, babilônica e, em épocas mais recentes, helenística) é particularmente relevante, e muito importante o seu conteúdo ético-racional.[117] Para evidenciar a especificidade da ética sapiencial, é frequente a referência a Jer 18, 18: «Não vos faltará o ditame do sacerdote, nem o conselho do sábio, nem a palavra do profeta»; de fato, a *ética sapiencial contém os conselhos dos sábios de Israel.* Nos textos mais antigos (Provérbios 10, 31), as afirmações de tipo ético estão longe da abstração e da dedução; procedem antes da verificação experimental de nexos reais, que talvez ofereçam a base para a indução de um princípio geral. «O sábio transmite, em primeiro lugar, uma cultura de onde extrai motivações para o comportamento. O critério principal é a realização do homem na sociedade do seu tempo. Nesse sentido, pode dizer-se que o fundamento da ética sapiencial é antropológico, porque se baseia na experiência, é abalizado pela racionalidade, emancipa a liberdade e pretende garantir à pessoa a sua integração mais equilibrada e harmônica no mundo».[118]

Em Provérbios 1, 9, no livro do Eclesiástico e no da Sabedoria, *o valor fundamental é a sabedoria*, da qual se propõe um conceito certamente mais teológico que no período precedente. A sabedoria é a sabedoria divina. Segundo Provérbios 1-9, para alcançá-la é necessário escutar os antigos mestres, e os seus conteúdos éticos são fruto de uma procura secular, «com a diferença de que agora adquirem um valor quase dogmático e se aproximam, ainda que de forma ainda implíci-

---

(116) Com respeito aos livros sapienciais, cf. E. Testa, *La Morale del Antico Testamento*, cit., pp. 211-283; G. von Rad, *Sabiduría en Israel*, Cristiandad, Madri, 1985. Uma boa introdução é oferecida em: A. Minissale, *Siracide. Le radici nella tradizione*, Queriniana, Bréscia, 1988; A. Bonora, *El libro de Qohélet*, Herder, Barcelona 1994; J. Rybolt, *Sapienza*, Queriniana, Bréscia, 1997 e *Siracide*, Queriniana, Bréscia, 1997.

(117) A literatura sapiencial bíblica abrange um longo período de tempo, quase um milênio. Pode distinguir-se uma época antiga, representada principalmente por Provérbios 10-31, Jó e Eclesiastes, onde certos fatos paradoxais – o sofrimento do justo e a morte – parecem pôr em causa a moralidade tradicional; e um estrato mais moderno a que pertencem Provérbios 1-9, o livro do Eclesiástico e o da Sabedoria.

(118) R. Cavedo, *Moral del Antiguo Testamento y del judaísmo*, cit., p. 1200.

ta, de uma espécie de revelação».[119] Para o Eclesiástico, a sabedoria é propriedade de Deus, identifica-se com a revelação sinaítica[120] e deve procurar-se «com temor de Deus»; neste livro, é central a relação mútua entre sabedoria, lei e temor de Deus.[121] O belíssimo hino do capítulo 24 fala de uma sabedoria personificada que faz morada em Israel para difundir-se depois por toda a terra. Embora se concretize na Torá, também está presente em todas as obras de Deus e se estende a todo e qualquer povo e nação.[122] O livro da Sabedoria, por fim, transmite a convicção de uma existência após a morte; com base nessa convicção, contrapõem-se as concepções antropológicas e teológicas do justo e do ímpio.

Os livros sapienciais dedicam espaço muito amplo aos temas propriamente éticos: abordam praticamente todos os setores da existência da época, ainda que não de modo sistemático. Mais importante que os temas é o modo de expor os ensinamentos morais. A linguagem tipicamente normativa está quase ausente. Porém transmitem-se experiências, intuições, máximas, conselhos, argumentações racionais. A sua apresentação aforística estimula a reflexão. A sua motivação é a correspondência de tudo quanto se afirma com a realidade, com a experiência do curso das ações em ordem ao bom êxito da vida humana. Oportunamente, põem-se em relevo os resultados das ações, talvez como expressão de uma retribuição imediata ou mediata, ainda que não se lhes possa atribuir uma finalidade utilitária.[123] Além disso, dão grande atenção às formas virtuosas e viciosas da vida humana, às atitudes, aos modos de sentir e de avaliar, ao modo de relacionar-se com a realidade e com as situações que nela se dão. O ensinamento moral transmite-se também por meio do exemplo dos grandes protagonistas

---

(119) *Ibidem*, 1202.

(120) Cf. Eclo 24, 1-39.

(121) Cf. A. Minissale, *Siracide*, cit., p. 30.

(122) «Graças a essa identificação, não há descontinuidade entre a sabedoria que se pode descobrir apenas com a experiência humana e a que se encontra na revelação da lei. Inicialmente, parece que a sabedoria, enquanto identificada com a lei, está nacionalizada e limitada; mas também é verdade que é considerada na perspectiva universal da racionalidade de todos os homens, que são convidados a aproximar-se dela. Essa posição do Eclesiástico constitui o mérito principal do seu livro com relação à herança do Antigo Testamento» (*ibidem*, p. 31).

(123) Isso foi evidenciado por H. Weber, *Teologia moral general*, cit., pp. 63-64.

e dos principais acontecimentos da história de Israel.[124] Em todo caso, o horizonte religioso ocupa sempre o primeiro lugar: *tudo se desenvolve sobre a base da fé no Deus Criador*, que ordenou todos os aspectos da existência.[125] O temor de Deus é «glória e honra, felicidade e coroa de júbilo», «proporciona felicidade, alegria e longa vida», é «princípio de sabedoria», «é a piedade do saber», é «plenitude da sabedoria»,[126] e *a vida conforme à lei do Senhor* constitui a sua melhor expressão. *Uma vida que se apresenta normalmente como vida virtuosa*, isto é, prudente, equilibrada, serena, previdente, temperada, alheia aos excessos e, acima de tudo, baseada na fé e no temor de Deus.

Virtudes e vícios na ética sapiencial – No nosso estudo das virtudes morais, já notamos, no plano meramente lexicológico, a presença da virtude nos livros sapienciais.[127] Reparando agora na própria realidade das virtudes, constatamos que são onipresentes pelo menos em Provérbios, Sabedoria e Eclesiástico. O discurso moral desenvolve-se nesses livros conforme ao esquema característico da ética da virtude. Sem a pretensão de sermos exaustivos, propomos um esboço dos conteúdos principais.

Eclo 3, 19-32 oferece uma bela instrução sobre a humildade e o orgulho, virtude e vício que são contemplados nesta passagem como o modo de comportar-se diante da sabedoria. O hagiógrafo ensina que não convém procurar coisas demasiado difíceis nem indagar coisas demasiado grandes; não se deve perder o senso do mistério (v. 22-23). «Quanto maior fores, tanto mais deves humilhar-te, e encontrarás graça diante do Senhor» (v. 20). As consequências do orgulho são funestas: «A muitos desviou a sua excessiva confiança, e uma ilusão perniciosa extraviou os seus pensamentos. [...] Para a chaga do soberbo não há cura, porque a planta do mal deitou nele as suas raízes. O coração do prudente meditará os provérbios, e um ouvido atento é o que deseja o sábio» (v. 26.30-31).

---

(124) Cf. Sab cap. 10-19; Eclo cap. 44-50.

(125) Esse é o ponto central da sugestiva interpretação proposta por G. Angelini, *Teologia Morale Fondamentale*, cit., pp. 335-388.

(126) Cf. Eclo 1, 11-12.16-17.20.

(127) Vejam-se os textos indicados no cap. VII, § 1 (b), aos quais se poderiam acrescentar outros, principalmente do Eclesiático, alguns dos quais serão citados aqui.

São abundantes as reflexões dedicadas ao uso da língua. Grande é o poder da língua, que pode ser usada para o bem e para o mal: há uma palavra que ajuda e outra que prejudica e mata.[128] No falar e no calar[129] se manifestam a sabedoria e a estupidez, a virtude e o vício, o amor e o ódio, a amizade e a inveja. Faz bom uso da palavra quem sabe calar quando convém,[130] quem reflete antes de falar,[131] quem escolhe o momento oportuno para dizer o que deve, quem guarda as informações confidenciais,[132] quem não confia num insensato,[133] quem reflete antes de fazer uma censura.[134] Faz mau uso quem fala inoportunamente,[135] e quem fala demasiado, quem pronuncia mentiras e calúnias,[136] o hipócrita e o bajulador,[137] quem é leviano no juramento[138] ou diz grosserias.[139] No que diz respeito ao mau uso da língua, é emblemática esta passagem do *Eclesiástico*: «Tríplice língua fez repudiar mulheres valorosas, e privou-as do fruto dos seus trabalhos. Quem prestar atenção não encontrará descanso, nem terá amigo com quem se consolar. Golpe de chicote produz ferimentos, mas golpe de língua quebra os ossos. Muitos caíram ao fio da espada, mas não tantos como os que pereceram pela língua. Ditoso o que se resguarda dela, o que não experimentou o seu furor, nem arrastou o seu jugo, nem foi amarrado às suas correntes».[140]

A moderação deve presidir todas as dimensões da vida. Na comida e na bebida[141] e, em geral, em todas as paixões: «Não sejas

(128) Cf. Prov 18, 20-21.

(129) Cf. Prov 11, 12; 15, 28; 17, 28; Eclo 1, 30; 20, 20-22.

(130) Cf. Eclo 20, 5-8.

(131) Cf. Prov 12, 8; Eclo 5, 13-17.

(132) Cf. Prov 11, 13; Eclo 19, 7-12.

(133) Cf. Eclo 8, 20-22.

(134) Cf. Eclo 10, 6; 20, 1.

(135) Cf. Eclo 22, 6.

(136) Cf. Prov 12, 17; Eclo 5, 16-17; 20, 26-28; 21, 31.

(137) Cf. Prov 6, 12-15; 10, 10; Eclo 27, 26-27.

(138) Cf. Eclo 23, 9-14.

(139) Cf. Eclo, 23, 17.

(140) Eclo 28, 19-23.

(141) Cf. Eclo 31, 12-40.

arrogante no teu próprio parecer, que o teu vigor não seja dilacerado como por um touro, que devorará as tuas folhas, deitará a perder os teus frutos, e ficarás como um lenho seco. Um ânimo perverso arruína a quem o possui, fará dele objeto de escárnio dos seus inimigos, e será levado à sorte dos ímpios».[142] Há exortações à monogamia[143], à fidelidade conjugal[144] e à castidade,[145] bem como advertências contra a luxúria: «A pessoa apaixonada como fogo ardente: não se apagará até que se consuma; o homem impuro com seu próprio corpo: não cessará até ser abrasado pelo fogo; para o homem impuro todo pão é desejável, não se saciará até que morra».[146] Para viver a castidade, também se recomenda a prudência nas relações sociais: «Afasta teus olhos de uma mulher formosa, e não olhes para uma beleza que não é tua. Muitos se perderam pela beleza de uma mulher; dela brota um amor que queima como fogo. Não te assentes jamais junto de uma mulher casada, nem te deites com ela para beber vinho, para que teu coração não se incline para ela e a tua paixão não te arraste para a ruína».[147]

O trabalho deve ser realizado com esforço e com perseverança: «Sê constante nas tuas obrigações, ocupa-te delas, e envelhece cumprindo o teu trabalho»,[148] evitando querer abraçar demasiadas coisas com a própria atividade.[149] É preciso fugir da preguiça, gozar com moderação dos próprios haveres, mas sem confiar demasiado neles.[150] A avidez não conduz ao bem: «Os desvelos do rico consomem as suas carnes, e as suas preocupações tiram-lhe o sono. [...] Quem ama o ouro não está isento de culpa, e quem persegue o lucro pecará por isso».[151] O avaro perde a serenidade e desconhe-

(142) Eclo 6, 2-4.

(143) Cf. Prov 5, 15-21.

(144) Cf. Prov 6, 20-7, 27; Sab 3, 16-19; Eclo 23, 25-36.

(145) Cf. Sab 3, 13-15.

(146) Eclo 23, 22-24.

(147) Eclo 9, 8-13.

(148) Eclo 11, 21; cf. Prov 22, 29.

(149) Cf. Eclo 11, 10.

(150) Cf. Eclo 14, 11-20; 22, 1-12.

(151) Eclo 31, 1.5. Cf. Ecle 5, 9-11.

ce o verdadeiro valor da riqueza.[152] Propõem-se também as máximas e as condições da prudência,[153] da justiça,[154] da mansidão,[155] da docilidade,[156] da verdadeira amizade,[157] da solidariedade,[158] etc. O Eclesiástico destaca, com acerto, a dimensão cognoscitiva da virtude e do vício, isto é, o seu influxo sobre o juízo: «Não consultes a quem olhe para ti com suspeita, nem descubras tuas intenções a quem te inveje. Não consultes: uma mulher acerca da sua rival; um covarde acerca da guerra; um mercador acerca do comércio; um comprador acerca de uma venda; um invejoso acerca da gratidão; um ímpio acerca da boa conduta; um desonesto acerca da honestidade; um operário eventual acerca do acabamento de uma obra; um empregado anual acerca do fim do ano; um escravo preguiçoso acerca de muito trabalho; não os consideres para conselho algum. Ao contrário, recorre ao homem piedoso, a quem saibas cumpridor dos mandamentos; a quem compartilha teus mesmos sentimentos: a quem saberá ter compaixão de ti, se caíres».[159]

Podemos dizer em síntese que, apesar dos seus limites, a ética sapiencial oferece uma visão bastante completa acerca da virtude e do vício. Sobre a base de uma aguda e realista observação empírica e da fidelidade à instrução divina, a ética sapiencial traça uma imagem significativa do correto comportamento humano em relação aos bens pessoais e materiais, bem como dos critérios que inspiram a reta eleição.

e) A promulgação positiva da lei moral natural no Antigo Testamento

A teologia clássica considera que *no Antigo Testamento se realiza uma promulgação positiva da lei moral natural, pelo menos nos seus con-*

(152) Cf. Eclo 14, 3-9.

(153) Cf. Prov 14, 15-25.

(154) Cf. Prov 17, 13-15.26.

(155) Cf. Prov 15, 1-4.

(156) Cf. Prov 13, 13-20.

(157) Cf. Prov 17, 17; Eclo 6, 5-17.

(158) Cf. Ecle 4, 9-12; Eclo 7, 36-39; 29, 11-15.

(159) Eclo 37, 12-16.

teúdos fundamentais.[160] Santo Tomás indica que os preceitos morais do Antigo Testamento referem-se às virtudes[161] e, portanto, à regulação das ações segundo a sua conformidade com a razão. Trata-se, pois, de preceitos da lei moral natural.[162] Nesse sentido, é lógico perguntar-se por que foi necessário promulgar positivamente uma lei que, na realidade, está inscrita no coração os homens.[163]

Com base nos ensinamentos do Concílio Vaticano I,[164] a Enc. *Humani generis* assim o explica: «Embora a razão humana, falando em sentido absoluto, possa efetivamente alcançar com as suas forças e a sua luz natural [...] o conhecimento da lei natural inscrita pelo Criador em nossa alma, a mesma razão, todavia, encontra não poucas dificuldades para utilizar eficazmente e com fruto essa capacidade natural. [...] O espírito humano, com efeito, na procura dessas verdades, encontra dificuldades pela influência dos sentidos e da imaginação, e também por causa das tendências corrompidas nascidas do pecado original. Daqui decorre que os homens facilmente se persuadem, nestes temas, de ser falso, ou pelo menos duvidoso, o que não quereriam que fosse verdadeiro. Por esses motivos, deve-se dizer que a "revelação" divina é moralmente necessária para que aquelas verdades que, em matéria religiosa e moral, não são por si mesmas inalcançáveis possam ser conhecidas por todos com facilidade, com firme certeza e

---

(160) Em alguns aspectos, como, por exemplo, a indissolubilidade do matrimônio, a lei do antigo testamento se adapta à fragilidade do homem naquele estado, e não exprime completamente as exigências éticas da lei moral natural. Esta será reestabelecida integralmente por Cristo.

(161) «Era necessário que a lei antiga estabelecesse preceitos sobre as virtudes, e esses são os preceitos morais da lei» (*S.Th.*, I-II, q. 99, a. 2).

(162) Cf. *S.Th.*, I-II, q. 100, a. 1. No precedente § 2 (c), consideramos especificamente a relação dos preceitos da lei moral natural com o Decálogo.

(163) Na sua resposta, Santo Tomás considerou quatro motivos. «Primeiro, porque muitos caíram no pecado por causa de um costume contrário. Além disso, para muitos, a razão natural, onde se encontram escritos [os preceitos da lei natural], estava obscurecida. Segundo, porque, embora alguns mantivessem a lucidez da razão, faltava-lhes todavia o amor ao bem; e, por conseguinte, deviam ser induzidos ao bem mediante certa coação da lei obrigatória. Terceiro, a fim de que não fosse somente a natureza a que inspirasse as obras de virtude, mas também o respeito aos mandamentos divinos. Quarto, para que fossem facilmente recordados e meditados com frequência» (*Scriptum super Sententiis*, liberdade. III, d. 37, q. 1, a. 1).

(164) Cf. Concílio Vaticano I, Const. *Dei Filius*, cit., cap. 2: DS 3005.

sem erro algum».[165] A mesma doutrina foi proposta de novo pelo *Catecismo da Igreja Católica*[166] e pela Enc. *Veritatis splendor.*[167] *Tanto no âmbito dogmático quanto no âmbito moral, o objeto da Revelação compreende também verdades que em si mesmas são acessíveis à razão humana. Verdade revelada não é sinônimo de mistério ou, simplesmente, de verdade inacessível ao homem.* A verdade revelada pode também confirmar algumas verdades que, em princípio, são acessíveis à razão.

4. A lei de Cristo

a) A lei de Cristo como *lex gratiae*

As profecias messiânicas do Antigo Testamento anunciaram a vinda de um reino fundado numa lei justa e completa,[168] *consistente num princípio interior infundido no coração dos homens:* «Porei a minha Lei em seu peito e a escreverei em seu coração, e Eu serei seu Deus e eles serão meu povo. Já não terão de ensinar cada um ao seu próximo e o outro ao seu irmão, dizendo: "Conhecei o Senhor", pois todos me conhecerão, do menor ao maior – oráculo do Senhor –, porque perdoarei a sua culpa e não me lembrarei mais do seu pecado».[169] Tudo isso se cumpre com a obra redentora de Cristo, que faz justos aos homens com uma justiça superior à dos escribas e dos fariseus,[170] que muda seu coração por obra do Espírito[171] e faz deles filhos de Deus.[172] São Paulo fala da «lei do Espírito da vida que está em Cristo Jesus»,[173] com a qual se

(165) Pio XII, Enc. *Humani generis*, 12/08/1950: DS 3875-3876.

(166) Cf. ns. 37-38 e 1960.

(167) Cf. n. 36.

(168) Cf. Is 11, 1-5; 32, 1-4.15-20; 42, 1-4; 51, 4-5; Jer 23, 3-8.

(169) Jer 31, 33-34. Cf. Ez 11, 19-20; 36, 25-29.

(170) Cf. Mt 5, 20.

(171) Cf. Rom 8, 9; 2 Cor 3, 17-18; Gál 4, 6.

(172) Cf. Rom 8, 15-17; Gál 4, 4-7.

(173) Rom 8, 2.

supera e se abandona a economia do Antigo Testamento.[174] Abre-se assim caminho para a santidade cristã como plenitude da filiação divina, da qual já nos ocupamos.[175]

A encíclica *Veritatis splendor* expõe sinteticamente a doutrina cristã sobre a lei de Cristo: «Recolhendo aquilo que constitui o âmago da mensagem moral de Jesus e da pregação dos Apóstolos, e repropondo numa síntese admirável a grande tradição dos Padres do Oriente e do Ocidente – particularmente S. Agostinho[176] –, Santo Tomás pôde escrever que a *Nova Lei é a graça do Espírito Santo dada pela fé em Cristo.*[177] Os preceitos externos, de que, aliás, fala o Evangelho, dispõem para esta graça ou prolongam os seus efeitos na vida».[178]

Portanto, distinguem-se dois elementos na Lei de Cristo. O primeiro e principal é a graça do Espírito Santo, que sara o homem inteiro e eleva as suas faculdades operativas mediante as virtudes teologais e as virtudes morais infusas.[179] A lei nova é verdadeiramente *lex gratiae*, não só porque a graça ajuda a observá-la, mas também porque «o constitutivo essencial da nova lei está na graça do Espírito Santo, que se manifesta na fé, que opera pelo amor».[180] Por essa razão, a lei nova é fundamentalmente uma lei interna, e não uma lei escrita, porque o Espírito Santo instrui interiormente os fiéis;[181] é também «lei de liberdade», como já sabemos.[182] *Em segundo lugar, a lei nova é também uma lei escrita*, que se encontra nos ensinamentos do Senhor (o Sermão da montanha, as bem-aventuranças, etc.) e na catequese moral dos Apóstolos,[183] os

(174) «Antes que viesse a fé, estávamos encerrados sob a vigilância de uma lei, esperando a revelação da fé. Assim, a lei tornou-se-nos pedagogo encarregado de levar-nos a Cristo, para sermos justificados pela fé. Mas, depois que veio a fé, já não dependemos de pedagogo, porque todos sois filhos de Deus pela fé em Jesus Cristo. Todos os que fostes batizados em Cristo vos revestistes de Cristo» (Gál 3, 23-27).

(175) Cf. cap. I, § 1 e cap. II e III.

(176) Cf. Santo Agostinho, *De spiritu et littera*, 21, 36; 26, 46: CSEL 60, 180-190; 200--201.

(177) Cf. *S.Th.*, I-II, q. 106, a. 1, c. e ad 2.

(178) *Veritatis splendor*, n. 24.

(179) Acerca das virtudes morais infusas, lembre-se o exposto no cap. VII, § 5.

(180) *S.Th.*, I-II, q. 108, a. 1.

(181) Cf. Jo 14, 26; 16, 13-14; Rom 8, 4-5.14; 2 Tim 1, 14; 1 Jo 2, 20.27.

(182) Cf. cap. IV, § 3 (c).

 (183) Cf. *Veritatis splendor*, ns. 15 e ss.

quais podem resumir-se no duplo mandamento do amor.[184] É uma lei que ensina as coisas que dispõem para adquirir ou recuperar a graça, e as atitudes e as obras por meio das quais a graça se exprime e cresce. Santo Tomás fala sinteticamente dos sacramentos e das virtudes.[185]

Para entender em toda a sua profundidade o sentido desta doutrina, deve evitar-se um possível mal-entendido: *as normas morais escritas não são secundárias no sentido de menos importantes ou no sentido de não essenciais; a graça do Espírito Santo infusa no coração do fiel implica necessariamente «viver segundo o Espírito» e exprime-se por meio dos «frutos do Espírito», aos quais se opõem as «obras da carne»*.[186] São Paulo já advertia que a liberdade cristã não é nem pode ser um «pretexto para a carne», mas sim um estímulo para servir a todos na caridade.[187] As «obras da carne» e a graça e a caridade do Espírito Santo excluem-se em sentido absoluto. Como disse Jesus ao jovem rico: «se queres entrar na Vida, guarda os mandamentos».[188] Uma vez eliminados os possíveis equívocos, é necessário passar a uma compreensão teológica positiva da lei de Cristo como dom do Espírito e como lei interna.

b) As virtudes teologais e as virtudes morais infusas como princípios da vida cristã

«O amor e a vida segundo o Evangelho não podem ser pensados primariamente em termos de preceito, porque o que eles pedem supera as forças do homem: só são possíveis como fruto de um dom de Deus, que restaura, cura e transforma o coração do homem por meio da Sua graça».[189] Em sua obra de cura e de transformação, a graça adapta-se à estrutura fundamental da moralidade humana. Nesta, como já

(184) Cf. Mt 22, 40; Lc 10, 25-27; Jo 13, 34-35; 15, 12.17; At 4, 32; Rom 13, 8-10; *Veritatis splendor*, ns. 14, 17 e 20.

(185) «A nova lei não devia determinar nenhumas outras obras, mandando-as ou proibindo-as, a não ser os sacramentos e os preceitos morais, que de si pertencem à essência da virtude, como, por exemplo, que não se deve matar ninguém, que não se deve roubar e coisas semelhantes» (*S.Th.*, I-II, q.108, a. 2).

(186) Cf. Gál 5, 16-26.

(187) Cf. Gál 5, 13-14.

(188) Mt 19, 17.

(189) *Veritatis splendor*, n. 23.

foi dito, os preceitos, no sentido de enunciados normativos, não são uma realidade primeira; são antes expressões normativas reflexas da lei constitutiva da razão prática.[190] Na lei de Cristo, ocorre uma realidade análoga: *a lei de Cristo é essencialmente a graça do Espírito Santo, que traz consigo os novos princípios morais (as virtudes e os dons infusos), que assumem, finalizam e elevam os princípios naturais da razão humana, dando lugar a uma nova lei interior do homem.*

Na *lex gratiae*, os diversos dons sobrenaturais[191] cumprem funções específicas; convém agora distinguir o papel das virtudes teologais e o das virtudes morais infusas. A fé ilustra a inteligência, e a esperança e a caridade elevam e inclinam a vontade para que o homem possa aderir a Deus com um amor sobrenatural, participação do amor com que o Filho ama ao Pai no Espírito Santo. Sob o influxo da caridade, forma de todas as virtudes cristãs,[192] as virtudes morais infusas elevam o critério regulador (*medium rationis*) das virtudes éticas humanas, capacitando-as para estruturar as relações do homem com o próximo, consigo mesmo e com os diversos bens humanos, de tal modo que possa realizar na prática a vida que é própria do filho de Deus em Cristo. A filiação divina pode ser conhecida, desejada, possuída e traduzida numa conduta prática tão somente porque o homem recebeu, como dom divino, a graça e as virtudes, que são os princípios operativos dessa vida. Sem a posse real desses princípios, os próprios ensinamentos apostólicos e evangélicos seriam letra morta que mata.[193] Pelo contrário, contando com a posse dos princípios vitais, esses ensinamentos são luz divina que instrui acerca das atitudes, dos desejos e das obras que expressam, consolidam e fazem crescer a vida divina infusa em nosso coração.

Vale a pena transcrever uma página significativa de São João Crisóstomo: «A nossa vida deveria ser tão pura que não tivesse necessida-

---

(190) Tenha-se presente o indicado em § 2 (b) e (c).

(191) Cf. cap. VII, § 5.

(192) Cf. *S.Th.*, II-II, q. 23 a. 8.

(193) «Também a letra do Evangelho mataria se não tivesse a graça interior da fé, que cura» (*S.Th.*, I-II, q. 106, a. 2).

de de nenhum escrito: a graça do Espírito Santo deveria substituir os livros, e, assim como eles foram escritos com tinta, assim o nosso coração deveria estar escrito pelo Espírito Santo. Somente porque perdemos essa graça devemos utilizar os escritos: mas Deus mesmo mostrou-nos quão melhor é o primeiro modo [...]. Com efeito, Deus não deixou nada escrito aos seus discípulos, mas prometeu-lhes a graça do Espírito Santo: *Ele* – disse-lhes – *ensinar-vos-á tudo.* [...] De fato, foi o Espírito Santo o que desceu do céu quando se promulgou a nova lei, e as tábuas que Ele gravou naquela ocasião foram superiores às primeiras: porque os apóstolos não desceram do monte, como Moisés, com tábuas de pedra nas mãos, mas vieram com o Espírito Santo no coração, convertidos, mediante a sua graça, em lei e em livros viventes».[194]

Esse ensinamento é rico em consequências para a teologia moral. Recordando a fraqueza do homem, até do mesmo cristão enquanto vive neste mundo, sublinha a importância prática do elemento externo da lei de Cristo[195] que, guardado e transmitido pela Igreja, constitui o necessário subsídio normativo para a formação das virtudes cristãs nos fiéis e também para resolver problemas que, já no plano da moral natural, apresenta a formação da prudência.[196] Por isso, *insistir na importância do elemento interior da lei de Cristo com o propósito de eliminar ou relativizar o valor normativo do seu elemento externo seria teologicamente incorreto*[197] *e pastoralmente prejudicial.*

Mas igualmente nocivo seria, para a teologia moral, perder de vista a importância do caráter prevalentemente interno da lei de Cristo. Semelhante erro levaria – como de fato levou – a utilizar uma metodologia teológica defeituosa e a examinar de modo inadequado os ensinamentos morais do Novo Testamento. De fato, *o valor teológico do elemento interno da lei de Cristo torna-se ambíguo quando não é suficientemente reconhecida a dimensão cognoscitiva das virtudes cristãs,* rebaixadas a uma simples ajuda para praticar as exigências morais cog-

(194) São João Crisóstomo, *In Matthaeum homiliae,* 1, 1: PG 57, 13-15.

(195) Cf. E. Kaczynsky, *La Legge Nuova. L'elemento esterno della Legge Nuova secondo san Tomasso,* Lief, Roma, 1974.

(196) Cf. cap. VII, § 4 (c).

(197) Cf. Conc. de Trento, *De iustificatione,* cann. 19-20: DS 1569-1570.

noscíveis e conhecidas com independência das virtudes. Surge então a perspectiva própria da ética da obrigação,[198] e essa «pré-compreensão normativista» condiciona negativamente a percepção da identidade específica da moral cristã, já no plano da teologia bíblica.[199]

Com efeito, se não se consegue entender a importância teológico-moral da vital regulação virtuosa desenvolvida (*in actu exercito*) na comunidade cristã sob o guiamento dos pastores, o Novo Testamento é estudado de modo isolado e redutivo como um texto qualquer, e é analisado apenas com os instrumentos – de resto, necessários – oferecidos pela hermenêutica literária. Surgem então, inevitavelmente, problemas de difícil solução quanto à relação entre a fé e a Revelação, e quanto à validade absoluta das normas e seu desenvolvimento aplicativo histórico, que, sem epistemologia moral própria das virtudes, não se podem enfrentar adequadamente, especialmente quando se parte do pressuposto, teologicamente infundado, de considerar como revelado por Deus somente aquilo que, de si, não é acessível à razão humana.[200] Além disso, e sobretudo, deve sublinhar-se que a «pré-compreensão normativista» impede que se tome consciência da plena correspondência entre o elemento interno e o elemento externo da lei nova, já que o primeiro consiste na graça, na caridade e nas demais virtudes, enquanto o segundo deve ser interpretado, necessariamente, na perspectiva própria da ética da obrigação.

c) A lei nova como plenitude da lei moral

A Lei de Cristo «é a perfeição, na terra, da lei divina, natural e revelada»,[201] *leva à sua plenitude tanto a lei moral natural quanto a lei moral do Antigo Testamento.* Em relação a esta última, a lei nova, «longe de

(198) Cf. cap. I, § 2 (b).

(199) Cf. cap. II, § 4 (c).

(200) Cf. § 3 (e).

(201) *Catecismo*, n. 1965.

abolir ou de desvalorizar as prescrições morais da Lei antiga, tira dela virtualidades ocultas e faz surgir dela novas exigências; [...] a ponto de reformar a raiz dos atos, o coração, onde o homem faz a opção entre o puro e o impuro (cf. Mt 15, 18-19), onde se formam a fé, a esperança e caridade e, com elas, as outras virtudes. O Evangelho, desse modo, leva a Lei à plenitude imitando a perfeição do Pai celeste (cf. Mt 5, 48), pelo perdão dos inimigos e pela oração pelos perseguidores, seguindo o modelo da divina generosidade (cf. Mt 5, 44)».[202] Com a lei nova, o livre e eterno decreto divino com que fomos escolhidos em Cristo para sermos filhos de Deus atinge o seu cumprimento, e, com a ajuda da graça, torna-se possível a virtude perfeita.

O aprofundamento teológico desta doutrina apresenta, entre outras, três questões que devemos analisar: o estatuto da lei natural uma vez assumida pela nova lei; a relação entre a caridade e as virtudes morais; e a existência de preceitos morais específicos da lei nova.

Caráter cristocêntrico e autonomia gnosiológica da lei moral natural – O estatuto da moral natural dentro da história da salvação deve ser analisado com grande equilíbrio, porque a sua solução requer que se combinem duas exigências igualmente importantes que pareceriam caminhar em sentido oposto.

Comecemos pelo primeiro aspecto do problema. Sabemos que todas as expressões da lei moral natural têm uma origem comum e um fim comum, todas «têm a sua origem e confluem no eterno desígnio amoroso com que Deus predestina os homens a "reproduzir a imagem de seu Filho" (Rom 8, 29)».[203] Se o chamado a viver em Cristo é, por livre desígnio de Deus, o centro da lei eterna, então a lei natural e também a lei do Antigo Testamento são elementos ou fragmentos ordenados ao todo, que é a lei do Novo Testamento ou *lex gratiae*.[204]

(202) *Catecismo*, n. 1968.

(203) *Veritatis splendor*, n. 45.

(204) Acerca desta questão, ver A. Scola, *La competenza del magistero a definire «in re morum». Elementi per una fondazione teologica*, em Vários Autores, *«Humanae vitae»: 20 anni dopo*, cit., p. 530; I. Biffi, *La prospettiva biblico-cristologica dela «Veritatis splendor»*, cit.

Disso decorre que, de fato e gratuitamente, a criação e a conseguinte lei moral natural são como que o primeiro passo para levar a termo a predestinação do homem em Cristo: «Toda a obra da criação pertence ao plano da salvação, o misterioso projeto "escondido desde séculos em Deus, Criador de todas as coisas" (Ef 3, 9). *Mediante o ato da criação* do mundo, e em particular do homem, *o desígnio da salvação começa a realizar-se*».[205] Mais ainda, «a predestinação[206] precede "à fundação do mundo", isto é, *à criação*, porque esta *se realiza na perspectiva da criação do homem*. Aplicando à vida divina as analogias temporais da linguagem humana, podemos dizer que Deus quer "primeiro" comunicar-se segundo a sua divindade ao homem, chamado a ser imagem e semelhança d'Ele no mundo criado; "primeiro" escolhe-o, no Filho eterno e consubstancial, para participar da sua filiação (mediante a graça), e só "depois" ("ao mesmo tempo") quer a criação, quer o mundo, ao qual o homem pertence. Desse modo, o mistério da predestinação *entra* de certo modo "organicamente" *em todo o plano da Divina Providência*».[207]

Nesse sentido, fica claro que as diversas formas da lei moral são concretizações da nossa predestinação em Cristo. Com isso, a lei natural não perde a sua consistência nem a sua essencial racionalidade, senão que mostra a sua perspectiva cristocêntrica. Cristo, o novo Adão, assume a totalidade das exigências do primeiro Adão, e a lei moral natural e a lei antiga são assim recapituladas n'Ele. Cristo é, afinal, a estrutura reguladora de todas as formas fragmentárias da ética. Não se pode reinterpretar a *lex nova* à luz da lei natural, mas ao contrário: a lei natural está incluída na lei de Cristo. Isso não implica numa «colonização» confessional da lei moral natural, pois o que é assumido (a lei moral natural) não é abolido nem especialmente alterado. A lei natural, ao ser incluída na moral cristã, não só permanece com toda a sua validade, mas atinge a sua plenitude e adquire uma dimensão salvífica.[208] Por outro lado, há perfeita cor-

---

(205) São João Paulo II, *Discurso* 5/03/1986, n. 3: *Insegnamenti*, IX-1 (1986) 614-615.

(206) São João Paulo II esclarece que «predestinação» tem aqui o significado de «eleição». Trata-se do fato de termos sido escolhidos por Cristo antes da criação do mundo, como se diz nas *Cartas aos Efésios e aos Colossenses*.

(207) São João Paulo II, *Discurso* 28/5/1986, n. 4: *Insegnamenti* IX-1 (1986) 1699.

(208) Cf. cap. I, § 1 c).

respondência entre e a universalidade e a imutabilidade da nossa eleição em Cristo.[209]

Examinemos agora o segundo termo do problema. Do ponto de vista gnosiológico, isto é, da aquisição do nosso saber, a lei moral natural mantém uma inteligibilidade própria em termos de racionalidade moral (*recta ratio*). Embora, do ponto de vista ontológico, exista a relação antes mencionada, e ainda que existencialmente a «moral humana» e a «moral cristã» formem no cristão uma unidade orgânica, na sua dimensão cognoscitiva os dois níveis permanecem diferenciados e relativamente «autônomos», de modo que se pode e se deve falar de uma «justa autonomia da razão prática».[210] Isso significa que há um plano formado pelas virtudes éticas naturais reguladas pela prudência, e que o conhecimento neste plano se enquadra numa metodologia racional específica que, em princípio, não tem necessidade da metodologia teológica.[211] Assim, o âmbito da lei moral natural é por excelência o âmbito onde é possível o diálogo com os não fiéis; e é também o lugar onde é essencial – até por motivos teológicos – utilizar a razão com maior rigor, para adequar os esquemas interpretativos àquilo que é, verdadeiramente, a atividade moral humana. A este propósito, observou-se acertadamente que, «para poder harmonizar o nível natural e o sobrenatural e assim superar uma moral da pura obrigação [...], é necessário redescobrir o nível humano-natural, aquela racionalidade moral que é pressuposto obrigatório e indispensável da moral da caridade e das bem-aventuranças. Essa racionalidade é a peculiar às virtudes morais».[212]

Resta esclarecer por que dissemos que a autonomia gnosiológica da lei moral natural é relativa. Pretendemos recordar que, de fato, a percepção de algumas exigências éticas da lei natural pode estar ofuscada ou ser trabalhosa; por isso – como vimos – a revelação de algumas exigências éticas naturais é «moralmente neces-

---

(209) Cf. A. Scola, *La competenza del magistero a definire «in re morum»*, cit., pp. 534-535.

(210) Cf. *Veritatis splendor* n. 40. Ver cap. I, § 3 b).

(211) Acerca deste aspecto do problema, ver M. Rhonheimer, *Morale cristiana e ragionevolezza morale: di che cosa à il compimento la legge del Vangelo?*, in G. Borgonovo (ed.), *Gesù Cristo, legge vivente e personale dela Santa Chiesa*, Piemme, Casale Monferrato 1996, pp. 147-168.

(212) *Ibidem*, p. 161.

sária». Também se pode acrescentar que a Revelação permite uma compreensão mais profunda de alguns aspectos da lei moral natural; por exemplo, a perspectiva delineada no capítulo 5 da Carta aos Efésios desvenda ulteriormente o valor e as razões da indissolubilidade matrimonial. Além disso, a dimensão cognoscitiva das virtudes teologais facilita a justa avaliação das diversas situações humanas: por exemplo, a esperança permite que a prudência julgue retamente se vale a pena sustentar certos esforços ou empreender determinados projetos.

A caridade como forma das virtudes – Como sabemos, a teologia considera que a caridade é a forma de todas as virtudes. Existem opiniões diversas acerca do significado exato dessa tese. Para alguns, a caridade é o motivo supremo do comportamento moral, é como que o seu motor e o seu fim, mas o bem que impulsiona a realizar não é constituído por ela de modo algum; ou seja, a caridade persegue o bem e ordena-o a Deus, mas não entra a fazer parte da constituição da ação boa. O bem moral situar-se-ia numa esfera autônoma e seria extrinsecamente ordenado (no nível do *finis operantis*) ao fim sobrenatural pela caridade.[213] Para outros, a caridade não só motiva, move e finaliza a partir do exterior a obra boa, senão que entra a fazer parte objetivamente, junto com outros elementos, da qualidade moral de qualquer virtude ou ação virtuosa; isto é, considera-se cada virtude ou ação virtuosa também como um modo de exprimir amor a Deus e ao próximo, como uma concretização do amor em todos os âmbitos da vida humana.[214]

A primeira opinião contém uma parte de verdade, no sentido de que, até na lei nova, a razão é sempre um princípio de moralidade, porque qualquer ato virtuoso, incluída a caridade, requer o discernimento racional; e também é verdade que a caridade não se identifica com as outras virtudes: caso contrário, existiria uma só virtude e um só pecado, coisa evidentemente falsa. No entanto, a segunda opinião parece mais exata, desde que não seja levada ao

(213) É a posição que defende C. A. J. van Ouwerkerk, *Caritas et ratio. Étude sur le double principe de la vie morale chrétienne*, Nimega 1956.

(214) Assim pensa G. Gilleman, *La primacía de la caridad en teologia moral*, cit. Acerca desta problemática, cf. A. Günthör, *Chiamata e risposta*, cit., vol. II, ns. 307-310.

extremo; com efeito, a vida cristã é unitária; não é integrada por duas esferas autônomas de valor, uma exclusivamente humana e outra presidida só pela caridade. Esta exerce uma virtualidade múltipla que não se pode limitar a uma motivação ou influxo eficiente extrínseco. A caridade age certamente como motivação, mas, se estiver solidamente enraizada no coração, potencia as ações pessoais, levando-as para além do estritamente devido. «Isso vale, sobretudo, para o que se refere ao conhecimento de cada uma das virtudes e de cada um dos mandamentos. Quem ama a Deus está unido à fonte e à plenitude absoluta do bem moral. Dessa maneira, entende que deve entregar-se a Ele em toda decisão moral e torna-se capaz de discernir os valores parciais por meio de cuja realização se entrega a Deus. Quem ama a Deus descobre com fina sensibilidade a beleza de cada valor moral, onde se reflete a santidade de Deus, o valor das diversas virtudes e o sentido de cada mandamento».[215] Pensamos, além disso, que existe uma conexão objetiva de todas as virtudes com a caridade, e que cada virtude pode ser contemplada como uma consequência direta de amor a Deus e ao próximo.[216]

Existência de exigências éticas específicas na lei nova – Em termos gerais, parece claro que a lei evangélica contém exigências morais novas em relação à lei moral natural e à lei do Antigo Testamento. Essa novidade se refere aos conteúdos ou, pelo menos, à sua modalidade. Neste último sentido, Leão XIII indica que o mandamento do amor foi chamado «mandamento novo» pelo Senhor não porque não estivesse contido no Antigo Testamento, mas pelo modo novo com que os homens deveriam amar-se:[217] «Como eu vos amei, assim vós também deveis amar-vos uns aos outros».[218]

A «novidade» da lei evangélica não consiste no fato de que todos ou muitos dos seus ensinamentos não passaram nunca pela mente do

(215) A. Günthör, *Chiamata e risposta*, cit., vol. II, n. 308.

(216) Cf. Santo Agostinho, *De moribus Ecclesiae Catholicae*, 1, 15, 25: CSEL 90, 29-30; São Gregório Magno, *Moralia in Iob*, 10, 6, 7-10: CCL 143, 539-544.

(217) Cf. Leão XIII, Enc. *Sapientiae christianae*, 10-I-1890: ASS 22 (1889-90) 402.

(218) Jo 13, 34.

homem. A novidade está, por um lado, na transformação dos critérios de regulação no uso dos bens humanos (virtudes morais infusas) e, por outro, na figura global que desenha da vida moral, ao considerá-la no seu profundo dinamismo animado pelas virtudes teologais, e com as particulares conexões que cada virtude possui com as outras (a justiça com a misericórdia e com o perdão; a fortaleza com a caridade e com o amor fraterno; a pobreza com a magnanimidade e com a liberalidade, etc.).

Isso fica mais claro se tivermos em conta que a vida cristã depende radicalmente da fé que atua pela caridade.[219] A fé constitui o ato fundamental e, ao mesmo tempo, a força originária que informa a vida moral cristã.[220] Mediante a fé, o homem abre-se livremente à ação salvífica de Deus em Cristo, e entra no âmbito da sua paternal bondade, verdade, santidade e justiça. A fé é um dom, como o é a gratuita obra salvadora de Deus; mas é, ao mesmo tempo, um ato livre: mais ainda, é o primeiro ato ético-religioso do homem. A fé forma um todo vital com a esperança e a caridade. Quando está unida à caridade, é uma fé viva, como uma força divina que ilumina e impele à união com Deus e, ao mesmo tempo, renova e dá forma à vida diária do fiel em todas as suas dimensões: o justo viverá pela fé.[221] Os deveres quotidianos da vida adquirem um sentido novo quando se realizam com espírito de fé, e também as dificuldades, a dor, a doença e os malogros adquirem um sentido positivo na perspectiva da Cruz de Cristo.[222] Os deveres e as dificuldades são aceitos com espírito de obediência à vontade de Deus e assim se tornam meio de identificação com Cristo, cujo alimento é fazer em tudo a vontade do Pai.[223]

A fé também supõe uma confiança inabalável. O fiel, como Abraão, acredita contra toda a esperança,[224] mesmo quando todos os sinais procedentes do mundo empírico pareçam contrários à certeza da fé. O

(219) Cf. Gál 5, 6.

(220) Cf. F. Tillmann, *Il Maestro chiama. Compendio di morale Cristiana*, Morcelliana, Bréscia, 1953, p. 120.

(221) Cf. Rom 7, 17.

(222) Cf. Rom 8, 17-18.

(223) Cf. Jo 4, 34.

(224) Cf. Rom 4, 18.

livro de Jó e, de modo diverso, o do Eclesiastes mostram o comportamento do justo diante das provações e dos aparentes desmentidos da experiência ordinária.[225] O fiel mantém-se firme nas expectativas que motivaram o seu comportamento, mesmo quando tudo parece impugná-las. Em tais circunstâncias, entende-se que a fé seja acreditada como justiça,[226] porque nessa situação fica patente que a primeira e fundamental forma de amar a Deus é acreditar n'Ele, ter firme confiança n'Ele. A fé aparece como a abertura mais básica e mais profunda do homem para o bem supremo.

A fé traz consigo deveres morais específicos, como, por exemplo, professá-la e não renegá-la.[227] Mas agora, para compreender a estrutura da vida moral cristã, interessa mostrar como *a fé se insere no dinamismo da razão prática, iluminando e transformando os seus princípios.* Por sua própria natureza, a ação salvífica de Deus, acolhida pela fé, dirige-se a alguém que já sabe alguma coisa: a fé não se recebe num cenário humano vazio. A fé não é nem dá ao homem tudo o que ele é, tudo o que ele conhece e tudo o que ele faz; mas, para o homem que a aceita, a fé converte-se no critério supremo da vida, e vem constituir um filtro ou um critério de juízo segundo o qual permanece no homem o que ele tinha de bom, se modifica o que se deve modificar, e se abandona o que se deve abandonar. Nesse sentido, diz Paulo aos fiéis de Roma: «Não vos conformeis com este mundo, mas, pelo contrário, transformai-vos pela renovação de vossa mente, para que possais discernir qual é a vontade de Deus, o que é bom, agradável e perfeito».[228] *De um ponto de vista formal, toda a vida do cristão se transforma, assim como a capacidade de discernimento moral foi transformada pela fé. Mas isso não significa que todos os critérios de conduta inspirados sejam, em termos de conteúdo, completamente novos.* São Paulo faz referência a preceitos morais do Antigo Testamento que superam a prova a que foram submetidos pela fé em Cristo, como também se refere ao essencial sentido do bem e do mal presente no gênero humano: «De resto, irmãos, tudo quanto há de verdadeiro, de honorável, de justo, de íntegro, de amável

(225) Cf. G. Angelini, *Teologia Morale Fondamentale*, cit., pp. 350-367.

(226) Cf. Rom 4, 3.

(227) Cf. Mt 10, 32-33.

(228) Rom 12, 2.

e digno de encomio, tudo o que for virtuoso e digno de louvor, tende-o em alta estima».[229]

Como se realiza essa renovação do discernimento moral operada pela fé? Como se insere a fé nas estruturas da razão prática? Tendo em conta que os elementos fundamentais para explicar as atividades da razão prática são os bens a que tendem as inclinações naturais, os princípios práticos (virtudes morais) que regulam o uso dos bens, e as normas e os preceitos éticos, parece-nos que *os princípios da vida cristã (fé, esperança e caridade) iluminam o valor e o significado dos bens com que o homem se defronta todos os dias*: a saúde e a doença, o prazer e a dor, a vida e a morte, a riqueza e a pobreza, a liberdade e a escravidão, o matrimônio e o celibato, etc. Essa nova dimensão de valor e de significado envolve uma renovação dos princípios práticos (os novos critérios normativos das virtudes morais infusas). Ao mudarem o valor e o significado dos bens, também deve mudar a atitude do homem em relação à sua posse ou à sua privação. O Novo Testamento mostra essa realidade.

Vejamos alguns exemplos. A virtude cristã da pobreza entende-se à luz da relação com os bens materiais própria da vida que Cristo escolheu para si próprio: «Porque conheceis a graça de nosso Senhor Jesus Cristo, que, sendo rico, fez-se pobre por vós, para que vós sejais ricos pela sua pobreza».[230] A tensão escatológica requer certa atitude de reserva diante dos bens e das situações terrenas, como mostra São Paulo aos fiéis de Corinto: «Mas eis o que vos digo, irmãos: o tempo é breve. O que importa é que os que têm mulher vivam como se a não tivessem; os que choram, como se não chorassem; os que se alegram, como se não se alegrassem; os que compram, como se não possuíssem; os que usam deste mundo, como se dele não usassem. Porque a figura deste mundo passa».[231] Pode-se ter uma nova atitude até diante de situações que eram comuns naquele tempo, como a liberdade e a escravidão: «Cada um permaneça na profissão em que foi chamado por Deus. Eras escravo quando Deus

(229) Fil 4, 8.

(230) 2 Cor 8, 9.

(231) 1 Cor 7, 29-31.

te chamou? Não te preocupes com isso. Mesmo que possas tornar-te livre, antes cuida de aproveitar melhor o teu chamamento. Pois o escravo, que foi chamado pelo Senhor, conquistou a liberdade do Senhor. Da mesma forma, quem era livre por ocasião do chamado se fez escravo de Cristo. Por alto preço fostes comprados, não vos torneis escravos de homens. Irmãos, cada um permaneça diante de Deus na condição em que estava quando Deus o chamou».[232]

Ainda que se fizesse uma lista completa de todas as passagens que aparecem no Novo Testamento acerca deste aspecto, nunca seria uma lista fechada. A renovação da mente é, por sua própria natureza, uma realidade aberta. *O cristão possui um novo critério de juízo que se aplica* não apenas aos bens humanos existentes nos tempos apostólicos, mas *a todos os bens* que surgiram e surgirão na vida humana, segundo o desenvolvimento histórico, social, cultural e técnico da humanidade.

Convém sublinhar que as exigências da moral cristã se baseiam na fé e no batismo e dizem respeito a todos os batizados, mesmo tendo em conta a diversidade de circunstâncias e de vocações. Alguns modos de entender a distinção entre mandatos e conselhos levam a uma visão muito redutiva da moral evangélica. Como escreve Pinckaers, poderia dar a impressão de que existe uma dupla moral: uma para o povo, centrada na luta contra o pecado, e outra, para um reduzido grupo de perfeitos, estruturada sobre a base dos conselhos evangélicos.[233] Sob o guiamento do Concílio Vaticano II, que anuncia a chamada universal à santidade, o *Catecismo da Igreja Católica*[234] e a Enc. *Veritatis splendor* quiseram, delicadamente, corrigir essa visão: «Essa vocação ao amor perfeito não está reservada de modo exclusivo a uma elite de pessoas. O convite "vai, vende o que tens e entrega-o aos pobres", junto com a promessa "terás um tesouro no céu", *dirige-se a todos*, porque é uma radicalização do mandamento do amor ao próximo. Da mesma forma, o convi-

(232) 1 Cor 7, 20-24.

(233) Cf. S. Pinckaers, *La ley nueva, en la cima de la moral Cristiana*, em G. del Pozo Abejón (ed.), *Comentarios a la «Veritatis splendor»*, cit., pp. 489-492.

(234) Cf. n. 2013.

te seguinte "vem e segue-me" é a nova forma concreta do mandamento do amor a Deus. Os mandamentos e o convite de Jesus ao jovem rico estão a serviço de uma única e indivisível caridade, que espontaneamente tende à perfeição, cuja medida é o próprio Deus: "Sede, pois, perfeitos como vosso Pai celestial é perfeito" (Mt 5, 48)».[235] Do ponto de vista de uma moral da virtude, tal como nós a propusemos, *deveria evitar-se a separação entre os mandamentos e os conselhos e, com ela, a rígida distinção entre teologia moral e teologia espiritual.*

(235) *Veritatis splendor*, n. 18. Também Bento XVI ensina que a vida cristã é «uma resposta ao chamado universal à santidade, que deve exprimir-se num testemunho evangélico coerente em todas as circunstâncias da vida diária» (*Discurso aos Bispos da Rússia em visita "ad limina"*, 29/01/2009).

CAPÍTULO IX

A LEI CIVIL E A LEI ECLESIÁSTICA

1. A lei civil

O cristão vive sua vida de filho de Deus em Cristo juntamente com outros cristãos e com outros homens no seio da sociedade civil, que hoje está politicamente organizada como Estado. *A vida social possui importante significado moral e apresenta exigências específicas que, de acordo com a lei da Encarnação e tendo em conta as suas modalidades próprias, fazem parte do seguimento de Cristo.* A teologia moral deve, portanto, tratar dela.[1]

A dimensão política da vida moral cristã é matéria de grande complexidade, acerca da qual existe uma interminável bibliografia. É objeto de estudo de uma parte da teologia moral, conhecida como Doutrina Social da Igreja.[2] A teologia moral fundamental trata de alguns aspectos gerais deste âmbito, que são a base necessária para posteriores aprofundamentos.

---

(1) Cf. A. de Fuenmayor, *La influencia de las leyes civiles en el comportamiento moral*, Eunsa, Pamplona, 1978.

(2) Cf. São João Paulo II, Enc. *Sollicitudo rei socialis*, 30-XII-1987, n. 41.

a) O ensino sobre a autoridade e sobre a lei civil no Novo Testamento

Os Evangelhos – A mensagem e a atividade do Senhor foram essencialmente religiosas. Ele não participou nem se deixou envolver nas atividades políticas dos seus contemporâneos; nem é possível encontrar na sua pregação nada que se assemelhe a um posicionamento propriamente político ou ao que hoje poderia ser uma teoria sobre o Estado. Contudo, é possível, ao menos, descobrir uma indicação significativa. Os seus adversários perguntam insidiosamente a Jesus se é lícito pagar os tributos devidos aos dominadores romanos: «Mestre, sabemos que és veraz e que não te deixas conduzir por ninguém, porque não fazes acepção de pessoas, mas ensinas o caminho de Deus de acordo com a verdade. É lícito pagar o tributo a César ou não? Pagamos ou não pagamos? Ele, porém, conhecendo-lhes a hipocrisia, disse-lhes: Por que me tentais? Trazei-me um denário para que o veja. Trouxeram-lho. Disse-lhes, então: De quem é esta imagem e esta inscrição? De César, responderam-lhe. Disse-lhes Jesus: daí a César o que é de César e a Deus o que é de Deus. E admiravam-se dele».[3] A resposta de Jesus parece enfatizar a necessidade de dar «a Deus o que é de Deus», mas contém também, sem dúvida, uma indicação geral sobre o comportamento que se deve assumir em relação à autoridade política. *Os deveres em relação a Deus não se opõem aos deveres em relação ao Estado: quem dá a Deus o que é de Deus pode, sem contradição, dar a César o que é de César, mas certamente sem idolatrá-lo.*

> Schnackenburg esquematiza esta passagem em quatro prontos: «a) Jesus não confere ao imperador (ou ao Estado) a auréola de um "pela graça de Deus", mas reconhece os seus direitos e pede aos súditos obediência. b) Em seu âmbito específico, o Estado tem uma missão própria como poder de ordem e de disposição; este poder de ordenação deve ser posto ao serviço do bem comum (economia, segurança). c) Mas, ao enfatizar a supremacia dos deveres em relação a Deus, Jesus expressa certas reservas com relação

(3) Mc 12, 14-17. Cf. Mt 22, 15-22; Lc 20, 22-26.

ao poder do Estado: ele não pode atentar contra a honra devida a Deus nem estar em contradição com os preceitos divinos. d) Jesus não destaca expressamente a limitação e a caducidade do Estado, mas sabe muito bem que depende da vontade e do poder de Deus».[4]

Escritos apostólicos – *Os Atos dos Apóstolos apresentam diferentes exemplos de certa reserva em relação à autoridade humana: «Há que obedecer antes a Deus que aos homens».*[5] Na tradição teológica teve grande importância também a indicação paulina da *Epístola aos Romanos*, que parece dar mais um passo em comparação com o Evangelho: *não se pode dar a Deus o que é de Deus sem dar a César o que é de César.*[6] São Paulo, que mais uma vez tinha sofrido incidentes desagradáveis com os representantes das autoridades romanas, tenta instruir os destinatários da sua carta quanto à correta atuação em relação ao Estado. Não se trata de recomendações meramente pragmáticas ou ditadas pela oportunidade do momento, já que se apresenta uma razão teológica. *A autoridade política é reconduzida a Deus*: «As que existem foram por Deus constituídas»; o poder político é «um servidor de Deus para o bem», e quem se opõe a ele «se rebela contra o ordenamento divino». Por isso, a obediência civil não deve ser realizada «somente por temor ao castigo, mas também em consciência». Nas Cartas Pastorais, recomenda igualmente obedecer aos ma-

---

(4) R. Schnackenburg, *El mensaje moral del Nuevo Testamento*, cit., vol. I, pp. 158-159. O último ponto mencionado por Schnackenburg deduz-se da resposta de Jesus a Pilatos: cf. Jo 19, 11.

(5) At 5, 29. Cf. At 4, 19.

(6) «Que toda pessoa esteja sujeita às autoridades que governam, porque não há autoridade que não venha de Deus: as que existem foram constituídas por Deus. Assim, pois, quem se rebela contra a autoridade rebela-se contra o ordenamento divino, e os rebeldes obtém a sua própria condenação. Porque os governantes não devem ser temidos quando se faz o bem, mas quando se faz o mal. Não queres ter medo da autoridade? Pratica o bem e receberás louvores, porque ela está a serviço de Deus para o teu bem. Mas, se praticas o mal, teme, porque não em vão leva a espada; porque está a serviço de Deus para fazer justiça e castigar o que pratica o mal. Portanto, é necessário estar sujeito não apenas por temor ao castigo, mas também por motivos de consciência. Por esta razão pagais a eles também os tributos; porque são ministros de Deus, dedicados precisamente a esta função. Dá a cada um o que lhe é devido: a quem se deve o tributo, tributo; a quem os impostos, impostos; a quem o respeito, respeito; a quem a honra, honra» (Rom, 13, 1-7).

gistrados e à autoridade,[7] que devem ser recordados na oração, para facilitar uma vida sossegada e tranquila com toda a piedade e toda a dignidade.[8]

Ensinamento análogo encontra-se na Primeira Carta de São Pedro.[9] Mesmo sem canonizar o sistema político, *a obediência às autoridades civis é reconduzida, também aqui, à vontade divina*. Por amor a Deus, deve-se manter uma atitude de submissão e de colaboração com as legítimas autoridades, ainda que, ao mesmo tempo, se deva conservar livre a própria identidade moral. O quadro completa-se no Apocalipse. O livro reflete as perseguições contra os cristãos da Ásia Menor que se negavam a prestar culto divino ao imperador Domiciano.[10] *Atribui-se a Satanás a origem do Estado que abusa do seu poder deste modo sacrílego.*[11] O anjo de Deus exorta a dar glória a Deus e anuncia a queda da «Grande Babilônia».[12] «Aparece aqui o reverso da aceitação cristã do Estado: quando um governo despreza a honra e os mandamentos divinos, é preciso opor-se a ele com todas as forças».[13]

Os ensinamentos apostólicos citados não são incompatíveis, uma vez que indicam qual deve ser a atitude do cristão diante de diferentes contextos sociopolíticos. Representam duas aplicações coerentes do mesmo princípio («o de César, devolve-o a César, e o de Deus, a Deus»), que, na sua concisão, é claro e profundo, ainda que a sua aplicação concreta às situações do momento permaneça aberta a uma posterior inteligência teológica.

---

(7) Cf. Ti 3, 1.

(8) Cf. 1 Tim 2, 1-2.

(9) «Permanecei sujeitos, pelo Senhor, a toda instituição humana: tanto ao imperador, como soberano, como aos governadores, como enviados por ele para castigar os malfeitores e para honrar os que praticam o bem. Porque esta é a vontade Deus: que, fazendo o bem, façais emudecer a ignorância dos insensatos: como homens livres e não como quem converte a liberdade em pretexto para a maldade, mas como servos de Deus. Tende consideração para com todos, amai aos irmãos, temei a Deus, honrai ao imperador» (1 Pe 2, 13-17).

(10) Cf. Apoc 13, 16-17.

(11) Cf. Apoc 13, 2; 17, 7-14.

(12) Cf. Apoc 14, 6-8.

 (13) R. Schnackenburg, *El mensaje moral del Nuevo Testamento*, cit., vol. I, p. 312.

b) Moral pessoal e moral política

Antes de passar à exposição da doutrina eclesial e à reflexão teológica sobre a lei civil, parece-nos conveniente apresentar um esclarecimento inicial, de caráter sistemático. A atitude do cristão frente à lei civil – por exemplo, a lei tributária – pode suscitar dois tipos de perguntas. A primeira, referente ao comportamento da pessoa: a obrigação de pagar os impostos, a culpabilidade moral quando se comete uma evasão total ou parcial, os motivos que poderiam justificar uma evasão parcial por parte de uma pessoa concreta, etc. A segunda refere-se à moralidade da própria lei: a equidade da lei tributária tendo em conta a pressão fiscal, o modo de distribuir as cargas e de repartir os benefícios etc. A nosso ver, trata-se de dois grupos de questões formalmente diferentes, ainda que conexos, que devem ser estudadas com metodologias específicas. A diversidade consiste no fato de que o primeiro tipo de questões pertence à moral pessoal (está em jogo a honestidade de determinada pessoa, os seus deveres em relação ao Estado, a possibilidade de que cometa ou não uma culpa moral), enquanto o segundo tipo pertence à moral política (está em jogo não a honestidade pessoal de um cidadão, mas a correção ou a incorreção de uma disposição legal). *Convém, portanto, estabelecer uma distinção entre moral pessoal e moral política.*[14]

Tal distinção se baseia no modo particular de constituir-se a sociedade política como um todo:[15] os indivíduos e os grupos que a compõem conservam sempre uma esfera de ação e de fins próprios, coisa que não ocorre em outros tipos de totalidades, e, ao mesmo tempo, existem ações próprias do todo político enquanto tal, resultantes da colaboração das partes, ordenadas ao bem específico da sociedade política, que é o bem comum. Sobre esta base, pode afirmar-se que *a moral pessoal trata de todas as ações do indivíduo, incluindo aquelas que se referem à sociedade política, enquanto são dirigidas ao bem último da pessoa* (a santidade). *A moral polí-*

---

(14) Um estudo ampliado do problema pode encontrar-se em A. Rodríguez Luño, *Cultura política y conciencia cristiana. Ensayos de ética política*, Rialp, Madri, 2007, pp. 35-49.

(15) É a via que Santo Tomás de Aquino segue: cf. *In decem libros Ethicorum*, lib. I, lect. 1.

tica trata, por outro lado, das ações realizadas pela comunidade política enquanto dirigidas ao bem comum da sociedade; isto é, julga do ponto de vista do bem comum a retidão (ou a sua falta) dos atos por meio dos quais a sociedade política se dá a si mesma uma forma e uma organização política, jurídica, fiscal, administrativa, econômica etc.[16]

Uma elaboração completa da distinção formal entre moral pessoal e moral política excede o nosso propósito. É suficiente dizer que tal distinção não implica uma separação entre moral e política, da mesma forma que o conceito de «ética da informação» não corresponde ao propósito de desvincular a atividade informativa da moral. Muito pelo contrário; o que aqui se quer sublinhar é que a práxis política é uma atividade intrinsecamente moral, uma vez que o bem comum político é expressão da verdade sobre o homem e a sua sociabilidade essencial, e, portanto, que a atividade política é objeto de estudo da moral. No entanto, convém afirmar, ao mesmo tempo, que a política não é uma dimensão totalizante e que não se pode reduzir, como imediatamente veremos, a retidão moral à simples retidão legal. De fato, a moral política visa diretamente ao bem comum político, que não se identifica com o bem último da pessoa, razão por que também a lógica *moral* que regula imediata e diretamente o mundo político é formalmente diversa da lógica da moral pessoal.[17] Mas essa diversidade formal não impede que a moral política e a moral pessoal sejam partes de um saber moral unitário, porque, afinal, o bem comum político está em função do bem da pessoa. Definitivamente, *a moral política é uma parte da moral, mas não é toda a atividade moral do cristão; é um setor dela.* Não poderia ser de outro modo, porque a vida em Cristo é uma realidade que tem notáveis implicações para a vida política, mas ao mesmo tempo a transcende.

---

(16) Cf. *In decem libros Ethicorum*, lib. I, lect. 1, ns. 4-6. A moral política também trata de algumas ações da pessoa singular, mas não para estabelecer sua moralidade, que é determinada pela moral pessoal, e sim para opinar sobre a sua punibilidade quando o exige o bem comum.

(17) «Bonum commune civitatis et bonum singulare unius personae non differunt solum secundum multum et paucum, sed secundum formalem differentiam: alia est enim ratio boni communis et boni singularis» (*S.Th.*, II-II, q.58, a.7 ad2).

c) Valor e finalidade da lei civil

Moralidade e legalidade – *O valor moral de fundo da lei civil responde ao fato de que é uma «promulgação», «explicitação» ou «determinação» das exigências da lei moral natural, necessária para tornar possível e regular adequadamente o nosso viver juntos na sociedade politicamente organizada.*[18]

Vejamos, em primeiro lugar, o que significa exatamente *promulgação, explicitação e determinação*, que são as três modalidades de conexão da lei civil com a lei moral natural. *Promulgar* a lei moral natural significa torná-la pública num texto legal e impor a observância de alguns dos seus preceitos; isso ocorre, por exemplo, quando a lei civil considera o homicídio voluntário ou o roubo contrários ao direito e determina uma penalidade para eles. Há uma *explicitação* da lei moral natural quando a lei civil formula conclusões a partir de alguns preceitos da lei moral natural: por exemplo, quando a lei civil reconhece aos pais todos os deveres e todos os direitos derivados do pátrio poder. Há, por outro lado, uma *determinação* da lei moral natural quando a lei civil escolhe um dos diversos modos de atuar como exigência ética natural: por exemplo, a necessidade de garantir a segurança no trânsito pode ser concretizada na obrigação de circular pela direita, como ocorre em muitos países, ou pela esquerda, como ocorre na Grã-Bretanha.

Corresponde à autoridade civil promulgar, explicitar e determinar a lei moral natural não porque as autoridades políticas sejam diretamente os fiadores ou os responsáveis da moralidade pessoal dos homens, mas enquanto necessário ou conveniente para tornar possível a livre, justa e pacífica convivência dos homens na sociedade. Em outras palavras, o fim «a que se ordena a lei humana é diferente daquele a que se ordena a lei divina. A lei humana ordena-se a reger a comunidade civil [... Enquanto] a lei divina ordena os homens a Deus, na vida presente e na futura».[19] Daí decorre que *o âmbito da lei civil seja mais restrito que o da lei moral,*[20] *uma vez que as competências daquela são limitadas por sua finalidade: o*

(18) Cf. *S.Th.*, I-II, q.95, a.2.

(19) *S.Th.*, I-II, q. 100, a. 2.

(20) Cf. *Evangelium vitae*, n. 71.

bem comum político. Nenhum ato moralmente mau pode ser ordenado pela lei civil, e nenhum ato moralmente necessário pode ser proibido; mas, assim como nem tudo o que é bom do ponto de vista moral pode ser regulado civilmente, assim também nem tudo o que é moralmente mau pode ser coercitivamente proibido, a não ser aquilo que é, de algum modo, relevante para o bem comum da sociedade.

Finalidade da lei humana – A doutrina eclesial sobre *o bem comum* pode ser sintetizada afirmando que este *implica o reconhecimento e a defesa dos direitos fundamentais da pessoa, e a promoção da paz e a moralidade pública*.[21] «Com efeito, a função da lei civil consiste em garantir uma ordenada convivência social na verdadeira justiça, para que todos "possamos viver uma vida tranquila e suave com toda a piedade e toda a dignidade" (1 Tim 2, 2). Precisamente por isso, a lei civil deve assegurar a todos os membros da sociedade o respeito a alguns direitos fundamentais, que pertencem originariamente à pessoa e que toda lei positiva deve reconhecer e garantir [...]. Se é verdade que a autoridade pública pode, às vezes, renunciar a reprimir aquilo que provocaria, por estar proibido, um dano mais grave,[22] nunca pode, contudo, aceitar legitimar, como direito dos indivíduos – ainda que estes fossem a maioria dos membros da sociedade –, a ofensa infligida a outras pessoas mediante a negação de um direito delas».[23] «Toda disposição dos poderes públicos que não reconheça os direitos humanos ou os viole se opõe à sua própria razão de ser e, por isso, carece de valor jurídico».[24]

Em virtude do seu papel específico, *a lei civil regula* diretamente *os atos externos de algum modo referentes à justiça e numa perspectiva de futuro* (princípio de não retroatividade da lei). Mas não podemos esquecer que a lei civil possui indiretamente um influxo educativo e cultural muito maior.[25] Por essa razão, *a lei civil deve ser avaliada* não apenas pelo que diretamente ordena, proíbe ou permite, mas também *pela concepção da pessoa e da vida que expressa. Esta dimensão educativa da lei civil constitui um desafio para os cristãos, mas não apenas para eles, o qual se*

---

(21) Cf. *Dignitatis humanae*, n. 7.

(22) Cf. *S.Th.*, I-II, q. 96, a. 2.

(23) *Evangelium vitae*, n. 71.

(24) Beato João XXIII, Enc. *Pacem in terris*, 11-IV-1963: AAS 55 (1963) 274.

(25) Cf. cap. VII, § 4 (c).

deve interpretar corretamente: por exemplo, se um sistema político globalmente considerado não é injusto, seria pouco oportuna uma oposição radical a ele. Contudo, é necessário um discernimento atento e uma práxis pertinente para reforçar e fazer prevalecer a raiz humanista e cristã do Estado moderno; isto requer uma generosa e incisiva intervenção cultural, capaz de devolver a alma cristã à cultura política atual.

Um cristão não pode deixar de notar que, na atualidade, algumas partes do corpo legislativo expressam uma concepção que não corresponde à cultura dos direitos da pessoa, e que exercem forte influxo negativo no comportamento pessoal e social. Tais leis, com efeito, contribuem para obscurecer os pressupostos naturais, culturais, políticos, morais e religiosos da identidade pessoal, bem como para a perda do valor ético da política, da cultura e da comunicação. A sociedade política converte-se facilmente em simples instrumento a serviço da satisfação dos interesses individuais ou restritos, e regula-se apenas pelo consenso quanto a valores econômicos e imediatos; desse modo, na prática legislativa e judicial, os direitos humanos subordinam-se a objetivos particulares, e, por meio de leis imperfeitas e injustas, tais direitos são anulados ou desvirtuados, perdendo a sua função estruturante da convivência social.[26]

d) O cristão e a lei civil

Obrigatoriedade da lei civil – Em termos gerais, a atitude do cristão diante da lei civil é a que ensina São Paulo na Epístola aos Romanos:[27] *a lei civil é moralmente obrigatória.* A moral cristã sustenta que a ordem civil e política – justa – foi estabelecida por Deus e está a

(26) A função social dos direitos fundamentais foi estudada por P. Haberle, *La libertad fundamental en el Estado constitucional*, Pont. Univ. Católica de Perú, Lima, 1997. Muitos teóricos do liberalismo têm dificuldade para reconhecer a dimensão *expressiva* (de significado humano) que a ordem política tem, provavelmente por sua polêmica com o romantismo político de Herder e de Hegel, nos quais o princípio *expressivista* desempenha papel de primeira ordem. Aqueles afirmam que o Estado deve ser neutro e que corresponde aos particulares, às famílias e aos grupos transmitir os valores e os ideais. Mesmo antes de considerar a sua avaliação ético-política, é necessário sublinhar, como mostra a experiência, que o Estado, as leis, o ambiente social etc., *expressam* sempre uma concepção do homem e da vida e exercem importante influxo educativo, positivo ou negativo.

(27) Cf. § (a).

serviço de Deus para o bem dos homens; quem se opõe a ela «rebela-se contra a ordem divina»; por isso, a lei deve ser obedecida «em consciência». O cumprimento da lei civil é uma exigência específica da virtude da justiça (justiça legal): os cidadãos são obrigados em consciência a observar as leis justas e a pagar os impostos.[28]

Não obstante as suas possíveis deficiências, a lei humana é absolutamente necessária para tutelar o bem comum, e essa é a sua razão de ser. Em muitos casos, a prudência e a iniciativa de cada pessoa seriam suficientes para garantir uma convivência ordenada; mas a crescente interdependência faz ver a necessidade, em muitas áreas, de uma regulação mais ou menos minuciosa das diversas matérias: basta pensar nas necessidades econômicas da sociedade civil, as quais exigem um complexo sistema tributário, para compreender que é impossível deixá-lo a cargo da «boa vontade» de cada cidadão, a quem falta uma visão de conjunto. Por outro lado, o homem necessita de um marco de referência determinado, no qual enquadrar suas relações – econômicas, políticas, culturais etc. – com os outros: não é imaginável que em cada ocasião se pense *ex novo* um conjunto de regras de comportamento que tenha em conta todas as possíveis implicações dessas relações. Além do mais, seria ingênuo contar unicamente com a natural bondade e maturidade das pessoas, para deixar ao seu arbítrio o comportamento que deve ser adotado nos diversos aspectos da vida social.

Conquanto existam leis injustas, como veremos a seguir, não se deve esquecer que a maior parte do *corpus* legal humano é composto de normas justas, mais ou menos conexas com a lei moral, as quais, portanto, obrigam em consciência. Convém, contudo, recordar – para não cair em rigorismos inúteis – «que a obrigatoriedade não é um efeito mecânico da norma jurídica. A obrigatoriedade moral está em relação direta com o valor e a importância dos bens sociais tutelados pela norma, quer se trate da proteção de tais bens, quer se trate da proteção de bens que se devam obter. Em outras palavras, a obrigatoriedade moral não é uma dimensão da norma jurídica considerada de modo isolado, senão que é o efeito da responsabilidade humana em

---

(28) Cf. *Gaudium et spes*, ns. 30 e 74.

relação com a realidade social e, por isso, se refere tanto à relação com a autoridade como à realidade e aos fins sociais de que se trate em cada caso concreto».[29] *Existe uma gradação na obrigatoriedade, que depende da maior ou menor conexão de cada lei com o bem comum.*

As leis injustas – Passemos agora ao estudo do problema que representam as leis injustas. *São injustas as leis civis que se opõem ao bem comum.* Assim, por exemplo, são clara e gravemente injustas as leis que atentam ou que tornam legais os atentados contra os direitos fundamentais da pessoa (direito à vida, à liberdade política ou religiosa) ou contra instituições ou relações sociais fundamentais (matrimônio e família, poder pátrio, exercício da justiça etc.) *As leis injustas não obrigam em consciência; pelo contrário, há obrigação moral de não cumprir as suas disposições, de não aceitá-las, de manifestar o próprio desacordo e de procurar modificá-las tanto quanto seja possível, e, se isto não for possível, de reduzir os seus efeitos negativos.*

Um problema diferente é o da *tolerância do mal.*[30] A autoridade civil tem o dever de sancionar penalmente as ações imorais que são nocivas ao bem comum; contudo, tendo em conta a debilidade humana, o Estado pode *tolerar*, como mal menor, algumas ações imorais cuja absoluta proibição poderia repercutir negativamente no bem comum, como em certos casos a prostituição:[31] se o fizer, deverá verificar com segurança que tal concessão é a única via para evitar efetivamente um mal maior para o conjunto da sociedade. Como é lógico, a «tolerância política do mal» não equivale à «legalização» (considerar o que se opõe ao bem comum como algo não contrário ao direito) e, menos ainda, à sua «justificação moral». Nesse sentido, *a tolerância política do mal não justifica a sua realização por parte da pessoa.* E, ainda que a lei não punisse um mal menor, nunca seria lícito cometer um pecado para evitar outro maior. Por isso, se de uma situação de tolerância se passasse a

(29) Beato A. del Portillo, *Moral y derecho*, «Persona y Derecho» 1 (1974) 497.

(30) Uma análise sucinta e aguda do conceito de tolerância, especialmente em relação à liberdade, pode encontrar-se em F. OCÁRIZ, *Naturaleza, Gracia y Gloria*, Eunsa, Pamplona, 2000, pp. 299-317.

(31) Este é o exemplo que Santo Tomás apresenta (*S.Th.*, II-II, q. 10, a. 11), citando a Santo Agostinho (*De ordine* 2, 4, 12: CCL 29, 114). Tenha-se presente, contudo, que o bem comum não tolera a lesão dos seus componentes essenciais: não podem ser legalmente tolerados, por exemplo, os atentados contra os direitos fundamentais da pessoa, como o são o aborto, a eutanásia, a discriminação racial e outros semelhantes.

legalizar algo contrário ao bem comum ou a impô-lo, o cristão estaria obrigado a desobedecer e a invocar a objeção de consciência e, em casos extremos, a resistir passivamente ou até ativamente, de acordo com o princípio de que «deve-se obedecer antes a Deus que aos homens».[32]

O *Catecismo* resume esta doutrina assim: «A autoridade pública é obrigada a respeitar os direitos fundamentais da pessoa humana e as condições do exercício da sua liberdade». «O dever dos cidadãos é cooperar com as autoridades civis na construção da sociedade, com um espírito de verdade, justiça, solidariedade e liberdade.» «O cidadão é obrigado em consciência a não seguir as prescrições das autoridades civis quando são contrárias às exigências da ordem moral.»[33]

Enfim, deve-se levar em conta que, além das leis clara e gravemente injustas, podem existir leis que, pelo seu conteúdo o pelo procedimento mediante o qual foram emanadas, são levemente injustas ou talvez simplesmente imperfeitas. Por exemplo, uma lei tributária que penalize uma categoria de trabalhadores, ou não tutele suficientemente as famílias numerosas, ou distribua de modo inadequado os recursos públicos, ou tenha sido promulgada sem percorrer inteiramente o *iter* previsto pela carta constitucional. Neste caso, surgem delicados problemas com respeito aos quais é difícil dar regras gerais. Por um lado, se, de acordo com o sentir comum, são leis injustas, não obrigam em consciência; por outro lado, a lei é sempre um princípio de ordem necessário para a vida social, e a sua desobediência, mesmo quando não seja completamente injustificada, pode facilmente converter-se num início de anarquia, de injustiça e talvez até de violência. Impõe-se, portanto, uma avaliação atenta e responsável da situação, dos prós e dos contras, antes de tomar uma decisão.

e) Os cristãos e a política

O ponto de vista da moral política – De acordo com a distinção proposta anteriormente,[34] a obediência às leis civis é um problema de moral pessoal; trata-se concretamente de um dever, derivado

(32) At 5, 29. Cf. I. Durany, *Objeciones de conciencia*, Inst. Martín de Azpilicueta, Pamplona, 1998.

(33) *Catecismo*, ns. 2254-2256.

 (34) Ver § (b).

da virtude da justiça. O seguimento de Cristo acarreta o dever de obediência, nos termos antes indicados. No entanto, quando se trata de julgar se uma lei é justa ou não, estamos no campo da moral política, porque aqui o juízo não versa sobre o que a pessoa é obrigada a fazer ou a omitir, mas sobre a justiça da lei que a sociedade política se deu a si mesma. Nos sistemas políticos atuais, nos quais o cidadão participa por meio do voto e de outros modos na eleição dos governantes e dos legisladores, e contribui de diversas formas nas orientações políticas e nas decisões em matéria legal, os cristãos, como também os outros cidadãos, veem-se continuamente envolvidos nos problemas de moral política: devem refletir e expressar o seu parecer e têm de atuar nas dimensões política, administrativa, educativa, sanitária, econômica, etc., da sociedade. Por isso, a teologia moral teve de tratar também dos problemas de moral política, e, nos dois últimos séculos, o magistério eclesiástico desenvolveu amplamente o ensinamento conhecido como Doutrina Social da Igreja.[35] Esta é objeto de um tratado teológico específico que, por razões óbvias de espaço, não pode ser apresentado aqui.[36] Limitamo-nos, portanto, a algumas considerações de caráter geral.

Primeiramente, convém distinguir o papel dos pastores e dos fiéis leigos no que se refere à atividade política.[37] Os pastores têm o direito e o dever de pronunciar juízos morais sobre as realidades temporais, quando isso for requerido pela fé ou pela moral cristã; «contudo, a participação ativa nos partidos políticos está reservada aos leigos».[38] Quando se trata de discutir diversas opções políticas concretas, que representam diferentes possibilidades legítimas de realizar um mesmo valor de fundo, os fiéis leigos atuam livremente de acordo com a sua consciência.[39]

---

(35) Entre os documentos recentes que se referem ao nosso tema, ver Congregação para a Doutrina da Fé, *Nota doutrinal sobre algumas questões relativas ao compromisso e à conduta dos católicos na vida política*, 24-XI-2002.

(36) Remetemos ao volume IV deste Curso de Moral.

(37) Cf. *Gaudium et spes*, n. 76.

(38) *Christifideles laici*, n. 60. Cf. Beato Paulo VI, Enc. *Populorum progressio*, 26-III-1967, n. 81; CIC, can. 287.

(39) Cf. P. Rodríguez, *La función de Pastores y laicos según la Doctrina social de la Iglesia*, «Scripta Theologica» 28 (1996) 399-438.

Também se deve recordar, especialmente aos fiéis leigos, que é um dever moral participar da vida política, tendo em conta a situação pessoal: «Para animar cristãmente a ordem temporal – no sentido indicado de servir à pessoa e à sociedade –, os fiéis leigos *de nenhum modo podem abdicar da participação na "política"*; isto é, da multiforme e variada ação econômica, social, legislativa, administrativa e cultural destinada a promover orgânica e institucionalmente o *bem comum*. [...] Todos e cada um têm o direito e o dever de participar da política, ainda que com diversidade e com complementaridade de formas, níveis, tarefas e responsabilidades».[40] O desempenho eficaz deste direito e deste dever de participação requer formação e competência: «É absolutamente indispensável – sobretudo para os fiéis leigos comprometidos de diversos modos no campo social e político – um conhecimento mais exato da Doutrina Social da Igreja».[41]

Princípios da moral política – O comportamento do cristão, especialmente do leigo, na vida social e política, isto é, a prática das virtudes ético-políticas, depende da sua vida em Cristo. Neste sentido, são iluminadoras as reflexões teológicas de São Josemaria Escrivá.[42] A lógica da Encarnação é o fundamento perenemente atual e operativo da transformação cristã do homem e do mundo: «A tarefa apostólica que Cristo confiou a todos os seus discípulos produz, portanto, resultados concretos no âmbito social».[43] Deste princípio cristológico deriva a visão daquilo que, para um cristão leigo, significa *estar no mundo e viver no mundo*, ou, para dizê-lo com outras palavras, o conceito de *secularidade*. Isso se traduz no que poderíamos chamar *princípio de responsabilidade e de participação*: viver no mundo significa sentir-se responsável por ele, assumindo a tarefa de participar das atividades humanas para dar-lhes uma configuração cristã. Na realização desta tarefa, convém sublinhar *a autonomia e o valor das realidades temporais, bem como*

(40) *Christifideles laici*, n. 42. Cf. *Apostolicam actuositatem*, ns. 7, 13 e 24.

(41) *Christifideles laici*, n. 60. Cf. *Gaudium et spes*, n. 75.

(42) Retomamos algumas ideias de A. Rodríguez Luño, *La formación de la conciencia en materia social y política según las enseñanzas del Beato Josemaría Escrivá*, «Romana» (ed. em castelhano) 13 (1997) 162-181.

(43) Josemaria Escrivá, *É Cristo que passa*, cit., n. 125.

a exigência de conhecer e de respeitar a sua dinâmica própria, fruto da racionalidade que a Sabedoria do Criador imprimiu nas suas obras.[44] Portanto, exige-se das pessoas uma compreensão adequada da natureza e do valor intrínseco das relações sociais, bem como do caráter prático da atividade social e política. Esta não é simples enunciado de princípios perenes, mas realização concreta dos bens humanos e sociais num contexto histórico, geográfico e cultural determinado, caracterizado por uma contingência insuperável, ao menos parcialmente.[45]

A autonomia das realidades temporais requer uma sensibilidade fina para tudo o que diz respeito à *liberdade* humana, concebida como um valor substancial, indissoluvelmente unido ao princípio de *responsabilidade* e, portanto, aos princípios de participação e de solidariedade.[46]

O respeito à liberdade leva a respeitar também o legítimo *pluralismo* das opções temporais.[47] O princípio de responsabilidade está sempre unido à liberdade, e em virtude disso a liberdade não pode ser entendida como um valor meramente formal ou de método, e muito menos como expressão de uma concepção individualista-atomista do homem; o fato de que a responsabilidade esteja inseparavelmente unida à liberdade leva a rejeitar qualquer tipo de providência social que negue ou suprima a «subjetividade» das formações sociais, isto é, que ponha em questão a liberdade ou que de algum modo gere irresponsabilidade.

Obrigação e modalidade da participação política – *O princípio de participação* está ligado aos princípios de liberdade e respon-

(44) Cf. *Gaudium et spes*, n. 36.

(45) Cf. São João Paulo II, Enc. *Centesimus annus*, 1-V-1991, n. 57.

(46) Existe um valor que o cristão «deverá promover sempre: o da liberdade pessoal. Só se defender a liberdade individual dos outros, com a correspondente responsabilidade pessoal, poderá defender igualmente a sua, com honradez humana e cristã. Repito e repetirei sem cessar que o Senhor concedeu gratuitamente um grande dom sobrenatural, que é a graça divina; e outra maravilhosa dádiva humana, a liberdade pessoal, que – para não se corromper, convertendo-se em libertinagem – exige de nós integridade, empenho eficaz em desenvolver a conduta dentro da lei divina, *pois, onde se encontra o Espírito de Deus, ali se encontra a liberdade*» (Josemaria Escrivá, *É Cristo que passa*, cit., n. 184).

(47) Cf. Beato Paulo VI, Carta ap. *Octogesima adveniens*, 14-V-1971, n. 50; CIC, can. 227.

sabilidade:[48] a passividade, a preguiça, o «deixar fazer» representam uma tentação continuamente à espreita, já que a consecução do bem comum requer esforço e sacrifício. O princípio de participação não se refere somente aos poucos cidadãos que se dedicam profissionalmente à política. Refere-se a todos os cidadãos que cumprem os seus deveres e exercem os seus direitos e que, em ambos os casos, são coerentes com a sua concepção do mundo, do homem e do bem comum político, e se associam livremente com os que – cristãos ou não – compartilham as mesmas ideias e estão dispostos a pô-las em prática.

Além dos princípios citados anteriormente – liberdade, responsabilidade, pluralismo, solidariedade, participação –, deve recordar-se também *o princípio da verdade na caridade.*[49] Os problemas historicamente ligados às diferenças religiosas e morais, juntamente com outros fatores de tipo ideológico, originaram a mentalidade, muito difundida em alguns ambientes, segundo a qual a convicção de que existe uma verdade sobre o bem da pessoa e das comunidades humanas é causa de opressão e de violência entre os homens. Desta ideia, que não analisaremos agora, podem derivar atitudes diversas: alguns consideram que é um bem, ou ao menos um mal menor necessário para a convivência democrática, certa dose de agnosticismo ou de relativismo,[50] e pensam que, no âmbito público, é melhor não falar das verdades últimas, chegando a exigir, como condição para qualquer forma de diálogo, a disponibilidade do interlocutor a renunciar ou a pôr em surdina as convicções existenciais constitutivas da própria identidade; quem não está disposto a fazê-lo é acusado de ser um mau cidadão, inimigo da convivência. Outros se fecham ao diálogo, porque não querem ou não sabem dar explicações, por temor ou porque se sentem expostos a uma chantagem moral; outros pensam que o diálogo é um bem diante do qual vale a pena ceder, renunciar, ao menos externamente e por tática, à própria identidade, sem perceber que esta atitude

(48) «O cristão que descuida dos seus deveres temporais descuida dos seus deveres para com o próximo e até para com o próprio Deus, e põe em perigo a sua salvação eterna» (*Gaudium et spes*, n. 43).

(49) Cf. Ef 4, 15.

(50) Ver a valoração crítica desta ideia contida na Enc. *Centesimus annus*, n. 46.

envolve certa hipocrisia e é pouco leal, seja em relação às próprias convicções, seja em relação aos mesmos interlocutores.

Diante de tais alternativas, o cristão deve mostrar com o seu comportamento público a compatibilidade da firmeza nas verdades de fé ou de moral com a máxima clareza. «O amor às almas, por Deus, faz-nos querer a todos, compreender, desculpar, perdoar... Devemos ter uma caridade maravilhosa, "*veritatem facientes in caritate*", defendendo a verdade, sem ferir».[51] O diálogo, a colaboração e a caridade com aqueles que pensam diversamente é sempre possível. Trata-se de distinguir com clareza a relação íntima da consciência pessoal com a verdade da relação entre pessoas: a primeira deve ser presidida pelo poder normativo da verdade; a segunda, pela justiça, pela caridade e pelas exigências inalienáveis da dignidade da pessoa. Assim como a firme adesão à verdade não é plenamente cristã se não está unida ao respeito leal e amável para com aqueles que não a compartilham, assim o respeito aos outros não é uma autêntica virtude ética se se converte em confusão, em hipocrisia ou em renúncia à própria identidade por motivos táticos. A realização prática e concreta deste equilíbrio é parte importante da animação cristã da vida social.

2. A lei eclesiástica

No batismo, fomos gerados como filhos de Deus no seio da Igreja. Pela graça batismal, convertermo-nos em membros de Cristo e membros de seu corpo, que é a Igreja.[52] A Igreja custodia e despende os meios necessários para o desenvolvimento da vida moral cristã, até à consecução da santidade. Entre estes meios, incluem-se as leis da Igreja ou leis eclesiásticas.

Desde os tempos apostólicos até os nossos dias, os Apóstolos e os seus sucessores promulgaram leis e decretos referentes à vida moral e à atividade eclesial (sacramentos, liturgia, apostolado, etc.) dos batizados na Igreja Católica ou nela admitidos.[53] O exercício da potesta-

(51) Josemaria Escrivá, *Forja*, Quadrante, São Paulo, 1990, n. 559.

(52) Cf. Conc. de Florença, Bula *Exsultate Deo*, cit.: DS 1314; *Catecismo*, n. 2040.

(53) Cf. At 15, 23-29; 2 Tess 3, 6-15; 1 Tim 5, 9.19, bem com as soluções indicadas por São Paulo em 1 Cor para as diversas questões que lhe haviam apresentado.

de legislativa tem claro fundamento dogmático, atestado pela Sagrada Escritura,[54] pela Tradição apostólica e pelo constante ensinamento do magistério da Igreja.[55]

As leis da Igreja são disposições normativas gerais, promulgadas pelas autoridades eclesiásticas que têm potestade legislativa (principalmente, o Romano Pontífice para toda a Igreja, e o Bispo diocesano para a própria diocese),[56] e *que se referem à promoção e à tutela da missão da Igreja, à justa regulação das atividades dos fiéis e das instituições eclesiásticas e,* em última análise, *à salvação e à santificação dos homens.* O estudo pormenorizado das leis eclesiásticas corresponde a uma disciplina específica chamada Direito Canônico.[57] Aqui, limitar-nos-emos a algumas considerações genéricas que ajudem a entender o papel das leis eclesiásticas na vida moral cristã.

a) Natureza e alcance da lei eclesiástica

Para uma adequada compreensão teológica da lei eclesiástica e do seu papel na vida moral cristã, convém partir da consideração da natureza e da missão da Igreja no contexto do desígnio salvífico divino.[58] Nesse sentido, dois temas têm interesse especial: a constituição divina da Igreja como sociedade visível e hierarquicamente ordenada, e a dimensão sacramental da Igreja.

A constituição divina da Igreja como sociedade visível – «Aprou-

(54) Cf. Mt 16, 18-19; 18, 18; 28, 18-20; Lc 10, 16; Jo 13, 20; 21, 15-17; At 20, 28-32; Hebr 13, 17; 1 Pe 5, 1-4.

(55) Cf. Conc. de Trento, *De sacramentis*, can. 8: DS 1621; Pio VI, Const. *Auctorem Fidei*, 28-VIII-1874: DS 2605; Beato Pio IX, *Syllabus*, 8-XII-1864: DS 2919, 2920 y 2928; Leão XIII, Enc. *Immortale Dei*, 1-XI-1885: DS 3166-3168; São João Paulo II, Const. ap. *Sacrae disciplinae leges*, 25-I-1983, com a qual foi promulgada o Código de Direito Canônico vigente.

(56) Acerca das outras autoridades eclesiásticas, pessoais e colegiais, que têm potestade legislativa, cf. CIC, cann. 295, 341, 445-446, 455-456 e 596.

(57) Uma visão de conjunto encontra-se em: P. Lombardía, *Lecciones de Derecho Canónico*, Tecnos, Madri, 1984; Vários Autores, *Manual de Derecho Canónico*, ed. coord. por J. Calvo, Eunsa, Pamplona, 1991; J. T. Martín de Agar, *Elementi di diritto canonico*, Apollinare Studi, Roma, 1996. Os principais problemas atuais neste campo foram tratados por J. Herranz, *Sobre la renovación y eficacia del Derecho canónico*, «Ius Canonicum» 34 (1993) 435-464 (com ampla bibliografia).

(58) Cf. *Optatam totius*, n. 16.

ve a Deus salvar e santificar os homens, não individualmente, excluída qualquer ligação entre eles, mas constituindo-os em povo que O conhecesse na verdade e O servisse santamente.»[59] Por isso, chegada a plenitude dos tempos, «Cristo, o único Mediador, estabeleceu neste mundo a Sua Igreja santa, comunidade de fé, esperança e amor, *como um organismo visível*»[60] *e como «sociedade hierarquicamente organizada»*,[61] *na qual «os ministros que possuem a potestade sagrada* estão a serviço dos seus irmãos»,[62] para edificar e não para destruir.[63] Com a finalidade de realizar a missão da Igreja, Cristo enviou os Apóstolos e os seus sucessores: «Como o Pai me enviou, assim eu vos envio»,[64] e lhes conferiu o ofício de ensinar, de santificar e de governar,[65] o que inclui a potestade de legislar;[66] além disso, prometeu-lhes a assistência do Espírito Santo no exercício de tais funções.

A missão da Igreja é principalmente de caráter espiritual e sobrenatural;[67] assim, a finalidade da lei eclesiástica «não é suplantar, na vida da Igreja, a vida dos fiéis, a sua graça, so seus carismas e, sobretudo, a sua caridade. Pelo contrário, o Código tende muito mais a gerar na sociedade eclesial uma ordem que, dando primazia ao amor, à graça e ao carisma, facilite ao mesmo tempo o seu crescimento ordenado na vida tanto da sociedade eclesial como de todos os que pertencem a ela».[68] Esta consideração permite entender que, mesmo com os limites próprios das leis humanas, *a lei eclesiástica alcança uma dimensão mais interior do homem e é ordenada às virtudes* mais diretamente que a lei civil.

(59) *Lumen gentium*, n. 9.

(60) *Ibidem*, n. 8.

(61) *Ibidem*, n. 20; *vide* também o n. 9.

(62) *Ibidem*, n. 18.

(63) Cf. 2 Cor 13, 10.

(64) Jo 20, 21. Cf. Jo 17, 18.

(65) Cf. *Lumen gentium*, ns. 25-27.

(66) Cf. *ibid.*, n. 27; CIC, can. 135, 1.

(67) A Igreja, «ainda que composta de homens, como a sociedade civil, contudo, no entanto, por causa do fim a que tende e dos meios que usa para consegui-lo, tem caráter sobrenatural e espiritual, e por isso funciona de maneira distinta e é diferente da civil» (Leão XIII, Enc. *Immortale Dei*, 1-XI-1885: DS 3167).

(68) São João Paulo II, Const. ap. *Sacrae disciplinae leges*, 25-I-1983, in *Código de Derecho Canónico. Edición anotada*, Eunsa, Pamplona, 1987, p. 39.

Sendo a Igreja uma sociedade formada por homens, a consecução do bem comum espiritual requer numerosas atividades e meios externos: ensino da fé, administração e recepção dos sacramentos, organização do culto divino, atividade missionária, etc., que pressupõem a interação de diversas pessoas e organismos, bem como uma base material. São realidades externas e visíveis que devem organizar-se socialmente de acordo com a justiça e a caridade, com vistas ao seu fim, o que exige um ordenamento legal. Com efeito, «por ser constituída como corpo social e visível, [a Igreja] necessita de normas que deixem clara a sua estrutura hierárquica e orgânica, e que ordenem devidamente o exercício dos poderes confiados a ela por Deus, especialmente o da potestade sagrada e o da administração dos sacramentos, de forma que as relações mútuas dos fiéis se desenvolvam em conformidade com uma justiça fundada na caridade, determinando e assegurando os direitos dos particulares, e, por fim, para que as iniciativas comunitárias que se realizam para maior perfeição da vida cristã sejam apoiadas, protegidas e promovidas pelas leis canônicas».[69]

A constituição divina da Igreja como sacramento universal da salvação – Para a completa compreensão teológica da lei eclesiástica e do seu papel na vida moral cristã, convém recordar que, de acordo com o desígnio divino, *a Igreja é o «sacramento universal de salvação»*,[70] *«como um sacramento ou sinal e instrumento da união íntima com Deus»*.[71] Por meio da Igreja, como sociedade visível e hierarquicamente ordenada, Cristo está presente e continua a atuar no mundo, «para, por meio dela, comunicar a todos a verdade e a graça»,[72] e unir mais

---

(69) *Ibidem*, pp. 41-43.

(70) *Lumen gentium*, n. 48.

(71) *Ibidem*, n. 1. Daí decorre que «a sociedade organizada hierarquicamente e o Corpo místico de Cristo, o agrupamento visível e a comunidade espiritual, a Igreja terrestre e a Igreja ornada dos dons celestes não se devem considerar como duas entidades, mas como uma única realidade complexa, formada pelo duplo elemento humano e divino. Apresenta por essa razão uma grande analogia com o mistério do Verbo encarnado. Pois, assim como a natureza assumida serve ao Verbo divino de instrumento vivo de salvação, a Ele indissoluvelmente unido, de modo semelhante a estrutura social da Igreja serve ao Espírito de Cristo, que a vivifica, para o crescimento do corpo (cf. Ef 4, 16)» (*Lumen gentium*, n. 8).

(72) *Ibidem*, n. 8.

estreitamente os homens a si mesmo.[73] *A perspectiva da economia sacramental*, que ilumina a natureza e a missão da Igreja, *torna-se importante para a compreensão teológica da lei eclesiástica e do seu papel na vida moral.* Cristo vive na Sua Igreja e atua por meio dela: «nos seus sacramentos, na sua liturgia, na sua pregação, em toda a sua atividade».[74]

O caminho do fiel para a imitação de Cristo e identificação com Ele passa através da «mediação eclesial» assumida e estabelecida pelo próprio Cristo. Concisamente, afirma-o São Cipriano: «Não pode ter a Deus por Pai quem não tem a Igreja por Mãe».[75] Em outras palavras, se Cristo disse: «Quem vos ouve, a mim me ouve; quem vos despreza, a mim me despreza; e quem me despreza, despreza aquele que me enviou»,[76] torna-se patente que a dimensão eclesial é uma característica essencial da vida moral cristã, e não simplesmente o espaço sociológico em que esta se desenvolve.[77] «Ter a Igreja por Mãe» significa que a vida cristã exige «um verdadeiro espírito filial em relação à Igreja»,[78] o assentimento dócil à pregação do Evangelho e ao ensinamento do magistério eclesiástico, a recepção dos sacramentos e a participação no culto litúrgico, e também a observância das leis eclesiásticas. Todas são expressões igualmente autênticas da «mediação eclesial» querida por Cristo.

Valor moral da lei eclesiástica – Em comparação com a lei civil, que ordena de acordo com a justiça a vida dos homens na sociedade política, e que, portanto, constitui uma ordem substancialmente jurídica, obrigatória em consciência, a lei eclesiástica tem alcance mais amplo.

Por um lado, *a lei eclesiástica ordena a vida dos fiéis na Igreja de acordo com a justiça*, e, assim, muitas leis eclesiásticas se referem a verdadeiros deveres e a verdadeiros direitos, ou seja, a comportamentos que são devidos ou garantidos de acordo com a justiça e que constituem, em consequência, relações jurídicas em sentido próprio. «Exis-

---

(73) Cf. *ibidem*, n. 48.

(74) Josemaria Escrivá, *É Cristo que passa*, cit., n. 102.

(75) São Cipriano, *De catholicae Ecclesiae unitate*, 6: PL 4, 502.

(76) Lc 10, 16. Cf. Mt 10, 40; Jo 13, 20.

(77) Cf. cap. I, § 1 (b).

(78) *Catecismo*, n. 2040.

tirá diversidade de opinião sobre qual seja o caráter específico desta juridicidade das normas canônicas, mas não há dúvida de que se esteja diante de um verdadeiro direito. E isto ocorre não somente porque o ordenamento canônico, em obediência à vontade de Cristo, aplica o princípio fundamental da justiça, de reconhecer e atribuir "a cada um o que é seu" ("*unicuique suum*") na comunidade eclesial, mas também porque o faz com normas que cumprem a tripla exigência técnica da generalidade, da estabilidade e da obrigatoriedade».[79] Com esta afirmação não se está propondo nenhuma redução «jurisdicista», porque se trata sempre da dimensão jurídica dos bens salvíficos e eclesiais.[80]

A título simplesmente ilustrativo, apresentamos alguns exemplos: o pároco tem o dever de justiça de, a cada domingo e a cada festa que é de preceito na sua diocese, celebrar a Missa pelo povo que lhe foi confiado;[81] é direito do Ordinário do lugar nomear ou aprovar os professores de religião ou, se for este o caso, de exigir que sejam depostos;[82] quando o sacerdote aceitou uma oferenda pecuniária para a celebração da Missa, tem o dever de justiça de celebrá-la pela intenção do oferente;[83] todos os que, por ofício, têm obrigação de curar almas são obrigados a prover que sejam escutadas as confissões dos fiéis a eles confiados que razoavelmente o solicitem;[84] quando há necessidade urgente, o mesmo dever diz respeito a todos os confessores com as devidas licenças, e, em caso de perigo de morte, a qualquer sacerdote;[85] é um direito de cada fiel escolher livremente o confessor que prefira;[86] os fiéis têm o direito de manifestar aos pastores da Igreja as suas próprias necessidades, sobretudo espirituais, e os seus próprios desejos.[87] Também, as leis processuais

---

(79) J. Herranz, *Sobre la renovación y eficacia del Derecho canónico*, cit., p. 453.

(80) Cf. C. J. Errázuriz, *Verità e giustizia, legge e coscienza nella Chiesa: il diritto canonico alla luce dell'enciclica «Veritatis splendor»*, «Ius Ecclesiae» 7 (1995) 277-292.

(81) Cf. CIC, can. 534, 1.

(82) Cf. CIC, can. 805.

(83) Cf. CIC, cann. 945 ss.

(84) Cf. CIC, can. 986, 1.

(85) Cf. CIC, can. 986, 2.

(86) Cf. CIC, can. 991.

(87) Cf. CIC, can. 212, 2.

respondem muitas vezes a exigências de equidade fundamentais. Há que notar, enfim, que a constituição hierárquica dada por Cristo à Igreja lhe confere uma estrutura jurídica básica, da qual procedem diversos direitos e deveres: necessidade de mandato pontifício para a ordenação de um bispo; necessidade de que os decretos do concílio ecumênico sejam aprovados pelo Romano Pontífice, etc.

Por outro lado, o legislador eclesiástico é consciente de que *a Igreja desenvolve a sua mediação salvífica como depositária e intérprete da lei de Cristo e, assim, promulga leis sobre matérias morais diversas da justiça que se referem a atos das virtudes teologais ou de virtudes morais como a religião, a penitência, etc.* Estas leis podem ser tanto a simples promulgação positiva de uma exigência ética ou religiosa da lei de Cristo quanto uma explicitação ou determinação delas. «As leis positivas promulgadas pela autoridade eclesiástica têm como fim garantir aos fiéis o mínimo necessário no espírito de oração e no esforço moral, no crescimento do amor de Deus e do próximo.»[88] Estas disposições normativas podem ser simples recomendações, podem obrigar em consciência *sub gravi* ou ainda, em casos especiais, podem sancionar certos comportamentos com uma pena canônica, que tem sempre uma finalidade pastoral, medicinal ou preventiva, conforme à missão da Igreja.

Apresentamos também aqui, a título ilustrativo, alguns exemplos. São recomendações, que não pretendem criar um preciso dever moral acrescentado ao que a matéria possui de si, a exortação dirigida a todos os fiéis de receber com frequência a Eucaristia[89] e a «encarecida recomendação» aos sacerdotes de celebrar diariamente a Missa.[90] São leis de natureza moral, principalmente, que de per si obrigam *sub gravi*: a norma de participar na Missa aos domingos e nos dias de preceito;[91] a obrigação para cada fiel, uma vez chegado à idade da razão, de confessar os próprios pecados graves ao menos uma vez ao ano,[92] de receber a Eucaristia ao me-

(88) *Catecismo*, n. 2041.

(89) Cf. CIC, can. 898.

(90) Cf. CIC, can. 904.

(91) Cf. CIC, cann. 1247-1248.

(92) Cf. CIC, can. 989.

nos uma vez ao ano, no tempo pascal,[93] e de observar os dias de jejum e abstinência.[94] Como exemplo de leis penais, podemos citar a excomunhão *latae sententiae* para o apóstata, para o herege ou para o cismático[95] e também para quem participa de um aborto conseguindo o efeito.[96]

O que dissemos explica e exemplifica que *a lei eclesiástica não se limita a regular as relações comunitárias no seio da Igreja, pois que se refere também à vida cristã pessoal.*[97] Por isso, mesmo mantendo a distinção entre a lei moral e a norma jurídica, a disciplina eclesial não corresponde a uma exigência puramente exterior e funcional; não se ordena tanto a assegurar uma perfeita organização e uma eficiente funcionalidade da comunidade cristã quanto, mais em profundidade, a facilitar uma exigência interior e essencial da vida cristã: o serviço da comunhão.[98] A lei eclesiástica, ainda quando tem finalidade exclusivamente disciplinar, é sempre uma expressão da missão salvífica da Igreja, que olha para o fiel enquanto tal, isto é, enquanto pessoa que busca a união com Cristo, e não somente enquanto «cidadão» da comunidade eclesial. A lei eclesiástica refere-se também, e de maneira muito direta, ao bem espiritual dos fiéis, à vida da graça e às virtudes que atualizam o seguimento de Cristo.

b) A obrigatoriedade moral das leis eclesiásticas

As leis eclesiásticas originam uma verdadeira obrigação moral. Trata-se de uma doutrina de fé[99] que, depois dos precedentes esclareci-

(93) Cf. CIC, can. 920.

(94) Cf. CIC, cann. 1249-1253.

(95) Cf. CIC, can. 1364.

(96) Cf. CIC, can. 1398.

(97) Nesse sentido, não parecem aceitáveis as conclusões a que chegam, por exemplo, P. Huizing, *El ordenamiento eclesiástico*, em Vários Autores, *Mysterium salutis*, vol. IV/II, Cristiandad, Madri, 1975, pp. 160-183; e L. Örsy, *Theology and Canon Law. New horizons for legislation and interpretation*, Collegeville (Minnesota), The Liturgical Press, 1992, pp. 119-138.

(98) Cf. C. Burke, *La índole pastoral de las leyes de la Iglesia*, «Scripta Theologica» 19 (1987) 883-891.

(99) Cf. Conc. de Trento, *De sacramentis*, can. 8: DS 1621.

mentos, não tem necessidade de ulteriores provas no que se refere aos seus termos gerais. Certamente, nem todas as normas eclesiásticas têm o mesmo valor: a sua obrigatoriedade apresenta diversos graus. Quando se trata de leis da Igreja, universal e particular (normas do Código de direito canônico, normas litúrgicas e sacramentais, normas promulgadas pelo bispo para a própria diocese) obrigam em consciência, e a sua infração pode converter-se em culpa moral até grave, a depender da maior ou menor entidade do que foi mandado.

Quanto à obrigatoriedade de acordo com a natureza do mandado, existem diferenças fundamentais. *Algumas normas eclesiásticas promulgam ou explicitam exigências da lei moral natural e/ou da lei evangélica*: por exemplo, as leis que declaram nulo o matrimônio entre todos os ascendentes e descendentes em linha reta de consanguinidade,[100] ou o matrimônio de uma pessoa ligada pelo vínculo de um matrimônio precedente;[101] *trata-se de leis que* não somente obrigam *sub gravi,* senão que por acréscimo *não admitem exceções nem dispensa alguma,* nem sequer por parte do Romano Pontífice. *Por outro lado, há leis meramente eclesiásticas, bem como determinações em forma positiva da lei evangélica que, mesmo obrigando* sub gravi, *admitem exceções ou dispensa:* por exemplo, não tem obrigação de participar na Missa do domingo quem está impedido por uma causa grave (perigo da própria saúde, ter de percorrer a pé uma distância notável, necessidade de cuidar de um doente grave, etc.). Pode dizer-se, em termos gerais, que, em se tratando de leis meramente eclesiásticas, o legislador não pretende obrigar, se existe grave incômodo. *Existem, também, leis que se referem a coisas que são, de per si, matéria leve e que, portanto, não obrigam* sub gravi.[102]

---

(100) Cf. CIC, can. 1091.

(101) Cf. CIC, can. 1085. Este cânon se refere ao vínculo de um precedente matrimônio rato (sacramental) e consumado.

(102) De qualquer modo, parece-nos importante insistir no princípio fundamental: «Ter-se-ia uma concepção falsa do Direito canônico e não se formaria retamente a consciência dos fiéis se se negasse a obrigatoriedade, também moral, das normas jurídicas da Igreja: "As leis canônicas – lembrou o Legislador na Constituição *Sacrae disciplinae leges* – pela sua mesma natureza exigem observância". E isto vale não apenas para aquelas normas que traduzem em termos de direito positivo disposições que são de Direito divino (aqui se alcança o grau mais elevado da obrigatoriedade moral), mas também com respeito àquelas outras normas de direito humano – talvez de conteúdo secundário e técnico – que não sem motivo são

Assinalamos, por último, algumas características ordinárias das leis eclesiásticas. Segundo o direito geral da Igreja, as leis universais – se não se adverte o contrário, nem a natureza das coisas implique a obrigação imediata – entram em vigor três meses depois da sua publicação na *Acta Apostolicae Sedis*.[103] Ao cumprimento das leis puramente eclesiásticas são obrigados somente os batizados na Igreja católica ou nela admitidos, que gozam de suficiente uso da razão e, se não se indica o contrário, que tenham completado sete anos de idade.[104] Por outro lado, não é suscetível de nenhuma pena quem, quando violou a lei penal, não tinha ainda 16 anos e quem, sem culpa, ignorava violar uma lei.[105] Contrariamente ao que ocorre em muitos ordenamentos civis, há que manter como invalidantes ou incapacitantes somente aquelas leis em que se estabelece expressamente que o ato é nulo ou a pessoa incapaz,[106] e, assim, pode ocorrer que um ato (por exemplo, recepção ou administração de um Sacramento) seja realizado ilicitamente, mas validamente. A ignorância ou o erro quanto às leis invalidantes ou incapacitantes não impedem o efeito destas, enquanto não se tenha estabelecido expressamente outra coisa.[107]

---

igualmente qualificadas de "sacras": "*sacri canones*", "*sacrae disciplinae leges*". Com efeito, também estas normas – e não creio oferecer uma afirmação exagerada de caráter juridicista – implicam a consciência do fiel com um chamamento à Autoridade divina, na qual encontra o seu fundamento a potestade sagrada do legislador, e à qual, em última instância, se refere toda e qualquer norma eclesiástica, enquanto todas tendem à tutela do *ordo Ecclesiae*, à congruência da instituição eclesiástica com o desígnio de Cristo no que diz respeito à comunidade dos fiéis» (J. Herranz, *Sobre la renovación y eficacia del Derecho canónico*, cit., pp. 458-459).

(103) Cf. CIC, can. 8.

(104) Cf. CIC, can. 11. Por outro lado, a lei da abstinência de carne nos dias de penitência vige depois dos 14 anos de idade, e são obrigados à lei do jejum os que completaram 18 anos e ainda não chegaram aos 59 (cf. CIC, cann. 97 e 1252).

(105) Cf. CIC, can. 1323, 1-2.

(106) Cf. CIC, can. 10.

(107) Cf. CIC, can. 15, 1.

CAPÍTULO X

A CONSCIÊNCIA MORAL

O estudo teológico da consciência apresenta pelo menos dois aspectos que convém ter em conta desde o primeiro momento. O primeiro é a ampla variedade de significados que se atribuem ao termo. O segundo diz respeito à função da consciência e, por conseguinte, ao modo de enquadrá-la na moral fundamental. Acerca desta questão há, na teologia católica, opiniões muito diversas. Estudaremos essas questões nos parágrafos 1 e 3.

1. Esclarecimento terminológico

Para entender o conceito de consciência empregado na Sagrada Escritura, nos documentos do magistério eclesiástico e na literatura teológica, é útil recordar a distinção – muito utilizada na teologia católica – entre a consciência moral em sentido global, chamada *consciência habitual*,[108] e a consciência moral em sentido estrito, entendida como um juízo específico sobre uma ação singular, chamada *consciência atual*.[109] *No primeiro caso*, fala-se da consciência em sentido muito

(108) Cf. R. García de Haro, *¿Qué es la conciencia habitual?*, «Sapientia» 35 (1980) 435-454.

(109) Um estudo sobre este e outros significados do termo "consciência" encontra-se em F. Delhaye, *La conciencia moral del Cristiano*, Herder, Barcelona, 1969.

amplo, e designa-se *a sensibilidade ou percepção moral própria de uma pessoa*. Nesta acepção, a consciência inclui princípios cognoscitivos muitos diversos, como a sindérese ou hábito dos primeiros princípios morais, a lei moral natural, a dimensão cognoscitiva das virtudes morais adquiridas ou infusas, a prudência, a própria consciência atual, etc., elementos que já estudamos. A Sagrada Escritura e os Padres da Igreja utilizam com frequência essa noção global de consciência.[110] *Em sua acepção mais restrita, a consciência é, pelo contrário,* determinado ato da razão prática; concretamente, *um juízo sobre a bondade ou a malícia moral de um ato singular que nos propomos a realizar ou que já realizamos*, diferente do ato dos primeiros princípios (sindérese), da lei natural, da ciência moral, da prudência e da dimensão cognoscitiva das virtudes éticas, conquanto mantenha estreita relação com essas realidades.[111]

2. *A doutrina cristã sobre a consciência moral*

a) A consciência na Sagrada Escritura

Antigo Testamento – O Antigo Testamento não utiliza nenhum termo específico para indicar o que nós chamamos consciência. Na versão grega dos LXX, o termo *syneídêsis* aparece somente em três pas-

(110) Cf. Beato Álvaro del Portillo, *Coscienza morale e Magistero, em Rendere amabile la verità. Raccolta di scritti di Mons. Álvaro del Portillo*, Libreria Editrice Vaticana, Cidade do Vaticano, 1995, p. 377.

(111) Acerca do tema da consciência, podem consultar-se: O. Lottin, *Psychologie et Morale aux XIIème et XIIIème siècle*, Gembloux-Louvain 1942-1960, vol. II, pp. 103-350; P. Palazzini, *La Coscienza*, Ares, Milão, 1968; R. García de Haro, *La conciencia moral*, Rialp, Madrid, 1978; D. Tettamanzi, *L'oggettività del giudizio di coscienza*, "La Scuola Cattolica" 111 (1983), pp. 426-449; L. Melina, *La conoscenza morale*, Città Nuova, Roma, 1987; Vários Autores, *Conciencia y libertad humana*, Cete, Toledo, 1987; J. Ratzinger, *Conciencia y Verdad*, em *la Iglesia. Una comunidad siempre en camino*, Paulinas, Madri, 1992, pp. 95-115; S. Pinckaers, *El Evangelio y la moral*, Eiunsa, Barcelona, 1992, pp. 188-273; A. Laun, *La conciencia: norma subjetiva suprema de la actividad moral*, Eiunsa, Barcelona, 1993; S. Majorano, *La coscienza. Per una lettura cristiana*, San Pablo, Cinisello Balsamo, 1994; G. Borgonovo (ed.), *La Coscienza*, Libreria Editrice Vaticana, Cidade do Vaticano, 1996; A. Rodríguez Luño, *La scelta etica*, cit., cap. VI-VIII; *id.*, *Ética General*, cit., cap. X; C. Cafarra, *Vida en Cristo*, cit., pp. 111-131; M. Rhonheimer, *La perspectiva de la moral*, cit., cap. V.

sagens tardias.[112] Isso não quer dizer que o seu conteúdo, isto é, a voz do juízo divino que louva o bom comportamento e reprova o mau, esteja ausente. Na maior parte das vezes, utiliza-se o termo hebraico *lêb* (coração); quando o povo eleito está prestes a entrar na terra prometida, o Senhor, por meio de Moisés, diz-lhes: «Cuidai que vosso coração não seja seduzido, não aconteça que, desviando-vos, presteis culto a outros deuses e vos prostreis diante deles»;[113] também se pede ao Senhor: «Criai em mim, meu Deus, um coração puro»,[114] onde «coração puro» significa algo muito similar ao que chamamos «boa consciência». Em sentido oposto, o Antigo Testamento fala de «coração duro»: «Envio-te filhos [...] de coração duro».[115]

É importante assinalar que *no Antigo Testamento* (e também no Novo) *a consciência moral é sempre «consciência diante de Deus»*: «O homem está na presença de Deus, que é santo, e nessa luz adquire a consciência de ter agido retamente e bem, ou incorretamente e mal»;[116] esse é um aspecto característico da noção bíblica de consciência. Convém notar ainda que a consciência é denominada com expressões que indicam o homem inteiro, e não uma faculdade particular considerada isoladamente. Disto decorre a preferência pelo vocábulo *lêb*, que designa o centro mais íntimo da pessoa, ali onde entra em relação com o Senhor, acolhendo ou rejeitando a palavra divina.[117] A atitude do homem em relação a Deus procede do coração, que pode ser um «coração novo», «contrito», «humilde», ou, pelo contrário, «surdo», «obscurecido», etc.

Novo Testamento – Tampouco os Evangelhos utilizam um termo específico para indicar a consciência moral.[118] Esta é significada princi-

(112) Cf. Ecle 10, 20; Sab 17, 20; Eclo 42, 18 (alguns códices importantes empregam uma palavra diversa neste último versículo).

(113) Deut 11, 16; cf. 1 Sam 6, 6; 1 Re 2, 44; 2 Crôn 6, 30.37-38; Sal 7, 10-11; Prov 11, 20; Is 29, 13; Jer 4, 4, etc.

(114) Sal 5, 12; cf. Ez 11, 19-20; 36, 26-27.

(115) Ez 2, 4; cf. Sal 95, 8; Zac 7, 12.

(116) A. Günthor, *Chiamata e risposta*, cit., vol. I, n. 388.

(117) Cf. *Ibidem*.

(118) Um estudo clássico da consciência no Novo Testamento é o de J. Stelzenberger, *Syneidesis im Neue Testament*, Schöning, Paderborn, 1961. Ver também: C. Spiq, *La conscience dans le Nouveau Testament*, "Revue Biblique" 47 (1938) pp. 50-80; R. Schnackenburg, *El mensaje moral del Nuevo Testamento*, cit., vol. II, pp. 57-59 (com bibliografia).

palmente pelos vocábulos «coração» (*kardía*) e «espírito» (*pnéuma*), em sentido análogo ao do Antigo Testamento, ainda que se sublinhe com mais vigor a interioridade do comportamento e do juízo moral.[119] Na profundidade escondida do coração, encontra-se a origem do bem e do mal, e isso manifesta a sua ambivalência: «A boca fala da abundância do coração. O homem bom tira coisas boas do bom tesouro de seu coração, mas o homem mau tira coisas más do mau tesouro».[120]

No *corpus* paulino, o termo «consciência» (*syneídêsis)*, largamente usado nos ambientes populares helenísticos, *entra na doutrina cristã.* É necessária certa atenção para entender o sentido em que é usado nas Cartas Apostólicas. Não há dúvida de que *São Paulo invoca a consciência como testemunha.* Na Carta aos Romanos, o Apóstolo, para tornar patente o seu sofrimento diante da atitude do seu povo, afirma: «Digo a verdade em Cristo, não minto, e a minha consciência me dá testemunho pelo Espírito Santo».[121] Em 2 Cor 1, 12, refere-se igualmente ao «testemunho da nossa consciência», e, mais adiante, ao testemunho da consciência dos outros: «Não procedemos com astúcia, nem falsificamos a palavra de Deus, mas, pela manifestação da verdade, nós nos recomendamos à consciência de todos os homens diante de Deus».[122] São Paulo apela à capacidade de juízo que há em si e nos seus interlocutores, porque ela está presente em todo homem. Ela é uma testemunha fiel, mas não lhe cabe dar a última palavra: «Quanto a mim, pouco se me dá ser julgado por vós ou por tribunal humano, pois eu nem me julgo a mim mesmo. De nada me acusa a consciência; contudo, nem por isso eu sou justificado: meu Juiz é o Senhor».[123] *A consciência, como instância humana, é limitada: a última instância é o juízo de Deus.*[124]

Na passagem citada da Primeira Carta aos Coríntios, pode vislumbrar-se também a universalidade da consciência: «Aquilo que Paulo diz de si próprio em 1 Cor 4, 4s é aplicável também aos gentios: a *syneidesis* confirma e testifica, mas nem por isso o homem está já justifica-

---

(119) Cf. Mc 7, 21-23; Mt 5, 28, sobre o adultério cometido no coração.

(120) Mt 12, 34-35.

(121) Rom 9, 1.

(122) 2 Cor 4, 2.

(123) 1 Cor 4, 3-4.

(124) Cf. R. Schnackenburg, *El mensaje moral del Nuevo Testamento*, cit., vol. II, p. 62.

do. Por conseguinte, parece que a *syneidesis* é uma instância intra-humana, que eleva o comportamento do homem, com o seu juízo positivo ou negativo, ao plano da consciência. Aqui se pressupõe o conhecimento do bem e do mal, mas não se diz em que se funda esse conhecimento; parece muito provável, no entanto, que São Paulo queira referir-se ao "conhecimento natural de Deus" (Rom 1, 19 e ss.), à razão humana».[125] É semelhante o ensinamento de Rom 2, 14-16, que estudamos a propósito da lei moral natural:[126] a consciência aparece como uma testemunha genuinamente moral para todos os homens.

Um novo núcleo problemático de grande interesse aparece nas mesmas cartas, nas passagens onde se mencionam *as delicadas relações entre a ciência, a consciência e a caridade para com os irmãos de consciência débil.* A solução fornecida por São Paulo às questões que lhe propuseram manifesta que a consciência pressupõe a ciência, e, conforme a esta, aquela julga; se faltar a ciência, a consciência julgará de forma errada. Também ensina que a consciência do cristão julga à luz da fé;[127] e que a caridade requer que se evite o escândalo dos que têm uma consciência fraca.

O problema apresentado em 1 Cor é sobre a licitude de comer a carne imolada aos ídolos, problema que adquire dimensão social na comunidade cristã porque poderia impedir a participação na mesma mesa, expressão da comunhão eclesial. A ciência ensina que os ídolos não são nada, mas «nem todos têm este saber (*gnôsis*); alguns, acostumados até agora aos ídolos, comem dessa carne como sacrificada aos ídolos, e a sua consciência, que é débil, se corrompe. [...] E assim, pelo teu saber, perder-se-á o débil, o irmão por quem morreu Cristo. E, pecando assim contra os irmãos e ferindo a sua débil consciência, pecais contra Cristo».[128] Algo similar acontece em

(125) *Ibidem*, p. 65.

(126) Cf. cap. VIII, § 2 (a).

(127) Não há unanimidade quanto ao significado exato da frase «tudo o que não é conforme à fé, é pecado» (*Rom* 14, 23). Alguns, como Santo Tomás, sustentam que se refere a que é pecado tudo quanto se faz contra a própria consciência. Porém, parece mais conforme com o pensamento paulino a interpretação de Santo Agostinho: ou a fé informa toda a vida prática, ou se incorre no pecado. Esta segunda linha interpretativa é compartilhada também por R. Schnackenburg, *El mensaje moral* del Nuevo Testamento, cit., vol. II, pp. 66-67.

(128) 1 Cor 8, 7.11-12.

relação aos não fiéis: «Se vos convida algum infiel e quereis aceitar, comei tudo o que for servido sem outras indagações por motivos de consciência. Porém, se alguém vos disser: "Este animal foi sacrificado aos ídolos", então não comais, por causa de quem vo-lo advertiu, e por motivos de consciência; não me refiro à consciência própria, mas à do outro».[129] Também é análoga, ainda que mais ampla, a questão resolvida em Rom 14. Refere-se aos «fortes» e aos «fracos» na fé. Nem os «fortes» devem desprezar os «fracos», nem estes devem julgar aqueles. Os primeiros devem ter presente o dever de não escandalizar os irmãos; os segundos não julguem os primeiros: todos seremos igualmente julgados por Deus.[130] No que diz respeito aos alimentos: «Todas as coisas, com efeito, são puras, mas é ruim para o homem comê-las causando escândalo. [...] Quem estiver em dúvida, se comer será culpado, porque não agiu conforme à fé. Tudo o que não é conforme à fé é pecado».[131]

Nas Cartas Pastorais, a consciência exprime a atitude do homem na sua relação com Deus, a qual pode ser positiva ou negativa. A consciência pode ser reta e também errônea; por isso, não se deve «identificar sempre e de modo absoluto a voz da consciência com a voz de Deus. A consciência e o coração do homem são, sim, a voz do dever moral, mas são também realidades pessoais, próprias de cada individuo, expressão imediata e profunda da própria vontade e da própria personalidade moral».[132] Isto explica que se apliquem à consciência predicados como «pura»,[133] «reta»,[134] «contaminada»,[135] etc. Com ênfase mais cristológica, a Carta aos Hebreus atribui a libertação da consciência ao sacrifício de Cristo: «Se o sangue dos bodes e dos touros e a aspersão da cinza de uma vaca podem santificar os impuros para a santificação da carne, quanto mais o Sangue de Cristo, que pelo Espírito Eterno se ofereceu

---

(129) 1 Cor 10, 27-29.

(130) Cf. Rom 14, 10-12.

(131) Rom 14, 10.23.

(132) Beato Álvaro del Portillo, *Coscienza morale e magistero*, cit., p. 379.

(133) Cf. 1 Tim 3, 9; 2 Tim 1, 3.

(134) Cf. 1 Tim 1, 19; Hebr 13, 18.

(135) Cf. Ti 1, 15.

a si próprio a Deus como vítima sem mancha, limpará a nossa consciência das obras mortas, para dar culto ao Deus vivo!»[136] Em suma, *a consciência moral, na sua função de guia e de testemunha, não é uma realidade puramente neutra, senão que possui, ela própria, uma dimensão verdadeiramente moral,* como se deduz dos predicados que lhe são atribuídos.

b) Ensinamentos recentes do magistério eclesiástico sobre a consciência moral

O magistério mais recente propôs diversos ensinamentos sobre a consciência moral: os mais importantes estão recolhidos na Const. *Gaudium et spes* (n. 16), no *Catecismo da Igreja Católica* (ns. 1776-1802) e na encíclica *Veritatis splendor* (ns. 54-64). Vamos estudar esta última, que contém uma exposição breve, mas substancialmente completa, da doutrina eclesial sobre o tema. O enfoque escolhido pela encíclica corresponde à sua finalidade: realizar um discernimento doutrinal sobre algumas «questões referentes aos próprios fundamentos da teologia moral, fundamentos deixados de lado por algumas tendências atuais».[137] A exposição é claramente dividida em três partes: exame de alguns problemas doutrinais atuais (ns. 54-56), exposição da noção de consciência (ns. 57-61) e estudo dos problemas referentes à consciência errônea e à noção de consciência (ns. 62-64).

Problemas atuais em torno da noção de consciência – Citando explicitamente os ensinamentos de *Gaudium et spes* n. 16, o documento sublinha a *justa reivindicação da interioridade da instância moral,* com o propósito de esclarecer que tal reivindicação não apresenta nenhum problema. Pelo contrário, convém recordar que o «coração» ou a consciência moral é «o santuário do homem, no qual se encontra a sós com Deus, cuja voz se faz ouvir na intimidade do seu ser».[138] Aqui-

(136) Hebr 9, 13-14; cf. Hebr 9, 9; 10, 2.22.

(137) *Veritatis splendor*, n. 5. Ver também o n. 4.

(138) *Gaudium et spes*, n. 16, citado textualmente em *Veritatis splendor*, n. 55. Esta descrição da consciência está já presente em Pio XII, *Radiomensagem* 23-03-1952: AAS 44 (1952) 271, e certamente possui grande ressonância patrística.

lo que, pelo contrário, é problemático é a proposta que, contrapondo ou separando a liberdade humana e a lei de Deus, defende «*uma interpretação 'criativa' da consciência moral* que se afasta da posição da tradição da Igreja e do seu Magistério».[139]

Esta interpretação baseia-se na diferença existente entre a consideração doutrinal universal e a singularidade existencial de cada ato e de cada situação, no caráter criativo e responsável das tarefas que Deus confia a cada homem, bem como na complexidade que o fenômeno da consciência adquire no plano psicológico, afetivo, cultural e social.[140] A tese de uma consciência moral «criativa» afirma que seria possível «cumprir praticamente, em boa consciência, aquilo que a lei moral qualifica de intrinsecamente mau. Desse modo, instala-se, em alguns casos, uma separação ou até oposição entre a doutrina do preceito válido em geral e a norma da consciência individual, que decidiria, de fato, em última instância, sobre o bem e o mal».[141]

Natureza da consciência moral – Com base no texto de Rom 2, 14-15, a encíclica delimita «*o sentido bíblico de consciência*, especialmente *na sua conexão específica com a lei*»:[142] a consciência é testemunha exclusiva de tudo quanto acontece na intimidade da pessoa, «testemunha da sua fidelidade e da sua infidelidade relativamente à lei, ou seja, da sua essencial retidão ou maldade moral».[143] A consciência instaura um diálogo íntimo do homem consigo próprio; porém, ainda mais profundamente, comporta «*o diálogo do homem com Deus,* autor da lei».[144] Por isso, é «*testemunho de Deus mesmo*, cuja voz e juízo penetram no íntimo do homem até às raízes de sua alma [...]. Nisto, e em nada mais, reside todo o mistério e toda a dignidade da consciência moral: em ser o lugar, o espaço santo em que Deus fala ao homem».[145]

Fudando-se no mesmo ensinamento paulino, a encíclica expõe a

(139) *Veritatis splendor*, n. 54.

(140) Cf. *Veritatis splendor*, ns. 55-56. Uma análise da complexidade psicológica da consciência, com especial referência à psicanálise, encontra-se em A. Lambertino, *Psicoanalisi e morale in Freud*, cit..

(141) *Veritatis splendor*, n. 56.

(142) *Ibidem*, n. 57.

(143) *Ibidem*.

(144) *Ibidem*, n. 58.

 (145) *Ibidem*.

natureza da consciência moral em sentido restrito, ou seja, o que chamamos *consciência atual*. As suas notas características são três: *é 1) um juízo prático, 2) que torna imediatamente presente a obrigação moral* e que, portanto, *3) constitui a norma próxima de moralidade pessoal*.

1) *A consciência é «um juízo prático*, ou seja, um juízo que dita aquilo que o homem deve fazer ou não fazer, ou então avalia um ato já realizado por ele».[146] Mediante tal juízo, cumpre-se «a aplicação da lei objetiva a um caso particular».[147] A insistência com que se afirma que é um juízo prático pretende manifestar que não é uma escolha ou uma opção, mas uma asserção sobre a moralidade de uma ação singular («realizar agora a ação X é moralmente bom»; «realizar agora a ação Y é moralmente mau») que se encontra no âmbito do conhecimento prático e que, enquanto tal, pertence à ordem do verdadeiro ou do falso. No juízo prático da consciência, «revela-se o vínculo da liberdade com a verdade».[148]

2) *A consciência formula «a obrigação moral à luz da lei natural*: é a obrigação de fazer aquilo que o homem, mediante o ato da sua consciência, *conhece* como um bem que lhe é imposto *aqui e agora*»[149]. Com isso se exprime uma afirmação teologicamente importante, que permitirá entender melhor o modo como se insere na moral fundamental o conceito de obrigação moral. Voltaremos a este ponto no §4 (e).

3) *A consciência moral é*, afinal, *a «norma próxima da moralidade pessoal*»;[150] por isso, agir contra ela é cometer um mal moral. Esse papel de norma próxima, contra a qual nunca é lícito agir, pertence à consciência não porque ela seja a norma suprema,[151] uma *norma normans*, mas porque, sendo *norma normata*, é norma última, iniludível: «O juízo da consciência afirma por último a conformidade de certo comportamento concreto com a lei».[152] Quando a consciência julga com

(146) *Ibidem*, n. 59.

(147) *Ibidem.*

(148) *Ibidem*, n. 61.

(149) *Ibidem*, n. 59.

(150) *Ibidem*, n. 60.

(151) Cf. *Ibidem.*

(152) *Veritatis splendor*, n. 59. «A consciência encontra-se, no seu próprio interior, referida à lei, que não é propriamente senão a expressão do verdadeiro bem da pessoa. Essa referência à lei implica que a consciência não age mediante decisões autônomas sobre o bem e o mal,

certeza, não é possível uma consciência da consciência, um juízo do juízo, porque assim se procederia ao infinito: é «norma última».

A consciência errônea e a formação da consciência – Voltando aos ensinamentos paulinos e à *Gaudium et spes* n. 16, a mesma encíclica adverte que *a consciência não é um juízo infalível: pode errar.*[153] O erro da consciência «pode ser fruto de uma *ignorância invencível*, isto é, de uma ignorância de que o sujeito não está consciente e de onde não pode sair sozinho»;[154] neste caso, a consciência não perde a sua dignidade. Ao contrário, perde-a «quando é *culpavelmente errônea*, ou seja, "quando o homem não se preocupa com buscar a verdade e o bem, e quando a consciência se torna quase cega em consequência do hábito de pecado"».[155]

É importante entender corretamente o fundamento da tese clássica sobre a obrigatoriedade da consciência invencivelmente errônea. *A dignidade e o poder obrigatório da consciência derivam da verdade*: da verdade conhecida pelo homem ou, então, do que subjetivamente e sem culpa se considera verdadeiro.[156] No entanto, o erro subjetivo inculpável, conquanto não seja formalmente imputável, não pode ser equiparado à verdade; tal erro não «deixa de ser um mal, uma desordem em face da verdade do bem. Além disso, o bem não reconhecido não contribui para o crescimento moral da pessoa que o cumpre».[157] Nesse sentido, «deveríamos meditar nas palavras do Salmo: "Quem poderá discernir todos os erros? Purificai-me das faltas escondidas" (Sal 19, 13). Há faltas que não conseguimos ver e que, não obstante, permanecem culpáveis, porque nos recusamos a caminhar para a luz (cf. Jo 9, 39-41)».[158]

Disto decorre *a necessidade de esforçar-se para formar bem a própria*

---

mas mediante juízos que recebem o seu valor da verdade sobre o homem que se expressa na lei» (Com. Episcopal Española para la Doctrina de la Fe, *Nota sobre la enseñanza de la moral*, 1-VIII-1997, n. 15, "Boletín Oficial de la Conferencia Episcopal Española", 14 [1997], 118).

(153) Cf. *Veritatis splendor*, n. 62.

(154) *Ibidem.*

(155) *Ibidem*, n. 63; a citação interna pertence a *Gaudium et spes*, n. 16.

(156) *Ibidem.*

(157) *Ibidem.*

(158) *Ibidem.*

consciência. Para isso é indispensável, ainda que não suficiente, o conhecimento da lei de Deus: também se requer a conaturalidade do sujeito com o bem, que «funda-se e desenvolve-se nos comportamentos virtuosos do mesmo homem: a prudência e as outras virtudes cardeais, e, antes ainda, as virtudes teologais».[159] *Uma ajuda ulterior para a formação da consciência provém da Igreja,* da sua vida e, acima de tudo, do seu magistério, que está sempre a serviço da consciência.[160]

3. Lugar do tratado sobre a consciência na teologia moral fundamental

a) As duas tradições do ensinamento moral católico

Como justamente observa Pinckaers, «é importante ter em conta a inserção da consciência em determinada organização do conjunto da moral, pois o seu papel e a sua própria concepção dependem das suas relações com os outros elementos do sistema».[161] A consciência é um dos temas em que o posicionamento científico tomado por nós desde o início deste livro[162] tem mais repercussões, razão por que consideramos conveniente retomar os termos essenciais da questão.

O estudo da origem e do desenvolvimento histórico da teologia moral como ciência manifesta que «*o ensinamento católico no âmbito moral é constituído por duas tradições que deram lugar a dois diferentes sistemas*»:[163] *a tradição moral pós-tridentina e a tradição mais antiga, que encontrou em Santo Tomás a sua melhor expressão sistemática.*

(159) *Ibidem*, n. 64.

(160) Cf. *Ibidem*.

(161) S. Pinckaers, *Coscienza, verità e prudenza*, em G. Borgonovo (ed.), *La coscienza*, cit., p. 127.

(162) Cf. cap. I, § 2 (b).

(163) S. Pinckaers, *Coscienza, verità e prudenza*, cit., p. 126. Uma análise mais detalhada do mesmo autor encontra-se em *Las fuentes de la moral cristiana*, cit., cap. X e XI. G. Abbà fala, a este respeito, de diversas «figuras da ética»; ver o seu amplo estudo sobre a distinção, a origem e o desenvolvimento histórico deste conceito: G. Abbà, *Quale impostazione per la teologia morale?*, cit. Segundo Abbà, a moral tomista projeta-se como uma procura da vida

A moral pós-tridentina (moral casuística) é condicionada, de alguma forma, pelo voluntarismo de Ockham. Essa moral nasce do encontro da liberdade divina, que se exprime na lei obrigatória, com a liberdade humana. E, embora a liberdade humana devesse manifestar-se na obediência, a liberdade e a lei acabam por enfrentar-se «como dois adversários que disputam entre si o campo dos atos humanos. [...] O que pertence a um deles é, por isso mesmo, subtraído ao outro».[164] Nesta concepção, adquire importância cada vez maior a consciência, que não é uma virtude como a prudência, formada no exercício, mas uma instância intermediária entre a lei e a liberdade. Na sua relação com a lei, a consciência é passiva: limita-se a receber a lei, apresentá-la à liberdade e aplicá-la aos seus atos, assinalando, em cada situação concreta, o limite entre o licito e o ilícito. A lei, mesmo sendo superior à consciência, «não pode aplicar-se sem a consciência nem exercer o seu poder fora dela, pois uma lei não tem valor se não for conhecida, promulgada diante da consciência. Da mesma forma, a liberdade recorre à consciência para traçar a linha divisória entre ela e a lei».[165] Pode-se, então, entender que o estudo da consciência e dos casos de consciência seja o tratado mais importante e mais extenso da moral fundamental.

E preciso acrescentar que, neste enfoque, facilmente se considera a lei de modo muito redutivo e negativo. A lei é um ato da vontade de Deus, algo que Ele dita porque quer, sem relação direta com o ser das coisas, e por isso não há espaço para o conhecimento humano.[166] A norma é aquilo que o legislador decidiu, embora pudesse ser de outra forma; por isso, a lei é um limite à liberdade. Nos âmbitos operativos regulados pela lei, é preciso obedecer; os âmbitos não contemplados pela lei, pelo contrário, são livres. A consciência

melhor para a pessoa; a moral casuística pós-tridentina projetou-se, pelo contrário, como uma investigação sobre a lei moral que deve ser observada. Acerca de toda essa temática, ver também a bibliografia citada no cap. I e a síntese proposta por A. Rodríguez Luño, *El primado de la persona en la moral fundamental*, em A. Sarmiento (ed.), *Moral de la persona y renovación de la teología moral*, Eiunsa, Madri, 1998, pp. 41-51.

(164) S. Pinckaers, *Las fuentes de la moral cristiana*, cit., p. 324.

(165) *Ibidem*, p. 328.

(166) Convém ter presente a problemática teológica e filosófica do voluntarismo e do nominalismo, assinalada no cap. I, § 3 (c).

procura, por meio de mil recursos interpretativos, tornar cada vez mais ampla a esfera da liberdade, e, portanto, tornar cada vez mais restrito o âmbito da lei. Instaura-se uma relação antitética entre a lei e a liberdade, que tende ao minimalismo. Em todo caso, o tratado do fim último, das virtudes e da prudência, bem como um estudo profundo da liberdade cristã, desaparecem ou ficam reduzidos a uma formalidade sem importância.

No enfoque tomista, que seguimos neste livro, *a moral funda-se nas virtudes teologais e morais, aperfeiçoadas pelos dons do Espírito Santo.* «A virtude prática por excelência, guia do juízo moral para o seu próprio cumprimento, é a prudência, não a consciência, como se apresenta, ao contrário, na tradição moderna».[167] A graça e as virtudes teologais e morais constituem o conteúdo da lei moral e, simultaneamente, os princípios a partir dos quais a razão prática chega a individuar os modos concretos de regulamentar os bens e as atividades humanas, para realizar o seguimento de Cristo em cada situação concreta. Essa atividade diretiva da razão prática permite propor, em plano reflexivo, o modo de comportar-se na forma de enunciados normativos (normas morais), mas, originariamente, a atividade da razão prática consiste na regulamentação da ação, não na produção de normas nem na aplicação de normas a casos concretos. Assim, não faz sentido «libertar» âmbitos operativos da regra das virtudes ou da lei moral: falar de «âmbitos operativos» não regulamentados pela lei suporia que existissem espaços da ação humana alheios à razão humana iluminada pela fé e não pertencentes à vocação cristã. *Isso não significa, contudo, que o enfoque tomista não tenha em conta a consciência moral. Significa unicamente que o papel da consciência é concebido de modo diverso*, como veremos a seguir.[168]

Previamente, são necessários dois esclarecimentos. A crítica que fizemos à moral casuística é uma crítica do seu enfoque científico

(167) S. Pinckaers, *Coscienza, verità e prudenza*, cit., p. 127.

(168) «Em Santo Tomás – escreve Pinckaers – encontramos, de todo modo, uma conexão entre a virtude da prudência, analisada com os métodos da tradição aristotélica e com a contribuição do discernimento da tradição monástica, e a doutrina da consciência, derivada de São Paulo e dos Padres da Igreja, particularmente São Jerônimo» (*Ibidem*).

básico, que não desdenha as posições doutrinais cristãs contidas nela e por ela transmitidas, e que reconhece, além do mais, o papel positivo desempenhado em determinado momento histórico e em função de exigências pastorais concretas.[169] Convém esclarecer também que muitas das atuais críticas à moral casuística, longe de reformular o enfoque científico básico, continuam a construir-se sobre uma relação antitética entre lei e liberdade, mas alterando tal relação em favor de uma liberdade tendencialmente entendida de modo subjetivista. Dessa forma, os problemas científicos permanecem sem solução, e, além disso, surgem as dificuldades doutrinais indicadas na encíclica *Veritatis splendor*.

b) O papel da consciência moral na ética teológica da virtude

No que diz respeito à inserção do tratado da consciência na moral da virtude, é necessário distinguir o plano do exercício direto do plano do exercício reflexivo da razão prática («*ratio practica in actu exercito*» e «*ratio practica in actu signato*»).[170] *No âmbito do exercício direto, a razão prática quer individuar a eleição que permite regulamentar os bens humanos em conformidade com a regra das virtudes* (com a justiça, com a temperança, etc.). O aperfeiçoamento habitual dessa atividade da razão prática é a virtude da prudência, que, como sabemos, pressupõe não só o conhecimento dos fins virtuosos, mas sobretudo o seu desejo.[171]

(169) Cf. S. Pinckaers, *Las fuentes de la moral cristiana*, cit., pp. 333-336. A moral casuística deixava o estudo das virtudes para outra disciplina teológica, a ascética; no entanto, como justamente assinala Pinckaers, nesse período «vários moralistas de renome foram, ao mesmo tempo, realmente espirituais, como S. Afonso Maria de Ligório» (*Ibidem*, p. 334).

(170) Cf. G. Abbà, *Felicidad, vida buena y virtud*, cit., pp. 257-261.

(171) Cf. cap. VII, § 3 (b). A atividade direta da razão ordena-se à ação, e «para agir bem não é suficiente elaborar uma norma específica e julgar que se refletiu o bastante. É preciso também passar da consideração *in universali* típica da consciência à consideração *in particulari*, isto é, à consideração em que as premissas do raciocínio não são simplesmente fórmulas, ainda que específicas e circunstanciadas, mas principalmente intenções corretas do indivíduo agente, inclinações reais da sua vontade e dos seus apetites passionais a respeito dos objetivos virtuosos» (G. Abbà, *Felicidad, vida buena y virtud*, cit., 257-258).

O juízo da consciência situa-se, pelo contrário, no âmbito da atividade reflexa da razão prática, que é o âmbito onde ciência moral formula os juízos práticos na forma de enunciados normativos.[172] A consciência atual é um juízo sobre a ação concreta por realizar ou já realizada fundado sobre tais enunciados normativos reflexos. A conexão do juízo da consciência com as disposições atuais ou habituais dos apetites é menos estreita que no caso da prudência, e, nesse sentido, Santo Tomás afirma que a consciência possui caráter eminentemente, se não exclusivamente, cognoscitivo.[173] A atividade da consciência aspira a julgar retamente com base na ciência moral; a prudência, pelo contrário, «não consiste somente na consideração, mas também na aplicação à obra, fim do entendimento prático. Por isso, se nisto houver defeito, será exatamente o contrário da prudência».[174] Em outras palavras: o fim imediato da consciência, enquanto atividade reflexiva, é julgar a ação proposta conforme à verdade; o fim da prudência, enquanto atividade reguladora direta da ação prática, é individuar, imperar e pôr em ato a ação reta. Se esta não se realiza, a prudência falha, mas não necessariamente existe um erro de consciência, pois é possível que o juízo de eleição[175] se oponha à consciência, «como quando o desejo de uma ação desonesta obscurece a razão ao ponto de impedir decidir a sua rejeição. Desse modo, uma pessoa erra na eleição, mas não na consciência, porque atua precisamente contra a própria consciência. Diz-se que ele age com má consciência· porque o fato não concorda com a ciência moral».[176] Precisamente, o mal moral consuma-se quando o juízo de eleição não concorda com o juízo da consciência.

Não é infrequente que algumas pessoas chamem «ditame da consciência» ao que é, propriamente, um juízo de eleição. Convém esclarecer o mal-entendido, porque tal identificação significa admitir que qualquer decisão humana equivale ao juízo de consciência; em outras palavras, bastaria uma genérica boa vontade para agir

(172) Cf. Cap. VIII, § 2 (c).

(173) Cf. *Scriptum super Sententiis*, lib. II, d. 24, q. 2, a. 4 ad 2; *De Veritate*, q. 17, a 1 ad 4.

(174) *S.Th.*, II-II, q. 47, a. 1 ad 3.

(175) A natureza deste juízo foi explicada no cap. VI, § 3 e no cap. VII, § 3 (b) e (c).

(176) *De Veritate*, q. 17, a. 1 ad 4.

«segundo a consciência»: é uma concepção muito próxima da concepção da consciência criativa.

Em relação à distinção entre consciência e prudência, convém considerar, em segundo lugar, a insistência de muitos autores, e entre eles Santo Tomás de Aquino, em dizer que *a consciência moral é um ato e não um hábito*, tese que não pode ser entendida, se não quisermos cair na banalidade, como a diferença entre um hábito e o seu ato próprio; significa, sim, que a consciência moral não é o ato próprio e específico de um só hábito, mas um ato valorativo da razão prática que se realiza em diversos planos e sobre o qual influem diferentes hábitos.[177] Essa avaliação moral se efetiva, além do mais, em momentos diversos: antes de agir, depois da ação, mas também antes da intenção e do consentimento voluntário, pois, previamente ao ato da vontade (seja ele desejo, intenção, consentimento ou eleição), a razão capta a sua bondade ou a sua malícia; isto é, capta que não se deve agir ou que não se deveria ter agido de tal modo, mas também que não é lícito desejar tal fim nem deliberar os meios para consegui-lo, etc. A consciência é, portanto, um fenômeno mais amplo que a prudência; mas, no que diz respeito à individuação e à atuação da eleição concreta, a prudência estende-se a mais coisas e desempenha mais funções que a consciência: esta última julga unicamente a moralidade do projeto operativo; a prudência, pelo contrário, delibera, escolhe, julga e impera, ajudada pelas outras virtudes e servindo-se também dos juízos da consciência moral.

4. Estudo teológico sistemático dos problemas do juízo moral

O conceito de consciência moral em sentido restrito (*consciência atual*) proposto pela encíclica *Veritatis splendor* segue a tradição teológica inspirada em Santo Tomás de Aquino, para quem *a consciência é o juízo resultante da aplicação do saber moral a uma ação singular que se quer*

 (177) Cf. *De Veritate*, q. 17, a. 1; *S.Th.*, I, q. 79, a. 13 ad 3.

realizar ou já realizada.[178] A noção de consciência como «aplicação de um saber» poderia parecer-se, numa visão superficial, à execução mecânica, passiva e óbvia de um silogismo dedutivo; é uma visão que trivializa a natureza da consciência e não corresponde à realidade. Efetivamente, o juízo da consciência é um ato de discernimento extremamente complexo, onde diversos elementos, como o saber moral, o conhecimento da ação e da situação, o sentido da obrigação moral, os componentes afetivos da eleição, devem integrar-se adequadamente em ordem à consecução da verdade moral. Analisamos estes temas a seguir.

a) Consciência e ciência moral

A consciência julga a partir de um saber moral preexistente. Portanto, pressupõe não só o ato dos primeiros princípios morais (sindérese) e o conhecimento natural dos critérios virtuosos da ação, mas também certo conhecimento reflexo que os propõe na forma de preceitos ou normas;[179] assim, de algum modo, requer-se o *habitus* da ciência moral. Logicamente, não se pretende afirmar que só os profissionais da filosofia ou da teologia moral estão em condições de formular um juízo de consciência, e sim que este pressupõe um saber moral reflexo, normalmente possuído de maneira não científica, adquirido por meio da reflexão, da educação, dos usos e costumes sociais, etc. *As normas morais são um dos meios principais para comunicar e receber o saber moral reflexo.* Em sentido lato, as normas são proposições logicamente universais que têm como sujeito uma ação ou a descrição de uma ação, e como predicado expressões como «moralmente bom», «moralmente mau», «moralmente obrigatório» ou outras análogas. *As normas morais não são só um mandato ou uma proibição; são também instrução, ensinamento: mediante fórmulas mais ou menos simples, transmitem o conhecimento das principais exigências das virtudes pessoais e sociais.*

Damos alguns exemplos. A virtude da justiça impõe o respeito aos direitos e aos bens dos demais. No que se refere aos bens de

(178) Cf. *De Veritate*, q. 17, aa. 1-2; S.Th., I, q. 79, a. 13.

(179) Ver cap. VIII, § 2 (b) e (c).

índole material, tudo isso pode exprimir-se sinteticamente dizendo: «não furtar»; ou também, formulado com mais detalhe: o furto é moralmente mau; em caso de extrema necessidade, é lícito tomar de outro os bens necessários – mas só os estritamente necessários – para sair desse estado, pois, em condições normais, ninguém pode razoavelmente negar a outro aquilo de que ele necessita para não morrer de fome ou de sede; a rapina é moralmente ilícita e mais grave que o furto, porque ao dano material se acrescenta a ameaça ou a violência; quem furtou está obrigado a restituir o bem furtado ao legítimo proprietário, ou, se o bem foi consumido, o seu valor econômico, etc. Dessa forma poderiam enunciar-se todas as exigências da virtude da justiça. Essas e outras normas permitem julgar retamente as ações singulares. Se forem ações simples, bastam fórmulas sintéticas; para julgar ações complexas, por exemplo, a licitude de certas operações comerciais ou financeiras, serão necessárias normas mais específicas.

A aplicação do saber moral nem sempre é simples e imediata. *A norma* não é a simples expressão de uma vontade superior que deve ser observada ainda que o mundo se afunde, senão que é *a expressão linguística de uma regulação* (ordinatio rationis) *que, antes de tudo, deve entender-se corretamente nos seus termos e no seu verdadeiro sentido.* Requer-se, portanto, a exata compreensão da índole e do significado da norma, para assim poder circunscrever os eventuais defeitos do enunciado normativo, como consequência de uma expressão linguística não plenamente exata, de um conflito com outras exigências igualmente importantes, de uma situação concreta que a norma não tentava nem podia contemplar.[180] Em todo caso, deve assinalar-se que, *para a adequada compreensão da índole do fato moral, se deve ter presente a doutrina sobre as fontes da moralidade* estudada no capítulo VI.

---

(180) Apresenta-se aqui uma série de problemas, dos quais trataremos imediatamente, que pertencem à teoria do juízo reflexo da ação. Como todas as questões referentes ao saber reflexo, esta teoria interessa principalmente aos moralistas e a quem deve enfrentar o estudo de situações muito complexas. Quanto ao saber reflexo, a teoria do juízo da ação pressupõe o exercício direto da razão prática, que, com a ajuda da graça e das virtudes cristãs, consegue individuar a solução adequada para cada problema. Seja como for, é bom recordar que esta parte da teologia moral tem importância secundária.

Aqui, limitamo-nos a dar um exemplo, já utilizado neste capítulo. Pode acontecer que se indique a uma mulher casada, como única terapia possível para determinada doença, a necessidade de tomar um remédio que poderia ocasionar, como efeito colateral, uma infertilidade temporária. Lendo a bula ilustrativa, a mulher percebe que se trata de um medicamento anovulatório e julga que o seu uso é moralmente ilícito, pois a contracepção é uma ação que nenhuma circunstância pode legitimar. Neste caso, é claro que a mulher não conhece bem o significado moral de «contracepção». Contracepção é «toda ação que, em previsão do ato conjugal, ou durante a sua realização, ou ainda durante o desenvolvimento das suas consequências naturais, se proponha, como fim ou como meio, a tornar impossível a procriação».[181] Essa definição permite entender que é moralmente lícito «o recurso aos meios terapêuticos verdadeiramente necessários para curar doenças do organismo, ainda que daí venha a resultar um impedimento, mesmo previsto, à procriação, desde que tal impedimento não seja, por motivo nenhum, querido diretamente»;[182] e isso é assim não porque se admita uma exceção, mas simplesmente porque a ação julgada não se propõe, nem como fim nem como meio, a impedir a procriação e, portanto, não entra na noção de «contracepção».

b) Consciência moral, normas de comportamento, exceções

A aplicação das normas de comportamento por parte da consciência moral deve ter em conta a distinção entre «normas legais» e «normas morais».[183] Tanto estas como aquelas têm conteúdo moral, mas a sua relação com a ação e a sua índole obrigatória são completamente diversas.

Chamamos «normas legais» àquelas regras de comportamento que são

---

(181) Beato Paulo VI, Enc. *Humanae vitae*, 25-07-1968, n. 14.

(182) *Ibidem*, n. 15.

(183) Tomamos esta distinção de M. Rhonheimer, *La perspectiva de la moral*, cit., pp. 336-341.

constitutivas da licitude ou da ilicitude morais – ou pelo menos, jurídicas – das ações em ordem à promoção ou tutela de um bem ou de um estado de coisas vantajoso. São «normas legais» algumas leis civis e eclesiásticas, bem como algumas normas estabelecidas pela ciência moral, que não possuem uma positividade ou uma negatividade intrínsecas com independência da norma: a necessidade de proteger importantes bens pessoais e sociais justifica uma normativa segundo a qual ações que, em si mesmas, não são suscetíveis de avaliação moral se tornam boas ou más. Como explicamos no capítulo IX, também as leis humanas obrigam em consciência, mas são normas que, em termos gerais, deixam aberta a possibilidade de exceções ou de correções conforme à epiqueia,[184] sempre que nos encontremos em situações concretas em que a observância da norma não é necessária ou é até nociva.[185]

> Um bom exemplo pode ser o código de trânsito. Para tutelar o bem e a segurança dos cidadãos, ele impõe, por exemplo, que se trafegue pela direita e pare num semáforo vermelho, e proíbe o contrário. Mas pode haver exceções e até epiqueia: num domingo de verão, quando a cidade está deserta, não é uma culpa moral não parar num semáforo vermelho, se a visibilidade for boa e houver completa certeza de não incorrer em perigo para si próprio e para os demais; nas mesmas condições, é moralmente possível trafegar pela esquerda durante alguns metros para evitar uma irregularidade no asfalto, etc. Tudo isso é possível porque não existe uma desordem intrínseca naquelas ações, que são boas ou más apenas pela sua relação com uma regra que, geralmente, é funcional para obter uma situação vantajosa ou mesmo necessária.

As «normas morais» são enunciados normativos cujo fundamento ontológico é a positividade ou a negatividade éticas intrínsecas das ações que mandam ou proíbem. Podem servir de exemplo as normas morais que

---

(184) Trataremos da epiqueia no § (d).

(185) Tenha-se presente o exposto sobre a obrigatoriedade da lei civil (cap. IX, § 1 (d)): vincula a consciência, mas a sua obrigação moral está em relação direta com o valor e a importância dos bens sociais tutelados pela norma. Em outras palavras, a obrigatoriedade moral não é uma dimensão da norma jurídica considerada isoladamente, senão que é efeito da responsabilidade humana em relação à realidade social.

proíbem o adultério, o aborto, o o estupro, etc. Estas normas não são constitutivas da licitude ou da ilicitude morais da ação, mas, pelo contrário, é a licitude ou a ilicitude da ação o que fundamenta a validade da norma. A «norma moral» é válida enquanto exprime a conformidade ou a oposição reais de um modo de agir com os princípios da razão iluminada pela fé, ou seja, com as virtudes teologais e morais. Quando observamos uma «norma moral», não nos limitamos a respeitar uma regra que é geralmente útil e vantajosa para tutelar certos bens, senão que realizamos um ato de virtude (fé, caridade justiça, etc.), ou omitimos um ato oposto a ela. Em sentido rigoroso, em relação a essas normas não é possível a exceção nem a epiqueia, porque o bem ou mal não residem na observância de norma para tutelar um valor ou um estado de coisas; o bem ou o mal estão na própria ação, que na sua intrínseca voluntariedade é um ato de virtude ou um ato oposto a ela. Se em algum caso parece que, em matéria propriamente moral, pode fazer-se uma exceção, isso acontece porque a ação não entra de fato na norma (como no exemplo, acima exposto, do uso de um medicamento anovulatório por motivos verdadeiramente terapêuticos), e então não se trata de uma exceção, mas de uma falsa denominação ou de uma defeituosa compreensão da espécie moral do fato. No âmbito propriamente moral, deve abandonar-se o próprio conceito de exceção, porque a sua aceitação – em sentido próprio e rigoroso – implica afirmar que, em alguns casos, «um pouco de injustiça», «um pouco de violência» ou «um pouco de luxúria» são moralmente aceitáveis, e, portanto, congruentes com o seguimento de Cristo, coisa que, obviamente, não se pode admitir.

Convém também distinguir entre as «normas morais positivas», ou seja, normas que mandam fazer algo (honrar pai e mãe), *e as normas morais negativas, ou seja, normas que proíbem fazer algo* (não cometer adultério). *As normas negativas obrigam* semper et pro semper, em qualquer circunstância ou situação, porque a escolha do comportamento por elas proibido «nunca é compatível com a bondade da vontade da pessoa que age, com a sua vocação à vida em Deus e à comunhão com o próximo».[186] *As normas positivas, pelo contrário, obrigam* semper sed non pro semper, no sentido de que, ainda conservando a sua validade

(186) *Veritatis splendor*, n. 52.

substancial, nem sempre é possível realizar as obras positivas mandadas. «O que deve ser feito em determinada situação depende das circunstâncias, que não se podem prever todas de antemão. [...] Sempre é possível que o homem, por coação ou por outras circunstâncias, seja impedido de levar a efeito ações boas; porém nunca pode ser impedido de não fazer certas ações, sobretudo se ele está disposto a morrer antes que fazer o mal.»[187]

Tudo o que foi exposto permite entender que a aplicação do saber moral em ordem à formulação do juízo da consciência requer uma ativa e atenta compreensão da natureza, do fundamento e do sentido dos diversos enunciados normativos.

c) Consciência e moral de situação

O juízo da consciência requer também a reta compreensão e avaliação da situação. O conceito de situação foi interpretado e utilizado, em alguns casos, como expediente para relativizar a validade absoluta das «normas morais negativas», e, portanto, para negar a existência de ações intrinsecamente más. Isso deu lugar à «ética de situação», que, mesmo contendo algumas instâncias positivas, acarreta importantes problemas doutrinais, que ocasionaram diversas intervenções do magistério eclesiástico.[188] No entanto, a *situação* pessoal pode e deve ser interpretada corretamente: manifesta a encarnação, a vocação e a sociabilidade do sujeito moral humano, as quais, longe de serem uma limitação, desvelam o caminho de cada pessoa em direção à única verdade e ao único Senhor.

Não há duvida de que o estado civil (casado, solteiro, sacerdote, etc.), a profissão (médico, operário, juiz, etc.) e outras características

---

(187) *Ibidem.*

(188) Cf. Pio XII, *Discursos* de 23 de março e 18 de abril 1952: AAS 44 (1952) 270-278 e 413-419; Congr. do Santo Ofício, Instr. *Contra doctrinam*, 2-02-1956: DS 3918-3921. Motivos de brevidade não permitem enfrentar a problemática gnosiológica e teológica da ética de situação. Possui os mesmos limites da ética normativista, que tenta superar inclinando o fiel da balança para o singular. Uma reta compreensão da prudência permite satisfazer melhor as exigências da irrepetível singularidade do sujeito moral sem, por isso, relativizar os princípios constitutivos da razão moral.

pessoais são fonte de direitos e de deveres específicos. Mas não se deve esquecer que as diversas exigências éticas se estruturam, na prática, como os andares de um edifício: os andares superiores unem-se aos inferiores e aos alicerces, e estes sustentam aqueles. Os deveres particulares ligados ao estado civil, à profissão, etc., pressupõem as exigências éticas comuns à condição humana e à condição cristã. Estas últimas podem, talvez, adquirir modalidades próprias (a caridade, por exemplo, tem exigências específicas para o médico, para o sacerdote, etc.), mas não podem ser anuladas ou relativizadas na sua substância pela condição particular de uma pessoa concreta.

Deve assinalar-se, também, que *toda verdadeira exigência moral é potencialmente universal*; isso significa que tal exigência diz respeito a qualquer pessoa que esteja naquela situação concreta. Se uma pessoa se encontrasse em condições tão excepcionais que, de fato, fosse única no mundo, seria verdadeiro, de qualquer forma, que as exigências éticas válidas para ele seriam igualmente válidas para qualquer outra pessoa que estivesse na mesma situação. Da pura singularidade *enquanto tal* não surgem exigências morais.

d) A virtude da epiqueia

A tradição teológico-moral católica concedeu amplo espaço à epiqueia, que aperfeiçoa o juízo moral permitindo atingir a verdade até em situações excepcionais. O estudo das fontes clássicas não deixa dúvidas quanto ao fato de que *a epiqueia se considera, para todos os efeitos e no sentido mais estrito, uma virtude moral*,[189] isto é, uma qualidade pertencente à plena formação moral da pessoa. Isso supõe que a epiqueia seja um principio de escolhas não só boas, mas até excelentes e ótimas: para Aristóteles, «o equitativo (*epieikés*) é justo e melhor que certa classe de justiça»;[190] para Santo Alberto

(189) *S.Th.*, II-II, q.120, a. 1. Uma análise detalhada das fontes clássicas e das propostas modernas sobre este tema pode encontrar-se em A. Rodríguez Luño, *La virtù dell'epicheia. Teoria, storia e applicazione*, «Acta Philosophica» 6 (1997) 197-236 e 7 (1998) 65-88 (com bibliografia).

(190) *Ética a Nicómaco*, V, 10: 1137b25, cit., p. 263.

Magno, a epiqueia é «*superiustitia*».[191] Não é, portanto, algo menos bom, um «desconto» que fosse tolerado. A aplicação originária da epiqueia compreende o âmbito dos comportamentos regulados pelas leis civis, às quais os escolásticos acrescentaram os comportamentos regulados pelo direito canônico; em todo caso, refere-se a leis humanas que sempre se podem aprimorar (chamamo-las "normas legais").

Retomando fielmente o pensamento de Aristóteles e de Santo Tomás, Caetano explica sinteticamente a natureza da epiqueia com as seguintes palavras: «*Directio legis ubi deficit propter universale*»,[192] direção da lei onde esta é defeituosa por causa da sua universalidade. O homem moralmente bem formado não só sabe que comportamentos são lícitos ou ilícitos, mas entende também o seu porquê. Ora, como a lei fala universalmente, pode apresentar-se algo que, apesar das aparências, não entre na norma universal, e isso é percebido pelo homem virtuoso, porque entende que, em tal caso, a observância literal da lei se traduziria num comportamento lesivo à justiça ou ao bem comum, que são os princípios inspiradores de toda lei e de todo legislador. Neste caso – quando o legislador humano descuidou de alguma circunstância ou não legislou acertadamente, por tê-lo feito em geral –, torna-se um dever procurar a justiça, e considerar prescrito o que o próprio legislador diria se estivesse presente e teria incluído na lei se tivesse podido conhecer o caso em questão (sem dúvida, supõe-se que o legislador pretende o bem comum). E tudo isso é feito não como uma permissão para fazer algo menos bom, mas porque o contrário suporia um comportamento injusto e lesivo ao bem comum. A epiqueia não é uma atitude que possa ser benignamente invocada, nem tem que ver com principio de tolerância; quando o caso se apresenta, é a regra a que deve ser seguida necessariamente.[193]

---

(191) Cf. S. Alberto Magno, *Super Ethica Commentum et Quaestiones: Opera Omnia* (W. Kübel, cur.), Münster, 1968-1972, vol. XIV, pars I, p. 384.

(192) Caetano, *Commentario alla "Summa Theologiae"*, cit., II-II, q. 120, a. 1.

(193) Santo Tomás afirma que a justiça se predica *per prius* da epiqueia, e *per posterius* da justiça legal, porque esta é regulada por aquela; mais ainda, acrescenta: «a epiqueia é como uma norma superior dos atos humanos» (*S.Th.*, II-II, q. 120, a. 2). Isso não significa, obviamente, que a epiqueia esteja acima do bem e do mal, mas simplesmente que, quando,

Todos concordam (de Santo Tomás a Santo Afonso) em que a lei não deve ser observada quando, num caso singular, é defeituosa *aliquo modo contrarie* e não só *negative*. Ou seja: não se deve observar a lei literalmente se a sua observância ocasionar um comportamento de alguma maneira oposto à justiça ou ao bem comum; pelo contrário, a epiqueia não pode ser invocada apenas porque a *ratio legis* não parece ser, em algum caso concreto, particularmente pertinente ou urgente (cessação simplesmente negativa da *ratio legis*). Nesta linha, Santo Tomás afirma que, quando o cumprimento literal da lei fosse nocivo para o bem comum, se o perigo não fosse iminente, seria preciso recorrer ao legislador.[194] Em termos mais concretos, quando se pode considerar que uma lei é defeituosa *aliquo modo contrarie*? Quanto ao significado exato de *aliquo modo*, não há acordo completo. Para Santo Tomás e para Caetano, requer-se uma verdadeira e própria contrariedade entre a observância da lei e a justiça ou o bem comum. Para Suárez, tal opinião é «*minus rigida et limitata*».[195] Ele afirma que uma lei humana é *aliquo modo contrarie* mesmo nas três hipóteses seguintes: 1) quando o seu cumprimento, mesmo não sendo iníquo, é muito difícil e oneroso: por exemplo, se acarretar em risco para a própria vida; 2) quando o legislador humano, mesmo podendo obrigar também naquele caso, não teve intenção de fazê-lo; 3) quando a observância da lei, mesmo não sendo lesiva ao bem comum, prejudicasse o bem da pessoa

---

pelas razões assinaladas anteriormente, faltarem os critérios comuns de juízo, o ato que se deve realizar deve ser individuado por um juízo diretivo, chamado «*gnome*», que deve inspirar-se diretamente em princípios mais altos («*altiora principia*») como o são a própria *ratio iustitiae* e o bem comum, sem obedecer à mediação do preceito que aqui e agora é defeituoso. A epiqueia é uma «regra superior» porque, para julgar os casos não previstos, recorre diretamente aos princípios morais de nível mais elevado.

(194) Esta observação mostra que não escapa a Santo Tomás um problema vivamente sentido pela consciência jurídica e política contemporânea. Se cada pessoa se considera autorizada a avaliar as disposições legais à luz da própria ideia de bem comum, ou sobre a base exclusiva das próprias circunstâncias, chegar-se-ia não só à arbitrariedade, mas à dissolução de todo o sistema legal, tanto civil como eclesiástico. O juízo em que cada cidadão poderia eventualmente refugiar-se na própria situação ameaçaria, como espada de Dâmocles, toda certeza jurídica, e a convivência ordenada seria quase impossível.

(195) Um estudo analítico dos textos de Suárez, Caetano, dos teólogos carmelitas de Salamanca autores do *Cursus Theologicus* (os «Salmanticenses») e de Santo Afonso, aqui brevemente mencionados, foi feito em A. Rodríguez Luño, *La virtù dell'epicheia. Teoria, storia e applicazione*, cit.

em questão, desde que – assinala Suárez – «o dano seja grave e *nenhuma exigência do bem comum obrigue a ocasionar ou a permitir tal dano*». Suárez precisa, no entanto, que a epiqueia não se pode aplicar às leis irritantes ou à lei divino-positiva.

Passemos agora ao problema da lei moral natural, isto é, à possibilidade de aplicar a epiqueia às «normas morais» e não só às «legais». Caetano, os teólogos carmelitas de Salamanca e Santo Afonso respondem afirmativamente; Suárez, pelo contrário, responde negativamente. Porém, quando se analisam com cuidado os textos das duas posições, vê-se que sustentam, na verdade, uma tese substancialmente idêntica, e que os preceitos da lei natural enquanto tal não podem ser corrigidos pela epiqueia de forma alguma. Por isso, devemos concluir (apesar de alguma recente interpretação em sentido oposto) que a epiqueia não pode ser invocada para negar o valor universal das «normas morais negativas». Estas interpretações não só carecem de fundamento nos textos clássicos aduzidos, mas transladam a epiqueia do seu contexto originário (ética da virtude) para a problemática da ética normativista, que lhe é completamente estranha. A epiqueia só pode ser entendida no âmbito da determinação prudente do fim desejado graças ao hábito virtuoso. Desse modo, quando uma exigência ética, que originariamente é uma exigência virtuosa, se exprime mediante uma formulação linguístico-normativa humana que, na sua generalidade, não pode prever as circunstâncias excepcionais do agente, é a epiqueia a que permite realizar a perfeita adequação do comportamento à *ratio virtutis*. Por exemplo, a quantidade furtada deve restituir-se, já que restituí-la é um ato da virtude da justiça; em casos excepcionais, quando a restituição não constitui um ato de justiça (restituir a arma a uma pessoa que deseja cometer um crime), ou quando fazê-lo fosse um ato de injustiça, a virtude da epiqueia permite chegar ao juízo prudencial de que aqui e agora não deve restituir-se o objeto. O homem justo (que possui a virtude da justiça) não deixa de perceber isso. A epiqueia é necessária precisamente porque – diga o que disser a letra do enunciado normativo – a justiça e as outras virtudes éticas não admitem exceções.

e) Consciência e obrigação moral

Até agora, falamos pouco do sentido do dever moral. Ao passo que, nas éticas filosóficas e teológicas da obrigação, é um conceito ético de importância primordial (por exemplo, em Kant), na ética da virtude tem papel importante, mas derivado.[196] Certamente, na ética filosófica da virtude, a norma moral que deriva das virtudes é uma norma obrigatória, e o mesmo deve dizer-se quanto à ética teológica no que se refere às virtudes cristãs, teologais e morais. No entanto, *a obrigação não constitui a única nem a principal motivação*, que corresponde, pelo contrário, à caridade; nem supõe necessariamente a existência de uma inclinação contrária: mais ainda, a obrigação orienta-se na mesma linha das inclinações sensíveis e espirituais da pessoa e do dinamismo da graça do Espírito Santo.

Para a teologia, a obrigação moral contém uma necessária referência à vocação à santidade, e por isso é algo mais que o puro senso do dever.[197] Precisamente, a consciência moral é o lugar privilegiado em que o caráter teônomo da obrigação moral se nota de modo claro e reflexo. A regra moral da virtude «é devida, já que tem a Deus, Bem perfeito, como bem normativo; e é também obrigatória, porque é uma regra que está em nós, mas procede de Deus: por meio dela, Deus notifica-nos a ordem moral devida e, com isso, vincula, obriga a nossa vontade em relação à vontade de Deus. Se a regra moral fosse só uma regra e não também uma lei, a desordem moral seria somente um erro culpável, uma desordem com respeito ao verdadeiro fim, mas não uma violação da obrigatoriedade. No entanto, temos certeza de que, violando uma regra moral, violamos uma obrigação. Na doutrina cristã, a certeza de que a regra moral é também

(196) A relação entre virtude e dever foi amplamente tratada por G. Abbà, *Felicidad, vida buena y virtud*, cit., pp. 87-138. A leitura deste texto será muito útil ao leitor que deseja aprofundar-se nessa temática.

(197) Frequentemente, os termos *dever* e *obrigação* são considerados sinônimos. Aqui, eles são utilizados com um matiz diverso: o dever supõe uma exigência intrínseca à natureza das coisas, enquanto a obrigação se fundamenta numa imposição da autoridade; certamente, uma ação pode ser moralmente devida e moralmente obrigatória: cf. G. Abbà, *Felicidad, vida buena y virtud*, cit., p. 197.

uma lei obrigatória que procede de Deus recebe o nome de consciência moral».[198]

5. *Modalidades da consciência moral*

a) Classificação dos estados da consciência

O juízo da consciência pode apresentar diversas modalidades, que se classificam observando três critérios.[199]

1) *Pela sua relação com ação julgada*, podemos falar de *consciência antecedente*, que julga o ato que se vai realizar, mandando, permitindo, proibindo, etc., e de *consciência consequente*, que aprova ou desaprova uma ação já realizada.

2) *Em razão da sua conformidade com a verdade*, ou seja, com o bem da pessoa, distinguem-se a *consciência reta ou verdadeira*, que julga com verdade a qualidade moral de um ato, e a *consciência errônea*, que não alcança a verdade com respeito à qualidade moral de uma ação, estimando como boa uma ação que na realidade é má, ou ao contrário.

A causa do erro de consciência é a ignorância. Esta pode referir-se à norma (*ignorantia iuris*), como no caso de quem não sabe da existência de uma lei que manda denunciar certos crimes; ou ao fato (*ignorantia facti*), como no caso de quem não sabe que a ação que presenciou é um crime desse tipo.

Para avaliar o modo em que a ignorância pode modificar a imputabilidade moral, é necessário distinguir dois gêneros de ignorância. A *ignorância invencível* é a que domina a consciência a tal ponto que não resta nenhuma possibilidade de reconhecê-la nem de afastá-la. A

(198) G. Abbà, *Felicità, vita buona e virtù*, cit., p. 253. A referência da consciência moral a Deus foi sublinhada tanto pela Sagrada Escritura como pela doutrina da Igreja, como explicamos anteriormente. Tudo isso é muito importante para a noção cristã de pecado, como veremos no capítulo XI.

(199) Retomamos, com algumas modificações, o texto escrito em A. Rodríguez Luño, *Ética general*, cit., pp. 198-200, 288-290.

ignorância vencível é a que, considerando as circunstâncias do sujeito agente, pode ser reconhecida e eliminada, mas permanece porque não se quis superar ou não se fez o possível para vencê-la.

A ignorância é invencível: a) quando a pessoa nem sequer suspeita que a sua opinião seja errônea e que, portanto, deveria retificá-la; b) quando, apesar da reflexão, do estudo e das consultas a pessoas prudentes e experientes com respeito a um problema, o sujeito chega sinceramente a uma solução objetivamente errônea, da qual não está em absoluto consciente. A ignorância é vencível quando surgem dúvidas com respeito à verdade da própria opinião (por certa insegurança da consciência ou pelo contraste entre a sua opinião e a das pessoas prudentes) e, dispondo de meios aptos para descobrir a verdade, não age com a oportuna diligência por preguiça, por malícia, etc. De fato, a ignorância é invencível na medida em que não é causada pela vontade, nem direta nem indiretamente; e é vencível quando deriva de um ato voluntário: não querer informar-se acerca de uma questão, descuidar habitualmente dos aspectos morais da própria profissão, menosprezar as exigências éticas, etc.

A ignorância invencível elimina a liberdade e a imputabilidade moral da ação na mesma medida da sua amplidão: portanto, é inculpável (quem atira contra uma pessoa que não reconheceu como sendo seu pai é culpado de homicídio, mas não de parricídio). A ação causada por esse tipo de ignorância é não voluntária, ou ainda involuntária.[200] *A ignorância vencível não elimina a liberdade nem a imputabilidade moral da ação* (em última análise, o sujeito não quer a ação porque ignora, mas ignora porque quer), *embora, às vezes, possa atenuá-la*; portanto, é culpável, porque pressupõe uma desordem moral voluntária, ao menos por negligência. Convirá avaliar se essa ignorância pressupõe no sujeito uma culpa grave ou leve, se responde a uma vontade expressa de ignorar para satisfazer os seus próprios desejos sem obstáculos (ignorância crassa ou supina) ou é antes uma simples negligência que atenua a responsabilidade, sem porém eliminá-la (ignorância simplesmente vencível).

3) Segundo o tipo de assentimento, isto é, *segundo o grau de segurança com que emite o juízo*, fala-se de *consciência certa*, se julga

(200) Cf. cap. VI, § (c).

com firmeza que o ato é bom ou mau; *consciência provável*, se o juízo não é seguro e admite a possibilidade oposta; e *consciência duvidosa*, se não sabe que partido tomar e por isso não consegue emitir um juízo.[201]

b) Princípios para seguir a consciência

1) *Só a consciência certa é regra moral.* A consciência certa deve ser seguida; quem age contra ela age necessariamente mal, pois contradiz a exigência moral conhecida. Não é decisivo, a esse respeito, que a consciência seja verdadeira ou falsa: quem quer uma ação julgada com certeza como má, ainda que objetivamente seja boa, quer aquilo que com certeza julga como mau e peca formalmente.

2) *Além de certa, a consciência deve ser verdadeira ou invencivelmente errônea para que seja regra de moralidade.* Em sentido estrito, só a consciência verdadeira é regra de moralidade. No entanto, a imperfeição e a falibilidade humanas fazem possível que o homem, ainda que aja com a diligência devida, em alguns casos estime como reta, sem culpa, uma consciência que na realidade é errônea. Por isso, a consciência certa invencivelmente errônea também deve ser seguida. Esta consciência, contudo, é regra não de modo absoluto: obriga só enquanto permanece o erro, e obriga *per accidens*, não por si própria, mas na medida em que invencivelmente se considera verdadeira. Além disso, como dissemos anteriormente,[202] o erro subjetivo invencível, embora não seja moralmente imputável, é nocivo e, em todo caso, não pode ser confundido com a verdade. A falibilidade da consciência humana sublinha que a sua formação é uma das tarefas morais mais importantes e mais urgentes para a pessoa.

3) *A consciência vencivelmente errônea nunca é norma moral.* Não é lícito segui-la, pois a ação conseguinte a um erro culpável é culpável na causa, ou seja, na mesma medida do erro de onde procede. No en-

(201) Como a consciência duvidosa é uma *suspensão* do juízo, diversos autores não utilizam este conceito na sua classificação; chamam duvidosa à que nós chamamos provável, e denominam provável a que julga com temor de errar, mas pensando que a sua opinião é mais provável que a contrária.

(202) Cf. § 2 (b).

tanto, não se pode agir contra ela, pois se faria algo que aqui e agora aparece como mau. É obrigatório, portanto, sair do erro antes de agir. Tenha-se presente que quem está em erro vencível não tem consciência certa: talvez não conheça qual seja a solução do problema, mas percebe que o seu juízo não é seguro, que deve investigar mais, etc.

4) *Não é lícito agir com consciência provável.* Aquele que age com incerteza positiva (fundamentada em razões e suspeitas sérias) quanto à maldade do ato se expõe voluntariamente a agir mal e, por isso, deve garantir o juízo da consciência (consciência certa) antes de passar à ação.

5) *A consciência duvidosa,* que suspende o juízo, *tampouco pode ser regra moral;* para sê-lo, a consciência deve julgar com segurança. Diante da consciência duvidosa, aplicam-se os mesmos critérios da consciência provável.

6. *Consciência e santidade*

A análise empreendida sobre a noção de consciência evidenciou, em primeiro lugar, que ela pode ser identificada com o núcleo moral mais profundo e básico da pessoa: é seu coração, o sacrário íntimo onde o homem ouve a voz de Deus; nesse sentido, a consciência ocupa lugar de destaque na vida moral e no caminho de identificação com Cristo.[203] Um ulterior aprofundamento do conceito de consciência levou-nos a identificá-la com o juízo da razão prática acerca do ato moral, que se configura como a norma subjetiva última com respeito ao bem e ao mal morais; este sentido pareceria diminuir a importância da consciência na vida cristã, já que, supostamente, ficaria reduzida à simples constatação de uma verdade prática. No entanto, esse aparente paradoxo se apresenta apenas numa óptica moral normativista que, querendo ou não, sempre desemboca em contrapor a lei/verdade

---

(203) A consciência é uma «espécie de *senso moral* que nos leva a distinguir o bem do mal [...] como que os olhos da alma, capacidade visual do espírito em condições de guiar os nossos passos pelo caminho do bem» (*Reconciliatio et paenitentia*, n. 26).

com a consciência.[204] Numa moral de «primeira pessoa», não existe tal contraposição, porque é a própria pessoa, em toda a sua verdade, que realiza o juízo da consciência, juízo que se baseia no ser da pessoa para chegar à sua situação concreta.[205]

A consciência, portanto, constitui e institui a «personalização» do agir moral, e torna possível que a pessoa se realize, na sua irrepetível singularidade e situação, de acordo com a sua profunda verdade de homem e de cristão.[206] Por isso, esta concepção não diminui a importância moral da consciência; pelo contrário, coloca-a no seu justo lugar na estrutura da vida cristã: ao realizar o juízo de consciência, com a ajuda do conhecimento da lei moral e das boas disposições pessoais, a pessoa, na sua integridade, entra em diálogo com Deus; e esta voz de Deus, que ressoa no mais íntimo do seu ser, lhe mostra como deve comportar-se aqui e agora para identificar-se com Cristo. Em outras palavras, a finalidade da consciência não é simplesmente fazer um juízo prático (constatar uma verdade moral), mas facilitar, por meio desse juízo (feito em diálogo com Deus) a obtenção do bem humano, a perfeição da pessoa enquanto tal: mediante a consciência, o homem é capaz de conhecer em cada situação aquilo que favorece a sua vida em Cristo e aquilo que lhe é contrário; daí decorre que seguir a voz da consciência seja o caminho seguro – de certo modo, o único caminho – para progredir em santidade:[207] a santidade moral cresce quando o juízo de eleição coincide com o juízo da consciência, e o pecado não é outra coisa que uma contraposição entre estes dois juízos.

O juízo de consciência poderia resumir-se assim: o homem dialoga com Deus, no mais profundo do seu ser, para captar a congruência

(204) *Vide* § 3 (a).

(205) A plena verdade acerca da pessoa humana tem, como fundamento e componente principais, a sua relação com Deus, embora também inclua (de modo secundário e derivado) todo um conjunto de relações e de qualidades que determinam a verdade deste homem concreto, aqui e agora.

(206) Cf. Carlo Cafarra, *Vida en Cristo*, cit., p. 113.

(207) «A consciência moral não encerra o homem numa solidão impenetrável, senão que o abre ao chamado, à voz de Deus. Nisto, e não em outra coisa, reside todo o mistério e toda a dignidade da consciência moral: em ser o lugar, o espaço santo onde Deus fala ao homem» (São João Paulo II, *Discurso* 18/08/1983, n. 2: *Insegnamenti*, VI-2 (1983), 256. Este texto está recolhido em *Veritatis splendor*, n. 58.

de determinada ação com a sua vida em Cristo. Este breve enunciado inclui situações muito díspares e complexas. Pode referir-se a um ato pretérito, e, neste caso, o diálogo aprova-o ou reprova-o, ao mesmo tempo que estimula a sua retificação. Pode tratar-se de um ato muito simples (fazer ou não um pequeno serviço), e o raciocínio é muito breve, quase inexistente.[208] Por vezes, em face de acontecimentos de grande relevância pessoal (discernir a própria vocação, etc.), o diálogo deve ser mais demorado. Em todo caso, a consciência requer uma relação sincera com o Senhor para descobrir, aqui e agora, o que Ele pede a cada um nas diversas situações: por isso, a consciência exige a vida de oração, onde «a luz do olhar de Jesus ilumina os olhos de nosso coração; ensina-nos a ver tudo na luz da sua verdade e da sua compaixão por todos os homens. A contemplação considera também os mistérios da vida de Cristo, proporcionando-nos o "conhecimento íntimo do Senhor", para mais O amar e seguir».[209]

Ressalta-se assim a importância moral da consciência, a necessidade de educá-la adequadamente, e o direito de não ser forçado de modo algum a agir contra a consciência. Mediante a consciência, a pessoa constrói e percorre – em diálogo com Deus – o caminho da sua vocação pessoal, do seu modo próprio e único de viver em Cristo: o chamado universal à santidade recebe a sua especificação pessoal na consciência moral.[210] A consciência suscita «no homem o senso de responsabilidade e de personalidade, o reconhecimento dos princípios existenciais e do seu desenvolvimento lógico. Para o cristão que reflete sobre o seu caráter batismal, esse desenvolvimento lógico gera os conceitos fundamentais da teologia sobre o homem que se sabe e se sente filho de Deus, membro de Cristo, incorporado à Igreja, dotado do sacerdócio comum dos fiéis, [...] de onde procede o empenho de cada cristão por ser santo, por chegar à plenitude da vida cristã, à perfeição da caridade».[211] Portanto, não se deve esquecer que o juízo de consciência, como reflexo da voz de Deus, é sempre um chamado à santidade,

(208) Entre pessoas que se querem bem e têm relacionamento frequente, um pequeno gesto é facilmente interpretável pelo outro. Quando uma pessoa tem trato de intimidade com Deus, não precisa de muitos raciocínios para descobrir a sua vontade.

(209) *Catecismo da Igreja Católica*, n. 2715.

(210) Cf. Carlo Cafarra, *Vida en Cristo*, cit., p. 124.

(211) Beato Paulo VI, *Discurso*, 26/09/1970, *Insegnamenti*, VIII (1970), 937.

que exige autêntica docilidade às moções que o Espírito Santo suscita em cada pessoa.

Estas considerações poderiam resumir-se em duas breves frases: «Não tomes uma decisão sem te deteres a considerar o assunto diante de Deus»; «Recolhe-te. – Procura a Deus em ti e escuta-O».[212]

(212) Josemaria Escrivá, *Caminho*, Quadrante, São Paulo, 1999, ns. 266 e 319.

Capítulo XI

O PECADO E A CONVERSÃO

Os temas estudados até o momento permitem entender que a ação voluntária pode ser moralmente boa ou má e que tal caráter depende do objeto, do fim e das circunstâncias, vistos na sua relação com as virtudes teologais e morais, que constituem a regra moral da vida cristã.[1] Contudo, faz-se necessário um estudo teológico do pecado, porque *o pecado é algo mais que uma ação eticamente negativa*.[2] O pecado é a resposta negativa do homem ao dom e ao chamado do amor de Deus, que se torna, assim, um amor não correspondido, traído e ofendido. O pecado é, definitivamente, o *não* do filho humano ao Pai divino, é um

(1) Cf. cap. VI, § 4, cap. VII e especialmente cap. VIII, §§ 2 e 4.

(2) Acerca do conceito de pecado, continua sendo útil a leitura de Th. Deman, *Péché*: DTC, XII, 140-275; P. Palazzini (ed.), *Il peccato*, cit. Ver também «La Scuola Cattolica» 106 (1978) nn. 3-4 (fascículo monográfico sobre «Peccato e peccati nel Nuovo Testamento»); «Annales theologici» 2 (1988), com os seguintes artigos: M. A. Tabet, *La distinzione dei peccati secondo la loro gravità nell'insegnamento di Gesù*, pp. 3-34; J. Schumacher, *L'uomo tra peccato e redenzione*, pp. 35-52; D. Tettamanzi, *La responsabilità personale e le dimensioni sociali del peccato*, pp. 53-81; y L. Scheffczyk, *Colpa e riconciliazione nell'orizzonte umano e cristiano*, pp. 343-356; A. Günthör, *Chiamata e risposta*, cit., vol. I, ns. 687-821; J. Pieper, *El concepto de pecado*, Herder, Barcelona, 1986; Vários Autores, *Pecado y perdón*, Cete, Toledo, 1991; D. Tettamanzi, *Verità e Libertà. Temi e prospettive di morale cristiana*, Piemme, Casale Monferrato, 1993, cap. XI-XIII; R. García de Haro, *La vida cristiana*, cit., pp. 689-825; A. Fernández, *Teología Moral. I*, cit., pp. 747-834.

mysterium iniquitatis sem o qual a história da salvação não teria sido a que é. Por isso, a reflexão sobre o pecado é parte essencial da doutrina cristã e da teologia moral; de fato, somente à luz da fé se pode entender plenamente a natureza do pecado.[3]

1. O pecado e a conversão na Sagrada Escritura

a) Antigo Testamento

A noção de pecado, como todo o pensamento moral do Antigo Testamento, é compreensível a partir do desígnio salvífico livre e gratuito de Deus. O homem foi constituído inicialmente em estado de justiça e de amizade divina, do qual os primeiros pais se autoexcluíram pelo primeiro pecado.[4]

> A natureza e os pressupostos deste pecado foram enfatizados por Barthélemy: o homem, «tendo duvidado da bondade do Pai, selou depois aquela dúvida com um gesto que o convalidava como um selo aposto numa ata. Quando o homem fez o gesto de comer o fruto, isto significava: no fundo, compreendi que Deus é aquele que quer manter-me submisso e tenho de me livrar d'Ele a todo custo, para eu mesmo converter-me num deus. Comer o fruto supunha esta interpretação da intenção de Deus. Com este gesto, quebrava-se o clima de confiança, de abandono filial nas mãos de um pai cujo amor era o nosso único tesouro. Destruído tudo isso, o homem sabe que rompeu com a fonte da vida. Com efeito, não se pode receber de Deus uma vida continuamente renovada, se não se está voltado e aberto a Ele, por inteiro, com o próprio ser. No entanto, o homem, querendo converter-se em deus, rompeu essa relação de abertura total e confiada, a única que poderia assegurar-lhe a vida».[5]

---

(3) Cf. *Reconciliatio et paenitentia*, n. 18.

(4) Cf. *Gên* 3, 1-13. Cf. D. Barthélemy, *Dieu et son image*, cit., pp. 45-55.

(5) D. Barthélemy, *Dieu et son image*, cit., p. 55.

Depois da primeira desobediência, o pecado aloja-se no coração do homem como uma potência expansiva e destruidora,[6] a ponto de que «o Senhor, ao ver quanto havia crescido a maldade do homem sobre a terra e que todos os pensamentos de seu coração tendiam sempre ao mal, arrependeu-se de ter feito o homem sobre a terra e se entristeceu no coração».[7]

Contudo, o Senhor não renunciou ao seu desígnio salvífico e escolheu o povo de Israel para realizá-lo. A Aliança converteu-se, assim, no novo marco da fidelidade e da infidelidade humanas.[8] O Senhor estabelece uma Aliança com Israel, e o descumprimento desse pacto não supõe somente uma falta jurídica: *o pecado não é tanto a oposição a uma norma, mas a Deus mesmo.*[9] Com o pecado, o homem rejeita o amor que o seu Criador lhe ofereceu e se fecha em si mesmo, interrompendo a relação familiar que Deus havia estabelecido com ele. A literatura profética enfatizará que o pecado é uma infidelidade ao amor divino, um adultério.[10] De modo derivado, é, além disso, uma ruptura com o povo, enquanto ofensa ao desígnio divino com respeito a ele; por isso, também as injustiças contra o próximo são realmente faltas contra Deus.[11]

b) Evangelhos sinópticos

A pessoa de Jesus e a sua mensagem são o ponto de referência da Nova Aliança.[12] A sua pregação evidencia que *o pecado acarreta o afastamento de Deus e o desejo de encontrar a própria felicidade em outro lugar, ainda que, de fato, conduza à mais abjeta desventura*;[13] desse modo, sublinha a natureza interior do pecado, superando o forma-

(6) Cf. Gên 4, 8.23-24; 6, 11-12; Jer 26, 3.

(7) Gên 6, 5-6.

(8) Cf. Deut 4, 23-31; Jos 7, 11; Jz 2, 1-3; Jer 11, 1-8; etc.

(9) Cf. Os 8, 1-2.

(10) Cf. Is 1, 2-4; Jer 3, 1-5; Ez 16, 38.

(11) Cf. Lev 5, 21-26; Deut 25, 13-16; Miq 6, 9-13.

(12) Cf. Mt 7, 21-23; Lc 6, 46.

(13) Ver, por exemplo, a parábola do filho pródigo: Lc 15, 11-32.

lismo exterior de boa parte dos seus contemporâneos. A Encarnação configura-se como tendo por fim a salvação dos homens: parte essencial da missão de Cristo é livrá-los do pecado;[14] por isso, o Senhor não rejeita a aproximação dos pecadores: pelo contrário, Ele veio precisamente para chamá-los, acolhê-los com misericórdia e perdoar-lhes.[15] Pede-se ao homem uma atitude «penitente» e não uma atitude de «autoperdão».[16]

Os Evangelhos mostram também que não existe somente um tipo de culpa. Jesus fala de uma grande diversidade de pecados: hipocrisia, vanglória, injustiça, homicídio, adultério, cobiça, soberba;[17] e, ao mesmo tempo, recorda que o pecado não é tanto a mera ação exterior quanto a perversa atitude interior da vontade, que é de onde provém.[18] Esta atitude desordenada, contudo, não tem sempre a mesma gravidade: os pecados que são perdoados com a oração são menos importantes que a blasfêmia contra o Espírito Santo ou o escândalo dos pequenos;[19] essa distinção, já apontada no Antigo Testamento,[20] está presente também nas Cartas Apostólicas.[21]

c) *Corpus Paulinum*

Nos escritos paulinos é abundante o ensinamento sobre o pecado, considerado na perspectiva salvífica de Cristo redentor.[22] É característico de São Paulo o uso do termo pecado (*hamartía*) no singular, como poder

---

(14) Cf. Mt 1, 21.

(15) Cf. Mc 2, 5.16-17; Lc 7, 48; 15.

(16) Cf. Lc 18, 9-14.

(17) Cf. Mt 23, 1-36; Mc 7, 21-23; Lc 20, 46-47.

(18) Cf. Mt 15, 18-19.

(19) Cf. Lc 11, 4; 12, 10; 17, 2.

(20) Cf. Êx 21, 12-14; Núm 15, 29-30; Deut 19, 4.11-12.

(21) Ao falar do incestuoso, São Paulo diz que é uma imoralidade tal «que não ocorre nem entre os gentios» (1 Cor 5, 1); e São João fala de pecados que são de morte e de pecados que não são de morte (cf. 1 Jo 5, 16-17).

(22) Este tema, já tratado anteriormente (cap. IV, § 3 [b)]), será analisado aqui de modo sintético.

personificado que age sobre o homem e por meio dele.[23] A malícia dos homens fez que o pecado possuísse uma dimensão universal e reinasse em todo o mundo; contudo, isso não desculpa o pecado das pessoas singulares, sejam pagãs ou judias.[24] A universalidade do pecado tem a sua origem na desobediência de Adão: «Por meio de um só homem o pecado entrou no mundo, e, através do pecado, a morte, e dessa forma a morte chegou a todos os homens, porque todos pecaram».[25] O pecado e a morte são o destino do homem separado de Cristo.

Jesus, para destruir o domínio do pecado e livrar os homens dae sua «lei», venceu o pecado com a cruz, a fim de que se cumprisse em nós a justiça.[26] Desse modo, teve início a nova vida dos cristãos, enxertados na ressurreição de Cristo.[27] Esta se aplica às pessoas por meio do batismo, onde o homem morre com Cristo para o pecado e ressuscita para a nova vida, de um modo tão real que se pode dizer verdadeiramente uma «criatura nova».[28] A «nova criatura», contudo, não está plenamente livre do *fomes peccati*[29] e, enquanto se encontra no mundo, estará em perigo de afastar-se novamente de Deus. Por isso, o Apóstolo faz exortações contínuas à luta ascética, para resistir às insídias do pecado.[30]

À luz da obra redentora, o pecado representa a não acolhida de Cristo, a não fé n'Ele.[31] Isto não significa que exista somente um pecado: São Paulo afirma explicitamente o contrário, quando oferece diversas listas de vícios que excluem o homem do reino de Deus,[32] O que tenta dizer é que a realidade mais profunda do pecado, de qualquer pecado, consiste em afastar-se de Cristo para seguir as obras da

---

(23) *Vide*, por exemplo, Rom 5, 12.21; 6, 16-17; 7, 9 ss.

(24) Cf. Rom 2, 9; 3, 9-10; 11, 32.

(25) Rom 5, 12.

(26) Cf. Rom 8, 2-4; Gál 3, 13-14.

(27) Cf. Rom 6, 8-14.

(28) Cf. Rom 6, 3-7; 2 Cor 5, 17; Gál 6, 15.

(29) Cf. Rom 7, 7-25.

(30) Cf. Rom 6, 12-19; Ef 6, 11; 1 Tess 5, 4-11.

(31) Cf. Gál 2, 15-16; 2 Tess 1, 8-10; 2, 12; 1 Tim 1, 15-16; 2 Tim 3, 8-10.15.

(32) Cf. Rom 1, 29-31; 13, 13; 1 Cor 5, 10-11; 6, 9-10; 2 Cor 12, 20-21; Gál 5, 19-21; Ef 4, 31; 5, 3-5; Col 3, 5-9; 1 Tim 1, 9-10; 6, 4-5; 2 Tim 3, 2-5; Ti 1, 6-7.10-11; 3, 3.

carne.[33] Quem peca volta a crucificar o Senhor.[34] Definitivamente, *para Paulo, o pecado é afastar-se do Deus misericordioso, que, em Cristo, veio a nós e vem ao nosso encontro.*

d) Escritos joaninos

Também é característico de João o uso do termo pecado no singular. *Existe um pecado por antonomásia: rejeitar-se a acolher a Cristo como luz, como verdade,* etc.[35] Deus enviou o Filho não para julgar o mundo, mas para salvá-lo: Jesus é o bom pastor, que oferece a vida pelas ovelhas, que acolhe os pecadores e lhes perdoa, mas lhes pede que não pequem mais, que rejeitem as obras más, que creiam no Filho e que caminhem na verdade.[36] É por isso que a falta de reconhecimento de Cristo como Salvador, a incredulidade, se apresenta como o pecado de que o Espírito convencerá o mundo; Jesus faz advertências contínuas sobre este perigo.[37] A Primeira Epístola de João mostra que o pecado se opõe ao amor: ressalta a alternativa entre ser gerado por Deus, e, portanto, livre do pecado, e a possibilidade e a realidade de cair em pecado; quando se reconhece o pecado, Cristo, que é fiel e justo, perdoa-o.[38] Também fala do pecado que leva à morte, referindo-se à apostasia e à idolatria.[39]

e) A remissão dos pecados

A Revelação sobre o pecado não se limita a mostrar a sua realidade e malícia, mas, ao mesmo tempo, enfatiza a superabundante misericórdia do Senhor: «Mas, onde abundou o pecado, superabundou a

(33) Cf. Rom 8, 7.

(34) Cf. Hebr 6, 6.

(35) Cf. Jo 1, 5.10-11; 5, 9 ss; 6, 41 ss; 9, 13 ss; 1 Jo 2, 22-23; 4, 2-3; 5, 10-12.

(36) Cf. Jo 3, 17-21; 4, 5-42; 5, 14; 8, 11.24; 10, 15; 1 Jo 1, 8-9; Apoc 1, 5.

(37) Cf. Jo 3, 18-19; 15, 22-24; 16, 8-9.

(38) Cf. 1 Jo 1, 9.

(39) Cf. 1 Jo 5, 16-17.

graça, para que, assim como reinou o pecado pela morte, assim também reinasse a graça por meio da justiça, para a vida eterna, por nosso Senhor Jesus Cristo».[40] O pecado é uma realidade que pode e deve ser superada e vencida, porque Cristo morreu a fim de que os homens não vivam segundo a carne: tudo isto não advém das suas próprias forças, mas de Deus, que, em Cristo, perdoa as culpas dos homens, se eles se deixam reconciliar com Ele.[41]

A fórmula «remissão dos pecados» é frequente nos escritos do Novo Testamento: pregá-la é parte da missão de João Batista, que mostra Jesus como o Cordeiro que tira o pecado do mundo.[42] É também o motivo pelo qual Jesus se fez em tudo igual a nós, exceto no pecado, que dá razão do seu nome e de todo o seu atuar até o momento culminante da cruz.[43] Este perdão faz parte importante da missão da Igreja[44] e do *kérigma* dos Apóstolos;[45] por isso se encontra nos Símbolos da Féé desde o primeiro momento. O homem responde à remissão dos pecados por meio da conversão, que, além de acolher a graça de Deus, requer o reconhecimento das próprias culpas e o início de uma vida nova, que se constata pelos seus frutos.[46]

2. Principais momentos do desenvolvimento da doutrina eclesial sobre o pecado

Uma vez que nos parágrafos seguintes aprofundaremos os diversos aspectos da doutrina sobre o pecado, limitar-nos-emos agora a oferecer uma visão sintética dos momentos mais significativos da formação e da exposição da doutrina sobre o pecado por parte dos Padres e do magistério eclesiástico.

---

(40) Rom 5, 20-21.

(41) Cf. 2 Cor 5, 15-20.

(42) Cf. Lc 1, 77; 3, 3; Jo 1, 29.

(43) Cf. Mt 1, 21; 26, 28; Rom 8, 3; Hebr 2, 17; 1 Jo 3, 5.

(44) Cf. Lc 24, 47; Jo 20, 22-23; At 26, 17-18.

(45) Cf. At 2, 37-38; 10, 42-43.

(46) Cf. Mt 12, 33; Mc 1, 5; At 19, 18; 1 Jo 1, 8-9.

a) Os Padres

O sacramento da penitência testemunha o conhecimento que a Igreja teve desde sempre do pecado como inimizade com Deus e ruptura com a comunidade eclesial. Os Padres Apostólicos repetem os ensinamentos bíblicos sobre o pecado, sublinhando a existência das duas vias (a do bem e a do mal), compõem catálogos de virtudes e de vícios em consonância com as duas vias, e recordam que o pecado constitui o sumo mal. Os Apologistas insistem na especificidade religiosa do pecado em face do paganismo, que o concebia como simples ação externa merecedora de castigo; em contraste com o gnosticismo, enfatizam o seu caráter de ato pessoal livre, ainda que ligado ao pecado original; oferecem também diversos elencos de vícios e de virtudes. Tertuliano recorda a pecaminosidade dos atos internos e considera todo pecado como idolatria e desprezo de Deus.

Santo Agostinho elabora um corpo de doutrina que, nos seus traços fundamentais, perdura até hoje. Tendo-se aprofundado nos ensinamentos da Sagrada Escritura e na práxis da Igreja, e tendo em conta a própria experiência pecadora e a sua luta contra os maniqueus, Agostinho mostra a psicologia da culpa, distinguindo entre sugestão, deleitação e consentimento, e afirma que o pecado provém da livre vontade desordenada quando perde o bem e a retidão moral devida.[47] Desenvolve a doutrina do pecado como *aversio a Deo* (separação de Deus) e *conversio ad criaturas* (tendência desordenada aos bens terrenos): o homem ordena-se ao Bem absoluto, ao qual também se pode unir por meio das criaturas; quando, movido pelo amor-próprio, busca a satisfação nos bens finitos contra a vontade de Deus, contraria a lei divina e separa-se de Deus,[48] ao mesmo tempo que produz uma desordem na vida eclesial e na social.[49] Em harmonia com a Bíblia, Agostinho vincula a doutrina sobre o pecado à fé na redenção operada por Jesus, à possibilidade de receber o perdão e à necessidade da conversão pessoal.

---

(47) Cf. *De civitate Dei*, 11, 13-20 e 19, 13: CCL 48, 333-339 e 680.

(48) Cf. *De libero arbitrio*, 2, 19, 52-53: CCL 29, 272; *Contra Faustum*, 22, 27: CSEL 25, 621.

 (49) Cf. *De civitate Dei*, 22, 22: CCL 48, 842-845.

A herança patrística mantém-se durante a alta Idade Média, sem que se registre nenhum aprofundamento doutrinal ou teológico relevante. É a época da conversão dos povos bárbaros e da grande difusão da penitência privada. Compõem-se os *Livros penitenciais* como catálogos – talvez demasiadamente caóticos – dos pecados e das penitências que os confessores têm de impor por cada um deles. A partir do século XII, desenvolve-se uma decisiva atividade intelectual – o renascimento escolástico –, da qual Tomás de Aquino representa um dos momentos culminantes de síntese. Em continuidade com a reflexão agostiniana sobre o pecado, Santo Tomás ofereceu contribuições teológicas de grande importância, que, desde então, estiveram presentes, de alguma maneira, na teologia católica e nos documentos do magistério eclesiástico.

b) O Concílio de Trento

O Concílio de Trento atualizou os ensinamentos sobre o pecado, como resposta à doutrina protestante.

O protestantismo ressalta, de acordo com a doutrina evangélica, que a essência do pecado consiste na oposição a Deus pelo desejo de plena autonomia, que surge da falta de confiança no Senhor e se reflete na soberba, na rebelião, na desobediência. Esta doutrina enfatiza alguns pontos centrais da hamartologia cristã, como o caráter antidivino do pecado, a sua gravidade e o enorme influxo que tem na atuação moral da pessoa e na vida social. Contudo, em contraste com a fé católica, não fica clara na sua proposição a distinção entre o pecado original e os pecados atuais singulares: o primeiro seria a corrupção da natureza que perverte todas as pessoas, sem possibilidade de ser superada; esta depravação concretiza-se, depois, na atividade pessoal, como pecados singulares e, deste modo específico, evidencia mais claramente o seu caráter subjetivo e situado no tempo. Em consequência, o homem nasceria e permaneceria sempre pecador: não é pecador porque peca, mas peca precisamente pela sua condição «natural» de pecador. E isto seria verdade também para a pessoa em graça, à qual Deus simplesmente não imputaria o pecado, devido à sua fé fiducial: estas pessoas continuariam a ser pecadoras pela qualidade moral do seu agir e, ao mesmo tempo, justas pela misericórdia de Deus e pelos méritos de Jesus Cristo; o homem com fé fiducial seria *simul peccator et iustus*. Não se vê, nesta doutrina, como o homem redimido possa ser verdadeiramente uma «nova criatura», nem em que sentido as obras do justificado possam ser chamadas frutos do Espírito Santo.

O Concílio de Trento tratou do pecado, sobretudo em três momentos. Na *sessão V*, expõe a doutrina sobre o pecado original. Na *sessão VI*, percorrendo as etapas da justificação, mostra alguns pontos fundamentais da doutrina católica sobre o pecado: não somente a falta de fé mas todo pecado mortal privam da graça de Cristo; é necessário manter a distinção entre mortal e venial; o pecado não destrói totalmente a liberdade humana. Na *XIV sessão*, a propósito do sacramento da penitência, pronuncia-se sobre a necessidade de confessar todos e cada um dos pecados mortais.

c) O Concílio Vaticano II

O último Concílio tratou repetidamente do pecado, se bem que o tenha feito de modo sistemático principalmente na *Gaudium et spes*, ns. 13 e 37. O pecado existe no mundo desde o princípio da história e, como possibilidade, está sempre presente; de fato, o homem é propenso ao mal, e «todas as atividades humanas, constantemente ameaçadas pela soberba e pelo amor-próprio desordenado, devem ser purificadas».[50] Esta realidade é, ao mesmo tempo, um dado da experiência e uma verdade revelada: «Quando o homem olha para dentro do próprio coração, descobre-se inclinado também para o mal, e imerso em muitos males, que não podem provir de seu Criador, que é bom».[51] Diante da secularização do conceito de pecado, o Concílio afirma que este se ergue sempre contra Deus, e desta oposição derivam

---

(50) *Gaudium et spes*, n. 37.

(51) *Ibidem.*, n. 13.

os seus outros efeitos: o pecador infringe a devida ordem em relação a si mesmo, em relação aos outros homens e em relação a todas as outras coisas criadas.[52]

A última palavra do Concílio acerca do pecado não é, contudo, sobre a sua potência, mas sobre o anúncio da reconciliação que se cumpre em Jesus: é verdade que «o homem se descobre incapaz de repelir por si mesmo as arremetidas do inimigo: cada um se sente como que preso com correntes. Mas o Senhor em pessoa veio para libertar e fortalecer o homem, renovando-o interiormente e lançando fora o príncipe deste mundo (cf. Jo 12, 31), que o mantinha na servidão do pecado».[53] Enquanto isso, o homem tem de esforçar-se na luta contra o pecado, já que «toda a vida humana, quer singular quer coletiva, se apresenta como uma luta dramática entre o bem e o mal, entre a luz e as trevas».[54]

d) Outros documentos do magistério

A exortação apostólica *Reconciliatio et paenitentia* centra-se em três pontos fundamentais: a conversão, o pecado e a pastoral da reconciliação. Indicaremos aqui, brevemente, os temas predominantes da segunda parte. O homem há de reconhecer o próprio pecado não em termos abstratos, mas concretos, e avaliar as suas consequências à luz da fé. O pecado é a tentativa de ser poderoso sem Deus, talvez até mesmo contra Deus; a sua essência mais íntima e mais obscura é a desobediência a Deus e à sua lei e, em consequência, é também uma ruptura com o próximo. O pecado, em sentido verdadeiro e próprio, é sempre um ato livre da pessoa, que nunca é determinado pelas realidades externas, ainda que possa estar condicionado por elas. Contudo, pode-se falar de pecado social, em virtude da solidariedade humana, em três sentidos: 1) qualquer pecado repercute negativamente sobre todo o conjunto da Igreja e sobre a humanidade inteira; 2) há alguns pecados mais diretamente opostos ao próximo, que constituem uma ofensa a Deus,

---

(52) Cf. *ibidem*, ns. 13, 15, 16, 17, 37, 39, 40, 58 e 78; *Lumen gentium*, n. 11.

(53) *Gaudium et spes*, n. 13.

(54) *Ibidem*.; ver também o n. 37.

porque, precisamente, ofendem ao irmão; 3) pode-se falar, analogamente, de pecado social diante de certas situações ou comportamentos coletivos, mas sabendo que são o fruto e a concentração de muitos pecados pessoais. Com textos da Sagrada Escritura e da Tradição viva da Igreja, a Exortação recorda a divisão do pecado em mortal e em venial, e exclui a tripla divisão em veniais, graves e mortais, uma vez que – ensina – entre a vida e a morte não existe um ponto intermediário. Também ensina que não se deve reduzir o pecado mortal a um ato de opção fundamental dirigida diretamente contra Deus.[55]

O *Catecismo da Igreja Católica* dedica atenção notável ao tema do pecado, sempre em relação com a misericórdia de Deus, com a redenção realizada por Cristo e com a santificação operada pelo Espírito Santo. De fato, fala do pecado em diversos momentos, concretamente, quando estuda: a) o pecado original (ns. 385-421); b) a fé em Jesus, nosso Redentor (ns. 422-682); c) a fé no perdão dos pecados (ns. 976--987); d) o sacramento do batismo (ns. 1213-1284) e o da penitência (ns. 1422-1498); e) o pecado como obstáculo à vocação do homem (ns. 1846-1876); f) os dez mandamentos (ns. 2083-2557): nesta seção, são analisados os pecados e os vícios que se opõem a cada mandamento; g) as três últimas petições do «Pai nosso» (ns. 2838-2854).

Também a encíclica *Veritatis splendor* tratou do pecado, tanto o original como o atual. Entre outras coisas, recorda que somente o Evangelho pode desvendar a plena verdade sobre o pecado: o pecado é uma ofensa a Deus que obscurece a consciência humana. Os pecados podem ser evitados com a graça do Senhor, mas é necessário reconhecer-se pecador e pedir a ajuda divina.[56]

---

(55) Recorde-se o que foi dito sobre a opção fundamental, no cap. IV, § 4.

(56) «Talvez, o publicano pudesse ter alguma justificativa pelos pecados cometidos, a qual diminuísse a sua responsabilidade. Porém a sua petição não se limita a essas justificativas, senão que se estende ainda à sua própria indignidade diante da santidade infinita de Deus: Ó Deus! Tem compaixão de mim, que sou um pecador" (Lc 18, 13). Diferentemente, o fariseu justifica-se por si mesmo, encontrando talvez uma desculpa para cada uma das suas faltas. Encontramo-nos, pois, diante de duas diferentes atitudes da consciência moral do homem de todos os tempos. O publicano apresenta-nos uma consciência "penitente", que é plenamente consciente da fragilidade da própria natureza e que vê nas próprias faltas, quaisquer que sejam as justificativas subjetivas, uma confirmação do próprio ser necessitado de redenção. O fariseu apresenta-nos uma consciência "satisfeita de si mesma", a qual crê que pode observar a lei sem a ajuda da graça e está convencida de não necessitar da misericórdia» (*Veritatis splendor*, n. 104).

3. Essência do pecado

a) Definição[57]

É tradição na teologia a definição agostiniana de pecado: «*ato, palavra ou desejo contrário à lei eterna*».[58] Nesta definição, mostram-se os dois aspectos da ação pecaminosa. O primeiro é que o pecado é um *ato humano*, isto é, um ato livre, realizado, portanto, com suficiente advertência e consentimento: tudo o que diminui a liberdade diminui também a razão de pecado.[59] O segundo consiste em que esse ato é *contrário à lei de Deus*.[60] Em termos mais gerais, pode afirmar-se que é pecado qualquer ato humano oposto à regra moral e, portanto, contrário à reta razão ou a alguma lei humana, civil ou eclesiástica. Santo Agostinho, na definição que estamos estudando, coloca-o em relação com a lei eterna de Deus, que é a primeira e suprema regra moral,[61] por duas razões: a) porque esta é o fundamento último de todas as outras e, portanto, virtualmente contém a todas; b) para evidenciar que, ao transgredir qualquer verdadeira exigência moral, o homem fica em relação negativa com Deus. Se considerarmos que o eterno desígnio de Deus aponta para a santidade dos homens, que há de ser alcançada por meio da prática das virtudes teologais e morais, também podemos definir o pecado como *ato contrário às virtudes éticas (naturais e sobrenaturais), que rompe a comunhão do homem com Deus em Cristo e, consequentemente, impede a obtenção da plenitude definitiva da filiação divina.*

---

(57) O que diremos a seguir, salvo indicação em contrário, aplica-se em sentido próprio ao pecado mortal, que é o que cumpre plenamente a razão de pecado: *vide* § 4 (a).

(58) Santo Agostinho, *Contra Faustum*, 22, 27: CSEL 25, 621; ver o comentário de Santo Tomás em *S.Th.*, I-II, q. 71, a. 6, e *Catecismo*, n. 1849.

(59) A definição fala explicitamente de «ato», «palavra» ou «desejo», para excluir dois possíveis mal-entendidos: o de pensar que o pecado é somente o ato interno ou que é somente o ato externo; o ato pecaminoso pode ser interno ou externo e pode ser também uma omissão.

(60) Cf. 1 Sam 15, 24; 1 Jo 3, 4 (Vg).

(61) Cf. cap. VIII, § 1.

b) *Aversio a Deo* e *conversio ad creaturas*

É tradicional, ao menos a partir de Santo Agostinho, distinguir dois elementos no pecado, um formal e outro quase material. O elemento que formalmente constitui o pecado como tal é a *aversio a Deo*. O elemento quase material do pecado é a *conversio ad criaturas*.[62]

A palavra latina «*aversio*» significa separação, afastamento, e não necessariamente ódio ou aversão. Convém recordá-lo, porque, ainda que o pecado grave implique uma *aversio a Deo*, nem todo pecado grave envolve, no sujeito que o comete, uma explícita aversão a Deus. Não se peca pelo desejo de opor-se ao bem, nem, normalmente, para conculcar a lei divina; peca-se pelo desejo de um bem finito, mas desordenado de acordo com a regra da virtude (justiça, temperança, etc.). Por isso, o pecado consiste numa troca paradoxal e deletéria: o pecador deseja o bem parcial que uma criatura lhe pode oferecer e, para possui-lo, afasta-se de Deus, que é o Bem infinito, o nosso verdadeiro e definitivo bem, e a fonte de que mana a relativa bondade que se encontra nas coisas.[63]

Geralmente, a origem psicológica da ação pecaminosa não se encontra na oposição a Deus. Na verdade, sucede que a pessoa se deixa seduzir por um bem limitado, que é contrário ao seu bem integral e, portanto, ao querer divino; e, para consegui-lo, não se importa em opor-se à regra moral. Do ponto de vista teológico, de acordo com a doutrina bíblica e cristã sobre o pecado,[64] a sua raiz encontra-se em duvidar de Deus, em não reconhecê-Lo como Senhor, Amor e Bem absoluto. Assim, *na base de todo pecado, evidencia-se o amor-próprio e o desconfiar de Deus, que leva o homem a buscar a sua própria satisfação no uso desordenado dos bens terrenos*. Mas esta desordem faz que, ao pecar, a pessoa entre em oposição com a sua mais profunda tendência, que

---

(62) Cf. Santo Agostinho, *De diversis quaestionibus ad Simplicianum*, 1, 2, 18: CCL 44, 45; *S.Th.*, II-II, q. 118, a. 5 e III, q. 86, a. 4.

(63) «Meu povo cometeu duas maldades: abandonou-me a mim, fonte de águas vivas, e cavou poços, poços gretados, que não retêm a água» (Jer 2, 13). Cf. Gên 25, 29-34; Lc 22, 3-6; 23, 18; Rom 1, 25.

(64) Cf. Deut 9, 22-23; 2 Re 17, 14-15; Jer 2, 5.13; Ef 4, 17-19; Santo Agostinho, *De libero arbitrio*, 2, 19, 53: CCL 29, 272; *Scriptum super Sententiis*, lib. II, d. 37, q. 2, a. 1 ad 3; *Gaudium et spes*, n. 13.

é amar a Deus: «O amor a Deus não deriva de nenhuma disciplina externa, senão que se encontra na mesma constituição natural do homem, como um germe e uma força da própria natureza».[65]

c) Único mal verdadeiro em sentido absoluto

Todo mal é a privação de um bem. Os males de caráter não moral (doença, pobreza etc.) são privações de bens finitos, limitados. O pecado, qualquer pecado mortal, priva o homem do Bem infinito, que é, além disso, o bem pleno e definitivo do ser humano. Neste sentido, o pecado é o único mal em sentido absoluto.[66] Convém considerar que a dignidade de Deus, ofendida pelo pecado, é infinita; por isso, a injúria do pecado e a dívida correspondente são, em certo sentido, infinitas. Tal gravidade do pecado pode ser constatada considerando a gravidade do seu castigo (o inferno) e a seriedade da Paixão de Jesus, como satisfação justa pelo pecado.[67]

d) Por que o pecado é sempre afastamento de Deus?

O que foi dito anteriormente permite entender que, do ponto de vista da teologia positiva, é um dado incontestável que a Sagrada Escritura e a doutrina da Igreja consideram o pecado mortal como afastamento de Deus e ruptura da comunhão com Ele. Cabe agora perguntar: por que todo pecado é afastamento de Deus? O problema deve ser analisado em diferentes níveis, tendo-se em conta, ao menos, duas considerações.

---

(65) São Basílio, *Regulae fusius tractatae*, Resp. 2, 1: PG 31, 908.

(66) Cf. São João Paulo II, *Alocução* 20-VII-1983, n. 4: *Insegnamenti*, VI-2 (1983) 95; *Catecismo*, n. 1488.

(67) A Carta aos Hebreus, falando «daqueles que uma vez foram iluminados e também saborearam o dom celestial, e chegaram a receber o Espírito Santo, e, saboreando a palavra divina e a manifestação da força do mundo que há de vir, não obstante caíram», diz que «crucificaram de novo o Filho de Deus e escarnecem dele»; e mais adiante, depois de recordar os castigos do Antigo Testamento, ensina: «Que castigo mais grave pensais que merecerá aquele que tiver pisoteado o Filho de Deus, e tiver considerado impuro o sangue da aliança na qual foi santificado, e tiver ultrajado o Espírito da graça?» (Hebr 6, 4-6; 10, 29).

A primeira é que, para as pessoas com elevado grau de vida moral, a resposta não é difícil de entender. Efetivamente, no estudo da lei moral natural,[68] vimos que, quando o conhecimento moral está suficientemente desenvolvido, em conexão com as virtudes intelectuais (ciência, sabedoria) e, no cristão, com a fé, compreende-se, por um lado, que a lei moral natural é uma lei divina e, por outro lado, e sobretudo, que o seu primeiro princípio, o mais importante e "arquitetônico", é o amor de Deus. As virtudes morais expressam, assim, os modos como há de ser regulada a tendência e a realização dos bens humanos, para que sejam congruentes com uma vontade orientada para a perfeição em Deus, para si e para os demais.[69] *Os atos opostos às virtudes são objetivamente incompatíveis com a tendência da vontade para Deus, de tal maneira que realizar um desses atos e separar-se voluntariamente de Deus é realmente uma e a mesma coisa.*

Antes de passar para a segunda consideração, devemos analisar outra dimensão do problema. Ao analisar a lei de Cristo,[70] vimos que esta lei é essencialmente a graça do Espírito Santo, que confere os novos princípios (as virtudes infusas), que assumem, finalizam, elevam e se unem aos princípios naturais da razão humana, dando lugar a uma nova lei interior ao homem, acompanhada também dos ensinamentos morais do Novo Testamento. O Espírito Santo, presente no cristão, imprime em sua alma um real dinamismo interior, voltado para as obras virtuosas, razão por que *não é objetivamente possível realizar uma ação pecaminosa (contrária às virtudes, incluindo as morais) sem resistir e se opor realmente ao dinamismo divino (graça) presente em nosso coração*, o qual, nos seus conteúdos, nos é conhecido seja pelas inspirações interiores do Espírito, seja ao menos pelos ensinamentos morais da Sagrada Escritura. Em todo caso, *o pecado é oposição real e resistência à graça do Espírito Santo.*

Passemos agora à segunda consideração. Quanto ao que acabamos de dizer, o que ocorre com os não fiéis ou com os fiéis que, por falta de formação moral e religiosa, não são conscientes dessa doutrina ou o são em grau muito baixo? Não seria possível para eles uma culpa

---

(68) Cf. cap. VIII, § 2, especialmente § 2 (b).

(69) Cf. G. Abbà, *Felicidad, vida buena y virtud*, cit., pp. 189-190.

(70) Cap. VIII, § 4 b).

que, mesmo sendo um verdadeiro erro ético, não seja subjetivamente um pecado, isto é, uma ofensa a Deus? No plano da teologia positiva, deve-se recordar que a Igreja ensina que não existe o chamado "pecado filosófico", isto é, uma culpa que não seja ao mesmo tempo pecado.[71] Mas, também aqui, interessa-nos entender o porquê. Convém notar, em primeiro lugar, que a ação livre se projeta sempre no horizonte do bem completo da pessoa humana, que consiste objetivamente na vida em Deus. Este fato objetivo tem manifestações fenomenológicas na experiência moral comum, até na daquelas pessoas que dispõem de conhecimento moral mínimo. *As exigências morais apresentam-se, com efeito, com um caráter absoluto e incondicional, dimensão que, em sentido próprio, somente se pode aplicar a Deus; portanto, apresentam um "caráter divino", que talvez não se veja como divino, mas certamente se considera como absoluto.* Mediante este caráter absoluto e incondicional das exigências éticas, Deus está presente de algum modo em todo ato humano (presença que nem sempre equivale a um conhecimento claro e explícito por parte do homem); assim, quem fere uma exigência moral está, em certo sentido, consciente, segundo graus diferentes, de ferir uma ordem que não é meramente imanente, precisamente porque se apresenta como algo absoluto e incondicional. Um homem que sabe que viola uma exigência grave pode não estar explicitamente consciente de que se afasta de Deus, mas sabe que fere algo absoluto ou muito importante presente nele: agindo assim, põe-se em relação negativa com o Absoluto, isto é, com Deus. Para o homem culpável, separar-se de Deus nunca poderá ser uma surpresa completamente inesperada.[72]

> Com acerto, escreve Cafarra que a «identidade entre ato moralmente desonesto e pecado não há de ser entendida no sentido superficial de que, uma vez que o valor moral se funda em Deus, agir contra ele significa opor-se a Deus. Pelo contrário, essa identidade deve entender-se no sentido de que o valor moral tem em si mes-

---

(71) Cf. Decr. do Santo Ofício, 24-VIII-1690: DS 2290-2292. De modo análogo, a *Veritatis splendor*, n. 37 nega a possibilidade de distinguir a ordem ética da ordem salvífica: *vide* cap. I, § 3 b).

(72) Cf. C. Caffarra, *Vida en Cristo*, cit., pp. 186-187; J. de Finance, *Etica generale*, cit., pp. 230-231; A. Rodríguez Luño, *Ética general*, cit., pp. 291-293.

mo e por si mesmo um caráter que lhe permite ser, *aos nossos olhos*, representante de Deus, e é *por este seu caráter* que toda violação é ofensa ao próprio Deus. Não é necessário, pois, que quem realiza esta violação pense explicitamente em Deus e explicitamente tente desobedecer à Sua Vontade como tal. Na decisão livre de violar um valor moral, já está implícita e presente a decisão de desobedecer à Sua Vontade».[73]

Embora a ação humana seja uma realidade finita, o bem ou o mal morais que acarreta tem caráter absoluto e incondicional, já que *o valor do ato humano – que constitui o que é um bem para o homem – funda-se na sua participação e na sua imitação do bem absoluto (Deus), isto é, na sua participação do querer santo com que Deus afirma o bem infinito que Ele é, em Si mesmo, e livremente quer também o bem do homem.* A Sagrada Escritura confirma esta dimensão transcendente do bem moral: «Santificai-vos e sede santos, porque Eu sou santo»,[74] e que se encontra, além disso, na base da lei natural, que considera a percepção moral da razão humana como a participação própria do homem na Sabedoria divina. Isto explica por que afastar-se voluntariamente do bem moral seja sempre afastar-se de Deus, realidade profunda que só pode ser plenamente reconhecida mediante a reflexão filosófica e teológica, mas da qual se encontram vestígios suficientes na experiência moral, ainda que estes não comportem sempre um conhecimento claro e explícito de Deus, como acabamos de dizer.

4. Divisão dos pecados

A essência de todo pecado está em rejeitar a Deus; contudo, nem todos os pecados têm gravidade igual, o mesmo sujeito próximo, objeto e origem idênticos, etc. A Sagrada Escritura, a tradição da Igreja e a própria razão humana testemunham a diversidade dos pecados. Começaremos por expor a distinção mais importante: entre o pecado mortal e o pecado venial.

---

(73) C. Caffarra, *Vida en Cristo*, cit., p. 187.

(74) Lev 11, 44. Cf. Lev 19, 2; 20, 7; Mt 5, 48; 1 Pe 1, 14-16.

a) Pecado mortal e pecado venial

Tendo em conta os ensinamentos da Sagrada Escritura, da tradição da Igreja,[75] *dos teólogos católicos*[76] *e da própria razão humana, o magistério da Igreja ensinou a existência de pecados mortais e veniais:*[77] «Perceptível já na Escritura (cf. 1 Jo 5, 16-17), a distinção entre pecado mortal e pecado venial impôs-se na tradição da Igreja. A experiência humana corrobora-a».[78]

Sentido análogo do pecado – Quando se emprega o termo "pecado" para referir-se ao mortal e ao venial, é necessário notar que *o termo "pecado" é utilizado em sentido análogo*. Entre o pecado mortal e o venial existe certa semelhança, mas, ao mesmo tempo, enorme diferença, precisamente no que se refere à própria razão de pecado: não se trata somente de uma maior ou menor gravidade ou de uma diferença de grau, mas de que são pecados de maneira essencialmente diversa, e por isso se fala de distinção teológica do pecado.[79]

A razão de pecado encontra-se plenamente só no pecado mortal e, de maneira imperfeita, no venial, porque o pecado mortal é totalmente incompatível com a graça e com a caridade e, portanto, implica separar-se de Deus, ao passo que o pecado venial não é incompatível com a caridade, conquanto a debilite.[80] Desse modo, o pecado mortal faz perder a vida divina na alma, enquanto o venial somente a diminui e torna difícil o exercício das virtudes infusas; em consequência, somente o pecado mortal fecha a entrada para o reino dos

---

(75) Cf. Tertuliano, *De pudicitia*, 19, 23-25: CCL 2, 1322-1323; São Cipriano, *Epistula* 55, 16: CSEL 3, 635; Teodoro de Mopsuestia, *Homilía catequética* 16, 35.39-44; Conc. De Cartago, can. 8: DS 230; Santo Agostinho, *De diversis quaestionibus*, 26: CCL 44 A, 32.

(76) Cf. *S.Th.*, I-II, q. 72, a. 5.

(77) Cf. Conc. De Trento, *De iustificatione*, cap. 11: DS 1537; *De sacramento paenitentiae*, cap. 5: DS 1680; São Pio V, Bula *Ex omnibus afflictionibus*, 1-X-1567, n. 20: DS 1920.

(78) *Catecismo*, n. 1854. Cf. *Reconciliatio et paenitentia*, n. 17; *Veritatis splendor*, ns. 69-70.

(79) Cf. E. Cófreces & R. García de Haro, *Teología Moral Fundamental*, cit., pp. 475.494--516.

(80) Por isso, o pecado venial «não deverá ser atenuado como se, automaticamente, se convertesse em algo secundário ou em um "pecado de pouca importância"» (*Reconciliatio et paenitentia*, n. 17). Cf. Santo Agostinho, *In epistolam Ioannis ad Parthos tractatus*, 1, 6: SC 75, 126; *Catecismo*, n. 1863.

Céus.[81] O homem, «mediante um ato consciente e livre da sua vontade, pode [...] caminhar no sentido oposto à vontade de Deus e, desse modo, afastar-se dele (*aversio a Deo*), recusando a comunhão de amor com ele, afastando-se do princípio de vida que ele é, e escolhendo, por isso mesmo, a *morte*. Com toda a tradição da Igreja, chamamos *pecado mortal* a este ato pelo qual um homem, com liberdade e advertência, rejeita a Deus, a sua lei, a aliança de amor que Deus lhe propõe, preferindo voltar-se para si mesmo, para qualquer realidade criada e finita, para algo contrário ao querer divino (*conversio ad creaturam*)».[82]

Nem todos os pecados mortais têm a mesma gravidade;[83] Jesus disse a Pilatos: «Aquele que me entregou a ti tem maior pecado»,[84] e o Senhor, pela boca de Jeremias, afirma dos seus contemporâneos: «Foram piores que seus pais».[85] Qualquer pecado grave priva da amizade com Deus, mas a desordem gerada pode ser mais ou menos grave: de fato, o pecado age como se interpusesse um obstáculo entre a pessoa e o amor divino, obstáculo que pode ser maior ou menor e que, por maior que já seja, pode continuar a aumentar. A gravidade do pecado, em si mesma, depende da intensidade da vontade ao aceitar a desordem. Contudo, a matéria do ato imoral tem um valor decisivo, uma vez que um objeto mais grave requer, normalmente, maior voluntariedade. Neste sentido, a importância objetiva de certos atos imorais consiste em que, para escolhê-los, seja necessária uma intensidade plena da vontade.

---

(81) A Const. *Benedictus Deus*, 29-I-1336: DS 1002, recorda que os pecados mortais merecem o inferno; e o Catecismo ensina: «O *pecado mortal* destrói a caridade no coração do homem por uma infração grave da lei de Deus; aparta o homem de Deus, que é o seu fim último e a sua bem-aventurança, preferindo um bem inferior» (n. 1855); «se não for resgatado pelo arrependimento e pelo perdão de Deus, causa a exclusão do Reino de Cristo e a morte eterna do inferno» (n. 1861).

(82) *Reconciliatio et paenitentia*, n. 17. Cf. *Veritatis splendor*, n. 70.

(83) «A gravidade dos pecados é maior ou menor: um assassinato é mais grave que um roubo. A qualidade das pessoas lesadas também: a violência exercida contra os pais é mais grave que a exercida contra um estranho» (*Catecismo*, n. 1858).

(84) Jo 19, 11.

(85) Jer 7, 26.

Condições para o pecado grave – *Para que um pecado seja grave, requerem-se três condições: matéria grave,*[86] *advertência plena e perfeito consentimento*; isto constitui um ensinamento constante do magistério da Igreja.[87] As três condições devem ser cumpridas simultaneamente: «A afirmação do Concílio de Trento não considera só a "matéria grave" do pecado mortal, mas lembra também, como sua condição necessária, "a plena advertência e o consentimento deliberado". De resto, quer na teologia moral quer na prática pastoral, são bem conhecidos os casos em que um ato grave, por causa da sua matéria, não constitui pecado mortal devido à falta de plena advertência ou do consentimento deliberado de quem o realiza».[88]

A matéria de uma ação pecaminosa é grave quando o objeto do ato moral é, em si, incompatível com a caridade, o que ocorre em qualquer ato oposto a uma exigência essencial de alguma virtude moral ou teologal.[89] Pela gravidade da sua matéria, os pecados podem ser: mortais *ex toto genere suo*, mortais *ex genere suo* e leves *ex genero suo*. A matéria grave *ex toto genere suo* é aquela que, sendo importante (isto é, oposta a uma exigência essencial de alguma virtude), não é sequer divisível; por isso, quando a pessoa realiza o ato, fá-lo como um todo único: assim é, por exemplo, o que se refere à honra devida a Deus e à vida humana; neste sentido, a blasfêmia, o ódio contra Deus, tirar a vida de um inocente constituem matéria *ex toto genere suo* grave. A matéria grave *ex genere suo* é uma matéria importante, mas divisível, admitindo, portanto, *parvitas materiae*; o objeto do ato é grave, mas quando há escassez de matéria o ato acaba sendo leve: por exemplo, o roubo e a injúria. Matéria *ex genere suo* leve consiste numa matéria que, em si, é de modesta entidade: por exemplo, uma mentira piedosa que não prejudica seriamente o próximo. A natureza da advertência plena e do consentimento perfeito foi estudada no § 6 do cap. VI.

---

(86) Não se deve esquecer que, aqui, a palavra "matéria" significa objeto do ato moral e, portanto, se refere mais diretamente à vontade do agente do que ao ato físico realizado.

(87) Cf. *Reconciliatio et paenitentia*, n. 17; *Catecismo*, n. 1857.

(88) *Veritatis splendor*, n. 70.

(89) Acerca do modo de conhecer os atos que constituem matéria grave, recorde-se o que foi dito no cap. VI, § 4.

Debate recente sobre o pecado mortal – O pecado, especificamente o grave, suscita diversas questões nem sempre de fácil solução: tenha-se em conta que se trata de um *mysterium iniquitatis*.

Portanto, não deve surpreender que, recentemente, se tenham proposto diversas críticas à doutrina tradicional. Assim, por exemplo, as teorias que afirmam: 1) a divisão teológica dos pecados teria sido "inventada" pelos escolásticos, exagerando indevidamente a distinção bíblica e patrística, com o fim de distinguir os pecados que devem ser confessados dos que podem não ser confessados; 2) alguns teólogos rigoristas teriam assimilado o pecado grave ao mortal; 3) seria, além disso, errônea a posição teológica que admite uma grande facilidade para cometer pecados mortais e para passar do estado de pecado ao de graça e vice-versa;[90] 4) enfim, nenhum erro categorial, mesmo em matéria grave, seria mortal, nem o seriam os pecados de fragilidade e os cometidos na adolescência.

O magistério eclesiástico, baseando-se em sólidas razões, adverte contra aqueles autores que rejeitam «a distinção tradicional entre pecados mortais e pecados veniais. Eles sublinham que a oposição à lei de Deus, que causa a perda da graça santificante – e, no caso de morte neste estado de pecado, a condenação eterna – pode ser somente fruto de um ato que empenhe a pessoa na sua totalidade, isto é, um ato de opção fundamental. Segundo esses teólogos, o pecado mortal, que separa o homem de Deus, verificar-se-ia somente na rejeição de Deus, feita num nível da liberdade que não é identificável com um ato de escolha, nem alcançável com consciência reflexa. Neste sentido – acrescentam –, é difícil, pelos menos psicologicamente, aceitar o fato de que um cristão que quer permanecer unido a Jesus Cristo e à Sua Igreja possa cometer pecados mortais tão fácil e repetidamente, como indicaria, às vezes, a própria "matéria" dos seus atos. Seria igualmente difícil aceitar que o homem é capaz, num breve espaço de tempo, de romper radicalmente o ligame de comunhão com Deus e, sucessiva-

(90) Essa crítica desconhece o ensinamento tradicional que sempre afirmou a dificuldade de perder o estado de graça (*De veritate*, q. 27, a. 1 ad 9), especialmente para quem está solidamente enraizado no bem (*S. Th.*, II-II, q. 14, a. 4); mas dificuldade não significa impossibilidade.

mente, converter-se a Ele por uma sincera penitência. É necessário, portanto – dizem –, medir a gravidade do pecado mais pelo grau de empenho da liberdade da pessoa que realiza um ato do que pela matéria de tal ato».[91]

Os que defendem estas teorias parecem basear-se em dois equívocos importantes: 1) a secularização, que implica uma debilitação no conhecimento de Deus e do seu amor pelos homens e que leva a uma diminuição do sentido do pecado. Estes autores pensam num Deus afastado, sem se darem conta de que a graça significa a introdução do homem na intimidade divina e que, nela, «não entrará nada profano nem aquele que comete abominação e falsidade»;[92] 2) uma antropologia equivocada, que deteriora o significado da liberdade humana, esquecendo-se de que esta é capaz de modificar a intenção mais profunda da pessoa e, de fato, a muda por meio de determinados atos particulares.[93]

Além disso, podem acrescentar-se algumas observações complementares. 1) A distinção dos pecados não é uma invenção dos teólogos, mas foi ensinada pela Igreja: «Esta doutrina, fundamentada no Decálogo e na pregação do Antigo Testamento e retomada no *kérigma* dos Apóstolos, e que faz parte do mais antigo ensino que a Igreja vem repetindo até hoje, tem comprovação cabal na experiência humana de todos os tempos».[94] 2) A doutrina tradicional da divisão teológica não depende de uma abordagem rigorista, mas do ensinamento da Sagrada Escritura: por exemplo, São Paulo, falando dos pecados da carne, escreve com muita clareza: «Tomarei, então, os membros de Cristo para fazê-los membros de uma meretriz? De

(91) *Veritatis splendor*, n. 69.

(92) Apoc 21, 27. Cf. 2 Pe 3, 13.

(93) «Podem, sem dúvida, verificar-se situações muito complexas e obscuras do ponto de vista psicológico que influem na imputabilidade subjetiva do pecador. Mas da consideração da esfera psicológica não se pode passar para a constituição de uma categoria teológica, como é precisamente a da "opção fundamental", entendendo-a de tal modo que, no plano objetivo, mudasse ou pusesse em dúvida a concepção tradicional de pecado mortal» (*Reconciliatio et paenitentia*, n. 17). Este texto foi repetido na *Veritatis splendor*, n. 70.

(94) *Reconciliatio et paenitentia*, n. 17. Tenha-se presente também o que foi dito no § 2.

nenhuma maneira!»;[95] e é frequente nos catálogos de vícios indicar quais são os pecados que excluem do reino dos céus. 3) A Igreja ensina que também os pecados isolados e os de fragilidade podem ser mortais.[96] 4) Por outro lado, é absolutamente estranha à Bíblia e à experiência a ideia de que se possa perder a graça somente por uma opção lúcida e radical, realizável poucas vezes na vida; assim o sublinha o Aquinate, falando das negações de São Pedro.[97] 5) Enfim, convém recordar que, atuando deste modo, a Igreja não somente se mostra fiel à Revelação, mas também profundamente realista, porque sabe que «levamos este tesouro em vasos de argila».[98] Por isso, não se surpreende com os pecados, senão que quer que os homens se arrependam e se aproximem frequentemente do sacramento da penitência, porque sabe que, de outro modo, o coração humano se endurece: como já se disse, Jesus não justifica o fariseu que se vangloriava de não haver pecado, mas justifica o publicano, que confessava as suas culpas. Quando o magistério eclesiástico recorda estas realidades, não o faz por inexperiência, nem porque conhece pouco a psicologia profunda; pelo contrário: a Igreja, precisamente pelo seu conhecimento da natureza humana, reconhece a diversa gravidade dos pecados e que há alguns que, em si mesmos, são incompatíveis com a caridade.

Diversos autores propuseram uma tripartição do pecado, com nomes variados, mas que podemos indicar como: veniais, graves e mortais (ou letais). Os segundos seriam certamente uma grave desordem da vida moral, mas, em consequência da debilidade da liberdade, não comportariam uma decisão irrevogável. Mais ainda, alguns pensam que somente uma resolução consciente de ofender a Deus poderia ser qualificada de pecado mortal, e outros indicam

---

(95) 1 Cor 6, 15.

(96) «Rejeitamos como errônea a afirmação daqueles que consideram inevitáveis as quedas nos anos da puberdade, as quais, por isso, não mereceriam especial importância, como se não fossem culpas graves, já que – acrescentam – ordinariamente a paixão suprime a liberdade necessária para que um ato seja moralmente imputável» (Pio XII, *Radiomensagem* 23-III-1952: AAS 44 (1952) 275).

(97) Cf. *S.Th.*, II-II, q. 24, a. 12 ad 2. Ver também 1 Sam 14, 31-33; 2 Sam 24, 10-15; Mc 4, 14-19; Lc 12, 43-48.

(98) 2 Cor 4, 7.

que uma decisão tão lúcida só pode ser tomada no momento da morte. A Igreja rejeita essa possibilidade de identificar o pecado mortal com uma decisão explícita contra Deus; e, sobre a divisão tripartite dos pecados, diz: «Essa tripartição poderia pôr em realce o fato de que entre os pecados graves existe uma gradação. Mas permanece sempre verdadeiro que a distinção essencial e decisiva é a que existe entre pecados que destroem a caridade e pecados que não matam a vida sobrenatural: entre a vida e a morte não há lugar para meio-termo».[99]

Definitivamente, a Igreja apoia-se em sólidas razões quando afirma que «o pecado mortal é uma possibilidade radical da liberdade humana, assim como o próprio amor. Tem como consequência a perda da caridade e a privação da graça santificante, ou seja, do estado de graça. E, se não for resgatado pelo arrependimento e pelo perdão de Deus, originará a exclusão do Reino de Cristo e a morte eterna no Inferno, uma vez que a nossa liberdade tem capacidade para fazer escolhas definitivas, irreversíveis».[100] Quanto à distinção entre os pecados, convém recordar algumas sábias observações de Santo Agostinho: «Há alguns pecados que seriam considerados levíssimos, se na Sagrada Escritura não fossem apresentados como mais graves».[101] E também: «Não façamos uso de balanças enganadoras, para pesar o que queremos e como queremos e dizer livremente: Isto é pesado, isto é leve; usemos antes a balança divina das Sagradas Escrituras, como tesouros do Senhor, e meçamos com ela o que é mais pesado; ainda mais, não sejamos nós que pesa, mas demos reconhecimento às medidas do Senhor».[102] A Igreja pretende, antes de tudo, ser fiel ao ensinamento da Sagrada Escritura, mas não nega a complexidade dos matizes sutis que podem esconder-se no fundo das consciências. Por isso, ensina: «No entanto, mesmo podendo julgar que um ato é em si falta grave,

---

(99) *Reconciliatio et paenitentia*, n. 17.

(100) *Catecismo*, n. 1861.

(101) Santo Agostinho, *Enchiridion ad Laurentium*, 21, 79: CCL 46, 93.

(102) Santo Agostinho, *De Baptismo contra Donatistas*, 2, 6, 9: CSEL 51, 184. Cf. Beato A. del Portillo, *Coscienza morale e magistero*, cit., p. 383.

devemos confiar o julgamento das pessoas à justiça e à misericórdia de Deus".[103]

Não estão fechadas as vias para posteriores aprofundamentos sobre a doutrina do pecado, desde que sejam bem fundadas teologicamente e pastoralmente úteis. As teorias de que tratamos antes, ainda que tenham a louvável intenção de esclarecer uma matéria tão delicada e importante, criam mais problemas que os que conseguem resolver, sobretudo quando recorrem a categorias e a divisões que ultrapassam qualquer possibilidade de verificação ou de controle objetivo, introduzindo novas causas de incerteza numa matéria que de per si já é difícil.

b) Pecados internos e pecados externos

Os pecados externos são aqueles que se cometem com uma ação que pode ser observada exteriormente (roubo, adultério, etc.). Os pecados internos permanecem no interior do homem: no pensamento, na vontade ou nos sentidos internos (fantasia, etc.), sem se expressarem em ações externas. Jesus fala da existência de pecados meramente internos quando ensina: «Todo aquele que olhar para uma mulher com o desejo de possuí-la já cometeu adultério com ela em seu coração».[104] Com efeito, o ato moral é propriamente o ato interno da vontade; por isso, *os atos puramente interiores podem ser pecado e até grave*: os dois últimos mandamentos do Decálogo proíbem tais pecados.[105] O Antigo Testamento mostra a malícia dos pecados internos,[106] Jesus frequentemente reprova nos fariseus a preocupação com a honestidade exterior com esquecimento da retidão interior,[107] e semelhante é a doutrina

(103) *Catecismo*, n. 1861.

(104) Mt 5, 28.

(105) Cf. Deut. 5, 21; *Catecismo*, ns. 2514-2557.

(106) Cf. Deut 15, 9; Prov 12, 12; 15, 26; Sab 1, 3.

(107) Cf. Mt 23, 25-28; Lc 11, 17.

dos Apóstolos;[108] também a Igreja recorda a necessidade de confessar os pecados ocultos e que se referem aos dois últimos mandamentos do Decálogo, precisamente porque podem ser mais perigosos que os externos.[109] Em princípio, os pecados interiores, também os mortais, são menos graves que os correspondentes pecados exteriores, pois a voluntariedade normalmente é menor; não obstante, são altamente perigosos por causa da facilidade com que se realizam, e por isso podem facilmente degenerar em vícios.

Tradicionalmente, distinguem-se três tipos de pecados internos: o pensamento consentido, o desejo e a satisfação por um ato realizado.

1) O pensamento consentido (*delectatio morosa*) não é o simples pensamento, nem muito menos a imaginação, mas *um querer pensar ou imaginar determinado ato imoral, na sua formalidade de malícia*; nesse sentido, pensar no pecado de injúria enquanto se estuda teologia moral é diferente de consentir num pensamento que configura uma injúria concreta a uma pessoa. Os maus pensamentos – de orgulho, de impureza, de crítica injusta, etc. – pervertem o homem moralmente, extraviando-o cada vez mais.[110]

2) O desejo (*desiderium*) não consiste propriamente na decisão de fazer uma coisa, mas *num desejo interior e genérico em que a pessoa se compraz*;[111] está intimamente unido à *delectatio morosa*. O mau desejo, por exemplo, a ambição de riqueza ou a sede de poder, afasta de Deus e do próximo e põe a pessoa no perigoso declive do mal.

3) A satisfação (*gaudium*) com o ato realizado significa *deleitar-se com algo realizado no passado sem assumir necessariamente a decisão de realizá-lo novamente*. O pecado reside propriamente na particular complacência originada pelo mau desejo: «Quem se alegra com a ini-

(108) Cf. At 8, 22; Ef 4, 17-18.

(109) Cf. Conc. de Trento, *De sacramento paenitentiae*, cap. 5: DS 1680; *Catecismo*, n. 1456.

(110) São Gregório Magno dizia que a preguiça da mente destrói até o reto sentir, se dissipa no desejo dos prazeres e mata o amor às boas obras: cf. *Regula pastoralis*, III, 15: SC 382, 350. Aqui se poderiam incluir as novelas e as imagens moralmente escandalosas dos meios de comunicação, que incrementam a tendência intencional para o mal; convém por isso recordar o conselho de Jesus: «Se teu olho te escandaliza, arranca-o» (Mc 9, 47), se este espetáculo, se este jornal... te escandalizam...

(111) Este desejo é diferente da intenção, que consiste num querer eficaz: cf. cap. VI, § 3.

quidade será desonrado».[112] O *gaudium peccaminosum* pode ser a satisfação pelo mal praticado ou a tristeza pelo mal que não se realizou: por exemplo, afligir-se por não ter sabido aproveitar uma ocasião em que roubar teria sido fácil e sem riscos.

c) O pecado social e o problema da responsabilidade coletiva

A Revelação fala-nos da existência de um "pecado do mundo" e de uma responsabilidade social pelos pecados.[113] Como sabemos, *pode falar-se de pecado social em três sentidos:* todo pecado, até o mais oculto, afeta toda a sociedade; há pecados que ferem mais diretamente a vida social; existem situações coletivas que induzem ao pecado.[114] Interessa-nos agora aprofundar os dois últimos aspectos[115] e o problema da responsabilidade coletiva relacionada com eles.

A Sagrada Escritura e a própria experiência humana demonstram que os homens não são seres isolados; por isso – como era típico entre os antigos povos semitas –, a infração da lei que causava prejuízo a alguém, mesmo que de modo inconsciente, produzia na comunidade uma situação objetiva de desequilíbrio que devia ser reparada de alguma forma, porque o cumprimento de certas regras era vital para o desenvolvimento ordenado da sociedade. Não parece estar provada a existência, no Antigo Testamento, de uma retribuição coletiva exclusiva – ou, ao menos, predominante –, na qual justos e pecadores deveriam receber juntos a mesma sanção; isto não exclui que, do ponto de vista moral, todos tenhamos certa responsabilidade diante dos outros. O Senhor assumiu a nossa condição moral para redimir-nos,[116] e todos nos encontramos mo-

---

(112) Eclo 19, 5.

(113) Cf. Êx 34, 7; Jo 7; Jer 32, 18; Jo 1, 29; *Catecismo*, n. 408.

(114) Cf. *Reconciliatio et paenitentia*, n. 16; A. Sarmiento, *El pecado social*, «Scripta Theologica» 19 (1987) 869-881.

(115) Os efeitos sociais do pecado serão estudados no § 7.

(116) Rom 8, 3; Fil 2, 7-8; Hebr 4, 15; 5, 7-9.

ralmente unidos para crescer segundo o querer de Deus;[117] por isso, qualquer pessoa tem certa responsabilidade moral pela conduta dos outros[118] e alguma vez terá de orar: «*Ab alienis [peccatis] parce servo tuo*»,[119] pois o próprio agir, talvez com boa vontade, mas com falta de prudência, poderia torná-lo cúmplice dos pecados alheios.[120] Neste mesmo capítulo, estudaremos o problema da cooperação com o mal.

A moralidade depende da advertência e, sobretudo, do livre querer de cada pessoa. Uma pessoa não é, em si mesma, responsável pelo bem ou pelo mal realizado por outros ou pela maioria do grupo a que pertence. *A rigor, a responsabilidade moral reduz-se sempre à responsabilidade individual de um ou mais sujeitos.* Quando se fala de responsabilidade coletiva, normalmente se faz em sentido impróprio, e tal modo de falar traz consigo o risco de confundir os conceitos, em vez de esclarecê-los.

No entanto, o reconhecimento do caráter pessoal da responsabilidade não deveria tornar-nos insensíveis diante da dimensão cultural e social de alguns fenômenos morais. O homem, pelo simples fato de sê-lo, possui os princípios morais, ainda que em estado germinal. O seu pleno desenvolvimento requer o equilíbrio do sistema tendencial. De um ponto de vista abstrato, existe um verdadeiro círculo entre a razão prática e o equilíbrio afetivo, já que cada um destes elementos pressupõe o outro.[121] Do ponto de vista concreto, no entanto, o círculo é superado pela educação recebida no âmbito das comunidades a que o sujeito pertence: família, sociedade civil e econômica, Igreja, Estado, etc. Os costumes, as leis, os modelos nelas vigentes não só dão forma ao nosso viver juntos, mas também expressam e forjam nas novas gerações certos modos de perceber e de avaliar, dado que a pessoa tende a identificar-se com o âmbito legal e institucional em que nas-

(117) Col 2, 19.

(118) Cf. Núm 16, 19-22; Jos 7, 1-12; 2 Cor 11, 28-29; Gál 6, 1-2.

(119) Sal 18, 14 (Vg).

(120) 1 Tim 5, 22.

(121) Cf. *S.Th.*, I-II, q. 58, aa. 4-5. Ver também o comentário tomista ao livro VI de *Ética a Nicômaco*.

ceu e em que vive, e que lhe oferece as categorias para interpretar a sua experiência e para reforçar a sua identidade. É perfeitamente possível nadar contra a corrente, e muitas vezes é um dever, ainda que não corresponda à propensão majoritária das atuais sociedades massificadas. Em todo caso, a formação moral da pessoa possui pressupostos sociais, econômicos e políticos, e sem uma adequada educação familiar e social o desenvolvimento da moralidade pessoal se torna extremamente lento e difícil.[122]

É verdade que *a consciência moral conserva sempre a capacidade de julgar e de decidir livremente, mas, para julgar e decidir, deve antes constituir-se, e esta constituição se realiza num contexto concreto, e não num hipotético espaço extramundano.* Como foi indicado, o conhecimento da lei moral natural é uma capacidade natural, mas é natural como o é a capacidade de falar: o seu desenvolvimento e a qualidade dos resultados dependem, em boa medida, do contexto comunicativo em que se efetua a educação.[123] A consecução de um discernimento moral pessoal não é independente da lógica imanente e objetivada no *ethos* do grupo social, *ethos* que pressupõe o compartilhamento de certos fins e do modo de alcançá-los, de certos modelos e do modo de vivê-los, e que se expressa nas leis, nos costumes, na história, na celebração dos acontecimentos e das personagens que melhor correspondem à identidade moral do grupo.[124]

Estas reflexões não pretendem questionar a liberdade e a responsabilidade pessoais: pretendem antes explicitar o aspecto propriamente cultural de certos fenômenos morais positivos ou negativos (por exemplo, o que hoje em dia se chama «cultura da vida» e «cultura da morte»). São dinâmicas que, uma vez constituídas, se tornam relativamente autônomas com relação às escolhas de cada um e que, por serem humanas, são eminentemente comunicativas. Por isso, nos casos de situações, de estruturas, de leis, etc., injustas, cada um deve examinar a própria responsabilidade por comissão ou, mais frequentemente, por omissão, ou seja, por ter calado ou

(122) *Vide* cap. I, § 1 b) y IX, § 1 c).

(123) *Vide* cap. VIII, § 2 a).

 (124) Cf. G. Abbà, *Quale impostazione per la filosofia morale?*, cit., pp. 10-17.

por não ter contrastado essas situações que afetam a moralidade pública. Além disso, na realização dos bens de natureza pública, normalmente não basta a ação individual, é necessária também certa organização, como, por exemplo, os movimentos pró-vida, as associações familiares e de consumidores, etc.

d) Outras divisões dos pecados

Há outras divisões dos pecados, de menor importância moral, mas que ajudam a ter uma ideia mais completa da noção de pecado.

1) *Original e atual:* O pecado original é aquele que nossos primeiros pais cometeram e que se transmite por geração a todos os homens; é uma desordem inerente a toda pessoa desde o momento da concepção. Pecado atual é o pecado cometido pelo próprio sujeito e do qual é plenamente responsável.

2) *Formal e material:* O primeiro consiste na transgressão voluntária – e portanto culpável – da lei divina. O pecado material é um ato objetivamente desordenado em que falta a devida voluntariedade, por ignorância invencível, por violência externa ou por falta de uso de razão. O pecado material não torna o sujeito culpável, mas enquanto ato desordenado produz um dano objetivo, que convém evitar.[125]

3) *Ato pecaminoso e estado de pecado (pecado habitual):* O ato pecaminoso é o ato da vontade que faz uma escolha contrária ao bem humano e à lei moral. Este ato produz na pessoa um estado (*macula peccati*) que é a desordem deixada no pecador, como o reato de culpa e de pena e, no pecado mortal, a privação da graça.

4) *De ignorância, de fragilidade e de malícia:* Refere-se ao fator interno que induz a pecar. Normalmente, a ignorância e a fragilidade diminuem a voluntariedade e, portanto, a culpa. Os pecados de malícia são os que nascem precisamente da má vontade.

5) *Carnais e espirituais:* Conforme a tendência desordenada seja a um bem sensível (por exemplo, a luxúria) ou espiritual (a sober-

(125) Cf. *Catecismo*, n. 1793; *Veritatis splendor*, n. 63.

ba). Em si mesmos, os segundos são mais graves, ainda que os pecados carnais sejam, normalmente, mais veementes e tenham maior força de atração imediata.

6) *De comissão e de omissão:* Todo pecado consiste na realização de um ato voluntário desordenado: tratando-se de uma ação, chama-se pecado de comissão; se, pelo contrário, o ato voluntário se manifesta em omitir algo devido, chama-se de omissão.[126]

5. *Distinção específica e numérica dos pecados*

Distinguem-se especificamente os pecados cometidos contra virtudes ou preceitos diversos: por exemplo, o homicídio é um pecado especificamente distinto do roubo. A distinção numérica indica a quantidade de pecados de um mesmo tipo que foram cometidos. As duas distinções são importantes, porque no sacramento da penitência é necessário arrepender-se e manifestar os pecados na sua espécie e no seu número,[127] na medida em que for moralmente possível.

Isto é assim porque a conversão do pecado só é autêntica se não permanecer numa vaga abstração: é necessário arrepender-se de todos e cada um dos pecados; por isso, é importante ter em conta a sua distinção específica e numérica. No entanto, se uma pessoa não consegue recordar todos os pecados cometidos desde a última confissão válida ou não está em condições de captar todas as distinções específicas explicadas na teologia moral, isso não deve ser motivo de angústia ou de escrúpulos. A integridade formal da confissão, necessária para a validez do sacramento, requer a acusação de *todos os pecados mortais recordados depois de um exame de consciência diligente*, especificando o número do modo mais exato possível aqui e agora, e expondo brevemente e com

---

(126) «Quem, pois, sabe fazer o bem e não o faz é réu de pecado» (Tg 4, 17).

(127) Cf. Conc. de Trento, *De sacramento paenitentiae*, cann. 7-8: DS 1707-1708; a estes cânones remete o *Ordo Paenitentiae*, 2-VII-1973, Praenotanda, n. 7. *Vide* também *Catecismo*, ns. 1456 e 1497. O Concílio de Trento indica que esta necessidade é de direito divino; portanto, os homens não podem mudá-la; e isto explica por que a confissão genérica dos pecados com absolvição coletiva só pode ser realizada em casos muito excepcionais, e que ela não elimina a obrigação de manifestar posteriormente os pecados mortais perdoados na absolvição coletiva.

simplicidade as circunstâncias que se julgarem moralmente importantes. A consideração dos mandamentos do Decálogo e dos preceitos da Igreja pode ajudar a fazer um exame profundo da alma e, portanto, a preparar o sacramento da penitência.

A distinção numérica dos pecados não apresenta normalmente grandes dificuldades; para alguns casos mais difíceis, podem ter-se em conta os seguintes princípios: 1) Considera-se que os atos são diversos quando se interrompe a unidade moral da decisão; a) nos atos internos, basta uma interrupção temporária: por exemplo, diversos atos de ódio a uma pessoa ao longo do dia; b) nos atos externos, as ações são numericamente distintas em sentido moral quando são concebidas e entendidas como diversas: por exemplo, pequenos furtos sem conexão uns com os outros; c) no entanto, no caso de confluírem todas no mesmo fim, constituem uma unidade moral: por exemplo, quem, seguindo uma estratégia, rouba pouco a pouco uma grande quantidade cometeu um pecado grave de furto, e não muitos pecados veniais. 2) Em matéria indivisível, pode haver tantas ações mortais quantos forem os atos concretos que se realizem: por exemplo, o ódio a Deus ou a luxúria.

6. A causa do pecado

a) Causa remota e causa próxima

O conceito de pecado, como mal moral, implica uma causa livre. Uma vez que Deus não pode ser considerado de nenhum modo causa do pecado,[128] esta deve ser buscada na mesma criatura livre que o comete. No homem é possível distinguir uma causa remota e uma causa próxima do pecado. A causa remota é a defectibilidade natural do homem e a desordem moral que os pecados produzem; a causa próxima é

(128) Cf. Eclo 15, 11-13; Tg 1, 13; Conc. II de Orange: DS 397; Clemente VI, *Erros de Nicolau de Autrecourt*, n. 58: DS 1409; Conc. de Trento, *De iustificatione*, can. 6: DS 1556.

a malícia da própria vontade. A causa remota não explica cada pecado singular, embora possa explicar a presença do pecado em geral. Deve-se concluir, portanto, que *«a raiz do pecado está no coração do homem, na sua livre vontade»*.[129]

b) Os pecados e os vícios capitais

Os vícios são hábitos operativos moralmente maus, opostos, portanto, às virtudes. Os vícios desenvolvem uma tarefa análoga à das virtudes no plano intelectual, no afetivo e no dispositivo, mas em sentido contrário: consolidam modos equivocados de sentir, de julgar, de apreciar as coisas e as pessoas que dão origem a eleições moralmente desordenadas. Os vícios são qualidades livremente adquiridas que têm em si mesmos valor moral negativo, na medida em que constituem um poderoso obstáculo para que o homem consiga individuar, desejar e realizar, efetivamente, uma conduta congruente com o seguimento de Cristo. Por isso os vícios são, também, origem de ulteriores pecados.

Desde os princípios do século V os escritores cristãos, como já haviam feito alguns pagãos, falam de vícios e de pecados capitais e fazem deles diversas listas. Com São Gregório Magno, a lista se estabiliza em sete pecados capitais.[130] Capital vem de *caput*, que é como a parte diretiva de todo o corpo; por isso, *chamam-se* metaforicamente *vícios e pecados capitais os hábitos e os atos que pelas suas características agem como fonte e princípio diretivo de outros pecados*. A expressão é utilizada, portanto, não somente para os atos desordenados concretos, mas também para o vício correspondente, no qual se encontra propriamente a origem de outros pecados. Estes vícios são: 1) *vanglória* ou amor desordenado da própria excelência; 2) *avareza* ou amor desordenado dos bens exteriores; 3) *luxúria* e 4) *gula*, que derivam do amor desordenado do prazer sensível; 5) *acídia* (e preguiça), que é a repulsa e a fuga do esforço necessário para conseguir o bem moral ou espiritual; 6) *inveja*, que é a tristeza pelo bem dos outros, considerado como mal

(129) *Catecismo*, n. 1853.

(130) Cf. São Gregório Magno, *Moralia in Iob*, 31, 45, 87: CCL 143 B, 1610; *Catecismo*, n. 1866.

para si próprio, ou o desejo e a alegria pelo mal sofrido por outros; 7) *ira* ou intolerância violenta diante da contrariedade.

A soberba, ou amor-próprio desordenado, mais do que um pecado capital, é a raiz de todo pecado *ex parte aversionis*, na medida em que o afastamento de Deus surge de um amor desordenado de si mesmo. A soberba plena é um pecado grave em si mesmo, pois se ergue contra Deus e, como raiz de todos os pecados, é muito prejudicial à vida espiritual, já que recusa a submissão a Deus e à sua lei. A avareza é a raiz de todo pecado *ex parte conversionis*, enquanto todo pecado supõe um amor desordenado a um bem relativo: «A raiz de todos os males é a avareza».[131]

c) A tentação

Natureza da tentação – A palavra *tentar* pode ter o significado de provar as forças de alguém e, mais concretamente, a sua prontidão para fazer o bem;[132] mas aqui usamos a palavra em sentido diverso: chamamos tentação à incitação ao mal.[133] A causa do pecado, como já se disse, é a própria vontade; esta, no entanto, pode ser influenciada e atraída, ainda que não dominada, pela presença de bens aparentes: *a tentação é precisamente a instigação ao mal moral que se propõe sob a aparência de bem para enganar a vontade.*

As tentações, se não forem buscadas e forem aproveitadas como motivo do esforço moral, terão um significado positivo para a vida cristã; o argumento mais evidente é que o próprio Jesus foi conduzido «ao deserto pelo Espírito para ser tentado pelo diabo».[134] As tentações, enfrentadas com espírito sobrenatural, ajudam a crescer

---

(131) 1 Tim 6, 10. Cf. Mt 6, 24; *S.Th.*, I-II, q. 84, a. 1.

(132) Neste sentido, a S. Escritura diz que Deus «tenta» (*tentat*) os homens, termo que as versões da Bíblia costumam traduzir por «prova»: «Deus os pôs à prova e os achou dignos d'Ele» (Sab 3, 5; cf. Êx 16, 4; Deut 13, 4; Sal 26, 2). Em Gên 22, 1, fala-se da prova de Abraão, que é como a *tentatio* por antonomásia do Antigo Testamento: cf. Jdt 8, 25-26; Hebr 11, 17.

(133) Neste sentido, Deus não tenta ninguém: cf. Tg 1, 13.

(134) Mt 4, 1. Cf. Hebr 4, 15.

em graça, em virtudes e em mérito: «Bem-aventurado o homem que suporta com paciência a adversidade (*tentationem*), porque, uma vez provado, receberá como coroa a vida que Deus prometeu aos que o amam».[135]

Tipos de tentações – Tradicionalmente, diz-se que as tentações procedem do mundo, do demônio e da carne.

1) *O mundo:* não se trata do mundo enquanto criatura de Deus, o qual é bom,[136] mas do mundo pervertido pelo pecado, o qual se comporta como inimigo de Deus e incita os homens a separar-se d'Ele.[137]

2) *O demônio:* o demônio é o tentador por antonomásia;[138] sua tarefa é, por assim dizer, instigar o homem a ofender a Deus por ódio contra Ele: «Pois a nossa luta – como ensina São Paulo – não é contra o sangue e a carne, mas conta os principados, contra as potestades, contra os dominadores deste mundo tenebroso, contra os espíritos malignos espalhados pelos ares».[139]

3) *A carne:* a palavra carne, neste caso, significa o homem velho marcado pelo pecado;[140] chama-se também concupiscência, não como apetite sensitivo, mas como inclinação interior ao mal: nesta perspectiva, a concupiscência consiste na desordem das forças da alma como resultado dos pecados, original e atuais, isto é, o *fomes peccati.*

Princípios morais – O homem não pode deixar de ter tentações, e, por isso, não seria um bem não tê-las.[141] Mas deve repeli-las, tendo em conta os seguintes princípios. 1) *As tentações não podem ser vencidas unicamente com as próprias forças*;[142] por isso, o homem deve ser fiel ao

(135) Tg 1, 12. Cf. *Catecismo*, n. 2847.

(136) Cf. Gên 1, 31; 1 Tim 4, 4.

(137) «As consequências do pecado original e de todos os pecados pessoais dos homens dão ao mundo, no seu conjunto, uma condição pecadora, que pode ser designada pela expressão de São João "o pecado do mundo" (Jo 1, 29). Esta expressão significa também a influência negativa que as situações comunitárias e as estruturas sociais, que são fruto dos pecados dos homens, exercem sobre as pessoas (cf. *Reconciliatio et paenitentia*, n. 16)» (*Catecismo*, n. 408).

(138) Cf. Mt 4, 3; 1 Cor 7, 5; 1 Tess 3, 5; Apoc 2, 10.

(139) Ef 6, 12. Cf. *Catecismo*, n. 2851.

(140) Cf. Rom 6, 6; 7, 15-20; Gál 5, 16-17; Ef 4, 22; Col 3, 9; 1 Pe 2, 11.

(141) Cf. Eclo 2, 1.3; Tg 1, 2-4.12; 1 Pe 1, 6-7.

 (142) Cf. Mt 6, 13; Mc 14, 38; Lc 22, 31-32; Hebr 2, 18.

Senhor, para que Ele o preserve na hora da provação.[143] 2) *Com a ajuda da graça, sempre se pode vencer a tentação:* o Senhor não permite que sejamos tentados acima das nossas forças ajudadas pela graça divina.[144] 3) *Devemos lutar com prontidão contra as tentações,*[145] pois uma atitude remissa faz que ganhem força. Pode-se resistir à tentação de dois modos: a) com ações diretamente opostas, e isso é aconselhável nas tentações contra a fé, contra a esperança e contra a caridade; b) ocupando a mente com outras coisas, e isto se recomenda nas tentações de sensualidade, pois de outro modo podem adquirir maior violência. 4) *Sentir tentação não é pecado, somente é pecado o consentir nela:* o *fomes peccati* faz que todos os homens fiquem sujeitos à atração do mal moral; esta atração permanece *ad agonem,* para que lutemos, mas não pode prejudicar a quem não consente.[146] 5) *Não é lícito pôr-se voluntariamente em tentação:* se não nos é permitido pôr em perigo a vida corporal sem causa proporcionada, menos ainda é fazê-lo com a vida sobrenatural. Quando existe uma causa proporcionada que o aconselhe, deverão ser adotados os meios necessários para que o perigo seja remoto; além do mais, dado que ninguém é bom juiz em causa própria, sendo possível convirá pedir e seguir o conselho de uma pessoa prudente.

Ocasião de pecado – Tecnicamente, chamam-se ocasiões de pecado aquelas circunstâncias exteriores que se apresentam mais ou menos voluntariamente e ocasionam uma tentação ao pecado. A ocasião pode ser: a) próxima, quando o perigo de cair em tentação é sério; remota, quando esse perigo é leve; b) absoluta, quando qualquer pessoa normal sente esse perigo; relativa, quando a ocasião é perigosa somente para algumas pessoas; c) contínua ou descontínua, de acordo com a modalidade temporal; d) livre, quando a ocasião depende da vontade pessoal;

---

(143) Cf. Eclo 44, 20-21; 2 Pe 2, 9; Apoc 3, 10; *Catecismo*, n. 2849.

(144) Cf. 1 Cor 10, 13; 1 Pe 1, 5; *Catecismo*, n. 2848. O Concílio de Trento recorda: «Ninguém deve tomar como própria a temerária expressão, condenada pelos Padres com anátema, segundo a qual os mandamentos de Deus são impossíveis de ser observados pelo homem justificado. "Deus, de fato, não manda o impossível; mas, quando manda, anima-te a fazer o que podes, a pedir o que não podes", e ajuda-te para que possas» (Decr. *De iustificatione*, cap. 11: DS 1536; a citação interna é de Santo Agostinho, *De natura et gratia*, 43, 50; CSEL 60, 270). Cf. *ibid.*, can. 18: DS 1568.

(145) Cf. 1 Cor 10, 12; Gál 6, 1; Ef 6, 10-20.

(146) Cf. Conc. de Trento, *De peccato originali*, can. 5: DS 1515; São Pio V, Bula *Ex omnibus afflictionibus*, 1-X-1567, n. 50: DS 1950; *Catecismo*, n. 2847.

necessária, quando depende de determinado estado de vida; e) grave ou leve, segundo a espécie teológica do pecado a que o perigo se refere.

O próprio dever de evitar o pecado também leva ao dever de evitar a ocasião de pecado. No entanto, não se pode evitar *toda* ocasião, «pois, neste caso", diz São Paulo, "teríeis que sair do mundo».[147] Os critérios morais a respeito deste tema podem ser resumidos em três pontos. 1) Há obrigação grave de evitar as ocasiões graves, próximas e livres; de outro modo, não haveria vontade séria de evitar o pecado, o que por si já constitui ofensa a Deus. 2) Deve fazer-se tudo o que for possível para que uma ocasião próxima e necessária se converta em remota. 3) Convém evitar as ocasiões remotas, contínuas e livres, já que corroem a vida espiritual e predispõem ao pecado grave: por exemplo, assistir a espetáculos frívolos, ler livros de doutrina duvidosa sem necessidade, etc.

Quem não quiser afastar-se de uma ocasião grave, próxima e livre manifesta que não se arrepende dos próprios pecados nem está disposto a fazer o possível para evitá-los. Com essas disposições não pode receber validamente a absolvição sacramental.[148]

7. *Efeitos do pecado*

Os efeitos do pecado estão intimamente unidos à sua essência e interligados; derivam principalmente da *aversio a Deo* e secundariamente da *conversio ad criaturas*.[149]

O primeiro efeito do pecado mortal é a exclusão da amizade divina, a *aversio a Deo*: o pecado grave priva-nos da inabitação das três Pessoas divinas e, portanto, da vida sobrenatural, da graça santificante e da caridade. Juntamente com a graça, perdem-se também as virtudes infusas e os dons do Espírito Santo, ainda que a fé e a esperança possam perma-

(147) 1 Cor 5, 10.

(148) Inocêncio XI condenou a seguinte proposição laxista: «Talvez possa ser absolvido o que se encontre em ocasião próxima de pecado que pode mas não quer abandonar, mas que, ao contrário, de maneira direta e de propósito a busca ou a ela se expõe» (Decr. do Santo Ofício, 2-III-1679, n. 61: DS 2161). Isto se baseia nas palavras de Jesus: «Se teu olho direito te escandaliza, arranca-o e lança-o longe de ti» (Mt 5, 29).

(149) Cf. Sab 11, 16; 12, 23.27; Ez 23, 35; Santo Agostinho, *De civitate Dei*, 14, 12-15: CCL 48, 433-438; *Contra Secundinum*, 15: CSEL 25, 926-928.

necer em estado informe, isto é, não vivificadas pela caridade. Perdem-se, além disso, os méritos sobrenaturais alcançados: «Se o justo se desviar da sua justiça e praticar a injustiça, imitando todas as abominações cometidas pelo ímpio, poderá fazer isso e viver? Da justiça que praticou nada será lembrado»;[150] no entanto, os méritos podem ser recuperados quando o pecador se arrepende e retorna à amizade com Deus.[151] O pecado mortal merece, como já foi indicado, a pena eterna.

Com o pecado mortal, o homem, criado para viver em comunhão com Deus, contradiz a sua profunda verdade e o seu verdadeiro bem. A narração do pecado dos nossos primeiros pais manifesta o conflito interior que o pecado introduz na pessoa:[152] o homem esconde-se de Deus, repara em que está nu, a terra produzir-lhe-á espinhos e ervas daninhas, e instaura-se uma relação de desconfiança entre as pessoas. *O pecado,* portanto, *influi negativamente sobre as diversas dimensões humanas: teocêntrica, pessoal, social e material.*[153] Estes conflitos íntimos da pessoa produzem um sentimento de desassossego, que se chama remorso de consciência; este remorso pode ajudar a arrepender-se e a expiar a pena devida pelo pecado.[154]

O pecado não prejudica só o pecador, mas também tem consequências

---

(150) Ez 18, 24.

(151) Cf. Pio XI, Carta ap. *Infinita Dei misericordia*, 29-V-1924: DS 3670.

(152) Cf. Gên 3, 7-19. Sobre os *vulnera* do pecado, ver E. Colom, *Dios y el obrar humano*, cit., pp. 125-181.

(153) O pecado produz um conjunto de divisões na pessoa: «Divisão entre o homem e o Criador, divisão no coração e no ser do homem, divisão entre os indivíduos e entre os grupos humanos, divisão entre o homem e a natureza criada por Deus» (*Reconciliatio et paenitentia*, n. 23). De fato, «o pecado diminui o próprio homem, impedindo-o de atingir a sua plena realização» (*Gaudium et spes*, n. 13), e, por isso, ele é infeliz: o pecador busca a felicidade, mas, como a busca num lugar equivocado, o que encontra é a tristeza e o desassossego, como demonstra o final de Judas. Em último termo, encontra a profunda infelicidade de quem está em oposição a si mesmo; assim mostra o Antigo Testamento: «Aqueles que praticam a injustiça e o pecado são os seus próprios inimigos» (Tob 12, 10); «os ímpios são como um mar encapelado, que não pode acalmar-se, cujas ondas revolvem lodo e lama. Não há paz para os ímpios» (Is 57, 20-21). Cf. *De malo*, q. 2, a. 11.

(154) «Se o homem comete o mal, o reto juízo da sua consciência permanece nele testemunha da verdade universal do bem, como também da malícia da sua escolha particular. Mas o veredicto da consciência permanece nele ainda como um penhor de esperança e de misericórdia: enquanto atesta o mal cometido, lembra também o perdão por pedir, o bem por praticar e a virtude por cultivar sempre, com a graça de Deus» (*Veritatis splendor*, n. 61). Cf. *Catecismo*, n. 1781.

negativas na comunidade eclesial e civil.[155] O vínculo da caridade, que une a Cristo e aos membros do corpo místico entre si, fica debilitado por causa dos pecados pessoais: a culpa moral afasta o pecador da Igreja, e isto introduz uma desordem no corpo de Cristo. O dogma da comunhão dos santos implica a influência do agir moral de cada um sobre os demais, seja para o bem, seja para o mal:[156] os pecadores dificultam a edificação da Igreja e atrasam o cumprimento do desígnio divino de santidade, não só quanto a si mesmos, mas também em relação a toda a Igreja, «que ofenderam com os seus pecados».[157] Isso vale também para os pecados internos e para os que se cometem diretamente contra Deus e contra si mesmo; no entanto, os efeitos antissociais do pecado são maiores quando a sua repercussão pública é mais direta, como dissemos a propósito do pecado social e da responsabilidade coletiva.

8. A cooperação para o mal

Noção de cooperação para o mal – *Em sentido técnico, entende-se por cooperação para o mal (ou para o pecado) a realização de um ato humano que de algum modo facilita que outro indivíduo pratique uma ação imoral, da qual este é o autor principal.* A crescente interdependência social traz consigo uma infinidade de situações em que aparece esta figura moral; juízes, empresários, educadores, políticos, até pais, amigos, etc., se veem afetados por esta possibilidade. Além disso, como se disse, a moral não pode limitar-se a um ponto de vista individual, pois a dimensão social é uma característica intrínseca da pessoa humana; nesse sentido, não basta «agir bem» no campo individual, senão que é necessário que as próprias ações tenham repercussão positiva na sociedade. Nesta perspectiva, apresenta-se o problema de saber até que ponto é lícito colaborar de modo efetivo, ainda que involuntário ou só indiretamente voluntário, na realização do que é moralmente ilícito.

Em primeiro lugar, *é necessário distinguir entre a cooperação para o*

(155) Cf. Hebr 12, 15.

(156) «Se um membro sofre, todos os membros sofrem com ele; se um membro é honrado, todos os membros se regozijam com ele» (1 Cor 12, 26).

(157) *Lumen gentium*, n. 11.

mal e o escândalo. «O escândalo é uma atitude ou comportamento que leva outrem a fazer o mal».[158] O escândalo exerce um influxo direto sobre a vontade do próximo. Quem escandaliza é de algum modo a causa da má vontade de outra pessoa, ao passo que a cooperação é uma ação que facilita a execução de uma intenção imoral que outro decide autonomamente.

A cooperação para o pecado alheio pode ser querida diretamente ou por livre iniciativa, e isto acarreta a aprovação da ação imoral (*cooperação formal para o mal*); ou pode ser tolerada ou sofrida, sem que isso suponha a aprovação do seu comportamento: por exemplo, quando a cooperação deriva necessariamente de uma ação que, por qualquer motivo, deve ser realizada (*cooperação material para o mal*). O que acontece, neste caso, é que determinadas circunstâncias sociais ou de trabalho colocam uma pessoa na condição de servir-se do nosso comportamento para realizar com maior facilidade os próprios desígnios.

A cooperação material para o mal pode ser, por um lado, imediata ou direta ou então mediata ou indireta e, por outro, próxima ou remota.

a) A cooperação material imediata ou direta ocorre quando se presta auxílio a outro para realizar uma ação imoral: por exemplo, ajudar um ladrão a roubar, ainda que não se aprove o roubo.

b) Dá-se cooperação material mediata ou indireta quando se coloca à disposição um instrumento que outro utilizará para fazer o mal: por exemplo, vender vinho a alguém que queira embriagar-se.

c) A diferença entre cooperação material próxima e remota depende da concatenação física ou moral entre a ação de quem coopera e a do autor principal. O diretor de um banco que concede empréstimos a uma revista que promove comportamentos imorais coopera de maneira próxima; quem aplica o seu dinheiro num banco que concede este tipo de empréstimos coopera remotamente. *A cooperação material imediata é sempre próxima; a cooperação material mediata pode ser tanto próxima como remota.*

Princípios morais sobre a cooperação para o mal – *A cooperação formal para o mal é sempre ilícita.*[159] *A cooperação material para o mal, em termos gerais, é também moralmente ilícita,* porque o bem da pessoa

(158) *Catecismo*, n. 2284; vejam-se também os ns. 2285-2287.

(159) Cf. *Evangelium vitae*, n. 74; *Catecismo*, ns. 1868, 2272, 2282 e 2291.

humana, tendo em conta a sua dimensão social, requer não só que cada um aja de acordo com a reta razão, mas que o faça de modo que favoreça, no que lhe compete, o bem dos demais, ajudando e contribuindo na medida das suas possibilidades. A sociabilidade tem e deve ter sentido eminentemente positivo: é um fator necessário para toda pessoa para crescer em humanidade e viver uma vida honesta no dia a dia.

No entanto, *existem algumas circunstâncias que podem tornar lícita a cooperação material para o mal.* Tratando-se de cooperação material, esta não corresponde a uma livre iniciativa de cooperar, mas a certa necessidade de conseguir um bem ou de evitar um mal por meio de uma ação de que o outro se aproveita para realizar os seus propósitos imorais. A primeira condição para que uma ação deste tipo possa ser lícita é que haja realmente *a necessidade de realizá-la*, ou seja, que não exista outra possibilidade de conseguir um bem necessário ou de evitar um mal oneroso. Se há a possibilidade de fazê-lo sem cooperar para o mal, mesmo que isso exija maior esforço ou represente um incômodo para a pessoa, não é moralmente admissível a cooperação.

Se não há outra possibilidade, então o problema pode ser resolvido com *os mesmos critérios*, estudados no capítulo VI, *respeitantes à ação de duplo efeito*, pois na verdade é disso que se trata. Assim: a ação que se realiza não pode consistir em si mesma numa lesão à virtude; a intenção deve ser reta; a ação imoral da outra pessoa não pode ser a causa (o meio, no plano intencional) pela qual se alcança o bem necessário; e deve existir proporção entre a importância e a necessidade do efeito bom que se deseja alcançar e o efeito negativo ocasionado pela cooperação (gravidade do mal para o qual se coopera, proximidade da cooperação, etc.). Nas ações especialmente graves (homicídio, aborto, etc.), nunca é lícito cooperar materialmente de modo imediato.[160]

Quando, de acordo com os critérios indicados, a cooperação para o mal for ilícita, é necessário tomar as oportunas precauções para evitar o perigo de pecado, para si mesmo e para os outros (escândalo).

Os problemas de cooperação para o mal são atualmente muito fre-

(160) Cf. *Evangelium vitae*, n. 74. Este princípio aplica-se aos atos que causam desordem moral particularmente grave; não é universalmente válido em todas as ações morais: por exemplo, a cooperação material ao onanismo do cônjuge é imediata, mas é moralmente aceitável se existem motivos proporcionais: cf. Pio XI, Enc. *Casti connubii*, 31-XII-1930: DS 3718.

quentes. Encarados com uma atitude moral débil, os critérios antes mencionados poderiam dar lugar a uma casuística minimalista, na qual, mediante uma astuciosa aplicação dos princípios, a pessoa pudesse furtar-se à sua própria responsabilidade moral. Por isso, convém insistir no dever ético de cooperar para o bem, de promover as estruturas sociais que facilitem o reto agir, bem como na necessidade moral de prevenir e de evitar, na medida do possível, as situações difíceis – para si mesmo e para os outros – em que a cooperação para o mal seja quase inevitável.

9. Conversão do pecado

A grande novidade do anúncio bíblico é que a realidade do pecado não é definitiva, que se pode alcançar o perdão de um «Deus compassivo e misericordioso, lento para a cólera, rico de bondade e de fidelidade; que conserva a sua graça até mil gerações, que perdoa a iniquidade, a rebeldia e o pecado».[161] Mais ainda, «Deus com nada se alegra tanto como com a conversão e com a salvação do homem».[162] A consciência do pecado não implica, para o cristão, uma atitude passiva ou negativa; pelo contrário, a realidade da culpa manifesta, por contraste, quatro ideias solidamente enraizadas na Revelação: a profundidade da misericórdia divina, a necessidade de aceitar a fraqueza humana, a superabundância da graça e o requisito da cooperação humana.[163]

a) A misericórdia de Deus

O *mysterium pietatis* é maior que o *mysterium iniquitatis:* nenhum pecado pode extinguir a misericórdia divina; mais ainda, precisamente o perdão do pecado revela com exatidão o amor do Pai, por meio do sacrifício do Filho e do dom do Espírito.[164] Por isso, *a misericórdia é*

(161) Êx 34, 6-7; cf. Sal 102, 14; 130, 4.7.8; Is 30, 18-19; Mt 9, 13; 1 Tim 1, 13-15.

(162) São Gregório de Nazianzo, *Oratio* 39, 20: SC 358, 194. Cf. *Lc* 15, 7.10.32.

(163) Cf. *Reconciliatio et paenitentia*, ns. 19-22.

(164) Cf. *Veritatis splendor*, n. 118.

um dos atributos de Deus que mais se mencionam na Escritura.[165] De fato, o Senhor chama os pecadores (todos os homens) à penitência, facilita misericordiosamente a sua realização e mostra o caminho para alcançá-la: «*O dinamismo da conversão e da penitência* foi maravilhosamente descrito por Jesus na parábola do "filho pródigo", cujo centro é "o pai misericordioso" (Lc 15, 11-24): o fascínio de uma liberdade ilusória, o abandono da casa paterna; a extrema miséria em que se encontra o filho depois de esbanjar a sua fortuna; a profunda humilhação de ver-se obrigado a cuidar dos porcos e, pior ainda, de querer matar a fome com a sua ração; a reflexão sobre os bens perdidos; o arrependimento e a decisão de declarar-se culpado diante do pai; o caminho de volta; o generoso acolhimento da parte do pai; a alegria do pai: tudo isso são traços específicos do processo de conversão. A bela túnica, o anel e o banquete de festa são símbolos desta nova vida, pura, digna, cheia de alegria, que é a vida do homem que volta a Deus e ao seio da sua família, que é a Igreja. Só o coração de Cristo, que conhece as profundezas do amor do Pai, pôde revelar-nos o abismo da sua misericórdia de maneira tão simples e tão bela».[166]

b) A metanoia

A misericórdia e a graça de Deus cancelam o pecado e conferem a força para não pecar mais. Mas *ao cristão se pede uma atitude penitente: «Reconhecer o próprio pecado,* ou ainda – indo mais ao fundo na consideração da própria personalidade – *reconhecer-se pecador*, capaz de pecar e de ser induzido ao pecado, é o princípio indispensável do retorno a Deus».[167] A palavra grega mais adotada na Bíblia para esta atitude humana de penitência é *metánoia.*

A imagem que o vocábulo semita correspondente evoca faz pensar numa pessoa que percebe ter errado o caminho e se afasta dele

(165) Cf. Núm 14, 19; Tob 3, 2; Sal 103, 3-4; 118, 1-4.29; Eclo 2, 9.23; Is 63, 7; Lc 1, 50.54.78; 6, 36; Rom 9, 16; 2 Cor 1, 3; Ef 2, 4; Ti 3, 5; Hebr 4, 16; Tg 5, 11; 1 Pe 1, 3.

(166) *Catecismo*, n. 1439. Cf. *Reconciliatio et paenitentia*, n. 5.

(167) *Reconciliatio et paenitentia*, n. 13.

tomando um novo rumo, diferente. Assim, metanoia significa: a) arrependimento e dor do pecado cometido; b) conversão da mente e transformação do modo de pensar, que leva a confiar em Deus e à firme decisão de cumprir a sua vontade; c) resposta positiva à graça divina, na qual se encontra a salvação; d) esforço por adotar uma atitude moral nova, com relação a Deus e ao próximo, que envolva todas as energias pessoais.

A respeito da conversão do pecador, a Sagrada Escritura sublinha cinco ideias: 1) os pecados afastam de Deus e fazem que Deus abandone o seu povo;[168] 2) a iniciativa na obra da reconciliação é divina; não se pode chegar a uma autêntica penitência e, portanto, à amizade com o Senhor e, em última análise, à libertação integral e à salvação sem uma prévia graça de Deus;[169] 3) a conversão, mais que um rito externo, exige uma mudança «do coração»;[170] 4) o pecador deve reconhecer e confessar os seus pecados;[171] 5) e, além do mais, deve mudar de vida, afastando-se dos seus caminhos perversos.[172]

A metanoia não é uma atitude própria somente do início da vida cristã: deve permanecer ao longo de toda a existência, para poder converter-se cada vez mais ao Senhor.[173] Também os que se consideram «justos» necessitam de conversão.[174]

---

(168) Cf. Deut 31, 16-17; Is 59, 2; Miq 3, 4; Mt 25, 12.41; Lc 13, 25.27; Ef 2, 1-3; Col 3, 6-7; 2 Tim 2, 12.

(169) Cf. Sal 51, 3.4.11.12; Jer 32, 39-40; Ez 36, 25.29; Os 2, 21-22; Lc 1, 16-17; Jo 3, 3-5; Rom 5, 8.10; 2 Cor 5, 18; 1 Jo 3, 9; 4, 10.

(170) Cf. Deut 10, 16; Is 55, 7; Jer 4, 4; 24, 7; Mt 23, 27-28; Lc 16, 15; 18, 9-14; At 8, 21-23; Rom 8, 27; Tg 4, 8.

(171) Cf. Sal 32, 5; 38, 19; 51, 5; Is 59, 12; Dan 9, 4-19; Mc 1, 5; At 19, 18; Tg 5, 16; 1 Jo 1, 9.

(172) Cf. Tob 13, 6; Sal 143, 8-10; Is 1, 16-17; Ez 14, 6; 18, 30-32; Joel 2, 12-14; Mt 7, 21-27; Lc 3, 8-14; At 3, 19; Gál 5, 16-17.24-26; 1 Tess 1, 9; Tg 5, 19-20; 1 Pe 2, 1.11; Apoc 2, 5; 3, 3.19.

(173) «No exercício da nossa liberdade, às vezes recusamos essa vida nova (cf. Jo 5, 40) ou não perseveramos no caminho (cf. Hebr 3, 12-14). Com o pecado, optamos por um caminho de morte. Por isso, o anúncio de Jesus sempre convoca à conversão, que nos faz participar do triunfo do Ressuscitado e inicia um caminho de transformação» (CELAM, *Documento de Aparecida*, n. 351). Cf. *Presbyterorum ordinis*, n. 5.

(174) Cf. Mt 21, 31-32; Lc 18, 9-14; Jo 8, 33-39; At 3, 25-26; Rom 3, 23-24; 1 Cor 10, 1-5.12; 2 Pe 3, 9.

c) Os sacramentos do perdão

Na atual economia da salvação, *a reconciliação com Deus é possível somente em Cristo e mediante Cristo*, «que derruba o império do diabo e afasta a multiforme maldade dos pecados».[175] Reconciliação que se realiza *por meio da Igreja*, sacramento universal de salvação.[176] Jesus Cristo com o seu mistério pascal é a causa meritória e eficiente da conversão e da salvação; e, para perpetuar no tempo essa ação salvífica, instituiu *os sacramentos, que justificam e transformam a pessoa.* Os sacramentos supõem a fé, alimentam-na, fortalecem-na e expressam-na; não são apenas uma exortação ou ocasião para fazer o bem, senão que agem com uma eficácia mais íntima, sem paralelo na natureza, que orienta o homem para Deus, e expressa e aperfeiçoa a imagem da Santíssima Trindade na alma. Desse modo, *a moral cristã é necessariamente uma moral sacramental*;[177] a primeira graça é recebida sempre por meio de um sacramento, o batismo, ao menos de desejo. A via habitual para a remissão dos pecados cometidos depois do batismo é o sacramento da penitência.[178]

10. Conversão, vida moral e luta ascética

A conversão envolve uma radical reorientação de toda a vida: retorno a Deus de todo o coração, ruptura com o pecado e aversão às más ações cometidas; ao mesmo tempo, requer o desejo e a resolução de mudar de vida, contando com a misericórdia de Deus e com a ajuda

---

(175) *Ad gentes*, n. 9.

(176) Cf. *Lumen gentium*, nn. 9 e 48: *Gaudium et spes*, n. 45; etc. Por isso, falando do sacramento da penitência, São João Paulo II indica: apesar de que «não há nada mais pessoal e íntimo que este Sacramento, no qual o pecador se encontra na presença de Deus, só, com a sua culpa, o seu arrependimento e a sua confiança [...], ao mesmo tempo, é inegável a dimensão social deste Sacramento, no qual é toda a Igreja – a militante, a purgadora e a triunfante no Céu – a que intervém em auxílio do penitente e o acolhe de novo no seu seio» (*Reconciliatio et paenitentia*, n. 31, IV).

(177) Cf. cap. I, § (b).

(178) *Reconciliatio et paenitentia*, n. 31, I.

da sua graça.[179] De fato, o Senhor concede sempre a graça a quem faz o que está ao seu alcance, sem esquecer que também é Ele quem move a liberdade humana nas suas disposições a converter-se.[180]

A consideração da conversão como empenho moral ascético permite percorrer sinteticamente os principais temas da teologia moral fundamental, ainda que em ordem inversa à que se seguiu até agora. A plena compreensão e o acolhimento sem reservas do chamado divino à santidade dificilmente se alcançam sem a experiência prévia do pecado e da conversão. Por um lado, só quem entende de maneira suficientemente clara a sua necessidade de ser liberto do pecado e de ser salvo está em condições de encontrar autenticamente a Cristo, «que, da parte de Deus, se tornou para nós sabedoria, justiça, santificação e redenção»;[181] por outro lado, o encontro com o Senhor e a realização da nossa regeneração espiritual são uma única e mesma coisa.[182] A regeneração em Cristo é um acontecimento profundo, de alcance ontológico, que se manifesta moralmente como passagem dos vícios às virtudes cristãs.[183]

Esta mudança, no entanto, não é imediata. É verdade que Cristo passa a ser o princípio da nova vida,[184] a qual não seria possível sem a posse inicial das virtudes teologais e das virtudes morais infusas. Mas a vida informada por elas começa a expressar-se como luta contra o pecado e a concupiscência, como progressivo esclarecimento da consciência, como esforço por interiorizar as indicações normativas da lei moral, como educação da capacidade de juízo, da vontade e dos sentimentos, como correção da nossa atitude diante dos bens terrenos, como constante recurso aos meios de santificação, como aceitação das exigências da caridade fraterna, como esforço por não se deixar arrastar pelo desânimo. Os enunciados normativos da lei moral constituem, nesta primeira fase da vida cristã, uma ajuda insubstituível. Indicam os limites que o fiel não pode ultrapassar no uso dos bens e na realização

(179) Cf. *Catecismo*, n. 1431.

(180) Cf. *Gaudium et spes*, n. 17.

(181) 1 Cor 1, 30.

(182) Cf. Rom 6, 4-6; Ef 4, 20-31; Col 3, 1-3.5-10.

(183) 1 Cor 6, 9-11.

(184) Cf. Rom 5, 15-18; Col 3, 4.

das diversas atividades que integram a sua própria vida, para que seja, efetivamente, vivida no Senhor.

Mas o dinamismo intrínseco da graça do Espírito Santo vai muito além. Quando o fiel responde a ele com docilidade, vai ao encontro de sucessivas conversões, cada uma das quais representa um crescimento de Cristo em nós. O esforço moral e ascético leva a dar ao Senhor um espaço cada vez maior na própria existência, até que se possa dizer realmente «não sou eu quem vive, é Cristo o que vive em mim».[185] Passa-se assim ao livre e pleno desenvolvimento das virtudes cristãs e dos dons do Espírito Santo, que, como verdadeiros princípios vitais, regulam intimamente as nossas escolhas, de modo que todos os bens e todas as atividades que integram a existência se convertam, espontânea e naturalmente, em meio eficaz de união com Cristo.

O caminho da união com o Senhor não é fácil. Encontramos resistências, hesitações, momentos de escuridão e de crise, que talvez sejam também momentos de purificação e de crescimento. Só depois da nossa ressurreição em Jesus é que a transformação em imagem do Filho será completa e definitiva. No entanto, com a ajuda da graça, o chamado à santidade é já neste mundo algo concretamente realizável e que deve realizar-se, uma vez que Deus nos escolheu em Cristo «antes da criação do mundo, para sermos santos e irrepreensíveis diante de seus olhos».[186] Recordar este desígnio do amor divino e atualizá-lo para os homens de cada época é a tarefa principal e perene da teologia moral.

(185) Gál 2, 20.

(186) Ef 1, 4.

Direção geral
Renata Ferlin Sugai

Direção editorial
Hugo Langone

Produção editorial
Gabriela Haeitmann
Ronaldo Vasconcelos

Capa
Gabriela Haeitmann

Diagramação
Sérgio Ramalho

ESTE LIVRO ACABOU DE SE IMPRIMIR
A 13 DE MAIO DE 2022,
EM PAPEL PÓLEN SOFT 80 g/m^2.